西北地区历史文化村镇保护研究与示范

周宏伟　等◎著

科学出版社
北　京

内 容 简 介

本书是“十二五”国家科技支撑计划项目“西北地区历史文化村镇社区功能提升技术集成研究与示范”课题的部分文字、图件成果结集，分为上、中、下三篇。上篇对西北地区历史文化村镇的部分调查结果和保护与利用问题进行理论性思考；中篇对西北地区历史文化村镇遗产保护和社区文化功能提升示范地的保护与利用规划方案与西北地区历史文化村镇信息管理系统设计方案进行介绍；下篇则对课题示范地的重点性示范工程进行展示。本书可为我国区域历史文化村镇的保护与发展提供重要参考。

本书可供从事历史文化遗产保护、城乡规划、建筑学、历史地理等专业的教学科研人员阅读和参考。

图书在版编目（CIP）数据

西北地区历史文化村镇保护研究与示范 / 周宏伟等著. —北京：科学出版社，2017.6

ISBN 978-7-03-053498-9

Ⅰ. ①西… Ⅱ. ①周… Ⅲ. ①乡镇-文化遗产-保护-研究-西北地区 Ⅳ. ①K294

中国版本图书馆 CIP 数据核字（2017）第 136087 号

责任编辑：任晓刚 / 责任校对：彭 涛

责任印制：张 倩 / 封面设计：楠竹文化

科学出版社 出版

北京东黄城根北街 16 号

邮政编码：100717

http：//www.sciencep.com

北京通州皇家印刷厂印刷

科学出版社发行 各地新华书店经销

*

2017 年 6 月第 一 版 开本：787×1092 1/16

2017 年 6 月第一次印刷 印张：30 1/4 插页：20

字数：600 000

定价：148.00 元

（如有印装质量问题，我社负责调换）

“十二五”国家科技支撑计划项目
“西北地区历史文化村镇社区功能提升技术集成研究与示范”课题组

课题主持单位：陕西师范大学

课题合作单位：西安建筑科技大学 三原县市政工程公司 陕西丰阳建筑工程总公司

课题负责人：周宏伟（陕西师范大学）

主要参加人：

陕西师范大学：李令福　王社教　侯甬坚　刘景纯　肖爱玲　潘　威　史红帅

西安建筑科技大学：王树声　吴左宾　卢金锁　崔陇鹏　王　凯　严少飞

三原县市政工程公司：周　樑　李　磊　秦　鹏　李光耀

陕西丰阳建筑工程总公司：赵华飙　史小虎　徐臣毅

前　言

从 21 世纪初开始，随着中国历史文化遗产保护热潮的涌起，我所在的城乡规划系安排本人给学生讲授“城市发展与规划史”“历史文化名城保护”“旅游规划”等课程，于是我有机会较系统地了解城市历史文化遗产的保护与利用问题。2008 年，由于从事地方历史文化村镇保护规划技术标准编制问题的研究，对于乡村历史文化遗产的保护与利用问题，我又有了多方面的感受与思考。2013 年以来，在从事西北地区历史文化村镇保护与利用研究过程中，对于特定区域乡村历史文化遗产的保护与利用问题，可以说有了更进一步的认识。在此，我主要结合西北地区的实际情况，谈一谈对欠发达地区乡村历史文化遗产保护与利用问题的一些看法。

我国对乡村历史文化遗产的保护工作，虽然于 20 世纪 90 年代在局部地区就有开展，但直到 2003 年建设部与国家文物局联合开展“中国历史文化名镇”“中国历史文化名村”的评选，才全国性、有计划、大规模自上而下地推进。经过 6 批评选，至今共评选出 252 个中国历史文化名镇和 276 个中国历史文化名村。为了完善乡村历史文化遗产保护体系，推动欠发达乡村地区的经济社会发展，2012 年，国家住房和城乡建设部会同文化部、国家文物局等又启动“中国传统村落”的评选工作，迄今已进行了 4 批评选，共有 4157 个自然村选入名单。由于历史文化村镇、传统村落（二者可统称为传统村镇）的评选需要拥有较大面积的物质形态文化遗产（主要是民居建筑）存在，而经济发达地区的农村保留下来的传统建筑极少，这样，经济欠发达地区往往成为传统村镇分布较集中的区域。例如，南方的贵州、云南，北方的山西就是传统村镇较多的省份。西北地区无疑属于经济欠发达地区，但迄今进入国家保护名录的传统村镇数量并不多——共入选历史文化名镇者 18 个，入选历史文化名村者 15 个，入选传统村落者 208 个，分别只占总数的 7%、5%、5%。对此，我一直有些不理解：历史如此悠久、地域如此广阔的西北地区乡村，难道就没有留下多少值得保护的历史文化遗产？应该说这是现实但不是事实。造成目前这种状况的原因肯定是多方面的，其中主管部门对村镇历史文化遗产的认知存在某些局限和偏差可能是最主要的。例如，我们常常看到，各地规划部门为已列入历史文化村镇保护名录的历史文化村镇主持编制的保护规划，其中对村镇历史、科学、艺术、社会等方面价值的描述、分析大多都不能切中肯綮，而此前有关历史文化村镇申报材料中相关部分的质量也就更不用说。对历史文化村镇的历史文化遗产价值不能认识到位，无疑会导致乡村历史文化遗产的保护工作出现纰漏，村镇的未来发展思路难以理顺。

西北地区的历史文化村镇保护与利用，首先可能需要针对西北地区村镇的自然、经济、社会特点，科学合理地认识、评估其传统资源的价值所在。历史价值是指历史文化村镇的历史文化遗产作为历史见证的价值。历史文化村镇的情况各不相同，但既然已批准为历史文化村镇，其见证历史人物、事件以至特定区域人们过去生产生活典型境况的价值自然无可疑问。应该说，西北地区历史文化村镇、传统村落的历史价值大多未能得到很准确、深入的认识。艺术价值主要是指历史文化村镇的传统民居和公共建筑装饰作为人类艺术创作、审美趣味、特定时代典型风格的实物见证。西北地区乡村过去的经济文化发展水平总体上较为滞后，村镇的传统民居大多装饰简陋，但不必因此气馁，我们可以从村镇的公共建筑、建筑小品，甚至大地作品上去寻找美、发现美。科学价值主要是指历史文化村镇的传统建筑和构筑物本体或创造过程作为科学技术水平见证物的价值。西北地区黄土高原上的窑洞，常常被视为生态、绿色民居的传统典范，具有很高的科学研究价值，需要特别关注。社会价值是指历史文化村镇在乡土文化精神传承、社会凝聚力的产生等方面所具有的社会效益和价值。西北地区历史时期以来就是多民族杂居、活动的区域，不少历史文化村镇是长时期民族聚居、宗族聚居的重要见证地，自然不可忽视。文化价值则主要是指历史文化村镇所具有的民族文化、地方文化、宗教文化价值，也包括村镇非物质文化遗产所具有的价值。西北地区是我国多民族、多宗教分布的主要区域，其历史文化村镇所体现的民族文化、宗教文化特色尤其突出，值得深入研究。

历史文化村镇传统资源的价值如能得到准确、恰当的认识，自然就为资源的保护和利用奠定了基础。我们今天之所以要对历史文化村镇的传统资源进行保护和利用，主要目的还是为了发挥历史文化资源在乡村发展过程中独特的社会价值和经济价值。西北地区乡村经济社会发展的整体水平本来就不高，而历史文化村镇经济社会发展的整体水平更低。因此，西北地区历史文化村镇传统资源的保护利用工作在下述几方面可能需要特别重视。一是历史文化村镇保护规划的编制与修编问题。据踏勘了解，西北地区已进入名单的历史文化村镇和传统村落中，一部分地区已经编制了保护规划，但相当部分并没有编制保护（发展）规划，甚至也没有村庄规划。这既不利于历史文化村镇的保护、发展工作的展开，也不符合历史文化名镇名村保护法规、规章。故此，没有编制保护规划的村镇需要尽快编制规划，保护规划编制有年的村镇，也需要根据存在的现状问题修编规划。这是防止传统村镇保护与发展产生偏差的重要基石。二是传统民居保护与居住条件的改善问题。西北地区历史文化村镇的居民，过去大部分居住条件较为简陋，近些年来改善居住条件的要求十分迫切。但是，居民对居住条件的改善往往是拆旧建新、弃旧建新。这样，导致很多传统民居因拆除而毁灭，因废弃而破败、坍塌（如窑洞）。显然，这是十分不利于历史文化村镇传统民居的保护工作的。需要正确引导、指导、规范历史文化村镇居民的民居改造、提升。三是历史文化村镇保护与社区环境改善问题。西北地区绝大部分区域干燥少雨，村镇社区环境卫生条件往往不佳，建筑物体蒙积尘土、街巷空地散落生活垃圾或牲畜粪便的情况常见。这虽然可能是千百年来传统村镇居民习见的环境条件和生活景观，但无疑很不利于传统村镇旅游观光产业的发展。因此，需要大力培养传统村镇居民的卫生习惯，整治、改善村镇的环境卫生条件，美化村镇的居住环境。四是历史文化村镇的非物质文化遗产保护与传承问题。东南地区的历史文化村镇大多物质文化遗产价值优于非物质文化遗产价值。相比起来，西北地区民族众多，农牧共存，历史文化村镇的非物质文化遗产价值往往要优于物质文化遗产价值。因此，对于西北历史文化村镇来说，在适当保护物质文化遗产的同时，也应对其非物质文化遗产给予更多的关注。西北地区的历史文化村镇地处内陆，村镇人口空心化的程度没有东南地区高，这也为非物质文化遗产的传承提供了基本的人文资源条件。五是历史文化村镇发展与基础设施改善、提升问题。据笔者调研所见，西北地区历史文化村镇、传统村落的基础设施现状绝大部分较差。西北传统村镇要能有大的发展，当务之急，对外联系的交通道路需要设法改善，村镇内部的街巷、游道、停车场等，需要适当维护、改造、修建。当然，村镇的供水供电、邮电通信、商业服务等公共基础设施也需要进一步提升。尤其是供水，对于大部分位于干旱半干旱地带的西北地区乡村来说无比重要。如果西北历史文化村镇建设在这几方面都能有大的成绩，相信在不久的将来，这些村镇的历史文化风貌和居民的生活生产条件应该会有较大的提升。

西北地区地域广阔，历史文化村镇的现状情况复杂，在保护遗产、发展村镇的过程中，还需要慎重考虑下述几方面的问题。其一，保留与退出的选择。这是指让已入选历史文化村镇名单的个别村镇退出名单的问题。这样，可以一定程度地节约有限的保护经费。西北地区入选的传统村镇本来就不多，之所以要让个别村镇退出名单，自然是因为个别村镇面临的严酷现实情况如沙漠化、空巢化问题。例如，甘肃省景泰县永泰村（古城），目前实际居住的人口已由千多人减少到不足百人，相关的保护工作事实上已难以正常开展。《历史文化名城名镇名村保护条例》中并没有撤销称号或退出名单条款，但 2003 年建设部、国家文物局发布的《关于公布中国历史文化名镇（村）（第一批）的通知》中提到“对于已经不具备条件者，将取消中国历史文化名镇（村）称号”。退出名单后的历史文化村镇可考虑作为省级重点文物保护单位对待。其二，重点与一般的分别。西北地区历史文化村镇、传统村落的总数量虽不多，但在局部地区具有很高的集中度，如陕西安康、韩城、榆林，甘肃陇南，青海海东、黄南，新疆昌吉等地。应该说，这些区域的大部分传统村镇，其文化遗产具有很强的同质性、相似性，在近期该区域进行的传统村镇保护与利用过程中，应该挑出一两个最具典型意义的村镇作为遗产保护与经济发展的重点对象，与特色村镇建设结合起来，而其他村落则以改善、发展为主。只有这样，才能集中地方政府有限的保护资金，做出传统村镇保护与利用的样板、典型，同时，也可以防止过度的同质化竞争。其三，汉族村镇与非汉族村镇的兼顾。西北地区少数民族人口多、分布广，需要特别重视少数民族传统村镇的保护与利用工作，最好在同等条件下有所优先。因为，一则西北少数民族文化多姿多彩，富有特色，需要保护文化的多样性，增强民族的凝聚力；二则大部分少数民族聚居村镇发展滞后，需要加快这些村镇经济社会的发展步伐；三则进入名录的少数民族传统村镇较少，需要为推进少数民族地区乡村历史文化遗产保护与利用工作示范。其四，农业村镇与牧业村镇的共存。西北地区青海、新疆、甘肃等省区拥有广阔的牧区，牧民的居所独具特色。过去，历史文化村镇的保护工作基本上在农业区进行。随着一批牧区村镇入选保护名单，牧区历史文化村镇的保护越来越受到人们关注。对于牧区的传统村落，其保护工作不能也不要照搬农区的成例，而需要区别对待。其五，遗产保护与产业发展的协同。遗产保护是需要资金的。进入保护名单的传统村镇虽然各级政府会给予不同程度的保护资金支持，但毕竟支持的对象、额度有限。因此，促进传统村镇的产业发展，既是必需，也是必然。西北地区经济社会发展水平整体滞后，区域传统村镇需要结合国家西部开发、“一带一路”、新农村建设、特色小镇、全域旅游等发展战略，因“地”制宜，因“人”而异，因“势”利导，因“时”变化，以便设法夯实村镇的产业基础，这样，也才能使传统村镇具有持久的活力与魅力。

本书是关于西北历史文化村镇问题的产学研结合专题性探索，内容分为三篇。上篇是“调查研究”，选入了西北地区历史文化村镇的部分踏勘调查成果和保护与利用的理论性思考、研究；中篇是“规划设计”，收录的是作为西北地区历史文化村镇遗产保护与社区功能提升研究示范地的一村一镇规划方案，以及西北历史文化村镇信息管理系统设计方案；下篇是“示范工程”，介绍的是在示范地一村一镇开展的代表性示范工程项目。我们希望通过上述内容，展示我们课题组近年的部分工作，以为西北地区历史文化村镇的保护与发展提供参考。

周宏伟

2017 年 3 月 6 日

目录

上篇　调查研究

一、西北地区历史文化村镇研究述评①

西北地区又称“西北五省区”，是指位于我国西北的陕西、甘肃、青海三省以及宁夏回族自治区、新疆维吾尔自治区。该地区深居内陆腹地，各民族交汇其间，既是连通中西方的交通桥梁，又是文化融合的民族走廊，历史悠久，人文蔚盛，沉淀了许多拥有深厚底蕴和地方特色的传统聚落。近年来，我国工业化、城镇化的发展速度增快，从而加剧了传统村镇的衰落和消失。传统村镇遗产的保护、传承和利用问题亟待解决，由此引发了学术界的关注与研究，不少专家学者就此问题进行了许多有益的探讨，取得了一定的进展。本文尝试对西北地区国家级历史文化村镇的评选情况与相关研究成果进行梳理和总结，以期对该地区未来的传统聚落研究有所助益。

（一）“历史文化村镇”概念的渊源与内涵

1.“历史文化村镇”术语的产生

“历史文化村镇”作为一个术语，起源于20世纪80年代的一些习惯称谓，如“古镇”“传统聚落”“古村落”等，是在建筑学、历史学、社会学、文化学、旅游学、规划学等专业领域的学术研究和讨论中逐渐形成的地理概念②，普遍具有如下特征：聚落历史悠久，选址基本不变，文化遗存丰富，建筑风貌与聚落环境保存较好，地方特色显著③。1986年，国务院在公布第二批历史文化名城目录时，提出“对一些文物古迹比较集中，或能较完整地体现出某一历史时期传统风貌和民族地方的特色的街区、建筑群、小镇、村寨等，也应予以保护。各省、自治区、直辖市或市、县人民政府可根据它们的历史、科学、艺术

① 本部分由熊梅和周宏伟撰写。

② 熊梅：《中国传统村落的空间分布及其影响因素》，《北京理工大学学报》（社会科学版）2014年第5期。

③ 陈甲全、张义丰、陈美景：《古村落研究综述》，《安徽农业科学》2008年第23期。

价值，核定公布为当地各级‘历史文化保护区’”[①]，由此拉开了我国历史文化村镇保护的序幕。2002年，国家规定：“保存文物特别丰富并且具有重大历史价值或者革命纪念意义的城镇、街道、村庄，由省、自治区、直辖市人民政府核定公布为历史文化街区、村镇，并报国务院备案。”[②]古村镇的保护正式纳入法制轨道，“历史文化村镇”的概念也得到了规范的表述。

2.“历史文化村镇”评选的历程

2003年，国家建设部和文物局出台了《中国历史文化名镇（村）评选办法》，正式将保存文物特别丰富且具有重大历史价值或纪念意义，能较完整地反映一些历史时期的传统风貌和地方民族特色的镇、村命名为“历史文化名镇（名村）”，随后公布了第一批入选的村镇名录。至今，已分批（6批）评选产生了276个国家级历史文化名村和252个名镇，越来越多的历史文化村镇纳入了国家保护机制。2012年，为贯彻落实中央关于加强优秀传统文化体系建设，弘扬中华优秀传统文化的精神，国家住房和城乡建设部、文化部、财政部、国家文物局将习惯称谓“古村落”正式命名为“传统村落”，以凸显其“拥有物质形态和非物质形态文化遗产，具有较高的历史、文化、科学、艺术、社会、经济价值”[③]，经过对全国范围内古村落摸底调查、推荐上报、评选择优的基础上，公布了第一批“中国传统村落”名录（646个村落）。2013年起，国家继续启动了传统村落补充调查和推荐上报工作，第二批（915个）、第三批（994个）和最近的第四批（1602个）中国传统村落也已评选公布。与历史文化名村评选结果相比，入选的中国传统村落在数量和分布上有了很大的扩展，更多具有民族特色的古村落进入了国家的保护范围，反映了来自国家层面的保护理念不仅关注显性的文物遗存，而且对地方“隐性人文”也极为重视。

① 国务院：《国务院批转建设部、文化部关于申请公布第二批国家历史文化名城名单报告的通知》，http://www.chinalawedu.com/news/1200/22598/22617/22843/22853/2006/3/xi0790232971023600240002-0.htm（1986-02-08）。

② 《中华人民共和国文物保护法（单行本）》第14条，北京：中国民主法制出版社，2002年。

③ 中华人民共和国住房和城乡建设部、中华人民共和国文化部、中华人民共和国财政部：《住房城乡建设部文化部财政部关于加强传统村落保护发展工作的指导意见》，http://www.mohurd.gov.cn/wjfb/201212/t20121219_212337.html（2012-12-12）。

3.“历史文化村镇”内涵的理解

作为术语的历史文化村镇，其实字面含义并不十分科学、准确。因为，文化是人类历史的沉淀，说“历史文化”显得有些叠床架屋，译为“historic culture”或“historical and cultural”都有些别扭，或许就简单叫“历史村镇”（historic villages and towns）或“传统村镇”（traditional villages and towns）还合适一些。不过，历史文化村镇术语现在既然已经约定俗成，就不必再咬文嚼字，只需要我们认真理解该概念的真正内涵即可。历史文化村镇的内涵，如果仅从丰富的文物、重大的历史价值或重大的革命纪念意义这几个标准来看，显然都是属于村镇历史研究的范畴：文物，是前人的珍贵遗存；历史价值，是今人对故物旧俗的学术评估；纪念，则是今人对前人往事的历时记忆。因而，凡是“保存文物（文化遗产）特别丰富，历史建筑集中成片，保留着传统格局和历史风貌，历史上曾经作为政治、经济、文化、交通中心或者军事要地，或者发生过重要历史事件，或者其传统产业、历史上建设的重大工程对本地区的发展产生过重要影响，或者能够集中反映本地区建筑的文化特色、民族特色”的村镇[①]，都应该称为“历史文化村镇”。国家组织、评选的中国传统村落、历史文化名村和历史文化名镇是传统村镇中的典型代表和示范窗口。不同层次（国家级、省级）的传统村镇与历史文化名城共同组成我国传统聚落保护体系（图 1）。

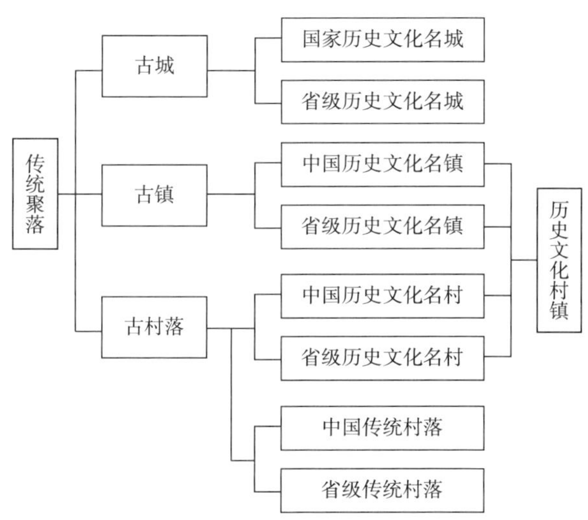

图 1　中国传统聚落保护体系

① 周宏伟主编：《历史文化村镇保护规划研究：理论·规范·示范》，长沙：湖南教育出版社，2011 年，第 284 页。

（二）西北地区历史文化村镇参评概况

自 2003 年国家公布首批历史文化名村名镇至今，西北地区一共入选了 15 个村和 18 个镇。2012 年至今，在国家四批次中国传统村落评选活动中，西北地区共入选了 208 个村。由于中国历史文化名村与中国传统村落的评选并不冲突，小部分优质村落同时获得了两份殊荣。迄今为止，该地区属国家级历史文化村镇的共有 208 个村落和 18 个名镇。具体名单见表 1。

表 1　西北地区国家级历史文化村镇一览表

省区	村名	传统村	名村	镇名	名镇
陕西	渭南市韩城市西庄镇党家村	1	1	—	—
	榆林市米脂县杨家沟镇杨家沟村	1	2	—	—
	咸阳市三原县新兴镇柏社村	2	6	—	—
	铜川市耀州区孙塬镇孙塬村	1	—	—	—
	榆林市绥德县白家硷乡贺一村	1	—	铜川市印台区陈炉镇	4
	榆林市佳县佳芦镇神泉村	1	—	汉中市宁强县青木川镇	5
	咸阳市礼泉县烟霞镇袁家村	2	—	商洛市柞水县凤凰镇	5
	咸阳市永寿县监军镇等驾坡村	2	—	榆林市神木县高家堡镇	6
	安康市旬阳县赵湾镇郭家老院	2	—	安康市旬阳县蜀河镇	6
	渭南市富平县城关镇莲湖村	2	—	安康市石泉县熨斗镇	6
	渭南市合阳县坊镇灵泉村	2	—	渭南市澄城县尧头镇	6
	渭南市澄城县尧头镇尧头村	2	—	—	—
	榆林市佳县佳芦镇张庄村	2	—	—	—
	宝鸡市麟游县酒房镇万家城村	3	—	—	—
	渭南市合阳县同家庄镇南长益村	3	—	—	—
	渭南市韩城市芝阳镇清水村	3	—	—	—
	延安市黄龙县白马滩镇张峰村	3	—	—	—
	汉中市宁强县青木川镇青木川村	3	—	—	—
	榆林市绥德县四十里铺镇艾家沟村	3	—	—	—
	榆林市绥德县满堂川乡常家沟村	3	—	—	—
	榆林市绥德县满堂川乡郭家沟村	3	—	—	—
	榆林市佳县康家港乡沙坪村	3	—	—	—
	榆林市佳县峪口乡峪口村	3	—	—	—
	榆林市佳县朱家坬镇泥河沟村	3	—	—	—
	榆林市子洲县双湖峪镇张寨村	3	—	—	—
	安康市石泉县后柳镇长兴村	3	—	—	—
	安康市紫阳县向阳镇营梁村	3	—	—	—
	安康市旬阳县赤岩镇七里村庙湾村	3	—	—	—
	安康市旬阳县赤岩镇万福村	3	—	—	—

续表

省区	村名	传统村	名村	镇名	名镇
陕西	安康市旬阳县赤岩镇湛家湾村	3	—	—	—
	西安市蓝田县葛牌镇石船沟村	4	—	—	—
	西安市周至县厚畛子乡老县城村	4	—	—	—
	咸阳市三原县鲁桥镇东里村	4	—	—	—
	咸阳市彬县香庙乡程家川村	4	—	—	—
	渭南市华县赤水镇辛村	4	—	—	—
	渭南市大荔县朝邑镇大寨村	4	—	—	—
	渭南市大荔县段家镇东高垣村	4	—	—	—
	渭南市合阳县百良镇东宫城村	4	—	—	—
	渭南市蒲城县椿林镇山西村	4	—	—	—
	渭南市韩城市新城办相里堡村	4	—	—	—
	渭南市韩城市龙门镇西原村	4	—	—	—
	渭南市韩城市桑树坪镇王峰村	4	—	—	—
	渭南市韩城市西庄镇柳枝村	4	—	—	—
	渭南市韩城市西庄镇郭庄砦村	4	—	—	—
	渭南市韩城市西庄镇柳村	4	—	—	—
	渭南市韩城市西庄镇薛村	4	—	—	—
	渭南市韩城市西庄镇张代村	4	—	—	—
	延安市宝塔区临镇镇石村	4	—	—	—
	延安市子长县安定镇安定村	4	—	—	—
	汉中市城固县上元观镇乐丰村	4	—	—	—
	榆林市绥德县义和镇虎焉村	4	—	—	—
	榆林市绥德县中角镇梁家甲村	4	—	—	—
	榆林市米脂县银州办事处高庙山村	4	—	—	—
	榆林市米脂县桃镇桃镇村	4	—	—	—
	榆林市米脂县桃镇黑圪塔村	4	—	—	—
	榆林市米脂县杨家沟镇寺沟村	4	—	—	—
	榆林市米脂县杨家沟镇岳家岔村	4	—	—	—
	榆林市米脂县郭兴庄镇白兴庄村	4	—	—	—
	榆林市米脂县乔河岔乡刘家峁村	4	—	—	—
	榆林市米脂县城郊镇镇子湾村	4	—	—	—
	榆林市佳县木头峪乡木头峪村	4	—	—	—
	榆林市清涧县高杰村镇高杰村	4	—	—	—
	榆林市子洲县何家集镇眠虎沟	4	—	—	—
	安康市汉滨区石转镇双柏村	4	—	—	—
	安康市汉滨区双龙镇天宝村	4	—	—	—
	安康市汉滨区叶坪镇双桥村	4	—	—	—
	安康市汉滨区早阳镇王庄村	4	—	—	—

续表

省区	村名	传统村	名村	镇名	名镇
陕西	安康市汉滨区共进镇高山村	4	—	—	—
	安康市汉滨区嶂坝镇马河村	4	—	—	—
	安康市旬阳县仙河镇牛家阴坡村	4	—	—	—
	商洛市镇安县云盖寺镇云镇村	4	—	—	—
甘肃	天水市麦积区麦积镇街亭村	1	—	—	—
	天水市麦积区新阳镇胡家大庄村	1	—	—	—
	兰州市西固区河口乡河口村	1	—	—	—
	兰州市永登县连城镇连城村	1	—	—	—
	兰州市榆中县青城镇城河村	1	—	—	—
	白银市景泰县寺滩乡永泰村	1	—	—	—
	陇南市文县石鸡坝乡哈南村	1	—	—	—
	天水市清水县贾川乡梅江村	2	—	—	—
	陇南市文县铁楼民族乡入贡山	2	—	—	—
	陇南市文县铁楼民族乡案板地	2	—	—	—
	陇南市文县铁楼民族乡草河坝	2	—	陇南市宕昌县哈达铺镇	2
	临夏回族自治州临夏市城郊镇木场村	2	—	兰州市榆中县青城镇	3
	甘南藏族自治州卓尼县尼巴乡尼巴村	2	—	兰州市永登县连城镇	3
	白银市景泰县中泉乡三合村	3	—	武威市古浪县大靖镇	3
	白银市景泰县寺滩乡宽沟村	3	—	天水市秦安县陇城镇	4
	兰州市榆中县金崖镇永丰村	4	—	甘南藏族自治州临潭县新城镇	4
	白银市景泰县中泉乡龙湾村	4	—	兰州市榆中县金崖镇	5
	白银市景泰县中泉乡尾泉村	4	—	—	—
	张掖市高台县罗城乡天城村	4	—	—	—
	平凉市华亭县安口镇高镇村	4	—	—	—
	庆阳市正宁县永和镇罗川村	4	—	—	—
	陇南市文县碧口镇白果村郑家社	4	—	—	—
	陇南市文县铁楼乡强曲村	4	—	—	—
	陇南市宕昌县狮子乡东裕村	4	—	—	—
	陇南市康县岸门口镇朱家沟村	4	—	—	—
	陇南市西和县兴隆乡下庙村	4	—	—	—
	陇南市西和县大桥镇仇池村	4	—	—	—
	陇南市礼县宽川乡火烧寨村	4	—	—	—
	陇南市礼县崖城乡父坪村	4	—	—	—
	陇南市徽县嘉陵镇稻坪村	4	—	—	—
	陇南市徽县嘉陵镇田河村	4	—	—	—
	陇南市徽县麻沿乡柴家社	4	—	—	—
	陇南市徽县大河乡青泥村	4	—	—	—

续表

省区	村名	传统村	名村	镇名	名镇
甘肃	甘南藏族自治州迭部县益哇乡扎尕那村	4	—	—	—
	甘南藏族自治州临潭县流顺乡红堡子村	4	—	—	—
	甘南藏族自治州临潭县王旗乡磨沟村	4	—	—	—
青海	黄南藏族自治州同仁县年都乎乡郭麻日村	1	3	—	—
	玉树藏族自治州玉树市仲达乡电达村	1	5	—	—
	果洛藏族自治州班玛县灯塔乡班前村	3	6	—	—
	海东市循化县清水乡大庄村	3	6	—	—
	玉树藏族自治州玉树市安冲乡拉则村	3	6	—	—
	海东市互助县丹麻镇索卜滩村	1	—	—	—
	海东市互助县丹麻镇哇麻村	1	—	—	—
	海东市互助县东沟乡大庄村	1	—	—	—
	海东市互助县五十镇北庄村	1	—	—	—
	海东市互助县五十镇寺滩村	1	—	—	—
	海东市互助县五十镇土观村	1	—	—	—
	海东市循化县街子乡孟达山村	1	—	—	—
	黄南藏族自治州同仁县保安镇城内村	1	—	—	—
	黄南藏族自治州同仁县隆务镇吾屯下庄村	1	—	—	—
	黄南藏族自治州同仁县年都乎乡年都乎村	1	—	—	—
	黄南藏族自治州同仁县曲库乎乡江什加村	1	—	—	—
	海东市平安县洪水泉乡硝水泉村	2	—	海东市循化县街子镇	6
	海东市平安县洪水泉乡洪水泉村	2	—		
	海东市互助县五十镇五十村	2	—	—	—
	海东市互助县红崖子沟乡张家村	2	—	—	—
	黄南藏族自治州同仁县扎毛乡牙什当村	2	—	—	—
	海南藏族自治州贵德县河西镇下排村	2	—	—	—
	玉树藏族自治州囊谦县娘拉乡多伦多村	2	—	—	—
	海东市互助县东沟乡洛少村	3	—	—	—
	海东市互助县东沟乡年先村	3	—	—	—
	海东市循化县街子镇三兰巴海村	3	—	—	—
	海东市循化县街子镇团结村	3	—	—	—
	黄南藏族自治州同仁县双朋西乡环主村	3	—	—	—
	黄南藏族自治州同仁县双朋西乡宁他村	3	—	—	—
	黄南藏族自治州同仁县双朋西乡双朋西村	3	—	—	—
	黄南藏族自治州同仁县扎毛乡和日村	3	—	—	—
	黄南藏族自治州同仁县黄乃亥乡日秀麻村	3	—	—	—
	黄南藏族自治州同仁县曲库乎乡江龙农业村	3	—	—	—
	黄南藏族自治州同仁县曲库乎乡木合沙村	3	—	—	—
	黄南藏族自治州同仁县曲库乎乡索乃亥村	3	—	—	—

续表

省区	村名	传统村	名村	镇名	名镇
青海	黄南藏族自治州同仁县年都乎乡尕沙日村	3	—	—	—
	黄南藏族自治州同仁县加吾乡吉仓村	3	—	—	—
	黄南藏族自治州尖扎县贾加乡贾加村	3	—	—	—
	黄南藏族自治州尖扎县昂拉乡尖巴昂村	3	—	—	—
	黄南藏族自治州尖扎县昂拉乡牙那东村	3	—	—	—
	海南藏族自治州贵德县河西镇上刘屯村	3	—	—	—
	果洛藏族自治州班玛县江日堂乡多日麻村	3	—	—	—
	西宁市大通回族土族自治县东峡镇衙门庄村	4	—	—	—
	西宁市大通回族土族自治县景阳镇寺沟村	4	—	—	—
	西宁市湟中县田家寨镇沙尔湾村	4	—	—	—
	西宁市湟中县田家寨镇下营一村	4	—	—	—
	西宁市湟中县鲁沙尔镇石咀一村	4	—	—	—
	西宁市湟中县土门关乡贾尔藏村	4	—	—	—
	西宁市湟源县日月藏族乡兔尔干村	4	—	—	—
	海东市乐都区芦花乡十字村	4	—	—	—
	海东市乐都区马营乡昆仑村	4	—	—	—
	海东市乐都区马营乡龙王岗村	4	—	—	—
	海东市化隆回族自治县扎巴镇黄麻村	4	—	—	—
	海东市化隆回族自治县扎巴镇南滩村	4	—	—	—
	海东市化隆回族自治县金源藏族乡恰加村	4	—	—	—
	海东市化隆回族自治县塔加藏族乡塔加一村	4	—	—	—
	海东市化隆回族自治县塔加藏族乡塔加二村	4	—	—	—
	海东市化隆回族自治县塔加藏族乡牙什扎村	4	—	—	—
	海东市化隆回族自治县塔加藏族乡尕洞村	4	—	—	—
	海东市循化撒拉族自治县积石镇西沟村	4	—	—	—
	海东市循化撒拉族自治县积石镇瓦匠庄村	4	—	—	—
	海东市循化撒拉族自治县白庄镇上科哇村	4	—	—	—
	海东市循化撒拉族自治县白庄镇下张尕村	4	—	—	—
	海东市循化撒拉族自治县道帏藏族乡比隆村	4	—	—	—
	海东市循化撒拉族自治县道帏藏族乡张沙村	4	—	—	—
	海东市循化撒拉族自治县查汗都斯乡苏志村	4	—	—	—
	海东市循化撒拉族自治县文都藏族乡牙循村	4	—	—	—
	海东市循化撒拉族自治县文都藏族乡毛玉村	4	—	—	—
	海东市循化撒拉族自治县尕楞藏族乡合然村	4	—	—	—
	黄南藏族自治州同仁县隆务镇吾屯上庄村	4	—	—	—
	黄南藏族自治州同仁县兰采乡土房村	4	—	—	—
	黄南藏族自治州同仁县年都乎乡录合相村	4	—	—	—
	海南藏族自治州贵德县拉西瓦镇罗汉堂村	4	—	—	—

续表

省区	村名	传统村	名村	镇名	名镇
青海	海南藏族自治州贵德县拉西瓦镇昨那村	4	—	—	—
	玉树藏族自治州玉树市安冲乡结拉村查同社	4	—	—	—
	玉树藏族自治州玉树市安冲乡拉则村英达社、英群社	4	—	—	—
	玉树藏族自治州称多县清水河镇扎哈村	4	—	—	—
	玉树藏族自治州称多县尕朵乡吾云达村	4	—	—	—
	玉树藏族自治州称多县尕朵乡卓木其村	4	—	—	—
	玉树藏族自治州囊谦县白扎乡也巴村	4	—	—	—
宁夏	中卫市沙坡头区香山乡南长滩村	1	4	—	—
	中卫市沙坡头区迎水桥镇北长滩	1	—	—	—
	固原市隆德县城关镇红崖村一组	1	—	—	—
	固原市隆德县奠安乡梁堡村一组	1	—	—	—
	吴忠市利通区东塔寺乡石佛寺村	4	—	—	—
新疆	吐鲁番鄯善县吐峪沟乡麻扎村	1	2	—	—
	哈密地区哈密市回城乡阿勒屯村	1	4	—	—
	哈密地区哈密市五堡乡博斯坦村	1	5	—	—
	伊犁哈萨克自治州特克斯县喀拉达拉乡琼库什台村	1	5	—	—
	克孜勒苏柯尔克孜自治州阿克陶县克孜勒陶乡艾杰克村	2	—	—	—
	阿勒泰地区布尔津县禾木哈纳斯乡禾木村	2	—	—	—
	阿勒泰地区哈纳斯景区铁热克提乡白哈巴一村	2	—	—	—
	昌吉回族自治州木垒县照壁山乡河坝沿村	3	—	吐鲁番市鄯善县鲁克沁镇	2
	昌吉回族自治州木垒县西吉尔镇水磨沟村	3	—	伊犁哈萨克自治州霍城县惠远镇	3
	昌吉回族自治州木垒县西吉尔镇屯庄子村	3	—	阿勒泰地区富蕴县可可托海镇	6
	昌吉回族自治州木垒县英格堡乡街街子村	3	—	—	—
	昌吉回族自治州木垒县英格堡乡马场窝子村	3	—	—	—
	昌吉回族自治州木垒县英格堡乡英格堡村	3	—	—	—
	昌吉回族自治州木垒县英格堡乡月亮地村	3	—	—	—
	和田地区民丰县萨勒吾则克乡喀帕克阿斯干村	3	—	—	—
	吐鲁番市高昌区葡萄沟街道办事处拜西买里村	4	—	—	—
	吐鲁番市鄯善县鲁克沁镇赛尔克甫村	4	—	—	—

注：表格数字代表国家评选批次

截至目前（2016年年底），我国共有国家级历史文化名村276个、名镇252个、传统村落4157个，平均每个省级行政单位（港澳台地区除外）入选名村9

个、名镇 8 个、传统村落 130 个。结合西北地区各省区入选的情况看，皆未达到平均数。具体来看，陕西、甘肃入选的名镇各有 7 个，是西北地区入选名镇数量最多的省份，其次为新疆，入选名镇 3 个，青海 1 个，而宁夏尚为空白。就历史文化名村看，青海入选 5 个位列西北第一，依次等差排列为新疆（4 个）、陕西（3 个）、甘肃（2 个）、宁夏（1 个）。在传统村落的评选中，青海获选 79 个，排名该地区榜首，其次为陕西（71 个），之后是并列排名的甘肃（36 个）和新疆（17 个），而宁夏入选的村落数量最少，仅有 5 个。总体而言，西北地区国家级历史文化村镇（图 2）的数量与我国东南地区和西南地区相比，呈现出极端的悬殊。

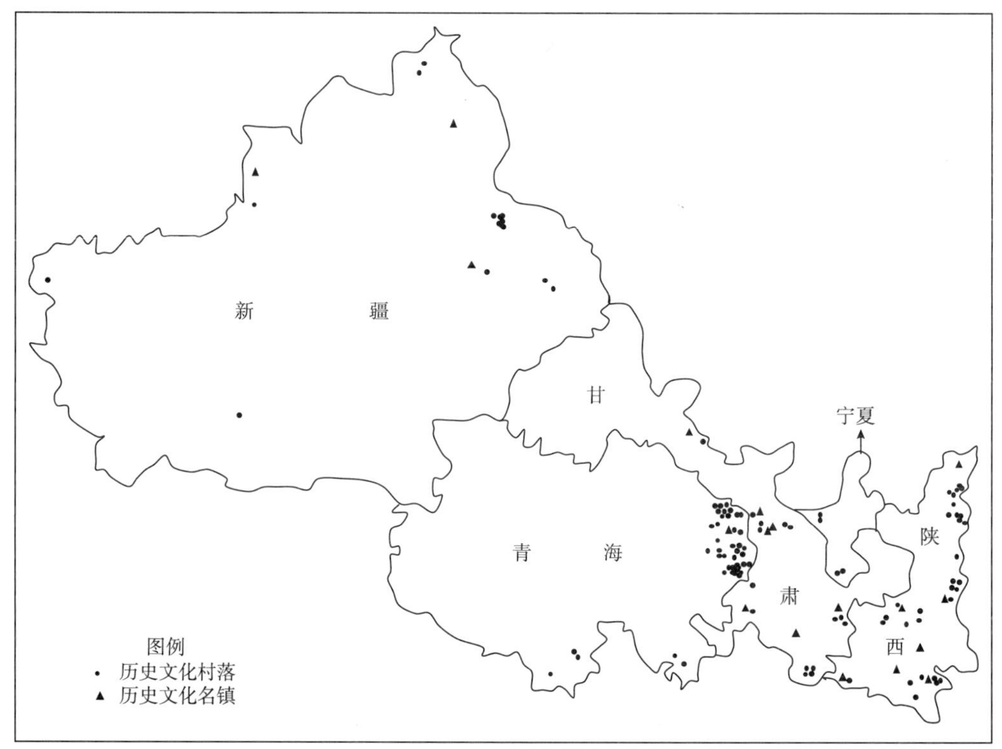

图 2　西北地区国家级历史文化村镇（截至 2015 年）分布示意图

西北地区国家级历史文化村镇数量之所以较少，一是因为过去西北地区总体上经济较落后，村镇传统建筑大多质量较差，难以得到集中连片的保存，而学术界对历史文化村镇的基础调查研究有限，村镇摸底工作尚未得到良好的开展。二是地方政府和群众对历史文化村镇的价值及其在地区经济和社会发展中的重要性认识不足，把历史文化作为产业来发展的意识还比较淡薄，缺乏文化经济的理念，相应对历史文化村镇的保护也未给予足够的重视，导致大量有价

值的传统村镇一直处于自生自灭的状态。三是近三十年来，随着城市化和工业化的快速发展，大批农民外出打工，导致人员与劳动力不断涌入城镇，人去村空，村落生产、生活难以为继，传统房屋无人居住，呈现出一片破败景象，空巢化现象严重。这样，一方面造成已评选的国家级历史文化村镇面貌破旧，环境脏乱，公共服务设施不足，群众居住质量不高，遗产与社区管理落后，社区的传统功能、现代功能不能充分发挥的尴尬局面；另一方面导致待申报的历史文化村镇社区群众保护与利用历史文化遗产的动力不足，积极性不高，社区的潜在功能难以凸现。在国家不同批次的评选活动中，西北地区推荐上报的村镇总量有限，基础薄弱，面对评选办法中的硬性和量化指标，难以对其他地区参评的村镇形成竞争力。然而，我们欣慰地看到，随着国家评选活动的开展和地方政府逐渐的重视，西北地区申报工作随着参评批次的推进，入选村镇的总数量较前已有大幅度的增加。

（三）西北地区历史文化村镇研究进展

从中国期刊网、读秀学术搜索网进行跨库检索，西北地区以历史文化村镇、历史文化名镇名村、历史文化名镇、历史文化名村、传统聚落、古镇、古村落、乡土建筑、传统民居为主题的学术论文（图 3）不低于 300 篇（硕士、博士论文包含其中，总数不低于 50 篇，3/5 的研究集中在传统民居领域），其中，以传统民居为主题的研究论文占据 83%，传统乡村聚落研究，包含古镇、古村落在内的文章占据 14%，余有一些为数不多的关于乡土建筑的论文，而明确以历史文化村镇、历史文化名镇名村、历史文化名镇、历史文化名村为主题的研究成果寥寥可数。

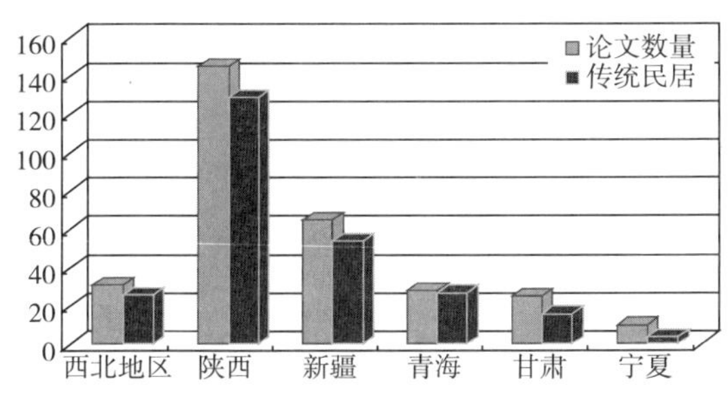

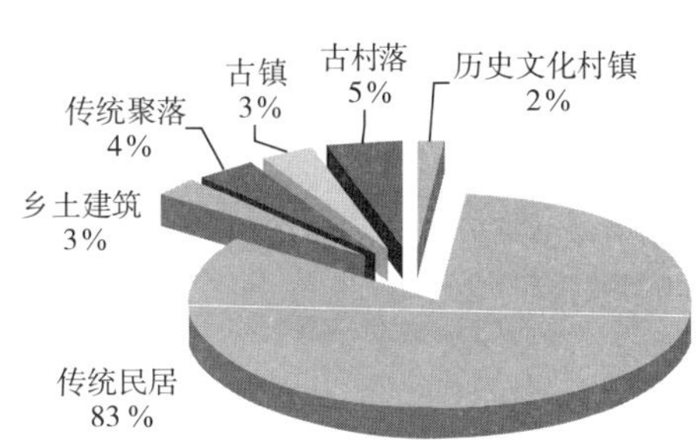

图 3　西北地区历史文化村镇相关论文结构及比例

从统计结果来看，西北地区历史文化村镇相关研究论文在结构、比例以及分布上都表现得极为不平衡，“极化”现象特别显著。研究对象绝大部分为传统民居，历史文化村镇其他方面的研究存在着巨大的学术空白，研究的广度显然还很狭窄；从研究对象的地理空间分布上看，48%的成果集中在陕西省，新疆、青海、甘肃三省区呈递减趋势排列，宁夏地区最少，仅占 3.3%。陕西省内又以关中平原地区为主、陕北黄土高原地区为次、陕南山地区域更少；从研究视野看，以西北地区为研究范畴的论文占据 10%，绝大多数论文以行政区域为研究单元，缺乏从自然区划或人文区划着手的聚居研究，尤其缺乏对黄河灌溉区、西北干热区、沙漠绿洲区、河西走廊地区、丝绸之路沿线等重要地带的考察。

综观西北地区历史文化村镇研究的已有成果，主要集中在聚落形成变迁研究、资源保护利用研究和传统民居（包含乡土建筑）专题研究三个领域。

1. 聚落形成变迁研究

西北地区历史文化村镇的形成和变迁受到自然、政治、经济、文化、军事、宗教、风俗等多方面因素的影响，是区域性经济、文化、社会、心理等各类因子综合作用的结果，具有非常显著的特殊性和典型性。吐鲁番传统聚落人居空间即是社会文化的综合载体，其形成和演进均受到当地人居文化的影响，民族内涵丰富，聚落特色鲜明[①]，在建筑、装饰、民族信仰、宗教伦理等方面均显示出较高的地域人文价值[②]。在吐鲁番传统聚落的营造中，乡土材料具有低成本、低能耗、低技术等生态特性，在聚落环境营造中体现了诸多的优势，使得当地人们长期积累发展的被动式绿色建筑营造技术在干旱地区延续了两千多年[③]。陕西的历史文化村镇也是由来已久，其中，数量众多、种类丰富的传统堡寨遗存已成为该地区的特色文化资源，其防御性格的塑造有着注重物质性硬防卫与精神性软防卫双重机能的共性特征[④]。明清时期，陕西山庄子的兴衰在古代韩城地区农业发展史上具有代表性，人地矛盾促使宗族剩余劳动力进入山区发展，

---

① 闫飞：《民族地区传统聚落人居文化溯源研究——以新疆吐鲁番地区为例》，《甘肃社会科学》2012 年第 6 期。

② 闫飞：《新疆维吾尔族传统聚落地域性人文价值研究》，《甘肃社会科学》2013 年第 3 期。

③ 孟福利、岳邦瑞、王军：《乡土材料在传统聚落营造中的生态智慧及启示——以鄯善县麻扎村为例》，《华中建筑》2011 年第 11 期。

④ 王绚、侯鑫：《陕西传统堡寨聚落类型研究》，《人文地理》2006 年第 6 期。

成为“党家村”在历史变迁过程中的重要定型期①。总而言之，西北地区独特的自然条件和社会环境构成了西北部的“风土”和“民情”，孕育了西北独特的传统聚落风貌，时间上反映出历史延续的渐变，空间上反映出与大自然交融的特色②。各民族因地制宜、因材致用，强调人群聚落与自然地貌、山水环境、植被状况的契合，形成了尊重地理环境，有效利用自然资源，人与自然和谐共生的聚落生态文化③。

2. 资源保护利用研究

随着当前城镇化进程的推进，西北地区历史文化村镇遭遇了前所未有的冲击，传统的生产生活方式和社会发展惯性被打破，村镇住宅和公共建筑开始出现忽视资源文化优势、脱离传统营造技术、割裂地域文化传承、随意修建现代建筑的现象，导致很多珍贵的遗产逐渐被损毁，聚落传统风貌受到了极大的破坏，和谐的人居环境消失，传统文化面临着遗失和被替代的危险。对此问题，许多学者从不同角度展开了深入的研究。祁嘉华等认为，在新农村建设过程中，陕西古村落被边缘化、表面化、简单化的问题越来越突出，因地制宜、充分利用当地资源是形成文化产业、带动当地的经济发展的关键④。实现保护与发展的双赢，必须坚持“修旧如旧”和“有机更新”的两大原则，生产发展上定位要“旧”，思路要“新”，需要妥善处理好传统与现代的关系⑤。杨豪中、韩怡认为传统村落中的乡土文化从社会生活的各个层面影响着传统建筑环境，传统建筑环境也从空间构成、建筑形态、细部装饰等各方面反映着乡土文化的特征，因而，对历史文化村镇的利用应当坚持乡土文化与乡土建筑环境整体性保护的原则⑥。针对民族地区传统乡村聚落的建设发展，燕宁娜以宁夏西海固回族传统乡村聚落为例，探讨了村落历史变迁与当代发展、规划与建筑适宜技术的现代

① 黄德海、刘亚娟：《明清时期韩城地区山庄子的历史变迁——以党家村为例》，《西北大学学报》（哲学社会科学版）2006年第3期。

② 孟海宁、张建强：《我国西北地区小城镇特色研究》，《城市规划汇刊》1998年第1期。

③ 马宗保、马晓琴：《人居空间与自然环境的和谐共生——西北少数民族聚落生态文化浅析》，《黑龙江民族丛刊》2007年第4期。

④ 祁嘉华、王俊：《陕西古村落的现状、问题与对策》，《西安建筑科技大学学报》（社会科学版）2010年第2期。

⑤ 祁嘉华、郑晔梅：《新农村建设语境中的古村落保护与发展——以陕西为例》，《西安建筑科技大学学报》（社会科学版）2011年第6期。

⑥ 杨豪中、韩怡：《陕北乡村传统建筑环境与乡土文化的整体性保护研究》，《中国园林》2011年第10期。

化集成与优化问题[①]，并提出了回族聚落的三种建设模式：传统聚落改造模式、城郊型聚落更新模式、生态移民新村建设模式[②]。

资源的保护与利用总是与旅游开发密切相连，西北地区历史文化村镇又当何去何从？吴冰、马耀峰认为，古村落旅游目前存在的主要问题体现在旅游产品不成熟、旅游规划水平低、旅游资源保护不力、经营管理体制混乱、旅游宣传不足、旅游意识观念落后、人力资源短缺等方面，提出了对古村落旅游产品深度开发，引进现代产权制度，建立多渠道、多形式的资金吸引机制，强化国家和地方政府的监控指导，加大投入、不断开拓旅游市场等具体建议[③]。薛亮等以陕西省旅游资源普查数据为基础，结合实际情况，总结了陕西省古村镇旅游资源的特点，并探讨了旅游开发中的总体思路，提出了“以点串线、以线带面、循序渐进”的开发原则，“分期开发、滚动式发展”的建设思想，联合开发、独立开发、附带开发相结合的具体对策[④]。李卫华等认为，古村落旅游业的可持续发展必须充分考虑不同特征居民的利益要求和提高居民的参与程度，建立健全社区参与机制[⑤]。此外，董文寿就旅游开发中如何进一步保护少数民族非物质文化遗产的问题进行了探讨[⑥]，许芬、王林伶对如何构建北方小城镇过程中资源的保护性开发与利用进行了研究[⑦]。

3. 传统民居专题研究

我国的传统民居大多数分布在历史文化村镇，在西北地区历史文化村镇的研究中，传统民居专题研究形成了主流。学者对陕西窑洞民居[⑧]，关中传统民居的地域特色及其现代传承[⑨]，陕北四合院形制、功能和文化[⑩]，陕南乡土建筑的

① 燕宁娜、王军：《宁夏西海固回族聚落营建关键问题的研究》，《宁夏工程技术》2012 年第 4 期。

② 燕宁娜：《西北地区回族聚落营建研究基础与构想——以宁夏西海固地区为例》，《南方建筑》2013 年第 2 期。

③ 吴冰、马耀峰：《古村落旅游资源评价与保护研究——以陕西省韩城市党家村为例》，《陕西师范大学学报》（自然科学版）2004 年第 1 期。

④ 薛亮、张海霞、赵振斌：《陕西省古村镇旅游资源特征及其开发对策研究》，《干旱区资源与环境》2008 年第 3 期。

⑤ 李卫华、赵振斌、李艳花：《古村落旅游地居民综合感知及差异分析——以陕西韩城党家村为例》，《旅游科学》2006 年第 6 期。

⑥ 董文寿、鄂崇荣：《旅游开发对土族非物质文化遗产保护的影响——以互助土族自治县小庄村、大庄村为例》，《青海民族大学学报》（社会科学版）2010 年第 3 期。

⑦ 许芬、王林伶：《中国北方古镇的保护性开发——以宁夏镇北堡为例》，《城市问题》2012 年第 2 期。

⑧ 侯继尧：《陕西窑洞民居》，《建筑学报》1982 年第 10 期。

⑨ 徐健生、李志民：《关中传统民居的地域特色及其现代传承初探》，《华中建筑》2012 年第 9 期。

⑩ 周泓宇、姜忆南：《浅谈陕西榆林民居中“穿廊虎抱头”之成因》，《华中建筑》2013 年第 3 期。

类型①与典型山地民居的演变与发展②，青海“庄窠”式传统民居的地域性特色与生存价值③，少数民族地区民居特色与审美价值④，新疆维吾尔传统民居以及高台民居建筑等各类型传统民居均进行了探讨⑤。西北地区民居建筑的具体研究还涉及民居选址、历史沿革、环境适应、聚落形态、文化内涵、街院布局、公共设施、营造技术、装饰艺术、保护利用等各个方面。例如，孟祥武、叶明晖讨论了甘肃青城镇民居建筑的构成单元、院落形式、结构技术与装饰艺术特色⑥；刘云、王茜对维吾尔族民居的装饰色彩给予了历史的、文化的和宗教角度的解释⑦；陈华对关中传统民居柱础、门枕石和拴马桩的石雕艺术形式进行了研究⑧；李琰君对关中传统民居门窗的物质与非物质文化的形态、内涵、特征、差异及其保护进行了探索⑨，并阐述了陕南传统民居的价值与保护意义，提出了合理可行的发展建议⑩；崔文河等从传统民居营建智慧延续、新技术与本土技艺融合、多元民族文化传承三个方面试图建立青海“河湟特色民居”的更新模式⑪；虞志淳对传统关中民居进行了解析并论述了现代关中民居的演变和关中新民居的创作模式与方法⑫，认为立足建筑现代化，传承地域特色，材料更替、空间变化和设施改进是传统民居发展的主要策略⑬；张群在西北民居建筑演变的基础上，讨论了传统民居的环境适应性与生态化发展困境，提出了荒漠化地区乡村生态民居的建筑模式⑭；梁锐分析了现代西北民居自发演进中的困境，并立

① 闫杰、王军：《陕南乡土建筑的类型研究》，《华中建筑》2012 年第 6 期。
② 胡冗冗、石峰、何文芳等：《陕南山地民居的演变与发展》，《西安建筑科技大学学报》（自然科学版）2009 年第 6 期。
③ 哈静、潘瑞：《青海“庄窠”式传统民居的地域性特色探析》，《华中建筑》2009 第 12 期。
④ 杨桂香：《浅析青海少数民族民居特色与审美价值》，《青海社会科学》2009 年第 1 期。
⑤ 茹克娅·吐尔地、潘永刚：《特定地域文化及气候区的民居形态探索——新疆维吾尔传统民居特点》，《华中建筑》2008 年第 4 期；刁伟：《新疆喀什维吾尔族高台民居建筑研究》，《华中建筑》2008 年第 8 期。
⑥ 孟祥武、叶明晖：《西北古民居建筑的活化石——兰州市青城古镇民居研究》，《华中建筑》2009 第 12 期。
⑦ 刘云、王茜：《新疆维吾尔族民居的装饰色彩》，《中央民族大学学报》（哲学社会科学版）2004 年第 2 期。
⑧ 陈华：《关中传统民居石雕艺术的审美阐释》，《西北大学学报》（哲学社会科学版）2013 第 1 期。
⑨ 李琰君：《陕西关中地区传统民居门窗研究》，西安：西安建筑科技大学博士论文，2011 年。
⑩ 李琰君、马科、杨豪中：《刍议陕南传统民居建筑形态及对应保护措施》，《西安建筑科技大学学报》（社会科学版）2012 年第 4 期。
⑪ 崔文河、王军、岳邦瑞等：《多民族聚居地区传统民居更新模式研究——以青海河湟地区庄廓民居为例》，《建筑学报》2012 年第 11 期。
⑫ 虞志淳：《陕西关中农村新民居模式研究》，西安：西安建筑科技大学博士论文，2009 年。
⑬ 虞志淳、刘加平：《关中民居解析》，《西北大学学报》（自然科学版）2009 年第 5 期。
⑭ 张群：《西北荒漠化地区生态民居建筑模式研究》，西安：西安建筑科技大学博士论文，2011 年。

足于生态建筑的多样化理论，构建了西北民居的生态评价目标[①]；张祖群构建了中国传统民居评价指标体系，尝试建立一种研究文化景观的定量模式[②]。总而言之，尊重和继承西北地区传统民居的形式与构成，运用新材料、新技术和新理念，保护和发扬带有地域特色的传统民居是学界的基本认识，实现其可持续的良性循环发展是研究者的共同目标。

4. 已有成果的不足

回顾西北地区历史文化村镇的研究进展，总体上取得了不少的成果，研究内容涉及历史文化村镇的传统民居、形成演变、聚落形态、价值特征、保护利用、旅游开发等各个方面，大致形成了基于建筑、文化、社会视角的三大研究模块。从已有成果看，其研究重心落脚在传统民居的专题探讨上，对西北地区民居住宅的基本类型、地域特色、组成结构、装饰艺术等方面均进行了较为系统全面的研究。然而，从总体上看，西北地区传统民居的已有成果主要还是记录民居中的单体住宅在传统建筑学上的视觉感知和景观效果，较多的是介绍和描摹历史文化村镇民居图景的叙述，民居研究从表象特征的感性诠释提升到定量分析的实证研究还有待于加强，从单体住宅建筑层面的探讨拓展到聚落空间以及人居环境的整体研究方面更有待于进一步深入。

在西北地区历史文化村镇形成变迁研究领域中，学者开始从以史学、哲学、民族学为代表的人文科学视角对历史文化村镇的沿革发展、构成特征、地域价值等方面进行了探索，同时，重视不同地域自然地理条件对聚落成因的影响，力图揭示历史文化村镇的演变机制和内在机理。然而，从文化视角全面把握历史文化村镇变迁与社会生活背景转变之间的关联性，进而对聚落背后的社会组织和文化圈进行解读，动态考察社会、文化、历史、地理等因素与乡村聚落的互动关系上仍存在较多的欠缺。

在西北地区历史文化村镇保护利用研究领域中，保护与发展的必要性已深入人心。通过个案调查和实证分析，基于不同的地域和民情，学者均提出了具有针对性的对策和措施。同时也要看到，由于对历史文化村镇保护规划编制的特定对象大多缺乏深入研究，西北地区特定历史文化村镇保护规划的保护内容、保护方法、保护途径等未必完全科学、合理。在历史文化村镇旅游开发研究中，古村镇的旅游感知、

---

① 梁锐：《西北生态民居评价研究》，西安：西安建筑科技大学博士论文，2011 年。

② 张祖群：《人类家园定量研究：陕西传统民居景观评价》，《西北大学学报》（自然科学版）2006 年第 2 期。

旅游管理、旅游影响、开发对策等方面取得了一定的研究进展，然而，在借鉴国外传统村镇旅游开发的先进管理模式和国内其他历史文化村镇旅游开发的成功经验，以及对非物质文化遗产的进一步整理与挖掘方面，仍需要进一步加强。

综观西北地区历史文化村镇保护研究的基本方法，主要是从建筑学、城乡规划学、文物保护学、旅游学、社会学等学科出发。在新型城镇化背景下，应当在既有基础上拓宽、深化研究领域，如加强从历史学、地理学（历史地理学、人文地理学）、景观生态学、民俗学等学科角度进行研究，不但对民居、聚落进行静态描述，而且进一步对历史文化村镇的形成、演变做动态分析，注重研究对象与所在区域环境、资源、经济、社会、文化之间的内在关系，实现从时间、空间、人群、地方、文脉等角度跨学科、多层次的综合研究。

（四）结语

西北地区历史文化村镇研究总体上取得了不小的成绩，然而，同我国历史文化村镇研究的总体水平相比，仍显得十分薄弱，无论是研究的广度还是深度都存在着较大的差距，尤其在聚落发展与社会变迁互动关系、历史文化村镇的定量评价与保护规划、研究方法的多元化与跨学科的交叉融合方面还有待于进一步加强。不仅如此，还应当积极开展对西北地区历史文化村镇在价值评估、保护规划、管理制度、有机更新、非物质文化遗产方面的现实研究，结合新农村建设的新形势、新发展，促进农村生产、生活与人居环境建设的和谐统一。

在我国经济建设的浪潮中，西北地区的发展较为缓慢，生态环境较为脆弱，然而，该地区历史文化深厚、民族文化多元、地域文化鲜明。改善当地生活环境，提高人民经济收入，不妨借用历史文化村镇这个发展平台，把文化资源的开发与地区经济发展和社会进步结合起来，使丰富的文化产品转化为文化产业优势，从而展现出强大的生命力。有鉴于此，地方政府应自觉加强对乡村聚落传统风貌和非物质文化遗产的重视与保护，力争使西北地区历史文化村镇成为乡村历史文化遗产的富集地和独具特色的美丽乡村、宜居小镇，经济、社会、文化能够得到协调发展。

二、西北地区历史文化村镇踏察

（一）坚守或废弃：甘肃省景泰县永泰村踏察[①]

1. 概述

永泰村所在的景泰县，位于甘肃省中部黄土高原与腾格里沙漠过渡地带，东临黄河，西接武威，南邻白银、兰州，北依宁夏、内蒙古，为河西走廊东端门户。永泰村位于景泰县城西部干旱山区，距景泰县城（一条山镇）25 千米，距甘肃省会兰州 135 千米，坐落在寿鹿山、老虎山北麓的倾斜平原上，地势南高北低，平均坡降达 50%，海拔 2155—2199 米。

景泰县一带属温带大陆型干旱气候。据景泰县气象站资料，当地年平均气温 4.2℃，年降雨量 286.3 毫米，蒸发量 1776 毫米，无霜期 185 天，年平均风速 1.6 米/秒，最大冻土深度 120 厘米左右，年均空气湿度 47%。永泰村所处水磨沟内无长年性地表径流，但有少量的沟谷潜流，在有利沟段以泉水形式出露，据测流资料，水磨沟泉水平均流量 17 升/秒，最大流量 24 升/秒，最小流量 14 升/秒。

永泰村永泰城与寿鹿山、老虎山之间发育有深大断裂，山区上升，为侵蚀区，盆地为沉积区。据水文地质勘探资料，寺滩-芦阳盆地南部第四系厚度大于 300 米。虽然有大厚度的透水、储水介质，但由于地处干旱区，降水稀少，补给来源有限，当地地下水资源也相当贫乏，仅在埋深 100 米以下的条带状沟槽中，有少量的地下水。在寺滩段扬家庄-西番窑-刘家庄以南地区，地下水水质较好，矿化度一般小于 1 克/升，单井涌水量 500—1000 立方米/天。区内西部井深一般 200—350 米，靠近西九支渠，井深一般 100—200 米。发育于老虎山、寿鹿山的沟谷潜流普遍被截引用于村民的生活用水和农田的灌溉用水，虽然水

① 本部分由潘威等人撰写。

量有限，但水质较好，基本满足生活饮用水要求。

永泰村隶属的景泰县寺滩乡，是一个资源缺乏、生态环境脆弱、生产条件差、经济落后的贫困乡村。永泰村 2006 年人口 1372 人，耕地面积 7176 亩（1 亩≈666.7 平方米），其中水浇地 230 亩，人均纯收入 958 元，有羊 3000 只、牲畜 518 头。

1993 年，甘肃省人民政府公布永泰村永泰古城为省级文物保护单位。2006 年国务院公布永泰古城为全国重点文物保护单位。2012 年永泰村被列入首批“中国传统村落”名单中。

2. 聚落历史

永泰村永泰城被作为军事重镇始于西汉，汉时名为老虎城。隋唐时期，永泰更名为龙沙。其时丝绸之路复通，丝绸之路北道途经永泰、寺滩、宽沟一线，沿途贸易经济较为繁荣。隋唐之际，由于河西地区仍处于群雄割据的战乱局面，永泰城同其他城堡营垒一样，成为屏蔽内地的要藩。宋王朝时期，为应付突如其来的西部外患，永泰一带的军备再次被强化。元朝时，老虎城被蒙古族占领，经济衰退，民受其苦。

明景泰年间变为鞑靼松部宾兔牧地，复名松山。原居民流徙，经济受到严重摧残，“民无可编之户，地无可耕之土”。明神宗万历初，战事频仍，沦复无常，生灵涂炭。万历二十六年（1598 年），三边总督李汶移驻永泰后，构筑了许多军事机构和设施，并为自己修建公馆，长期坐镇指挥兵士的操练和战备。万历三十六年（1608 年）六月，永泰城告竣，兰州参将移驻永泰，驻军增加，设马军一千五百名，步兵五百名。进入清代，永泰一带仍有战事。雍正二年（1724 年）岳钟琪归里祭祖时捐资修建永泰城内水利设施，解决了军民战时的饮水问题。

民国三年（1914 年），由于人口增加，在城内修建有永泰学校。城内一度出现“酒肆商行，旗幌昭然；茶亭饭馆，四时飘香”的繁华景象。

新中国成立之初，村中住户有三十多个姓，一千三百多人，永泰城外的草原和树木还相当繁茂。1953 年国家开始大规模搞建设，尤其是 1958 年全国开始大炼钢铁，永泰城里一百多棵大树被尽数砍伐。1966—1968 年，城内原有的明清时期的庙宇高楼，被一拆而空，仅留下永泰学校。

永泰古城周围近几十年来生态恶化严重，水资源匮乏、土地沙化和盐渍化、森林覆盖率急剧下降。不断恶化的环境迫使城中的居民不得不向外界转移。

2006 年，政府将黄河水用水渠引到了离古城 10 千米的地方，并鼓励古城的人们搬迁到水渠边的移民点居住。于是，近几年古城内许多居民陆续搬走，到 2013 年，城内居民锐减到仅剩 100 多人。

3. 聚落遗产现状

永泰城是永泰村的遗产主体。该城城墙由黄土夯筑而成，平面呈椭圆形；城门向南开，外筑甬门，外门叫“永宁门”，内门叫“永泰门”，门稍偏西，形似龟头。四面筑有瓮城，形似龟爪。城北有 5 座烽火台渐次远去，形似龟尾。城周有护城河。整个城池形状酷似乌龟，故历来有“龟城”之名。

据现场调查，目前永泰城主城墙及瓮城、炮台尚在，城楼建筑、女墙荡然无存。主城墙周长 1710 米，高 12 米。夯层厚 12—18 厘米，城基宽约 6 米。城区南北长 520 米，城中段东西宽 460 米。占地面积约 212 264 平方米（318.4 亩）。东、西、北三面各筑半月形闭月城。正南开城门，有大小城门之分，内城门（大城门）高 13 米，宽 4 米、深 12.6 米；外城门（小城门）高 13 米，宽 9 米，深 12 米。城周外围有护城河，宽 6 米，深 1—2.5 米。南北城墙部分被破坏，北城外距城墙约 20 米处有 1 个大墩（即烽火台），墩的东北侧有小墩 5 座，呈“一”字形排列。城内有南北街道 3 条，中街较为宽阔，直通南北。东西两条巷道沿城绕道，东西 3 条小道连接中街（图 1、图 2、图 3）。

图 1　永泰村（古城）全貌

图 2　从永泰城城墙俯瞰城内建筑

图 3　永泰城城门

城内五眼井尚存四眼，城南有汲海、城内北部的甘露池仍在使用。过去有的义学、衙署、社仓、庙宇、牌楼等均不存在。

城外南 500 米处原来有演武厅和教场，占地 300 亩。教场之南还留有 1 条长约 3 千米的“龙沙”（山丘），“龙沙”之上本建有炮台。城外西北 3.5 千米处原设有军需草料储存处，城外东南 7.5 千米的骟马沟则是当时的牧马场地。目前这些军事性设施大体还有痕迹可寻。

4. 聚落功能现状

服务功能。城内只有零星的两三家小卖铺，而且经营也比较惨淡。城内有村委会一处，一所永泰小学（图 4），但目前已经没有什么学生。

图 4　永泰小学

居住功能。近几十年来，由于永泰古城周围生态恶化严重，水资源匮乏、土地沙化和盐渍化程度加剧（图 5），古城中的原居民逐渐向外转移。目前在城内常年居住的只有八十余户、一百余人。城内的民居基本上是土坯房（图 6），混凝土建筑几乎没有。居住生活条件整体较差。村中有传统遗留下来的水井五座，但目前能用的只有两座。村内路面全是土路。

图 5　永泰城周边环境（沙田）

图 6 村民房屋

经济功能。永泰村是典型的靠天吃饭型村落。我们调查获知，由于 2013 年的严重干旱，几乎是颗粒无收，村内的青壮年也大都外出打工，主要收入来自农业和畜牧业，农业用水缺乏，村民的庄稼灌溉主要靠城外几百米外的一个小型水坝供应，农业生产条件差。虽然有影视剧在此拍摄，但并没有形成规模化的影视基地，搭景也和村内古朴的风格形成强烈反差（图 7），村民并未从中得到实际收入。

图 7 与村庄建筑格格不入的影视拍摄建筑

由于古城周围生态环境日益恶化，居民的居住生活条件变得越来越差。于是，绝大部分村民搬出城居住，城内仅剩百余人守护，城内的原有经济功能几乎丧失殆尽，居民的收入来源十分有限。由于人口越来越少，基础设施建设、教育和医疗等日常服务设施完善，基本上停顿。

5. 主要问题与对策建议

永泰古城目前面临的问题无疑是生态不断恶化和人口持续迁出两方面。生态不断恶化是因，人口持续迁出是果。

如果古城人口持续迁出，那么，在不久的将来，永泰古城必定会成为一座空城、荒城。作为首批“中国传统村落”，将徒有其名。保护永泰古城，长期来说有赖于自然条件的改善，但目前应该从解决村民的实际困难入手，积极发挥村民委员会的作用，设法提高村民的收入和生活水平，适度改善城内相关基础设施，如供水系统、排污设施、村内公共照明，以留住最后留在城内的部分村民，设法让古城现有的城墙、城门等物质遗产得到适当保护、利用，不至于让它废弃于沙漠边缘。

（二）保留或淹没：宁夏中卫北长滩村踏察[①]

1. 概况

北长滩村位于中卫市沙坡头区迎水桥镇西南 32 千米处的黄河北岸，由上滩村和下滩村两个村落组成，是黄河进入宁夏的第一村。北长滩村靠山面河，地貌为祁连山余脉构成的基岩山地，属于黄土高原与北部沙漠的过渡地带，多由东西向排列的鱼脊状山峰组成，逶迤连绵，岩石裸露，土壤瘠薄，为干旱性荒漠气候。

村落占地面积 1500 亩，全村在籍人口约 450 人，常住人口仅 160 人，居民以汉族为主。北长滩村的经济收入来源主要是农业，粮食作物有小麦和玉米，经济作物有枣树和梨树；个别农户蓄养有少量的驴和羊。村民人均年收入 2000 元左右。

2012 年北长滩村被宁夏回族自治区党委、政府认定为“自治区历史文化

① 本部分由刘景纯等人撰写。

名村”；同年 12 月，列入首批“中国传统村落”名单。

2. 聚落历史与现状

北长滩村历史悠久，早在新石器时代，就有人类居住。村落大约形成于明代。据村民介绍，该村落祖上人口大多来自甘肃一带。明清时期，该村已成为黄河上游地区的主要码头和水路贸易流通的集散地。随着黄河水运地位的下降，北长滩村交通优势丧失，加之陆路交通不便，村落日渐衰败。

该村落保留的传统历史文物古迹有：新石器时代遗址 1 处，明代长城、关堡 3 处，明代水车两处（上、下滩各 1 处），清代民居、商铺 15 处，近现代传统民居 100 多处，其中传统民居建筑保存较为完好。

北长滩村保留的传统民居建筑群（图 8），建筑风貌独特，在宁夏境内实属罕见。另外，村子中间有一座 20 世纪 60 年代所建的双神庙（图 9），已经残败不堪。非物质文化遗产主要有以下三个。（1）祭河神：每年农历二月十八，村民自发组织在黄河边祭祀河神，以表达人们驱赶瘟疫、祈求平安的美好愿望。（2）庙会：每逢二月十五或其他传统节日期间，村民都会在村西北的庙宇附近举办庙会，唱戏三天，热闹非凡。（3）羊皮筏子制作：村民把扒下来的羊皮，经过油浸等多道工序制作成羊皮囊，名曰“浑脱”，浑脱充气后捆绑于木棍搭成的架子上，就可在黄河行驶。

图 8　北长滩村今貌

图 9　双神庙

北长滩村现存的传统民居院落多为三合院或四合院，房屋为传统的“四梁八柱”式土木结构，建筑质量较差，部分房屋已经废弃不能住人，大部分房屋在后期维修加固的基础上继续使用，居住条件较差。

北长滩村基础与公共设施建设较为滞后。村子里有小卖铺两个，房屋设施简陋，物品单一，尚不能满足村民所需。村子没有集市和贸易活动，没有手工作坊，更没有现代化商场。村民种植粮食只满足自己所需，北长滩村的经济状况较差。村子对外交通联系只有两条道路，一条为沙石路，道路崎岖；一条为水泥公路，尚在修建中。村民用水主要为黄河水，河水混浊、有杂质，未经过任何处理直接饮用，虽然村子有机井一处，但利用率不高。电力通信设施较差，手机无信号。没有专门的粪便、垃圾处理设施，主要靠简易填埋，村落环境卫生状况较差；村子无防灾消防设施。总的来看北长滩村基础设施较为落后。北长滩村村委会办公场所尚在建设之中，组织管理不完善。北长滩村没有教育、医疗、文化设施机构，旅游设施不健全，虽有农家乐一处，但设施较简陋，商业利用率不高。

3. 主要问题与对策建议

在考察过程中，我们看到北长滩村传统建筑的保护利用状况不容乐观，主要有以下问题。（1）传统建筑遭到人为毁坏，失去了建筑原有的风貌，有的传统院落破旧不堪（图 10），失去文物保护的价值。（2）传统村落的基础设施、旅游设施以及与之相配套的服务设施不健全，未得到有效的开发利用。（3）政府相关部门对传统建筑的重视和保护力度不高，未建立有效的传统建筑保护和管理机构。（4）村民对传统建筑保护的认识性不够。这些问题都严重地影响着北长滩村传统民居建筑的保存和利用。

图 10　破旧的院落

对以上所存在的问题，应该及时制定相应的保护策略，其中政府在这一过程中需扮演重要的角色。首先，政府必须制定行之有效的政策，对传统建筑进行维修和保护，制止村民人为的破坏，同时要对废弃的传统民居院落加以整修，列入保护计划。其次，政府需要投入资金来完善当地的基础服务设施建设，如道路、饮用水、电力通信、垃圾处理以及教育、医疗、文化等。最后，加强对村民的教育宣传工作，提高他们对保护传统古建筑的认识和觉悟，从而有效的开展保护工作。北长滩村作为进入“中国传统村落”名单者，应该编制科学的保护规划。在保护好传统建筑的前提下，合理开发利用，适当发展旅游业，带动整个村落的经济发展，从而可以为村落建筑的保护提供一定的经济支持。

当然，上述建议只是针对村庄现状的近期设想。由于拟议中的宁夏黄河大柳树水利枢纽工程很有可能不久实施，而北长滩村正好位于该工程大柳树大坝的上游水库淹没区，因此，在该村进行大规模的工程性建设活动长远看来可能是不适宜的。

附：北长滩村调查问卷统计表

问卷对象	男	女	—	—
	14 人	12 人	—	—
年龄构成	18 岁以下	19—45 岁	46—60 岁	60 岁以上
	0 人	3 人	9 人	17 人

续表

民族构成	全部为汉民族			
学历构成	高中以下		大学专科	
	25 人		1 人	
对象属地情况	本地人且常驻	本地人但常年在外	—	—
	25 人	1 人	—	—
经济活动	种地	培植果木	蓄养	外出务工
	8 人	8 人	13 人	7 人
家庭年收入情况	10 000 元以下	10 000—20 000 元	20 000—50 000 元	50 000 元以上
	21 人	4 人	1 人	0 人
对村子道路满意情况	满意	较满意	不满意	不满意情况：占道经营严重；路面坑洼；路边线路林立；照明不佳
	19 人	5 人	2 人	
对村子供水排水满意与否	满意	较满意	不满意	不满意情况：缺乏供水排水设施；水质不好；供水不足；雨天有积水；污水未经排放
	8 人	5 人	13 人	
对村子供电通信满意与否	满意	较满意	不满意	不满意问题：电压不稳定；电视收视质量欠佳；通信信号差；网络宽带接入不方便；邮寄不方便
	9 人	14 人	3 人	
对村子消防设施满意与否	满意	较满意	不满意	不满意问题：没有消防通道；消防设施不足；居民消防意识欠缺；缺乏消防安全标志
	5 人	0 人	21 人	
对村落环境卫生满意与否	满意	较满意	不满意	不满意问题：缺少公共厕所；家庭厕所卫生条件落后；生活污水未经处理排放；没有统一的垃圾收集站、垃圾随意堆放
	5 人	3 人	18 人	
对村落公共用地满意与否	满意	较满意	不满意	不满意问题：公共绿地面积小；公共场所太少；公共设施老化、欠维护；公共设施使用率不高
	2 人	0 人	24 人	
对村落总体满意与否	满意	较满意	不满意	—
	9 人	7 人	10 人	

续表

历史房屋保存情况	清朝及以前	民国年间	1950—1980 年	1980 以后
	1 户	1 户	22 户	2 户
现在住房用途	居住	商业及居住混合	空置	—
	23 户	1 户	2 户	
现在房屋情况	太破旧	面积	没厕所	用水不方便
	21 户	3 户	6 户	7 户
对房屋商业利用率的看法	缺乏或很少	大致适当	需要加强	—
	21 人	0 人	1 人	
村落建筑保护存在问题	缺少维护维修	新旧建筑不协调	建筑色调不协调	—
	11 户	1 户	1 户	
对非物质文化遗产了解情况	不了解			
	26 人			
村落房屋保护情况	良好	一般	糟糕	—
	7 户	7 户	6 户	
村落服务管理机构	卫生服务站	村民议事室	—	—
	3 所	7 间	—	—
对社区工作是否满意	满意	较满意	不满意	—
	10 人	10 人	5 人	—
村落改善主要存在的问题	财力投入不足	管理体制有问题	法规、政策不明确	工作有待改善
	3 人	1 人	1 人	4 人

注：北长滩村接受调查的有 26 人，男 14 人，女 12 人，皆为汉族，其中 19—45 岁 3 人，46—60 岁 9 人，60 岁以上 17 人。高中以下有 25 人，大专 1 人。一直居住于此的本地居民有 25 人，常年在外的本地居民有 1 人。有 8 个人的经济收入来源于种地，有 8 个来源于培植果木，13 人来源于蓄养，7 人来源于外出务工，1 人是个体经营者。他们的收入大多在 10 000 元以下，有 21 人的收入在 10 000 以下，10 000—20 000 的有 4 人，20 000—50 000 元的有 1 人。本村的基础设施、公共设施情况主要从道路、供水排水、供电邮政通信、消防、环境卫生、公共用地及设施 6 个方面来调查。道路方面大多数人比较满意，其中存在的主要问题是路面坑洼。供水排水方面大多人不满意，其中存在的主要问题是水质不好，缺乏供水排水设施；其次是雨天有积水，排水不畅、供水不足、污水未经处理排放。供电邮政通信方面大多数人较满意，其中存在的问题主要是通信信号差；网络宽带接入不便、邮寄不方便、电视收视质量欠佳。消防方面，大多人不满意，存在的主要问题有没有消防通道、消防设施不足；缺乏消防安全标志、居民用电存在隐患。环境卫生方面，大多数人不满意，存在的问题主要是没有统一的垃圾收集站、垃圾随意排放；缺少公共厕所，生活污水未经处理排放，家庭厕所卫生条件落后。公共用地及设施，大多人不满意，主要问题是公共场所太少，公共绿地面积小；公共场所太少，公共设施老化、欠维护。人们对此的总体评价为满意的有 9 人，较满意 7 人，不满意 10 人。受调查者觉得目前最需要建设和改善的基础设施是供水、公共厕所、电视电话线路、宽带网络、路面修整

该村的遗产保护与社区情况：大多数人的住房修建年代为 1950—1980 年，房屋的主要用途是用于居住，房屋存在的主要问题是太破旧，传统建筑的商业利用率缺乏或很少，传统公共建筑（如寺庙、祠堂）保护存在的主要问题是建筑缺少维护、维修。人们大都对本村的非物质文化遗产不了解。人们觉得本村（镇）的古建筑的保护、传统民俗艺术的保护情况一般，认为今年的旅游开发对本村的消极影响体现在原生态自然环境受到破坏，积极影响体现在本地居民经济收入有所增加，本村的服务管理机构有卫生服务站和村民议事室。人们对本村的社区工作较满意，认为目前本村社区工作存在的主要问题是本社区工作有待改善、政府财力投入不足、本社区居民参与的积极性不高，民主决策、民主管理做得不够，社会力量支持不足、整合不够

（三）传承或改造：青海省班玛县班前村踏察[①]

1. 概况

班前村位于果洛藏族自治州班玛县东南部灯塔乡，该村距县政府驻地 54 千米，距省会西宁 820 千米。

班前村属高原大陆性气候，年日照时数为 2370—2750 小时，年均气温 −0.8℃，年降水量 324—520 毫米，无绝对霜期，牧草生长期为 120—150 天。森林资源丰富，森林覆盖面积 154 922 亩，草场类型为高寒草甸、高寒草原、山地草地，周边环境状况良好，平均海拔约 3200 米，大渡河上游的玛柯河纵贯全村（图 11）[②]。

图 11　班前村河谷

全村 2013 年户籍人口 518 人，常住人口 520 人，主要民族有藏族、汉族。班前村 2014 年先后列入第 6 批“中国历史文化名村”名单、第 2 批“中国传统村落”名单。

① 本部分由侯甬坚等人撰写。

② 班玛县地方志编纂委员会编：《班玛县志》，西宁：青海人民出版社，2004 年。

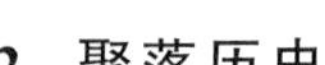

2. 聚落历史

班前村的聚落最早可以追溯到唐代。唐初贞观八年（634 年），属于党项诸部活动地区的班玛县一带一度内附，入唐版图。贞观十年（636 年），班玛县地被吐蕃王国军队占领。到晚唐会昌二年（842 年），吐蕃王国发生内乱，青海班玛地区诸部落头人各自为政。

宋嘉熙三年（1239 年），蒙古进军西藏，青海省南部地区（含班玛）归属蒙古汗国。1252 年，忽必烈发兵南征云南大理，取道阿坝、甘孜大小金川，波及玛柯河流域。元中统元年（1260 年），班玛地区属于“吐蕃等处宣慰使都元帅府”节制，开始推行土司制度。此间，班前村一带可能已经出现藏式碉楼民居。

明万历三十二年（1604 年），黑帽噶玛派第八世弭觉多杰在今班玛县班前村出生。崇祯十二年（1639 年），厄鲁特蒙古和硕特部固始汗率青海蒙古军经康区进军西藏，今班玛地区从属于青海蒙古右翼。康熙六十年（1721 年），今班玛隶属于四川成锦龙茂道松潘漳腊营。明清时代，今班玛一带的藏式碉楼民居有较大的发展。班前村现存最早的碉楼即建于 300 多年前。

民国二十四年（1935 年），班玛隶属果洛行政督察区管辖；1953 年 7 月 22 日，果洛工作团派白玛本工作团进入班玛寇垠卡地区（今莫巴乡政府驻地）。1954 年 1 月，组建“中共班玛工作委员会”。1955 年 4 月，“中共班玛工委”更名为“中共班玛县委”，并成立县人民委员会。1984 年，灯塔乡成立，班前村属班玛县灯塔乡管辖。

3. 聚落遗产现状

1）藏式碉楼民居

藏式碉楼，藏语称为“夸日”，主要分布在果洛藏族自治州班玛县灯塔乡的班前、科培、格日则等村，其中仅班前村内就有碉楼近百座，大多有 300 年以上的历史。这种碉楼多建于向阳坡地，傍山，外形呈阶梯形。

班前村庄建成区的传统藏式碉楼民居（图 12），目前共有 37 处，总占地面积达 151 900 平方米，其中重点挂牌保护的作为历史建筑的碉楼 3 处，分别是旦忠房屋（建筑面积 158 平方米）、才让吉房屋（建筑面积 177 平方米）和党增华房屋（建筑面积 156 平方米）。这些藏式碉楼仍在居住和使用（图 13），其原真性和完整性较好[1]。

图 12　班前村的碉楼群

图 13　三层藏式碉楼

2）红军长征遗迹

民国二十五年（1936 年）七月，中国工农红军二方面军红六军团司令陈伯钧、政委王震率领十六、十七、十八师等万余人长征时，从四川色达县渡过玛柯河到达今班前村地区，在石壁上写下“北上响应全国抗日反蒋斗争!”的标语（图 14），至今字迹清晰醒目。这是中国工农红军二万五千里长征经过青海的见证。为了纪念红军长征，当地群众把子母达沟改名为“红军沟”，把班前村北吉德寺大经堂前曾设立的哨所命名为“红军哨所”，把红军走过的铁索桥称为“红军桥”。

① 张博强、郝思怡：《青南地区班玛县藏族碉楼民居空间布局及形态特征浅析》，《城市建筑》2014 年第 4 期，第 39 页。

图 14　红军长征标语

3）碉楼营造技术

班前村的藏式碉楼营造技术 2011 年列入国家非物质文化遗产名录。藏式碉楼或两层或三层，上层堆放粮食，中层住人，下层圈养牲畜，各楼层由独木梯衔接。独木梯由整根原木做成。建筑整体高约十米，屋面多为平顶，墙体石木交错，间隙夹杂黄土砌制而成。一层畜棚为四梁八柱。二层由居室、堂屋、厨房、走廊组成，房与房之间用横木墙体隔开，外墙留有床和烟道。烟道口留于后墙；窗户建于侧墙，其用途一是采光，二是防御。房屋外沿由柳条编制篱笆墙隔出走廊，廊宽一米，并在拐角处设有厕所。三层为库房，外墙设有瞭望口。藏式碉楼建造是由藏族专门石匠修建的，在建造过程中不吊线、不绘图，全凭经验。基壁面能达到光滑平整、不留缝隙。墙体、门窗、天棚、独木梯均为本色，不刷油漆。碉楼营造技艺独具地域特色，对研究古代藏族群体生活习性和藏式建筑工艺方面具有高的艺术和研究价值。

4）文化景观

班前村玛柯河两岸森林茂密、野生动植物资源丰富，碉楼建筑和藏民的传统生活方式，与周边农田、草山、河流植被等人工、自然生态环境融为一体，景色迷人，构成富有青藏高原特色的文化景观。

4. 聚落功能现状

居住方面。班前村共有 4 个合作社。绝大部分居民仍然居住和使用藏式碉楼。近年，通过修建村文化广场、篮球场、室外体育健身器材，配置了宅间道两侧太阳能路灯，修建了旱厕，对居民房屋的外墙进行粉饰，改善了居民的生活环境条件。

经济方面。班前村的支柱产业为牧业，也有部分的农业和林业。2013 年，班前村存栏各类牲畜 2876 头（匹），其中牛 2862 头，马 14 匹。已完成游牧民定居工程 62 户，退耕还林还草工程 661 亩，三江源生态移民搬迁户 10 户。近年，正在着手发展特色村镇旅游。有少部分的劳务输出。2013 年人均纯收入 3667 元。

基础设施。该村水、电、路建设较为完善。自来水入户，设施齐全；电力、电信设施完备；省道过境，入村道路路面硬化，并且具备照明设施（图 15）。

图 15 入村道路及其照明设施

公共服务方面。班前村村支部、村委会、调解、治保、妇联、残联等基层组织健全。现有小学一所，在校学生 95 名，适龄儿童入学率达 99%以上。已建成游牧民定居点综合办公服务中心一处，设置有党员活动室、图书阅览室、文化娱乐室等。另外，兴建了一定的文化休闲、体育健身设施。缺乏社区医疗场所。

总之，班前村村民皆户有所居，邻里和睦，社区稳定；村庄内道路大多硬化，供水、电力、电信设施较完善；建筑空间用途较为多样，文化特色突出，自然环境良好，有部分休闲娱乐、健身、文化场所。产业结构、土地利用状况多样，有丰富的牧业、农业、林业产品，其中林业产品“哇塞茶”极具特色，

并正在着手大力发展旅游业[①]。

5. 主要问题与对策建议

（1）遗产保护与村落发展需要大力协调。近年，班前村在外来单位支持下，按照班前村建设规划方案，修建了村文化广场、篮球场、室外体育健身器材，配置了宅间道两侧太阳能路灯、旱厕，对居民房屋的外墙作了粉饰。应该说，这些工程的进行，在改善该村居民的居住生活条件的同时，也使该村遗产的原真性、风貌的完整性受到一定程度的破坏，尤其是对居民房屋外墙进行的粉饰，并不符合历史建筑保护的要求。今后，需要特别注意对藏式碉楼群的原真性和村落风貌的完整性保护。

（2）紫、红、绿三色旅游需要紧密结合。作为青海省的特色景观旅游名村，班前村的旅游近年刚刚起步。班前村如果能把历史建筑群（紫色）、红军长征遗迹（红色）、玛柯河林区优美的自然环境（绿色）紧密结合起来，发展旅游的潜力很大。

（3）村镇社区功能需要进一步提升。目前，班前村虽然已彻底摆脱了“出门靠骑马、拉运靠牦牛”的畜力时代，已迈进“出行有摩托、运输有汽车、通信有电话、看病报药费、上学有学校、致富靠组织”的崭新时代，但公共基础设施、生态环境仍需进一步改善、提升。

公共设施提升方面。应整治现有有限的公共设施，加快建设公共娱乐设施、卫生所或医院。综合协调供电设施与镇村其他设施的建设，保证供电量，提高供电可靠性。以公用通信数字化为重点，加快专业网、数字网、通信网“三网合一”，逐步实现电信网的宽带化、个人化、智能化的发展要求。

生态环境功能提升方面。在发展经济的同时，注意保护村庄生态环境，使村庄在布局合理、基础设施完善的基础上，成为环境优美的生态化空间。应建立垃圾集中回收点，在村庄各主要道路与公共场合附近设立分类回收垃圾桶，卫生责任制到位，分区负责，保证村内的基本环境卫生。在公路两旁开挖排水渠，建立基本的排水系统。对于日常生活和生产中产生的废水，应该集中处理后再排放，不能直接排入水渠中。全村现仍以草木燃料为主要能源，可采用沼气池、太阳灶、太阳能热水器等多种方式拓展能源来源，尤其是太阳能的挖掘。

---

① 张海云：《青藏游牧区公共服务体系建设中的社会保障问题研究——基于青海省班玛县和久治县的田野调查》，《青海民族研究》2015年第1期，第173—178页。

可推广使用被动式太阳房、太阳灶和太阳能热水器等新能源方式，以减少木柴的使用量。

（四）保护兼改善：新疆霍城县惠远镇[①]

1. 概况

惠远镇地处新疆维吾尔自治区霍城县东南，距伊犁自治州首府伊宁市 32 千米，距霍城县城中心 7.5 千米。全镇南北长约 16 千米，东西宽约 22 千米，行政辖区 135.31 平方千米。218 国道、精伊霍铁路从惠远古城区北部穿过。镇政府位于古城区内。

惠远镇的地形西北高东南低，可分为丘陵、平原、阶地河漫滩三部分。丘陵地带海拔高度 650—1000 米，处于山前倾斜平原向山地过渡带，沟梁相间，由北向南倾斜；山前倾斜平原是受风蚀和水流搬运冲洪积扇的下缘，随着地形坡度减缓，黄土沉积物较深厚，是农田耕作区；阶地河漫滩的发育较为微弱，生长有稀疏沙枣蒿草植被。另外，镇域西部受图开沙漠的风沙侵蚀，存在土地沙化现象。惠远镇属温带半干旱型气候，夏季炎热干燥，春季温和湿润，秋季天高气爽，降温迅速，冬季冷且漫长，多阴雾天气。

惠远镇是以农业为主、畜牧业为辅的农业镇，有耕地 4.1 万亩，总人口 2.4 万人，由维吾尔、汉、回、蒙古、锡伯等 17 个民族组成，其中少数民族占总人口的 70%。

惠远镇于 2007 年 6 月被列入第三批“中国历史文化名镇”名单中。

2. 聚落历史

早在西汉时期（前 2 世纪），惠远镇所在的伊犁河谷地区已受汉朝辖制。唐代，王朝通过采取一系列军事、政治、经济等方面措施，使伊犁地区同祖国的联系更为紧密。

降至清代，随着乾隆二十年（1755 年）平定准噶尔部，乾隆二十七年（1762 年）即设立“总统伊犁等处将军”（简称“伊犁将军”）掌管天山南北和巴尔喀什湖以东、以南广大地区，将军衙署驻惠远老城。此后一百余年间，惠远老城一直是天山南北的政治、军事、经济、文化中心。其时老城商铺林立，市景

---

① 本部分由王社教、李素珍等撰写。

繁荣。同治五年（1866年）惠远老城被回民起义军攻破；同治十年（1871年），由于沙俄侵略者进入，老城又受到沙俄军队的破坏。

光绪元年（1875年），清廷命左宗棠为钦差大臣督办新疆军务。光绪八年（1882年），订立中俄《伊犁界约》，金顺将军率大军正式收复伊犁，其衙署暂设在绥定城（现水定镇），并准在惠远老城西北7.5千米处，仿照老城新建惠远城，以图重振当年伊犁九城雄风。新城位于惠远老城西北7.5千米处，这里地势平坦，原是乾隆三十七年（1772年）移民庄世福等48户垦殖地。光绪十年（1884年），清廷批准设置新疆省，仍设伊犁将军，但全疆的政治中心才由惠远古城移至迪化（今乌鲁木齐市），伊犁将军只管伊犁和塔城的军政事务。光绪十九年（1893年），新惠远城建成，伊犁将军移驻新城[①]。新惠远城初具规模，城内布局、街道建筑与老城形制完全一样，由内城、外城、瓮城、城厢、垛口、女儿墙、吊桥、马面、护城河组成。

民国元年（1912年），辛亥革命在伊犁成功，成立新伊大都督府。是年5月，北京政府令新伊大都督府改为伊犁镇边使。民国三年（1914年），撤销伊犁镇边使设伊犁镇守使。民国十九年（1930年），将伊犁镇守使改称为伊犁垦牧专员，民国二十一年（1932年），又改称伊犁屯垦使。民国二十三年（1934年），邱宗浚任屯垦使后，始将屯垦使公署从惠远城迁往宁远城（今伊宁市），从此惠远城仅为驻军营地。1944年12月31日，惠远城被三区革命军攻占。

1950年初，中国人民解放军50团进驻惠远城。1952年10月成立人民政府，为绥定县第三区。1958年成立猛进人民公社，1982年撤销公社成立乡政府。2001年撤乡建镇，今为霍城县惠远镇政府驻地。

3. 聚落遗产现状

1）惠远城（老城）遗址

惠远城（老城），又称“伊犁大城”（也称“伊犁”），是清代伊犁九城之首。其遗址在霍城县城南15千米的伊犁河北岸。乾隆二十七年（1762年），清政府在伊犁设立了伊犁将军作为新疆地区的最高行政、军事长官，首任伊犁将军明瑞奏准即在伊犁河北岸修建大城，逾年城成。至同治十年（1871年），沙俄侵占伊犁，惠远城遭俄军拆毁，城内建筑大多无存；又城垣长期受伊犁河水侵蚀，地下遗存多遭河水蚀毁。今遗址尚存者仅北面、东面部分城墙和老东

① 苗普生、田卫疆主编：《新疆史纲》，乌鲁木齐：新疆人民出版社，2004年。

门土墙墩。2003 年，该遗址被列为第五批自治区级文物保护单位[①]。

2）惠远新城（今惠远镇镇区）

惠远新城中心为钟鼓楼，东、西、南、北四条大街将城区划分为四大部分。目前惠远镇房屋建筑均在三层以下，建筑多数是居住建筑，有汉族、维吾尔族、锡伯族、哈萨克族等居住。街巷格局以东西、南北十字大街为主要道路，保留传统的道路骨架，尚存一定数量的历史建筑物、构筑物，如钟鼓楼、伊犁将军府、衙署、俄国领事馆、护城河等。

伊犁将军府，是清代“总统伊犁将军”的衙署，位于惠远古城区东大街北面，坐北朝南，占地面积 19 973 平方米，文物建筑面积为 4146 平方米。新中国成立以后，伊犁将军府内由于建有驻军营房，未能对其进行很好的保护，受损较严重。目前旧址尚存庭院、曲径、回廊、凉亭以及风格粗犷的一对石狮子。1996 年被列为第四批全国重点文物保护单位；2000 年，进行第一次维修；2001 年，又再次进行次维修。

钟鼓楼属土木建筑，是新疆保存最完整的清代建筑，为三重檐歇山顶建筑，仿建北京、西安钟鼓楼，建在长、宽各 22 米的黄土夯筑的平台上。1927 年、1964 年、1984 年，钟鼓楼先后 3 次进行修缮，1990 年列为第 3 批自治区级文物保护单位。

衙署是清代官员的办公地点，建成于 1893 年，属土木建筑，位于北大街，距钟鼓楼约 200 米，保存较好。衙署占地面积 3128.15 平方米，文物建筑面积 738 平方米，2002 年开始维修。

俄国领事馆是民国初建造的俄式建筑，建筑结构为两层砖木结构，占地面积 900 平方米，建筑面积 350 平方米，目前保存基本完好，由军人服务社使用。

3）林公渠与林公树

林则徐谪居惠远老城时，捐资承修的喀什河引水工程龙口，即林公渠。该龙口工程历时四个多月，用工十万有余，由一条宽三丈（1 丈≈3.33 米）至三丈七八尺（1 尺≈0.33 米）不等、深五六尺至丈余不等的长达三千米的大渠构成。该渠至今仍灌溉着霍城县几十万亩耕地。

在古城区外来安街东侧有四棵夏橡树，已历百年，即林公树。

---

① 樊传康：《新疆文化遗产的保护与利用》，北京：中央民族大学出版社，2006 年。

4. 聚落设施现状

从实地发放调查问卷的反馈情况和对惠远镇当地居民的走访情况来看，惠远镇居民最关注的问题是社区居住生活相关问题，即完善设施配套、改善居民生活等方面，主要集中于以下几点。

（1）给水排水设施。由于惠远镇镇区地下水水质不好，镇区饮用水源取自霍城县城辅助水源——萨尔布拉克下游溢出泉水。目前镇区饮水配套设施尚不完善，供水能力不足，不能满足城镇经济社会的发展需要；排水设施不健全，普及率低，无污水排放系统。由于污水主要排入边沟、渗坑，自然深入地下，给整个镇区环境造成了一定的污染。

（2）道路交通设施。部分镇区巷道交通不畅。镇区街头常见各种机动车、非机动车、兽力车、行人混行，没有专门的停车场，且道路路面残缺不整，有待维修；道路断面不尽合理，道路绿地指标不够，道路照明设施不全。

（3）公共用地（绿地、广场、公园等）建设。目前镇区道路上只有稀少的一些行道树，没有公园及小游园，绿化量少质差，居民无处休闲游憩。

（4）环境卫生设施。随着人口、经济增长及镇区规模的扩大，垃圾产量大幅增加。目前镇区环卫设施及垃圾清扫、清运机具和设备不足，环卫公用设施如公厕、垃圾收集点、果皮箱等的数量、密度达不到国家颁布的环境卫生标准。现状垃圾填埋场采用露天堆填，未采取任何覆土、防渗和碾压处理，对填坑周边土地及河流下游村庄来说是一个较大的污染隐患。

5. 主要问题与对策建议

1）保护规划实施问题

惠远镇的历史文化保护规划将古镇划分为三级保护区，相应采取三个不同层面的保护手法：一是针对文物的原物保护；二是针对建筑及历史环境的风貌保护；三是镇区周边地段新建工程高度、建筑风格和色彩的协调[①]。但是，目前镇区附近的实际保护工作并未能够很好地贯彻保护规划的要求。例如，镇区城墙外侧即出现了不少红色彩钢屋顶房屋。这与保护规划要求的坡屋顶的建筑色彩及其屋顶色彩应采用传统的白、青、灰色调显然十分不协调。

对此，需要进一步加强古镇历史风貌的保护与协调工作。古镇的整体布局

---

① 伊犁州城乡规划设计院：《惠远历史文化名镇保护规划（2006—2020）》，内部资料，2006年。

要坚持明清时期的原貌、风格，以保护及恢复为主。镇区内民居要尽量采取院落式布局，对建筑的材料质感、色彩、门窗位置、屋顶形式、层数等都要从严要求，保留原有特色和风貌，对于一些有保护价值的院落要完整保护。只有这样，该镇的传统风貌才有可能逐渐恢复。

2）基础设施改善问题

基础设施的改善包括道路、供水排水、供电邮政通信、消防、环境卫生、公共用地及设施（绿地、广场、文化娱乐设施等）等方面。问卷调查结果显示，社区居民对古镇基础设施、公共设施满意者占 10%，较满意者占 69%，不满意者占 21%。可见，古镇的基础设施和公共设施还需要大力进行整治和建设。

给排水方面。应完善供水系统修建供水站，节约水资源，保护生态环境，保护水源地。同时，镇区需要形成较完善的排水系统，提高污水处理率，提高污水的再生利用水平。污水处理方式可考虑采用氧化塘处理，处理后污水排入南部戈壁沙丘地，用于林灌。

交通方面。应完善该镇路网结构，使之能适应该镇的发展和交通的变化，突出古城路网特色，以道路建设带动该镇的建设和发展，明确道路系统的功能和主次，提高道路使用率，理顺对外交通与内部道路交通的关系，从而形成合理、通畅的道路系统。对镇区内坑洼严重的道路迫切需要进行整修。

生态环境方面。应着眼于城镇生态环境的提高，满足居民对高质量的生态环境的需求。需要结合该镇的历史街巷特点，形成“点、线、面、环”相结合的城镇绿地体系，提高该镇绿化质量和绿化水平。

环卫方面。需要加快旱厕改造，建设高标准的水冲式公厕；镇区生活垃圾应分类收集，以免影响市容和污染环境；道路两侧布置垃圾箱、果皮箱，确保旅游景观节点的优美环境；建造美观封闭式的垃圾收集屋，其造型应古朴、大方，与周围环境相协调。

3）旅游发展问题

惠远镇交通区位优越，历史文化丰厚，自然景观独特，具有发展旅游业的较好条件。但目前的旅游业发展尚不尽如人意。之所以如此，根据我们对古镇旅游者所做的问卷调查来看，主要在于旅游资源开发、旅游配套设施和服务尚多不足。因此，要更好的发展旅游业，需要进一步加大镇区基础设施建设、街区风貌整治、历史遗迹修复、传统文化挖掘和对外形象宣传的力度，需要完善旅游配套设施如公共厕所、住宿设施、娱乐设施等的建设，需要提高旅游服务质量与水平。

三、陕西省三原县柏社村调查[①]

柏社村是陕西省咸阳市三原县新兴镇的一个行政村，位于新兴镇西北部约5千米，距三原县城约25千米，北与铜川市小邱镇相接（图1）。以前，因村庄树木以柏树居多，村庄也就命名为柏社村。只是岁月久远，象征柏社村的古柏树逐渐被砍伐殆尽，而柏社村的名字却得以流传下来。

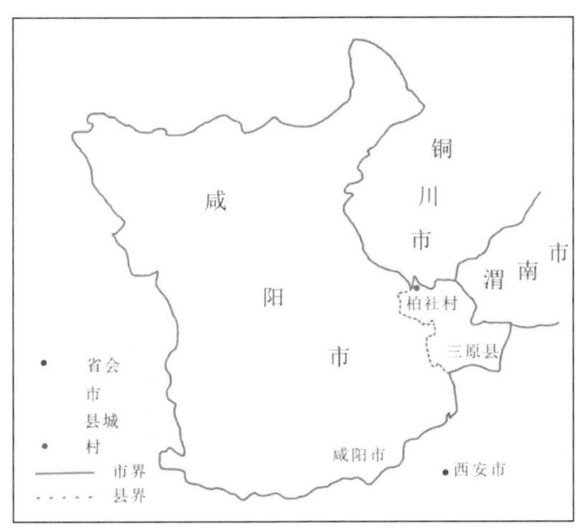

图1　柏社村位置图

（一）柏社村的自然环境

柏社村属于台塬地形，地势相对平坦，平均海拔在700—900米，由北至南有逐渐降低之势。村庄北部为沟壑地带，较为崎岖；中南部以原面平地为主，坡台较少，柏社村主居住区即选择于此。

柏社村所在地水源丰富。一是柏社村东、西两面各有河流，村东1.5千米是浊峪河，村西2千米有清峪河。这两条河流不仅是柏社村的重要水源，也是

① 本部分由李令福、王号辉、闫智钰撰写。

整个三原县重要的农田灌溉水源。二是柏社村地下水较为充沛。村庄中部为富水地带，地下水埋藏较浅，水位一般在30—60米，单井涌量为10—30吨/小时。而深层水在120米或250米以下的中下更新统黄土层及洪积湖相岩层中，属于富水开发区。近年来，在三条小河与浊浴河汇聚的老堡子沟修建有水库，蓄水面积达数十亩，水深数十米，给村中的灌溉水源提供了有力的保障。

柏社村所在地黄土层深厚。柏社村位于三原县的北部台塬区，台塬上黄土层深数十至数百米，下伏第四纪更新世不同岩相带，这种岩相带是稳固坚硬的岩石层，为地窑的建筑提供了坚实的地基。柏社村内除北部有些沟壑以外，整体而言地势平坦，坡面平缓，无山可靠[①]。这样的地形虽然不能建造传统意义上靠山依壑的窑洞，但提供了非常好的向下挖以成地下窑的条件。柏社村一带的黄土层质地细绵，易开挖；土壤含水量较低，承载能力好，稳定性高。这种独特的土质为柏社村人选择地下窑的居住方式提供了很好的开挖条件。

柏社村所在地林木茂盛。今天的柏社村村庄居住区林木众多，乔木数量达18000余株。这在黄土高原上是不多见的。其实，历史时期柏社村就已有不少树木，柏社村的村名就与村中多柏树有关。各类树木为柏社村的居住提供了良好的环境保证，而且还为人们提供了生活燃料和生活用具的主要原料。遗憾的是在村中只留下了3棵古槐，其余无存。

（二）柏社村的发展历史

柏社村聚落距今已有1600多年的发展历史。

柏社村聚落最早出现于村外东北部老堡子沟一带，距今柏社村中心约3000米，时间推测约在晋代。其时，由于关中战乱频繁，百姓为躲避战祸，纷纷来到沟壑纵横、林木蔽日的台塬坡地定居。

前秦时期，聚落渐迁移至“衚衕古道”两侧。衚衕的本意即为窄街长巷。据考察所见，衚衕古道原为流水长期冲积而成，中间低、两边高，中间为古道，深6—10米，窄而狭长弯曲不直，长约4.5千米，当时具有一定的军事、交通意义。现村东北的城沟城形依稀可辨（图2）。南北朝时期北魏在衚衕古道与老堡子之间道路南侧又建城堡，即为古堡。古堡一带相对衚衕古道一带来说地势更为平坦。

① 三原县志编纂委员会：《三原县志》，西安：陕西人民出版社，2000年。

图 2　衖衕古道现状

到隋代，随着聚落的发展，人口数量不断增加，又在古堡西南 800 米处建立新的城堡，今称南堡西城或南堡老城（图 3）[①]。唐代经过贞观之治，社会稳定、经济繁荣、人口增加，于是又添东城，也称为南堡新城。唐代由于佛教盛行，在柏社古堡与南堡之间建立寿丰寺。

（a）南堡北门的古柏

（b）南堡的绿化

图 3　南堡现状

由于柏社聚落规模较大，宋时逐步发展成为商贸集镇。明代，为进一步满足商贸的需要和人们居住生活的要求，北堡应运而生。北堡位于寿丰寺西，面

① 王新：《乡土景观元素在新农村建设中的运用研究——以陕西三原柏社村新农村建设为例》，杨凌：西北农林科技大学硕士学位论文，2011 年。

积约为8000平方米，其时城门高耸，城墙环绕，堡内店铺林立[①]。据记载，当时药铺、当铺、颜料店、杂货铺、车马店等一应俱全，盛极一时[②]。今柏社村北尚有部分当年城墙遗留，仍存有一条古商业街、三条古巷、四院清代民宅，正是当年商业繁荣的见证（图4）。据老人回忆，商业街的南北两头都设有大门，日出开门开市，日落关门闭市；街的两边是林林总总的店铺，店铺后面是商家的四合院院落；建筑材料主要是树木和夯土，固定夯土墙基的树木下有柱础，柱础上雕有精美的花纹。在简单的四合院内，能看到结实的木板门、带门扇的小木窗、房檐上的成排圆木。由于当时北堡商贾云集，给当地的治安管理带来了很大的问题。于是，当地政府决定采取抑制商业发展的政策，将大批的商人赶走，商人们只好把大面积的土地捐给寿丰寺，造成“寺比堡大”的特殊局面。

（a）明清商业街现状

（b）清代民宅

图4 商业街与民宅

进入近代，南堡和衚衕古道之间的地域上又形成了一定规模的聚落，最著名的是田尧居住区，也就是今柏社村地窑院最为集中的地方。民国时期，由于柏社村北与耀县相接，该地成为关中通往革命根据地照金、马栏、延安的重要通道，红军、八路军均在村中设有秘密交通站[③]。

新中国成立后，柏社村不断发展。在人民公社时期，以柏社为名组成了柏

① 该信息来源于现状调查。

② 西安建筑科技大学城市规划设计研究院：《三原古村落保护与发展规划》，内部资料，2013年。

③ 王新：《乡土景观元素在新农村建设中的运用研究——以陕西三原柏社村新农村建设为例》，杨凌：西北农林科技大学硕士学位论文，2011年。

社大队，村庄隶属于大队。1983 年，柏社村在北堡子队、东沟队的基础上重新组建。2004—2005 年，田尧村和柏南村并入柏社村，即形成了现在的柏社行政村。全村总面积约为 11 150 亩，辖尚窑、柏社、南堡、尧上等 8 个自然村，是三原县最大的一个行政村（图 5）。村内分为 15 个村民小组，共计 787 户，人口为 3145 人[①]。村中共有耕地总面积为 6900 亩，其中果园 4500 亩。除北部田尧区为沟壑地带外，其余均为原平地，地势平坦，土质优良[②]。

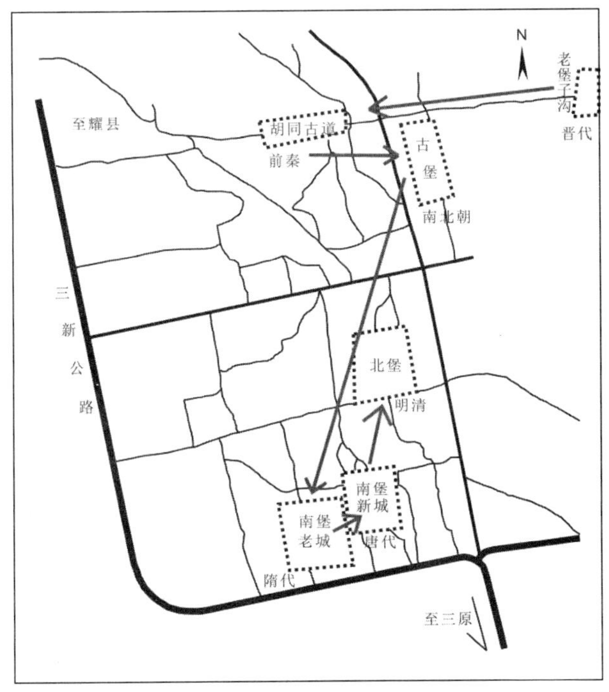

图 5　柏社村村落演变示意图

（三）柏社村的窑洞民居

窑洞具有冬暖夏凉、防火隔声、节约能源的自然特性，是绿色建筑及人与自然和谐共生的典范。下沉式窑洞（也称地窑）作为窑洞的主要形式之一，主要分布在陕西咸阳、河南三门峡、甘肃庆阳、山西运城等地区[③]。尽管历史上地窑分布较广，但是，近年来随着人们生活水平的提升，已遭大量废弃，各地剩下的地窑已为数不多。三原县柏社村是我国现存地窑民居较多的村落。

① 以上数据来源于三原县新兴镇人民政府：《新兴镇 2011 年村级基本情况》，内部资料，2011 年。
② 三原县志编纂委员会：《三原县志》，西安：陕西人民出版社，2000 年。
③ 西安建筑科技大学城市规划设计研究院：《三原古村落保护与发展规划》，内部资料，2013 年。

1. 窑洞的类型及其分布情况

目前，柏社村内保留有窑洞 780 多院，其中保存完好的地窑 134 院，经常有人居住的地窑 25 院，废弃地窑 52 院，共计 211 院（图 6）。村落楸林繁茂，四周农田、果园包绕，形成了“见树不见村，见村不见房，闻声不见人”的村落风貌特色，是名副其实的“天下第一窑村”。

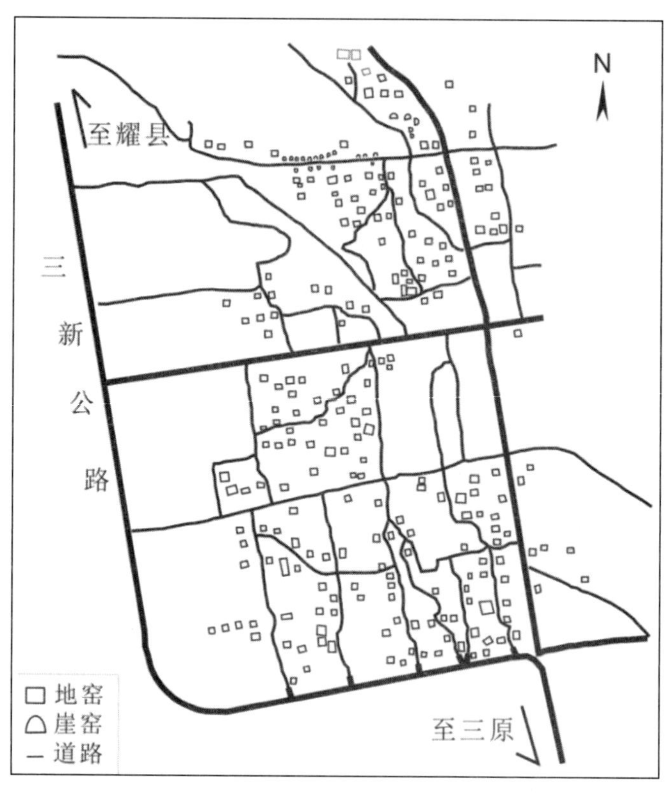

图 6　柏社村窑洞分布情况

柏社村的窑洞主要分为崖窑（明窑、靠崖窑）和地窑（暗窑、下沉式窑洞）两类，以地窑为主（图 7）。地窑主要分布在田尧区和现商业街以南区域。崖窑只有十几孔，主要分布在衚衕古道两边。衚衕古道中间低两边高，具有建筑崖窑的条件。柏社村的崖窑可以分为两种类型：一种是普通崖窑。由于衚衕古道为东西走向，窑洞主要分布在古道崖壁的一面，或朝北或朝南，其余两面为地面房屋建筑。一种是崖窑和地窑的结合体。这种窑洞正面（从衚衕古道看）为崖窑式窑院大门，其余三面为地窑。这种崖窑的顶端虽无女儿墙，但渗井、水井、地窖都有分布。

（a）地窑（暗窑）

（b）崖窑（明窑）

图 7　地窑与崖窑

2. 地窑的形成条件

1）自然地理条件

地形。三原县地处关中平原北部，其境内原隰相间，沃野广阔。柏社村位于三原县的北部台塬区，台塬上黄土层厚达数十至数百米，除北部有些沟壑以外，整体而言地势平坦，坡面平缓，无山可靠①。传统意义上的窑洞必须要靠山依壑才能建造，当地居民没有挖掘横穴的条件，只能利用坚固稳定的黄土直立边坡创造出地窑来居住。

土质。一般认为，黄土具有大孔隙和垂直节理特征。柏社村一带的黄土层质地细绵，易开挖；土壤含水量较低，承载能力好，稳定性高，这决定了窑洞窑脸拱开挖的高度与跨度。柏社村一带属于半干旱类型，而黄土层的湿度较地

① 三原县志编纂委员会：《三原县志》，西安：陕西人民出版社，2000 年。

面空气湿度为高，窑内较地面更适宜居住。土质的独到之处很大程度上决定了柏社地窑的建造。

气候条件。该地一年中降水较少、温差较大。而地窑能够聚集雨水，雨季储存，旱季利用。地窑又具有冬暖夏凉的特点，非常便于关中地区人民冬天避寒、夏天避暑。

2）社会经济条件

居住传统。窑洞是黄土高原居民的古老居住形式，其历史可以追溯到四千多年前。柏社村的人们采取这种历史悠久的居住形式，不但是在延续居住传统，而且也是选择当时条件下的最佳居住方式。

建设简便。建筑材料的选择，很大程度上决定了建筑的造型和造价。黄土是地坑窑的主要建筑材料，就地挖取、造价低廉；少量木材主要用于门窗和少量家具制造，少量砖瓦常常被用到重点建筑部位的加固与装饰。在传统农业社会，黄土高原农民的经济能力有限，选择向地下挖掘空间，无疑最为简单、省钱、方便。所以，地窑就成了当地人修建住宅的首选。

另外，地窑的发展演变与中国传统的风水思想也密切相关。"万物负阴而抱阳，冲气以为和"，地窑与地面在形态上形成的凹凸关系，反映在中国文化中就是"阴阳"关系。地窑还要求"后有靠山，前不蹬空"，"靠山"是指对地势的选择；"蹬空"是指对水源的选择。柏社村周围北部高山，西南有平原，左右各一亘古河流，"山水相汇，动静相乘，背有依托，左辅右弼，犹如摇篮和太师椅，安全、安托、安适，可为久居之计"①。

3. 地窑的形态、结构与年代

1）院落形态

下沉式窑洞主要利用的是黄土的直立特性，在平地上挖一方形的天井，在天井内向四周挖窑，使之成为地下四合院的形制（图 8）。进入地窑的坡道则是由地势的坡缓决定，或直线或折线，其中的折线通道则又类似于中国传统照壁的意思。一般而言，柏社村每一个地窑院落为一户，每一院落有四面，东、南、西各开二三孔窑，北开一孔，另一孔为通向地面的坡道；人的居室一般为

① 李晨：《在黄土下居住与生活——陕西三原县柏社村地坑窑院生土建筑的保护与传承研究》，西安：西安美术学院硕士学位论文，2011 年。

二三孔，厨房一孔、家畜两孔，其余的储藏杂物。排水是窑洞需要解决的重要问题，为此地窑院落中均有一口深4—5米的旱井，俗称渗坑或渗井，专门用来收集落入地坑内的雨水。窑院与通往地面的通道旁往往也设有一口深水井，加一架辘轳，用于解决人畜饮水问题。窑院地上部分多以砖瓦做出五六十厘米高的沿墙，俗称女儿墙，一是防止雨水流入或人畜跌入院内，二是起到装饰的作用。

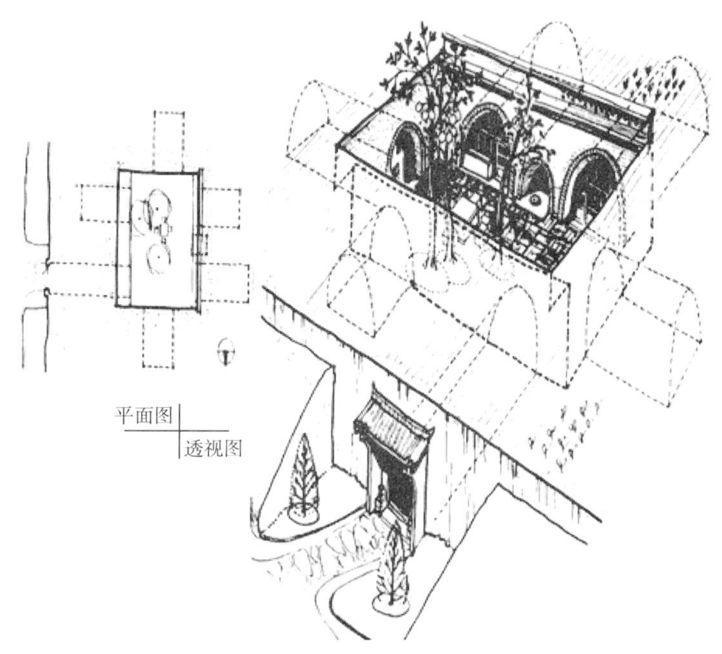

图8　柏社村典型地窑院落示意图

正方形地窑一般以10—12米见方居多，长方形地坑窑一般长12米、宽7—8米。地坑院深度在6—8米不等，从上方看只是一个四方向下的“斗”状。每个院落面积都在上百平方米以上。一院地坑窑旧时一般需多年才能建成。如果每年挖掘四边形地坑院落的一边，也就是二三孔单窑，四年即能建成一院。单体的地坑窑也可相连成群。通过打通相邻的窑洞，可以将各个窑院联系在一起，有五六个院子连在一起的。

柏社村地窑内的各孔窑洞用途不同，如厨房、家畜窑、厕所、储物室等，其用途具有单一性；而卧室则可能具有复合功能，如储物、厨房、客厅的功能。随季节的变化，窑洞的用途也可能有变化，如冬季有火炕的窑洞可能具有厨房和客厅的功能，厨房窑可能会成为储物室；夏季厨房可能会搬到厨房窑，有火炕的窑洞成为卧室和客厅。地窑功能的划定，与当地居民的生活方式、习俗文化联系非常密切。

2）窑洞结构

柏社村地窑在形制上分方坑式四合头、八合头、十合头、十二合头等多种。窑洞洞高约为3.5米，洞顶厚3—3.5米，宽3.5—4米，深10—20米不等[①]。窑院顶部多砌有沿墙，窑内墙壁多采用当地极富特色的“白土”粉饰，多以灰砖、土砖、黄土、瓦、木材为装饰主材。窑脸一般由发圈、窗、门三部分组成。发圈普遍采用尖券的形式，窗分侧窗和窗顶（也称为凄怆）两种，一般都为普通的直棂、花格木窗[②]。柏社村地窑的洞门造型比较简洁，多为木板门。窑洞顶部的地面部分，当地人称为窑背，大约有三亩大小，不能生长植被而且被压的很结实。其形势是中间高四周低，有一定的坡度，这样既可以保证窑洞顶部的结实和解决积水问题，又可以将此地作为打麦场。窑背上分布着大大小小的排气孔，每孔窑洞均有一个，主要用于地窑内的空气疏通（图9）。

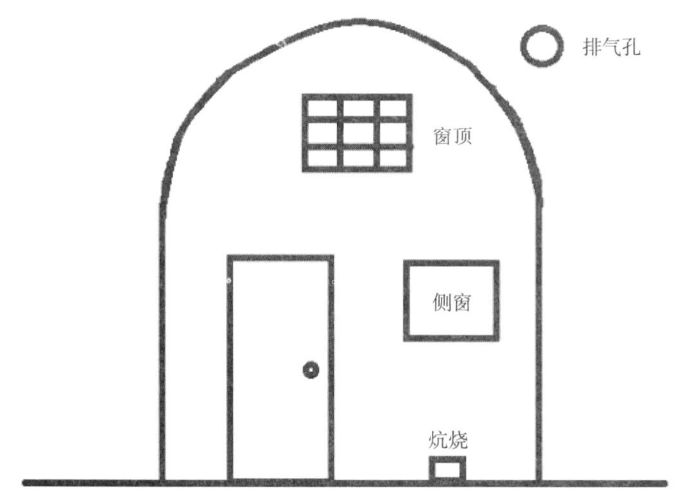

图9　地窑窑脸典型立面

居住窑内一般都有火炕，窗和炕紧密相连。但炕烧的位置不同，有的地炕烧在火炕墙上，有的烧在窑洞墙上。冬季时，人们一般在窑内做饭，夏季时则

① 温湲：《关中渭北地区传统村落的空间形态特色及其延续——以三原县柏社村为例》，西安：西安建筑科技大学硕士学位论文，2010年。

② 翁萌：《陕西柏社村地坑式窑洞窑脸改造初探》，《大众文艺》2010年第22期。

搬到厨房窑或者窑院内做饭。地窑居室的分配颇有讲究，按照辈分高低、长幼次序，以长东幼西的原则排列。地坑窑院落的方位，旧时按“后有靠山，前不蹬空”的原则来确定主窑，一般有东镇宅、南离宅、北坎宅和西兑宅四种形式[①]。随着时代的变迁，这种方位象征逐渐淡化。新建的地坑窑院落大多依据北为上的原则来选定主窑，因为一年中阳光照射最多的是北方位。

3）地窑年代

调研结果显示，柏社村保存的下沉式窑洞数量在全国最多，且大部分窑洞保存相当完好。质量较差的主要是一些年代较长的窑院。村中心窑洞区虽有上100年的窑院26处，但以50年左右的居多。

4. 地窑的优缺点及其改造

1）地窑的优缺点

（1）优点。柏社村地窑作为一种地下建筑，具有地面建筑所不具备的一些优点。一是地窑就地取材，易于施工，且建筑的寿命长，不需要翻新屋顶。二是冬暖夏凉，节省采暖和制冷的费用。一般窑洞要比普通房屋节省一半到三分之二的费用。三是防止室外污染的进入。地窑闭合环绕天井式的建筑形式，可以保持窑院小环境的清洁干净。四是可以防止部分灾害。例如，不慎发生火灾时，能够避免或减少火灾向邻近房屋蔓延；可以防御放射性物质的侵害；可以防止或减少交通噪音和邻居噪声的干扰；可以防止或减轻风、冰雹、雪或其他自然因素的侵袭[②]。

（2）缺点。柏社村地窑的缺点也是很明显的。一是地窑影响安全居住。由于窑顶平坦，面积大，容易生长植物，导致窑顶出现裂缝而渗水，影响窑洞的坚固和安全，甚至导致窑洞出现塌陷现象。又由于地窑处于地下，夏季暴雨来临时雨水极易倒灌窑院，淹浸窑室。二是地窑室内湿度大，通风也不好。由于地窑沉于地下，一般没有地面干燥，也缺乏对流风。三是地窑的室内光线不足，采光率很低。地坑窑室的一头开口形态，决定其采光率比地面建筑要差。四是影响人们的安全。由于地窑存在这样的缺点，近三十年来，随着经济的发展和村民生活水平的提高，部分村民纷纷搬离窑洞，到地面上建筑水泥平房或楼房，

---

① 李晨：《在黄土地下居住与生活——陕西三原县柏社村地坑窑院生土建筑的保护与传承研究》，西安：西安美术学院硕士学位论文，2011年。

② 苏钰：《三原县柏社村地坑式窑洞改造方案》，《西北美术》2012年第1期。

以致很多地窑院被废弃。目前，村内经常有人居住的地窑只有二十多孔。这些废弃的窑洞由于长久无人居住，有的已经出现坍塌，有的院内杂草丛生，还有的遭到垃圾填埋。大规模的弃窑建房现象正愈演愈烈，古老的人居方式面临着日趋消亡的危险境地。

2）地窑的改造

由于地窑本身具有的缺点和所面临的现状，为响应国家新农村建设政策，2009 年，由中央美术学院、西安美术学院、北京服装学院、太原理工大学 4 所大学联合展开了对三原柏社生土窑洞的改造设计。他们选择了村里大小不等的几个窑院，分别以不同的主题进行改造设计，包括以民居住宅、酒店、养老院、文化中心等为目标的设计和改造（图 10）[①]。

图 10　地窑维修改造前后对比图

对于民居住宅的设计和改造，旨在保留窑洞的传统特色，加入现代元素，运用现代手法使其更适合现代人的居住要求，并且始终贯彻低碳环保的理念。

① 张绮曼：《为中国而设计——西北生土窑洞环境设计研究：四校联合改造设计及实录》，北京：中国建筑工业出版社，2010 年。

该种设计改造的方案是依据地窑院落围合的特点，将空间均匀分布于院落周边。整个院落空间包括两间客房、两间储藏室，客厅、娱乐室、书房、餐厅各一间。设计中从材料到工艺，从空间到装饰，尽可能利用现有的条件和当地资源，以最低的造价获得最佳的效果[①]。

对于窑院酒店的设计，是以地窑为主、配合地势的变化、综合地上覆土建筑等，营造建筑综合体，以吸引高端人士和城市人口前来度假休闲，达到发展经济的目的。该种设计改造是在原有院落的形制上进行拓展的，在不改变基本面貌的前提下综合运用新型原料，加固窑洞结构，保护窑脸不被侵蚀，增加改造通风、采光、排污等设施，以改造其缺点来满足游客的需求。

由于柏社特殊的地理位置，陕甘宁革命根据地时期，无产阶级革命家习仲勋曾在该村居住。设计改造者通过的反复考察，最终将习仲勋居住过的窑院作为改造对象。该地窑的改造设计定位于对地域尊重和历史保护，有效地结合低碳设计改造，并保留原有的历史元素，将其地域文化和革命文化融合，运用地域材料进行整体空间功能和环境上的改造，将居住功能、历史革命陈设功能结合[②]。

对于文化中心的设计改造主要是使窑洞具有剧场的规格。整个区域是一个40米见方，采用生土建筑形式下挖斜坡剧场看台等一系列工程，并且要使工程土方量稍微大于单一的地窑。地窑内侧舞台和梁架可以悬挂电影幕布；活动中心周围栽种西北特有的作物，保持水土并增加绿色景观[③]。

2010年陕西省三原县城建局主持，在三原县政府、新兴镇政府、柏社村村委会的大力协助下，对柏社村的7孔窑洞进行了改造。根据对柏社村村民的调查，其结果显示出村民对政府帮助改造地窑的行为有着极高的评价。由于村民个体改造资金和技术不足，他们非常愿意在政府相关部门的帮助、指导下进行改造。

柏社村现存地窑数量多、种类全、利用率较高，对于研究黄土高原传统民居的保护、改造、利用和功能提升，无疑具有重大的研究价值。

---

① 张绮曼：《为中国而设计——西北生土窑洞环境设计研究：四校联合改造设计及实录》，北京：中国建筑工业出版社，2010年。

② 陈六汀：《陕西地坑窑洞住居环境再生设计话语》，收录于张绮曼：《为中国而设计——西北生土窑洞环境设计研究：四校联合改造设计及实录》，北京：中国建筑工业出版社，2010年。

③ 张绮曼：《为中国而设计——西北生土窑洞环境设计研究：四校联合改造设计及实录》，北京：中国建筑工业出版社，2010年。

（四）柏社村的其他建筑与设施

1. 北堡

北堡位于寿丰寺西，面积约为 8000 平方米，始建于明代，为目前柏社村保存最为完整的古代乡村城堡。今北堡部分城墙仍有保留，尚存一条长约 300 米的古商业街，3 条古居民巷，四院明清古建民宅（图 11）。现在的古商业街内，虽然部分建筑已经过改造，但还是能随处见到门外的刻有图案的石座。

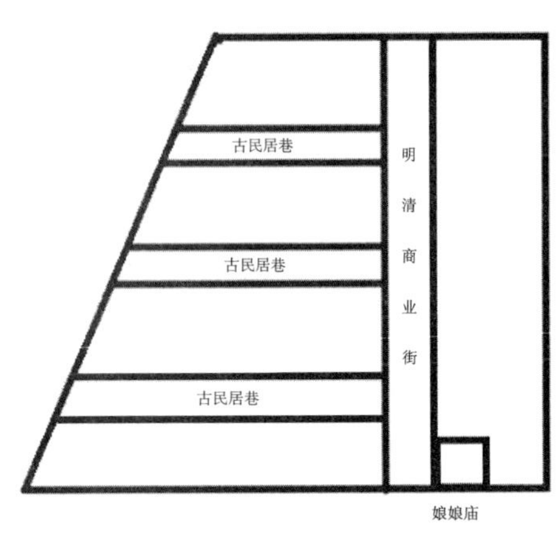

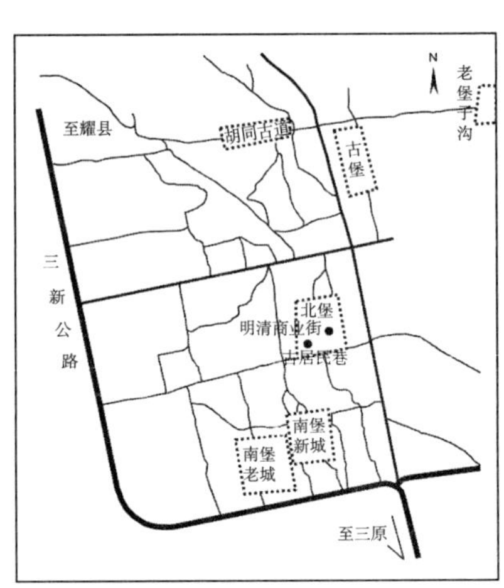

图 11　北堡与明清商业街位置示意

2. 地面民居

目前，柏社村的建筑形式大概可以分为地窑和地面建筑两大类。地窑之外的地面建筑可以分为两类，一类是具有一定传统民居风貌的建筑，另一类是缺乏传统民居风貌的现代地域特色的建筑。柏社村的地面建筑主要集中于主要道路沿线，数量为 306 处，其中具有传统民居风貌的建筑占大多数，为 257 处，无地域特色的现代建筑有 39 处[①]。具有传统风貌的民居建筑，多为砖土混合结构或者木结构，建筑质量相对较差，建筑年代也较长，一般为三四十年及其以上，现在绝大部分都有村民居住（图 12）。现代无地域特色的建筑多为新建砖瓦结构的建筑，建筑时间很短，建筑质量相对较好。在调查中，我们发现柏社村还有一种“新旧结合”的建筑形式——“旧”即地下窑院，“新”即具有传统风貌的地面新建筑，具有地域特色（图 13）。

① 西安建筑科技大学城市规划设计研究院：《三原古村落保护与发展规划》，内部资料，2013 年。

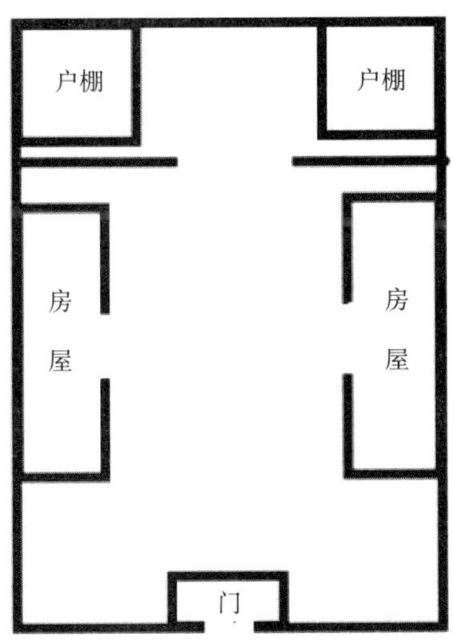

图 12　传统民居院落及平面图

图 13　地下窑院与地面建筑结合的民居

3. 庙宇

柏社村历史上曾存在过不少庙宇，这从村中尚有菩萨庙遗址、无量庙遗址、寿丰寺遗址、马王庙遗址、三宵庙遗址可知。但目前村中只有一座娘娘庙尚存（图 14）。

图 14　娘娘庙（一）

娘娘庙位于北堡明清商业街的南段。据村内老人说，娘娘庙是近年在原娘娘庙旧址上新建的，庙内旧时供奉的是汉朝某位皇帝的妃子。

现柏社村小学所在地为旧寿丰寺。据村中老人介绍，寿丰寺在改造成学校之前由四个庙组成，分别为东面的关公庙（当地称老爷庙），内供奉的是关羽；西边的财神庙；南面的药王庙，供奉的是药王孙思邈；北面的佛爷庙。据说佛爷庙内原有三尊大的佛像，佛像为铜铸而成，在拆庙建校的时候，佛像被人们挪走，不知所终。可见，柏社村历史发展过程中，道教、佛教在村中拥有重要的影响。

4. 涝池

涝池是旧时村中开挖的用于收集雨水的洼地。涝池水主要用于村中居民洗衣服和喂牲口。柏社村历史上曾有三处涝池：其一是古堡时期的柏社村涝池，其二为南堡时期的柏社村涝池，其三便是北堡时期的涝池。古堡、南堡时期的涝池均已经被平整，无遗迹可寻。现在的涝池即北堡时期的涝池，是经过填淤之后遗留下的一小片水面，绿浮、杂草丛生，已不作为村民洗衣服和喂牲口的水源（图 15）。

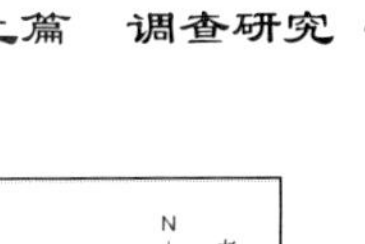

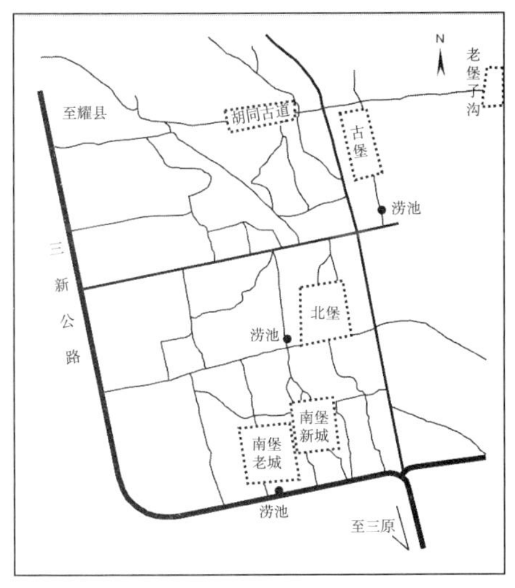

图 15　涝池的现状与分布

5. 村内交通

柏社村目前对外联系主要通过穿村而过的县道三照公路（三新公路）。村内的主要道路纵横交错，多呈东西、南北走向。主要的公路有四条：一条是连接村外公路的入村主干道，从村口一直到自然村上狼沟，全长约 2.4 千米；一条是当地人自发形成的商业集市街，东西走向，全长 1000 米左右；另一条是通过小学门口平行商业街的道路；还有一条是从村里通向下狼沟的路，是历史上被称为战略要地的衚衕古道[①]。此外，村里还有多条不同走向的土质小路。道路铺装上，只有三新公路和村内主干道为混凝土路面，其余均是原始土路（图 16）。

6. 其他设施

柏社村中现有一所小学，是在原寿丰寺的基础上重建的，是全村唯一的教育设施。村委会位于北堡涝池北，为新建的地面建筑。自发形成的商业集市，每逢三、六、九日在村商业街进行。商业街还有百货五金、农药化肥、小吃餐厅等各类商店，为周边村民的衣食住行提供服务。另外，村里设置有移动、联通两座信号发射塔，无线通信网络通畅，而有线电视网络已通到每家每户。村内建有水塔，可供应村民自来水。此外，村里其他的基础设施相对比较落后（图 17）。

---

① 王新：《乡土景观元素在新农村建设中的运用研究——以陕西三原柏社村新农村建设为例》，杨凌：西北农林科技大学硕士学位论文，2011 年。

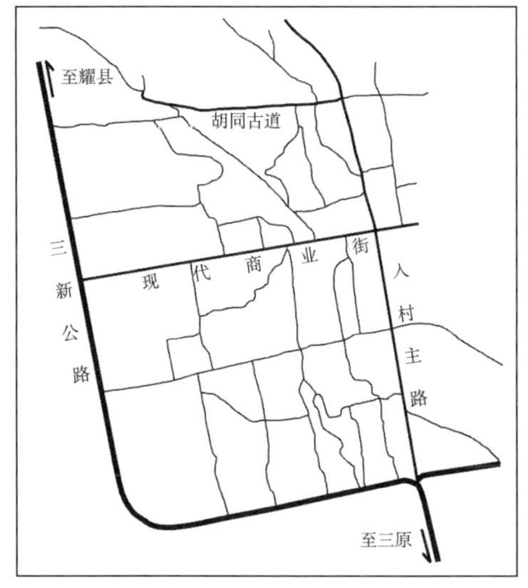

图 16 村内主要道路图

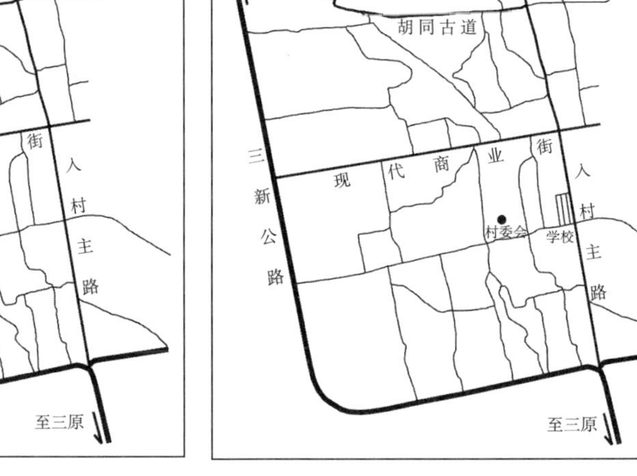

图 17 村内主要设施图

（五）柏社村的文化风俗

柏社村悠久的历史，孕育了独具特色的地方文化和丰富多彩的民间艺术。秦腔班社、社火、唢呐、手工刺绣、剪纸、面花等民间文化习俗，在柏社村代代传承，具有较广泛的影响力。

1. 民间艺术

（1）秦腔班社。柏社秦腔班社生、旦、净、丑、文武乐队，行当齐全，人才济济，培养出许多响亮的艺术人物。明末时曾唱响关中北部，甚至远赴甘肃、宁夏演出。后来班社业余团部演出范围不断扩大，在各地庙会、物资交流会、集市会等大事上也演唱过。发展当今，仍然活跃着一支自乐班，其表演形式多以配乐清唱为主。

（2）唢呐。唢呐是吹奏的器乐，柏社唢呐器乐经久不衰，历代传承。其不同的曲子，吹奏的感觉完全不同。模拟英雄豪杰的唱段，粗犷豪放、雄浑有力，惟妙惟肖的表现出黄土高原、关中汉子的特有气质。

（3）社火。柏社春节期间，又耍社火的传统习俗，社火内容以狮舞、龙灯、走马、旱船、木头和尚等为主，发展到现在，丧失一些节目，但锣鼓、秧歌是必不可少的，而且社会节目中有部分内容扮演戏文、神话故事、民间传说等，非常热闹。

（4）手工刺绣。在柏社，刺绣是精彩的民间工艺的代表作，有很大的发展潜力，而且姑娘出嫁前为夫婿绣花鞋垫已经成为当地的风俗。

（5）面花。面花是一种彩色的面质雕塑艺术。运用特有的材料，造型工具，经过精巧的组合，才形成美轮美奂的面塑艺术品。它一般用在婚庆、莲生贵子、祝寿、丧祭等方面。

（6）剪纸与纸扎。剪纸和纸扎历来是中国民间的传统艺术，它要求相当的思维能力和细心的人来完成。在柏社村更是有这方面的能人巧妇[①]。

2. 传统习俗

1）节日

在过节方面，柏社村的传统节日跟中国大部分地区有很大的相似处，如春节、元宵节、清明节、中秋节等。但仍有一些不同，如补天补地节和五豆节。补天补地节为农历正月二十，柏社村村民在这一天要吃烙饼，据说以此纪念女娲补天。五豆节为农历腊月初五，家家用五种豆子熬成粥食，邻居间相互赠送，以此来寓意第二年五谷丰登。

2）习俗

（1）婚娶。旧时该村婚娶以“六礼”为习俗，即“纳采、问及、纳吉、纳征、请期、迎亲”，具体视各家经济情况而定[②]。新中国成立后婚嫁习俗有了很大改变，包办婚姻被废除，自由恋爱增多。婚娶程序上也有变革，一般由双方议定，不拘一格。

（2）丧葬。旧时当地人极为重视老人去世时的丧葬，丧葬仪式非常隆重，规模甚至大于婚典，孝期也长达三年。新中国成立后丧葬习俗有所改变，一切从简，到每年的清明节及其他主要节日时才要祭奠。

（3）饮食。当地人以面食为主，蒸馍、锅盔也是必不可少的。另外，千层油酥饼、粉蒸牛羊肉、凉粽子、甑糕等是当地非常有名的历史传统小吃。蓼花糖、泡油糕、黄桂柿子饼、洋芋擦擦等在当地人的生活中也扮演着很重要的角色。

---

① 王新：《乡土景观元素在新农村建设中的运用研究——以陕西三原柏社村新农村建设为例》，杨凌：西北农林科技大学硕士学位论文，2011年。

② 三原县志编纂委员会：《三原县志》，西安：陕西人民出版社，2000年。

（六）结语

柏社村历史文化悠久，内涵十分丰富，其独特的地下窑的民居生活方式非常有特色。历经一千六百多年的发展历史，我们依然能够从村中的地面遗迹和地下窑的居住方式来窥探历史发展过程中柏社村人的生活、商业等方面的活动。然而，伴随着时代的变迁，古文物遗迹屡遭破坏，地下窑的居住方式也在发挥其巨大优势之后渐渐显露弊端。现在的柏社村，历史文化遗迹大为减少，地窑的传统生活方式也逐渐被地面楼房替代，地窑大量闲置、废弃，以致坍塌。但是，柏社村悠久的历史文化内涵并未因此而消失，它长存于柏社村这片不平凡的土地和平凡的人民群众的记忆和印象之中，我们有责任、有义务将柏社村的历史文化以现代的方式和方法予以保护，并进行历史文化的再现和再发掘。这也正符合历史文化名村申请的要求和情况。历史文化名村申报的对象是指保存文物特别丰富，历史建筑集中成片，保留传统格局和历史风貌，历史上曾经作为经济、政治、文化、交通中心或者军事要地，或者发生过重要历史事件，或者其传统产业、历史上建设的重大工程对本地区的发展产生过重要影响，或者能够集中反映本地区建筑的文化特色、民族特色的乡村聚落。

结合以上要求我们可以看出，柏社村无论是在保护文物、历史建筑、传统格局方面，还是在作为军事要地方面，都完全符合国家历史名村申请和保护的条件①。我们力争在历史文化名村保护要求的指导下，还原“见树不见村，见村不见房，闻声不见人”的传统村落景象，将柏社村丰富的历史文化内涵以现代的形式展现给世人，让每个人踏上柏社村的这片土地，体会“天下第一窑”的独特魅力，感受明清古商业街的繁荣，回味古民宅的气息，领略到千百年来的厚重的文化积淀。

① 2014年3月，经过多方努力，柏社村被列入第二批“中国历史文化名村”名单。

四、陕西省山阳县漫川关镇调查[①]

（一）漫川关镇的地理环境

漫川关镇（图 1）地理坐标 110° 03′ E，33° 14′ N，隶属陕西省商洛市山阳县，位于县域南缘，北距县城中心 45 千米，与湖北省郧西县上津镇接壤，现辖 16 个行政村、一个居委会，124 个村民组，镇域面积 104 平方千米[②]。

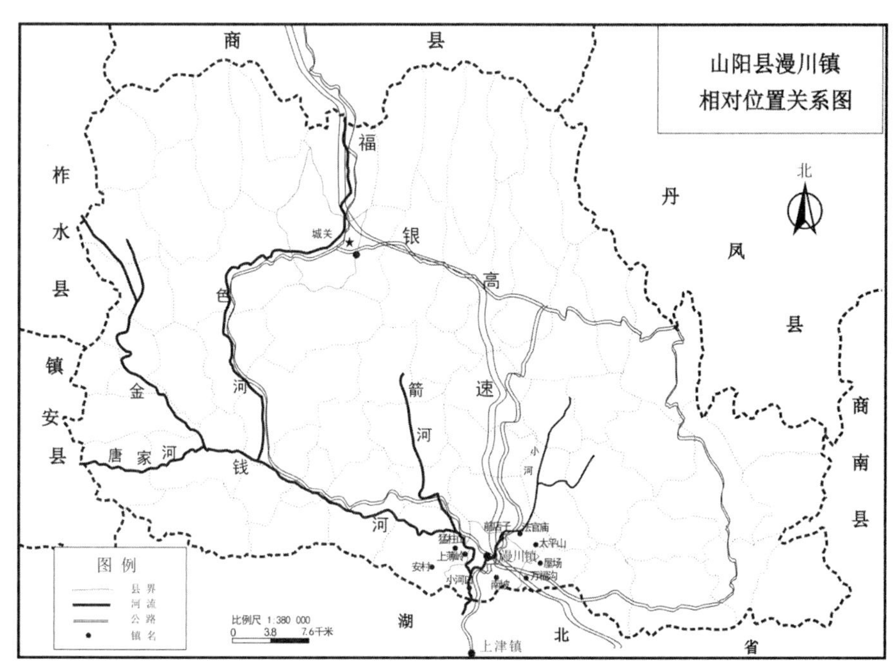

图 1　山阳县漫川关镇相对位置关系示意图

资料来源：本图据《山阳县地图》（山阳县地方志编纂委员会编：《山阳县志》，西安：陕西人民出版社，1991 年，第 6 页）与《陕西省交通图志》（陕西省交通厅：《陕西省公路图册》，西安：陕西省交通厅，2005 年，第 115 页）为底图改绘

① 本部分由王力撰写。

② 16 个行政村为万福、大屋场、娘娘庙、上薄岭、箭河、猛柱山、黄家洼、安坪、小河口、南坡、纸坊沟、水码头、乔家、前店子、街道、闫家店。

漫川关镇地形以山地为主，约占总面积的 75%，介于鹘岭和勋岭之间，处金钱河中游[①]。镇域主要山脉为郧岭和鹘岭支脉，海拔高度多在 300—800 米。地貌景观以丹霞地貌多见，风力、流水侵蚀作用明显。清初顾炎武《肇域志》山阳县称漫川关一带“众流回贯，四围重关，亦形胜之地也”[②]。旧时入漫川关，必经鹘岭。旧县志有载：“鹘岭，在县东，由高八店而南，计六十里，为往漫川丰阳关之正道，高二十里，石蹬盘纡，号为崎险。……几人攀栖鹘，朝朝自往还。”[③]

漫川关镇地势为全县最低，河谷川道约占总面积的 25%。靳家河河谷地带，地形较平坦，土壤肥沃，水源充足，交通便利，是镇域人口分布较密集的区域。

漫川关镇属北亚热带季风性气候区，四季分明，是陕西省降水丰富地区之一，降水多集中在夏秋季节，多年平均降水量约 750 毫米，年均气温 13.8—17.1℃，无霜期 215—235 天，农作物麦稻双熟，柑橘、茶树、棕榈、油桐等亚热带植物生长良好[④]。自然灾害以夏旱为主，当地人称“卡脖子旱”。

流经镇域的主要河流为金钱河、靳家河。金钱河古称甲水，上游亦称金井河，一名合河，又名安乐川，在县东北，源于柞水县金井河，在山阳县内东至漫川关镇沙沟口，入郧西县。流经山间峡谷，河床比较宽，水流湍急，下切力强，两岸纵有平畴，也无法引水灌溉，古有金钱河水不浇田之说[⑤]。金钱河水行走在山间川道中，经过薄岭蜿蜒呈环流，形成“太极环流”，成为漫川关镇一大自然奇观。靳家河，源出白龙乡北，流经西泉、延坪，与两岔河在法官交汇后，至漫川关镇入金钱河，长 30 千米，流域面积 424 平方千米，其上游为鹘岭林区，植被茂密，流量稳定[⑥]。

（二）漫川关镇的历史演变

漫川关，依据古代文献释义，“漫”是大水的意思[⑦]，“川”是指“贯穿通

① 鹘岭和郧岭属秦岭南麓东段山区，地质构造带上属南秦岭造山带东南端，变形强烈，地势陡峭，侵蚀切割剧烈。

② （清）顾炎武：《肇域志》卷 34，上海：上海古籍出版社，2004 年，第 1281 页。

③ 陕西省图书馆编：《山阳县志》，《陕西省图书馆藏稀见方志丛刊》第 13 卷，北京：北京图书出版社，2006 年，第 521—522 页。

④ 山阳县地方志编纂委员会编：《山阳县志》，西安：陕西人民出版社，1991 年，第 58 页。

⑤ 山阳县地方志编纂委员会编：《山阳县志》，西安：陕西人民出版社，1991 年，第 50 页。

⑥ 山阳县地方志编纂委员会编：《山阳县志》，西安：陕西人民出版社，1991 年，第 51 页。

⑦ 《广韵》《集韵》《韵会》《正韵》释曰：从莫半切，音缦，大水也。一曰水浸淫败物。《方言》释义：湿敝为漫。

流水也”[①]。县志因此说：“漫川，以地貌广大，水域宽衍得名。”[②]另一种说法认为，“漫”与“蛮”音近，漫川又名“蛮川”，因古代蛮人在这一带活动，是蛮人居住的地方，故名。自古从荆楚一带经山阳县往来关中，必须要经过漫川关镇。关于漫川关镇聚落的历史发展过程，略考如下。

1. 远古至秦

漫川一带很早就有人类活动。1980 年，在漫川关镇乔村发现仰韶文化遗址的墓葬和灰坑，出土细泥红陶曲腹钵、碗、彩陶盆、夹砂灰陶罐、蓝纹缸等器物，经鉴定，属于仰韶文化庙底沟类型和其他较晚的文化类型。出土文物中的细泥红陶曲腹钵，钵体的彩绘图案为鱼，似在说明远古时代该地水域宽衍，原始居民可以于此采集渔猎。

先秦时代，漫川关镇一带为苗蛮集团活动地。苗蛮集团的活动地域以湖北、湖南、江西等地为中心，迤北至河南西部的熊耳、外方、伏牛诸山脉间[③]（图 2）。胡三省注《资治通鉴》时说：“自春秋之时，伊、洛以南，巴、巫、汉、沔以北，大山长谷，皆蛮居之。”[④]巴、巫、汉、沔以北，即相当于今陕南地域。

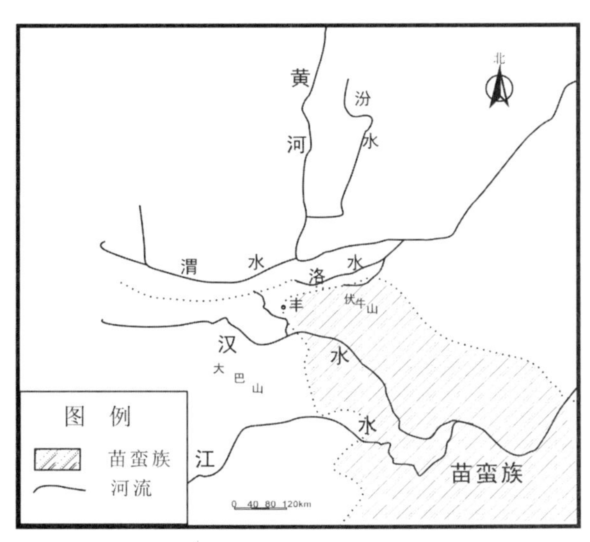

图 2　古代苗蛮部族分布图

资料来源：徐旭升：《中国古史的传说时代》，北京：科学出版社，1985 年，第 65 页

① （汉）许慎撰，（宋）徐铉校定：《说文解字》，北京：中华书局，2013 年，第 239 页。
② 山阳县地方志编纂委员会编：《山阳县志》，西安：陕西人民出版社，1991 年，第 29 页。
③ 徐旭升：《中国古史的传说时代》，北京：科学出版社，1985 年，第 57 页。
④ （宋）司马光：《资治通鉴》卷 104，北京：中华书局，1956 年，第 3273 页。

西周以降，楚人由关中平原白鹿原一带越秦岭南迁，秦岭山区活动的蛮夷逐渐接受楚人的统治[①]。

战国时秦国强盛，秦楚之间不断发生战争，漫川关镇一带成为秦楚交锋之地。《史记》有载："庶长章击楚于丹阳，虏其将屈匄，斩首八万；又攻楚汉中，取地六百里，置汉中郡。"[②]这里的汉中郡，就包括今漫川关镇一带。由于战事频繁，人们为了躲避战乱，致有朝秦暮楚之说。到秦始皇二十七年（前 220 年），始设商县，地域包括今商县、丹凤、商南、山阳四县[③]。其时，漫川关镇属商县地。

2. 西汉至宋元

汉代秦后，漫川关镇一带改属弘农郡。《汉书·地理志》载："弘农郡……县十一：……又有甲水，出秦岭山，东南至锡入沔，过郡三，行五百七十里。"[④]"锡指锡县，属汉中郡"[⑤]。"郡三应为郡二，即弘农郡和汉中郡"[⑥]。甲水即经过漫川关镇的金钱河。因此，汉代时漫川关镇属弘农郡丰阳县。

三国时，地属魏兴郡。西晋时，改属上洛郡。东晋时，先由前赵管辖，之后前秦曾于丰阳川置荆州、洛州。《旧唐书·地理志》有载："苻坚皇始二年，置荆州于丰阳。建元十六年以荆州镇襄阳，而移洛州居丰阳。"[⑦]崔鸿《十六国春秋》亦载："皇始三年……九月，丞相（苻）雄帅众二万还长安，遣平昌王（苻）菁略地上洛，置荆州于丰阳县，以步兵校尉金城郭敬为荆州刺史，引南金、奇货、弓竿、漆蜡，通关市，来远商，于是国用充足而异贿盈积矣。"[⑧]"南金"指的是南方出产的铜，也泛指一些贵重物品。"弓竿"指的是打仗用的武器，"漆蜡"是制作武器的工具，弓弦上蜡后可以延长使用时间。"关"指丰阳关，也就是现今的漫川关，开通边关贸易，迎接南北商人，物资在此集散，于是国库储备充足，异地财富集聚。其时，丰阳当今山阳县域，漫川关镇一带

---

① 周宏伟：《楚人源于关中平原新证——以清华简〈楚居〉相关地名的考释为中心》，《中国历史地理论丛》2012 年第 2 期。

②《史记》卷 5，北京：中华书局，1959 年，第 207 页。

③ 中国人民政治协商会陕西省商县委员会文史资料研究委员会编：《商县文史资料》第 3 辑，内部资料，1985 年，第 21 页。

④《汉书·地理志》卷 28，北京：中华书局，1965 年，第 1548 页。

⑤（宋）乐史：《太平寰宇记》卷 143，北京：中华书局，2007 年，第 270—272 页。"汉初置锡县……汉中郡之东界有锡县，即古之锡穴也"。

⑥（清）王先谦：《汉书补注》，钱坫曰："过弘农、汉中，三当为二。"

⑦《旧唐书》卷 39，北京：中华书局，1975 年，第 1538 页。

⑧（北魏）崔鸿：《十六国春秋》卷 34，明万历三十七年（1609 年）刻本。

无疑应为南北商旅交通要道。

自西晋置丰阳县始，漫川关镇一带历来属丰阳县辖域。丰阳县上属上庸郡。据《魏书》所载，皇兴四年（470年）置东上洛，永平四年（511年）改为上庸郡，辖商、丰阳二县[①]。北魏时，仍属洛州上庸郡丰阳县。西魏废帝三年（554年），甚至于以漫川关镇为中心置县。《西魏书》载“漫川，废帝三年置”，属上州[②]。由此可见其时漫川关镇一带地位之重要。此间漫川县存在了整整十年，直至后周保定三年（563年），才废漫川县入上州。

隋朝大业初年，上州被废，漫川关镇一带随上州并入上津郡。唐暨五代，漫川关镇一带俱属商州[③]。

北宋时，随着人口的不断聚集增长，漫川关镇被称为“（丰阳）县东南一巨镇”[④]。南宋时，漫川关镇属宋地，为宋与金、元间反复争夺之迂回战地。史有载：“绍兴十一年，遣使割唐、邓、商、秦之地以界金，止存上津、丰阳、天水三县。”[⑤]这说的是宋高宗绍兴十二年（1142年），宋朝将上津、丰阳等县以北的地区割让给金朝。虽然其事发生已近千年，但其时所立界碑至今尚在漫川关镇北边的鹘岭山头。

3. 明至今

明以降，有关漫川关镇一带的记载材料逐渐增加。据乾隆《山阳县志》载：“明太祖定天下，以户口凋耗，降商州为商县，降丰阳县为巡检司。”雍正《陕西通志》有谓“明以户口鲜少，降丰阳为巡检司”[⑥]。这是说漫川关镇所在的丰阳县在明初人少户寡，导致行政地位下降。但是，至景泰中（1450—1457年），“盗王彪继刘千觔啸聚山中，秦蜀楚豫之流民皆入”[⑦]。故20年后的成化十二年（1476年）十二月，复改丰阳为县，而移巡检司于县东南之漫川里，仍名丰阳巡检司[⑧]。这是说漫川关镇一带位置重要，随着明中期重置丰阳县，漫川关

①《魏书》卷106，北京：中华书局，1974年，第2632页。

②（清）谢启昆：《西魏书》卷8，北京：中华书局，1985年，第182页。

③ 乾隆《直隶商州志》，《中国地方志集成·陕西府州县志辑》卷30，南京：凤凰出版社，2007年，第25页。

④（清）顾炎武：《肇域志》卷34，上海：上海古籍出版社，2004年，第1465页。

⑤（清）顾炎武：《肇域志》卷34，上海：上海古籍出版社，2004年，第1281页。

⑥ 雍正《陕西通志》卷5，清文渊阁四库全书本。

⑦ 陕西省图书馆编：《山阳县志》，《陕西省图书馆藏稀见方志丛刊》第13卷，北京：北京图书出版社，2006年，第506页。

⑧《明史》卷42，北京：中华书局，1974年，第996页。

镇也成为所在丰阳县的巡检司驻地。

清顺治十五年（1658年），改设漫川关。乾隆《山阳县志》载："丰阳关昔亦有巡司，亦十五年裁，衙舍、民房俱废。近渐生聚。"[①]《清史稿》载有"竹林关、漫川关二汛"，设有防兵[②]。

民国年间，漫川关改为镇。1947年11月，漫川关区民主政府成立，隶属于上关县委、县民主政府，机关驻地在漫川关镇街道村。1950年2月建立漫川关乡人们政府，乡政府驻地漫川关街，隶属四区（漫川关）。1955年4月改为镇，隶属七区。1958年11月，改为漫川生产管理区，隶属超英公社。1962年8月，改为漫川人民公社，隶属漫川区。1984年9月，漫川人民公社改为漫川关镇人民政府[③]。

1997年4月撤区并乡建镇后，万福村、同安村被合并，新的漫川关镇人民政府建立。2011年，莲花池乡并入漫川关镇。现今，漫川关镇域面积260.6平方千米，人口3.05万人，镇区面积1.3平方千米，人口1.2万人[④]。

1995年，陕西省委、省政府授予漫川关镇"文明集镇"称号。2005年10月中央文明委授予漫川关镇"全国创建文明村镇工作先进村镇"的称号[⑤]。2007年漫川关镇被列为山阳县三大旅游景点之一。2009年漫川关镇被列入"陕西省107个重点镇"之一[⑥]。2013年漫川关镇被列入"全省31个文化旅游名镇"及"全国小城镇建设重点镇"[⑦]。2015年漫川关镇被评为"全省小城镇建设先进镇"[⑧]。2016年漫川关镇被评为"全省依法行政示范镇"[⑨]。

---

① 陕西省图书馆编：《山阳县志》，《陕西省图书馆藏稀见方志丛刊》第13卷，北京：北京图书出版社，2006年，第484页。

②《清史稿》卷63，北京：中华书局，1977年，第2106页。

③ 中国山阳县委党史县志办公室：《山阳乡镇》，内部资料，2001年，第102页。

④ 山阳县漫川关镇为民服务查询系统。

⑤ 中央精神文明建设指导委员会：《关于表彰全国文明城市（区）、文明村镇、文明单位和全国精神文明创建工作先进单位的决定》，http://www.wenming.cn/wmcj_pd/wjzl/201011/t20101105_5177.shtml（2005-10-21）。

⑥ 陕西省人民政府：《陕西省人民政府关于公布全省重点镇名单的通知》，http://www.shaanxi.gov.cn/gk/zfwj/50766.htm（2009-08-14）。

⑦ 陕西省住房城乡建设厅：《关于做好2013年、2014年31个文化旅游名镇（街区）省级专项资金申报工作的通知》，http://www.shaanxijs.gov.cn/zixun/2013/9/66660.shtml?t=170（2013-09-02）；中华人民共和国住房和城乡建设部等：《住房城乡建设部等部门关于公布全国重点镇名单的通知》，http://www.mohurd.gov.cn/wjfb/201407/t20140731_218612.html（2014-07-21）。

⑧ 陕西省人民政府：《关于表彰2014年度全省小城镇建设先进镇的通报》，http://jsxx.shaanxijs.gov.cn/gongcheng/2015/4/82688.shtml（2015-04-15）。

⑨ 陕西省人民政府：《陕西省人民政府关于表彰全省依法行政示范镇的通报》，http://xian.qq.com/a/20160128/019299.htm（2016-01-15）。

4. 主要影响因素分析

传统村镇聚落选址与发展，往往受到自然、经济、交通等多方面影响。漫川关镇也是如此。

一是注重居住环境的选择。首先，漫川关古镇四面环山，南有郧岭，东靠青龙山，西有太极山，北依鹘岭（图 3）。在生产力低下的古代社会，战乱不断，盗匪横行，这种“山环水抱”的地理形势有一种稳定的安全感。其次，漫川关镇易守难攻的地形，有利于防御战患，成为兵家要地。最后，局部地区的小气候环境较优越。这里受秦岭山地的阻挡，消弱了冬季寒冷的气流的影响；聚落靠近河流水面，使局地气候更加湿润，也利于人们的生产、生活，尤其是农业的灌溉。

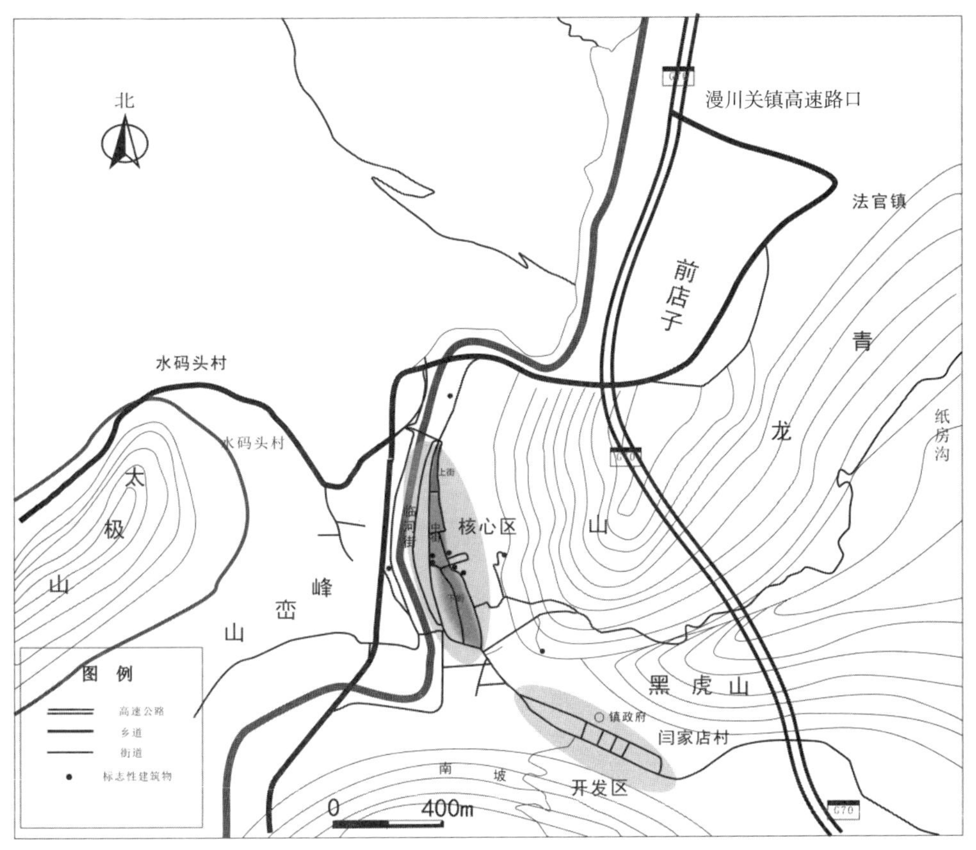

图 3　漫川关镇地理环境示意图

二是注重生产条件的选择。人口在迁移的过程中，往往选择气候适宜、地形平坦、土壤肥沃、水源充足的地方，以便于满足在自给自足的自然经济条件下，农业生产对气候、耕地和水源的最基本需求。漫川关镇也不例外。这里位于山间冲积小平原，土壤肥沃，属于亚热带湿润性季风性气候，雨热同期，灌溉水源丰富，麦稻双熟，柑橘、茶树生长良好。

三是注重交通条件的方便。昔日的漫川关镇曾有“水码头百艇联樯，旱码头千蹄接踵”的辉煌。明清时期，由于金钱河水运的发展，境内土产山货以及江南手工制品在陕南地区均以漫川关古镇为集散地，传统的农业生产和繁忙的水运为漫川关镇镇民带来了丰厚的经济收入。良好的交通区位条件，不仅能够方便镇民与外界的交流活动，而且也便于商品的交换，物资的流通和村镇民俗活动的开展。南北客商云集，造成聚落规模不断扩大。

四是受到风水文化的影响。风水是先民智慧选择的结果，是良好的生态环境和美感的结合。中国古代的村镇、住宅的选址与布局非常讲究，古人认为这不仅关系到在生产力低下的条件下家庭财富的聚集、事业的兴衰，而且还关系到子孙后代的繁衍生息。在古代风水观念里，山水的走势，地形、地貌等地理环境的好坏，对于人们的运势有着重要的影响（图 4）。人们在选择居住基址时要聚“气”，所谓“山环水抱必有气”，蕴“气”才能聚“气”，村落选址之处要有由远及近的山峦构成环绕聚气的空间，还要有源源不断流动的水，流动的水才能带来“气”。

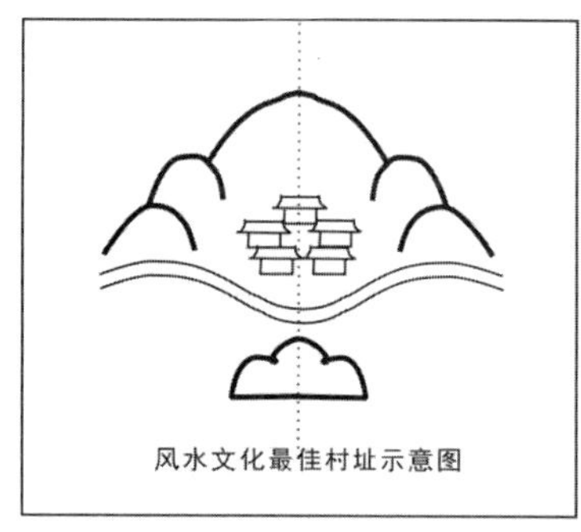
风水文化最佳村址示意图

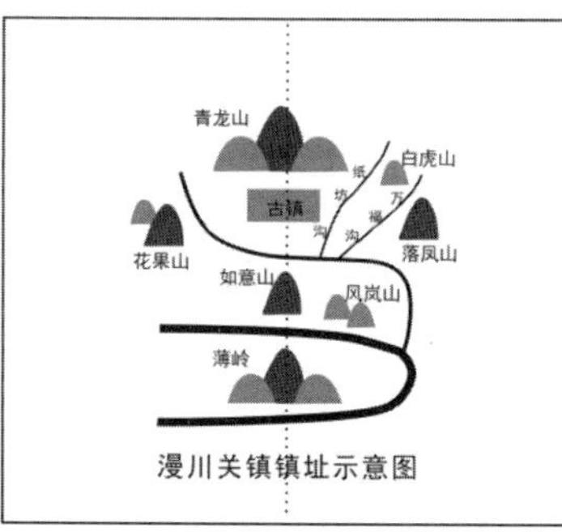

漫川关镇镇址示意图

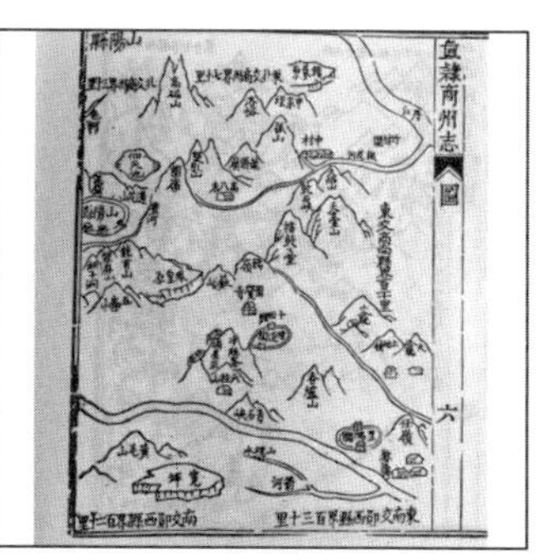

图 4　漫川关古镇风水位置示意图

资料来源：乾隆《直隶商州志图》，《中国地方志集成·陕西府州县志辑》卷 30，南京：凤凰出版社，2007 年

“风水宝地”是先民选址的一大特色。古代先民深受“天人合一”思想的影响，非常重视人居环境中人与自然的和谐，连绵起伏的山峦、湍流不息的河水，勾画出山水田园的和谐人居图景。靳家河贯穿古镇而西流，随地势汇入大河，其水量充沛而水流曲折，山水环绕，山清水秀，环境优美。

漫川关古镇老街背靠青龙山，面临靳家河，又有白虎山、如意山，完全符合风水文化对村落的选址要求。青龙山又称“后山”，后山也是漫川关古镇人的墓葬区。古镇人们往往希冀在青龙山上寻一处福地，以求在百年之后子孙后代的繁荣昌盛。

（三）漫川关镇的空间形态与布局

1. 聚落形态演变

聚落的形态、结构、规模不是一成不变、一蹴而就的。随着人口的迁移扩散、交通条件的改善、生产力的提高、水利设施的改善、社会的进步，都会使原有的聚落形态呈集中或分散的演变趋势。现今漫川关镇的聚落形态是长期发展的结果。

漫川关古镇位于水陆交通要冲，货物集散转运对集镇形态的发展变化影响是决定性的。因靠近靳家河，自明清以来，随着金钱河水运的开发，漫川关镇作为交通要道迅速发展壮大，商品货物的集散促使人口的聚集。于是，古镇街区沿河道延伸方向拓展，呈线状。为避免洪水淹没街区，聚落只能布局在两岸狭窄而稍微高平的地带。近代以来，随着交通运输方式的转变，公路、铁路取代了原先依靠的水路，古镇不但因转运集散功能消失而逐渐衰落，一度连定期的集市贸易都彻底消失，完全退化为单纯的居民点。

漫川关镇旧有街道两处，一是金钱河畔的水码头街，俗称“小汉口”，沿金钱河边蔓延，主要接纳来自南方的船帮商客，现为单纯的居民点。一是漫川关老街，又称旱码头街（图 5）。

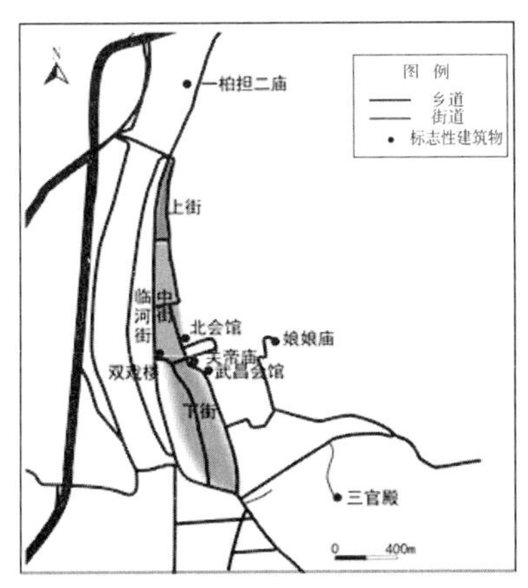

图 5 漫川关镇镇区街巷平面布局图

整个漫川关老街自北向南分为上街、中街和下街三部分。老街最早始于何时，已无从考证。上街形成时间最早，又称秦楚街，以小作坊、手工艺店铺为主。路面铺设鹅卵石，宽度为 1.5 米左右。漫川关镇古有“朝秦暮楚”之说，因其地处秦楚交界处，为躲避战乱，人们经常变换秦楚两国着装，以求安定。

明清时期，是中街的主要形成时期。中街为古镇的核心区域，是居民娱乐、集会的地方，是南北客商物资集散的枢纽。主要的功能性建筑均位于此处，有武昌馆、北会馆、骡帮会馆、鸳鸯双戏楼和黄家药铺。下街为中街的延续，目前没有修复过，街道遗留建筑都是明清时期的风格，故又称“明清街”。下街居民营生大多以水旱码头往来搬运为主。

新中国成立后，人民生活安定，人口激增，镇区开始扩建，新修后新街。后新街现代气息浓厚，店铺林立，经营日常生产、生活用品，是现今主要的生活居住区，大型超市、酒店、餐馆、商铺均集中于此。街道更为宽阔，商铺面积较大，沿后新街往南直至最南端为漫川中学。

随着镇区人口的增长，政府开始对镇域镇区进行全面的规划建设。古镇旧有的标志性建筑景观进行了保护性修复，镇政府所在地及其以南区域为以闫家店村为基础的新开发区。随着镇区面积的扩大，镇区的商业、文化娱乐、交通等方面都得到了迅速发展，靳家河河道也得到了大规模治理，新开发区的建筑风格一色仿古建筑，古镇主要街道、沿河街道进行整体立面改造，由此镇容镇貌发生了翻天覆地的变化。随着“漫川人家项目”“前店子美丽乡村建设项目”的进行，镇域开发建设一系列旅游景区，镇域旅游业有了很大起色。

2. 空间布局现状

漫川关镇镇区的空间形态，属山地线型村落形态。“这种村落一般位于山脚或山麓，以不占用良田为原则，同时与山体形态以及等高线相平行”[①]。随着水运、陆路交通的发展，其交通和商业功能尤为突出，在单线型空间形态的基础上发展为复线型村镇形态。

漫川关镇古镇区老街的空间形态呈蝎子状，又称蝎子街，上窄下宽。上街原为小农经济下漫川关镇人们生产、生活的日用品百货中心，漫川传统的十八

① 李百浩、万艳华：《中国村镇建筑文化》，武汉：湖北教育出版社，2008 年，第 30 页。

工匠有米匠、墨匠、笔匠、纸匠、皮匠、画匠、漆匠、篾匠、石匠、花匠、泥匠、丝匠、染匠、金匠、银匠、铜匠、锡匠、铁匠，有叉敝鱼佬、打油佬、示锅佬、淹鸡佬、杀猪佬、修脚佬、剃头佬、打渔佬、撑船佬。这些传统匠人或手工业者大多社会地位较低，经济收入不高，作为劳动场所的小作坊和手工艺店铺的面积较小。临街房屋多为正方形的小开间，前面为店铺，店铺之后为住宅、作坊。中街是主要的社会活动场所，中心广场空间宽阔，会馆建筑高大，为老街最繁华的地段。下街以传统商铺为主，店铺面积较上街大，街道也属老街中最宽（最宽处达 6 米）。

与老街平行的街道有临河街、漫照公路，顺应靳家河的走势，“缘水成街”，贯穿镇区。

支巷垂直于主街，在漫川关镇复线型的主街格局下延伸出众多的支巷，一方面联系着漫川关老街，一方面联系着靳家河。街巷交接节点处多为“T”形和“Y”形。支巷的巷道较窄，一般仅容单行通过，不承担物资运输，空间曲折，不仅避开拥挤的主道，同时将整个镇区划分为若干个单元。

漫川关镇镇区之所以形成复线型的空间布局形态，是有多方面原因的。

首先，受制于自然地理条件。镇区的形态规模、形成发展与地区特殊的自然地理环境密不可分，不同的环境下会产生不同的镇区格局，自然地理环境对镇区格局形成的影响是最直观明显的。漫川关镇地形地貌以山地丘陵为主，环山面水，河谷平原狭长，受河流、山地地形的影响，整个漫川关镇街道呈线型条带状结构布局。漫川关镇属“山地聚落”类型。因地处山区，耕地少，人口多，为了不占用良田，建房不得不设法利用非耕地，这就限制了建筑的选址、布局、朝向。聚落选择田畴和山峦之间的坡地建造，住宅大多随山势起伏依山而建，高低错落。古镇背靠青龙山，前临靳家河，人们的生活、贸易、娱乐活动均集中在这一区域，因此古镇区逐渐形成了沿青龙山和靳家河延伸的复线型空间格局。

其次，街巷功能的不同。主街是区域交通的主要通道，节点是周边往来的交通枢纽。街巷空间集交通功能、生活功能、商贸功能于一体。漫川关古镇纵向三条街（路）：靳家河西侧为漫照公路，连接照川一带；东侧有漫川关老街、临河街。人口多集中在东侧一带。临河街、漫照公路为主要交通道路，老街为生活性道路。

（四）漫川关镇的传统建筑

1. 主要建筑风格

漫川关镇居民多为移民，其建筑的风格形制既有北方的威严，也有南方的娟秀，同时能够反映当地的自然环境特征与地域文化特色。漫川关镇的建筑风格，整体上属于徽派建筑，其特征可概括为白墙灰瓦马头墙、栁架房、小阁楼、铺板门、四合院。

这里地处亚热带季风性湿润气候区，暖季长且无严寒，堂屋为敞厅，厨房等附属建筑也多为开敞式。为了克服夏季天气闷热的不利因素，房屋进深大，外墙高且多为砖筑，很少开窗；即使开窗，面积也很小，能达到隔热、降低热交换的目的，同时能避免太阳直射到室内，取得阴凉效果。

“天井”，是四合院建筑的中心，位于门堂之间。从设计功能上讲，天井真正露出的部分很少，既通畅又封闭，能使内外空气紧密相接，加速空气对流，也能防止夏日的暴晒，减少太阳辐射，在满足通风采光的前提下保障住宅的阴凉。在地域文化观念中，天井能将屋面雨水聚集，美其名曰“四水归明堂”，水即代表财富，聚水即聚财，以求财不外流。以天井为中心，家族聚族而居。四合院有二重、三重，以人口和财富的多少而定，现今，主人们在天井里摆放花木实景，独具匠心。

“马头墙”，又称“封火山墙”。人们聚族而居，每个单元住户间，常常以马头墙将户与户隔绝。从实用功能上讲，不同住户能保持相对独立，和睦相处，互不干扰。当地的房屋主体和生活燃料均为木材，马头墙的巧妙分割，可以起到“防火”的功效，避免一旦失火殃及他人。

“栁架房”是指房屋建造主体材料为木材的房屋。这与当地的自然地理环境密不可分，湿热的气候下森林广布，植被茂密，木材资源众多，建筑材料丰富。靳家河水量较大，在雨量大的年份，河水经常暴涨，导致洪涝灾害频发。据当地老人回忆，漫川关镇大约每三十年就会有一次大洪涝。在古代，人们抵御自然灾害的能力弱，损失更为严重。房屋主体结构采用木架，一个重要目的在于防止水灾，使主体在遇到水灾时不被毁坏。如若遇特大灾情，房屋主体结构也被毁坏，栁架可漂浮水面，人们顺势爬上栁架，以保障生命安全。

“小阁楼、铺板门”体现漫川关老街沿街商铺的特征，商铺均为两层，一层为店面，二层为阁楼。阁楼的主要作用是储存货物。阁楼存货远离地面，可以起到防潮的作用。铺板门即用铺板搭的门，白天铺板用于商户摆放展示商品；夜晚铺板直接立起来用作门户，方便快捷。

2. 建筑类型及其特色

根据其功能、用途的不同，漫川关镇镇区的传统建筑可分为住宅建筑、寺庙建筑、会馆建筑和商铺建筑诸类。

1）住宅建筑

住宅建筑是乡民生活的舞台和物质环境。漫川关镇的住宅建筑以宅院为主。宅院形制同陕南大部分宅院一样，体现了当地的自然地理环境特征，同时也突出了“天人合一”“长幼尊卑”“等级森严”的文化特色。

在选址布局上，先民追求“风水宝地”，一般要求背山面水，前有屏障，后有依托，这是吉宅的基本条件。“向阳”的地段被视为最好的基址，适当追求地势上的“前低后高”，居室空间的大小高矮、市内采光的明暗强弱都要适中。如果将宅院建在自然环境恶劣的地方，采光、通风、温度、湿度都不适宜，不仅危害人们的身体健康，还会招致“财气”的破坏，影响整个家族的繁荣昌盛。

漫川关古镇背靠青龙山，这也就决定了古镇宅院的基本朝向，多坐西朝东或坐东朝西，以天井四合院为主（图 6：1）。宅院大都由门楼、檐廊、厅堂、后院等几部分组成。为适应多雨、多洪水的特点，地基甚高，整体风格朴实大方，住宅平面分“一”字形、“H”形，有明显的中轴线。普通住宅屋顶装饰明显区别于官式建筑；官宦之家常有屋脊装饰（图 6：3），普通人家大多为简单瓦房。住宅装饰花样较多：屋脊有吻兽、鸟等寓意吉祥的造型，瓦当纹饰漂亮，屋顶尾部微微翘起，犹如古代官帽的帽翅（图 6：2）。建筑木料上施以油漆，以适应潮湿多雨的气候，起防水、防潮、防腐、防虫的功效。石雕柱础起防潮、防水的作用。四合院的门联更是独具特色，宅门门联也与主人的道德观念、身份地位、职业特点有关，表达出房主人的理想、追求、信念。门窗做成花格（图 6：8），便于通风采光，美观大方。特有的雕刻艺术，以血缘家庭和乡土观念为基础，讲究礼仪教化，体现“忠、孝”伦理，物化人们的精神，从不同的侧面和细微之处表现对于幸福吉祥生活的向往。砖雕以民间故事和形象为蓝本，借物寓意，表达一定历史条件下人们对美好、富裕的追求。例如，蝙蝠常常代表“福从天降”，月季花代表“四季平安”等。山区住宅（图6：5）以开敞式院落为主，山区多坡地，地势起伏较大，破碎不规则，为少占良田，节省平地，一般不设前院，建筑结构以泥土为主，采用平面布局形制（图6：7）。

图6　部分建筑类型及装饰图

注：1.民居四合院 2.民居屋顶尾部 3.民居屋顶装饰 4..建筑装饰 5.山区民居建筑 6.建筑装饰图样（莲花、蝙蝠）7.山区民居建筑平面图 8.回型图案窗户

建筑装饰往往是实用性与艺术性的结合。通过富有寓意的各种图案纹样，把情感、情趣、趣味、意念、愿望和理念全都融汇其中，使理想与现实、审美与实用、娱乐与教化在住宅建筑中淋漓尽致地体现出来。

2）寺庙建筑

漫川关镇儒教、道教、佛教、天主教、伊斯兰教五教俱全，以道教的影响最为广泛。漫川关镇四座山上各有庙宇，即青龙山上的娘娘庙，白虎山上的三官庙，如意山上的慈王庙，上街北口处的一柏担二庙。

娘娘庙，位于青龙山上。青龙为东方之神，是吉祥的象征，始建于明朝中期。明中期疟疾横行，医疗水平低，当地出生率虽高，但死亡率也高，婴儿成活率极低。人们望子心切，祈求神灵的庇佑，于是凿洞建成娘娘洞庙。至清朝乾隆年间，水陆交通发展，湖广移民迁居漫川，人口激增，娘娘庙得以扩大，有前后殿各三间，前殿供奉武圣关帝，后殿供奉观音菩萨。庙后森林茂密，古树众多，环境优美。清代这里香火旺盛，善男信女求娘娘赐子赐福。新中国成立后，庙中神像被毁，房屋被改为村级小学使用。2000 年，复集资重建今庙。娘娘庙教化世人要诚恳待人，心怀慈念。

三官庙，位于白虎山上。白虎代表西方，民间俗称“白虎星”，险恶凶暴，为凶神。三官指天官、地官和水官，是早期道教尊奉的三位天神，是古人对天、地、水自然之神的崇拜。祈求天官赐予福寿，祈求地官赦免罪过以济度孤魂和祖先，祈求水官消灾解难。最早建于明末，有正殿三间，每年定期举行庙会，香火不断。新中国成立初被毁，现今，在善男信女的捐资下得以重建。

慈王庙，位于如意山头的孟良寨上。据庙中材料《慈王参》所载，慈王，李姓，湖北汉口人，原为朝廷命官，官至四品，在四十多岁时其母病逝，回家守孝三年，其间乐善好施，扶贫帮困，被封为“土地”。告老还乡后，他于五十八岁时到漫川关镇行医疗疾，悬壶济世，深受当地百姓的爱戴，被尊奉为慈王。漫川关人在南村坡的风岚山上为其修建庙宇，后因庙基塌陷，庙倒人亡，六十八岁无疾而终。为了纪念和弘扬慈王的善德，1930 年，当地善士在孟良寨新建一座慈王庙，供善男信女敬奉，也便于人们闲暇时登山游览，后于 1946 年被毁。近年重建主殿三间，另有厢房、灶房等，规模宏大，景色优美。

一柏担二庙，谐音为“一百零二座庙”，位于漫川关镇上街北口处，始建于明成化年间。上街北口的河边突立一座巨石，巨石上长有一颗古柏树，盘根错节，郁郁葱葱。古柏的两侧修建有吕祖庙和鲁班庙。嘉庆年间，大臣奏报吕祖巩固河堤，劳苦功高，朝廷特此敕封吕祖，并列入祀典。之后各地掀起兴建和修缮吕祖庙的热潮，漫川关镇吕祖庙在清朝香火旺盛，各方善男信女络绎不绝。鲁班庙中鲁班是能工巧匠的代名词，明初，鲁班信仰达到鼎盛，各行各业的工匠们祈求鲁班能够保佑自己完成工作。随着社会分工的发展，每一行当必奉一古人为师，借助古人神灵不仅能保护本行业的发展，同时能提高本行业的社会地位。漫川关镇古有“十八工匠”，工匠行业的人公认鲁班为自己行业的祖师，保佑自己，趋利避害，这也是二庙的修建缘由。光绪三年（1877年）和民国十八年（1929年），漫川关镇遭遇两次特大旱灾，民不聊生，二庙逐渐荒废。“大跃进”时古柏被砍，二庙被毁。1999年，在当地善士的自发组织下捐资重建，再现奇景。

漫川关镇区附近修建如此之多的庙宇，反映了长期以来漫川关镇人民、来往漫川关镇的商旅们对未来生产、生活、事业所寄予的美好祈求和希望。

3）会馆建筑

会馆是商人、商会集会的地方，是他乡中故土的缩影。其主要职能是联络同乡，为乡民的商业贸易活动提供帮助。漫川关旧镇区有骡帮会馆、北会馆、武昌会馆，都保存较好，集中分布在古镇区的中心广场。

骡帮会馆，建于清光绪九年至光绪十三年（1883—1887年），由陕西、山西和河南的骡帮共同出资修建。会馆由两部分组成，北为关帝庙，南为马王庙。山、陕、豫的商人从事陆路运输，主要运输工具为马和骡，他们内心对马有一种莫名的崇拜，在会馆的墙上，也有马的图案。北会馆的楹联“红日坠西行可身倦堪止步，群鸦噪晚离人马疲可停骖”，人马舟车劳顿，在此停留歇息。马王庙中供奉的是三只眼的水草马明王马灵光，祈求马帮商道平安，生意兴隆，是马帮活动的主要场所；北为关帝庙，供奉的是财神爷关武圣军，象征仁义聚财，诚信立市，财源广进，是骡帮活动的场所，墙壁上绘有关平、周仓的画像。当年在漫川关镇有两个比较大的运输商队，分别为骡帮和马帮，骡帮负责运输货物，马帮负责护送，这两个商队经常合作，相互依存，但又彼此独立。因而，两个四合院蝉联在一起，却又一分为二，内侧有门道相连，作为各自的活动场所，合成骡帮会馆。现存大殿、献殿、厢房、戏楼、广场，是陕西省现存规模最大、价值最高的古会馆。大殿面阔三间，进深二间，屋顶结构为十一架梁，屋面为五脊硬山顶。会馆柱础石上的雕画体现古时人们对工农业生产的重视，而在现今的骡帮会馆中，多处也体现人们对农业生产的重视，墙壁上挂有“五谷丰登”“六畜兴旺”“打磨图”“牛耕图”的壁画，楹联写有“一粥一饭当思来之不易，半丝半缕恒念物力维艰”，也教化百姓要珍惜粮食，辛勤劳作。

北会馆，始建于清光绪七年（1881年），占地六百多平方米，是一座具有北方特色的古建筑。其结构为前庭后殿式，砖砌墙五脊硬山顶、双层马头山墙，檐下有拱板和镂空木雕建饰，当时由陕西、甘肃、山西等北方商贾集资修建，故名北会馆。其内供圣物关公，是北方商客在漫川关镇的一个办事处，也是他们祈拜及文化活动的中心。北会馆的房基高出骡帮会馆、武昌馆和其他建筑很多，这是为了显示北方人雄厚的经济实力和独特的商业领导地位，身份尊贵；也是考虑到河床逐年抬升，影响会馆的安全。北会馆前现有 12 兽首，墙壁的部分砖上还刻有“北会馆”的字样。外墙处有蝙蝠对称型的装饰图案（图 7），稳固墙体的锚钉（图 6：6）也是蝙蝠样式，寓意为“福从天降”。

图 7　会馆建筑柱础石和墙体装饰图

武昌会馆，简称武昌馆，占地 2460 平方米，始建于明成祖年间（约 1420—1442 年），是湖北武汉一带商贾集资修建，是湖北客商的办事处，后在清康熙、咸丰、同治和光绪年间多次增修。从武昌馆的楹联“晨曦动木铎木舌唤醒大雁塔，夕烟下渔舟渔歌唱醉黄鹤楼”可以看出，武昌馆极具南方特色，从楹联文字即可以体会到主人所欣赏的美学趣味、价值观念和精神感情，体会到主人把审美和至善的追求结合在一起。武昌馆由前殿和后殿组成，前殿中悬挂有会旨会规，教化商民要童叟无欺，诚实经营；后殿三间为忠烈宫，主位供奉的是屈原，侧位供奉的是明朝打天下以身殉国的忠烈。屈原被认为是“水神”的化身，因其投河自尽，人们想象他能在水底镇压妖魔，保船只平安。武昌馆北侧写有“玉壶在抱”的耳房当年是一个茶馆，途径商旅可在此听戏、喝茶、聊天。

鸳鸯戏楼，俗称双戏楼，是漫川关镇明清建筑群标志性建筑，位于骡帮会馆正对面，附属于骡帮会馆，始建于清光绪十二年（1886 年），是当时陕商、晋商、徽商等南北客商聚集民众、推销商品、传递信息、文化活动的中心。整个戏楼一分为二，北边为关帝庙戏楼，南边为马王庙戏楼。两座戏楼连在一起，关帝庙戏楼雕饰粗犷、大气豪放，是典型的北方风格，九脊重檐歇山顶，藻井上有木雕八卦太极图，楼口上坊原有八仙过海图；马王庙戏楼藻井为八角形，单檐歇山顶，四周雕刻精细、灵巧生动，每一幅图案就是一个故事、一个传说、一部曲种，是典型的南方风格。整个戏楼结构严谨，气势恢宏，重檐翘角，秦风楚韵，是我国目前保存最完整的融南北建筑于一体的古戏楼。

4）商铺建筑

黄家药铺，建于光绪十六年（1890年），外形呈印盒状，内部砖木结构，人称“一口印”，是漫川关古镇保存最为完好的一座古民居。清同治年间，黄玉波随姻亲邹姓人来漫川关镇，本欲建“聚义兴”银号，兑换银票，典当贵重物品，以解决南北商贾的辎重之忧。故而房屋正面不设窗户，天井布网，以防盗贼，建筑结构与一般商号明显不同。将上隔壁设置为生活起居之所，欲建住房、灶房、磨房等。后因老家一场人命官司，只好将隔壁待建庄院卖给“泉盛源”盐号，改变计划，办起药铺，曾兴盛一时。清光绪十九年（1893年）铺房开业时，山西省按察使黄照临（曾任山阳知县）送庆贺牌匾“业启鸿图”一块，现保存完好，悬挂正堂。

沿街商铺。漫川关老街沿街商铺均为铺板房，传统商铺经常和住宅结合在一起，为前店后宅式，蝎子街上街窄下街宽，这也决定了上街的商铺面积较小，下街商铺面积较大。统一的铺板房从外形上看相似度较高，往往需要匾额、幌子来区分各个店铺的功能，这也是商铺独有的装饰。铺板房二层窗户上棂格交织的图案、雕花寓意吉祥，种类繁多。

漫川关镇后新街为现代化商铺集聚区，是镇民购物、消费的主要区域。后新街的商铺为下店上宅式，区别于老街，老街的上层主要是用以囤放货物，新街用以住宿，这与建筑材料及现代商业的发展情况有关。新街商铺种类繁多，但有一个共同的特点，即匾额由政府统一规划设计，匾额由三部分组成，最上面宣传当地主流价值观，有利于提高社会文明，如“创建文明城镇，实现安居乐业”“文明连着你我他，新风吹拂千万家”“利益需要传承，文明源自培养”等。中间一行为区分店铺主要经营产品的类别，下行小字标有联系方式、注册商号，便于人们的监督、交流。

（五）漫川关镇的地域文化

1. 岁时节令

“岁”，岁星也，指现代天文学意义上的回归年，“时”本指季、季节，“节”指节令，即通俗意义上的节日。“时令”指按季节指定的政令，后来人们把岁时节令简称为时令。漫川关镇的时令大多同山阳县，除了春节、清明、端阳、中秋，还有人日、上元、中和、花朝、四月八、六月六、中元、重阳、十月一、腊八、小年、大年等。其中人日、上元、中和、花朝、四月八、六月六、重阳、腊八、小年、大年为漫川关镇传统节日，风俗与山阳县同。但部分节俗异于外地，即使是“本地人”和“下湖人”之间亦有区别。

中元，为七月十五。漫川关镇的“本地人”和“下湖人”风俗不同。下湖人至今在此日前夕焚烧纸币祭奠祖先，本地人仅做食好饭而已。中元节被称为鬼节，起源于佛教传说，《盂兰盆经》中说，目连见其母被饿鬼附体，随即将钵中饭给予饿鬼，使其母食，食物未入口，即化为火，母无法食，目连遂求教于佛祖，佛祖为他说盂兰盆经，叫他在七月十五日，在盆中放百味五果，供养十方大德，赦免母亲的罪过，救母于危难之中。后人将中元节称为鬼节，有施恶鬼等迷信活动。

十月一，也是鬼节。漫川关下湖人无此节，本地人是夜要焚化纸钱、纸衣祭拜祖先，焚用五色纸做的纸衣，称之“送寒衣”。

其余节令与传统风俗相近，不赘述。

2. 喜庆丧葬

1）挑礼

漫川关镇婚俗同多地传统婚俗一致，要经历提亲、相亲、定亲、认亲、成亲、回门等程序。

定亲前，无论男女双方都要委托两个介绍人去说合，一是形式，二为慎重。部分人允婚时要推算男女双方的生辰八字，以免相冲。

定亲礼，男方和亲友备首饰、衣物及水礼去女方家，女方亲友陪同，双方寒暄熟识。

在成亲时，漫川关镇婚俗中不同于周边地区的一点在于挑礼。成亲当日，男方用扁担挑着担子，里面装有男方的拜礼。随着时代的不同，礼数也有变化，礼必为双，但无论男方挑何礼，女方必回之一半，曰礼尚往来，和和美美。

2）祭祀

古时，生产力水平低下，人们为了心中所想，往往将一切不顺诉诸神灵。“敬老爷”在当地颇为盛行，“老爷”为方言中诸神的别称。敬老爷有一定的程序，根据不同的诉求拜敬不同的老爷。敬老爷时要为老爷带上吃食，给老爷磕三个头，之后要放炮，以示众人知晓。

在丧葬祭典中，漫川关镇流行唱孝歌。唱孝歌作为一种丧葬文化，有漫长的发展过程。《楚辞·九歌序》：“楚人信鬼而好祀，其祀必作歌乐鼓舞，以乐诸神。”[①]九歌是由祭祀乐曲改编的，在祭祀活动中敲鼓歌唱，能够驱赶鬼魅，告慰亡灵，同时借歌舞也可以冲淡人死的悲哀和不祥。在漫川关镇，“下湖人”居多，受荆楚文化的影响较大。唱孝歌的曲调有快有慢，慢调哀婉多变，低沉柔和，悲痛伤情；快调明快爽朗，轻松自由。孝歌篇目有开路歌、劝孝歌、盘歌、翻田埂、还阳歌等[②]。

孝歌的大部分篇目都在阐释孝文化，如劝孝歌、亲恩歌、孝道良心歌等，讲述父母的艰辛养育之恩，教诲子女奉老养幼，重视血缘亲情，教化伦理道德。有一部分是对普通民众现实生活的写照，如“山自清清水自流，何必人间结怨仇。一生争名又夺利，终是一堆土馒头”，让人们认识死亡，有教化的意义。还有一部分透露着一定的佛道思想，是民众的一种精神慰藉，如“减却心头火，提起佛前灯。钱财如粪土，仁义值千金”“白虎丧门犯太岁，一定死在明关城”之类。

漫川关镇孝歌可唱一夜，也可唱三五夜，时间长短视亡者家庭贫富情况而定。通常第一夜开始时唱开路歌，中间唱劝孝歌、盘歌等，最后一夜，临近出殡时才唱还阳歌。人死后，七日一祭，七七为止。

3）戏曲文化

漫川关镇主要戏曲类型为汉调二黄折子戏。汉调二黄于2006年首批被列入国家非物质文化遗产代表作保护名录，2007年被评为陕西省第一批非物质文化遗产[③]。

---

① 马茂元：《楚辞选》，北京：人民文学出版社，1988年，第44页。

② 张建军：《简论陕南孝歌》，《商洛学院学报》2008年第4期。

③ 陕西省人民政府：《陕西省人民政府关于公布陕西省第一批非物质文化遗产名录的通知》，http://www.gov.cn/zwgk/2007-05/18/content_618505.htm（2007-05-31）。

汉调二黄主要分布在秦岭以南、大巴山以北的汉江流域地区。因地处南北过渡地带，区域内三秦文化、荆楚文化、巴蜀文化相互交融形成兼具南北中特色的汉水文化。这种特殊的地理环境，自清乾嘉时期大批湖广川豫移民迁徙入境和地方百姓的创造积累，成为汉调二黄能在此生根、发展并得以世代传承的基本条件。二黄也称“山二黄”和“陕二黄”，其唱腔和形式与京剧类似，以西皮和二黄两种声腔为主干，可相互转化，戏曲曲目更是丰富多样，注重反映民间生活。

漫川关镇古有“四台同唱”之盛景。对漫川关古镇居民是否喜欢听戏的调查统计结果（图 8、图 9）表明，在漫川关镇，多数人（约占比 70%）是喜欢听戏的，其中以中老年者为主。听戏是旧时人们最主要的文艺活动。随着乡村生活世俗化，传统庙会等乡村宗教活动出现沉寂的倾向，目前每年的戏曲演出几乎停止。

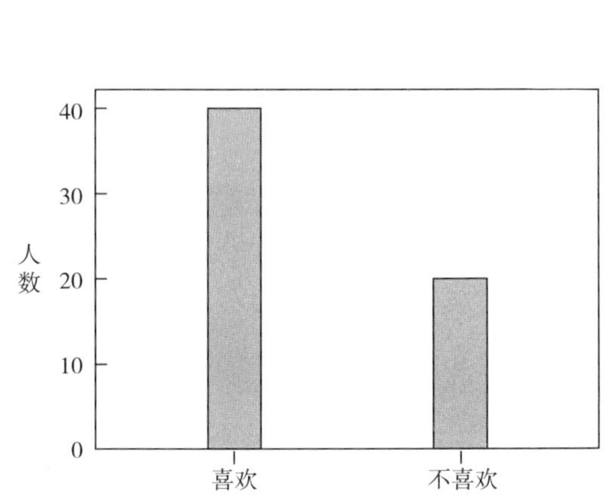

图 8　漫川关镇居民对戏曲的喜爱度

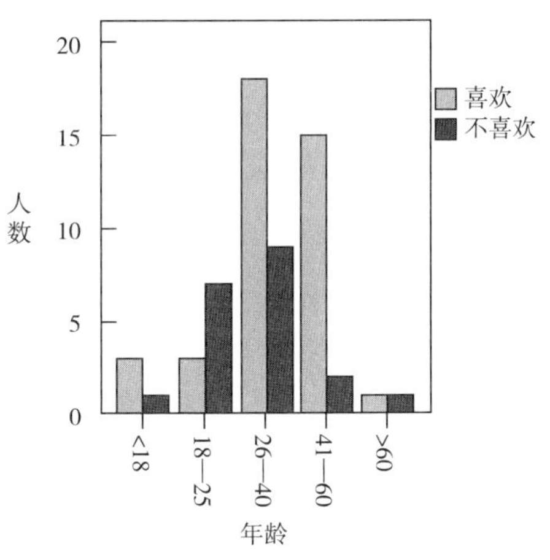

图 9　漫川关镇居民戏曲喜爱度与年龄相关性分析图

漫川大调，是漫川关镇特有的一种曲调。漫川关习俗婚丧嫁娶时为安顿、答谢客人，雇乐班演唱，或在农闲休息时自娱自乐，均演唱漫川大调。漫川大调词句讲究合辙押韵，以四字、六字、七字为主。现存曲目三十多种，分为传统剧、山水风景剧和爱情剧。唱腔变化多端，曲调委婉缠绵，大调末调均为 231 151。

遗憾的是，目前会唱漫川大调的艺人所剩无几。近日，山阳县剧团根据老艺人口授，组织排练了部分剧目，并在一定场合下演唱，期望通过挖掘挽救，能让这一濒临消亡的地方文化传承下来。

4）商贸文化

从总体功能上，漫川关镇属于工贸交通型村镇。为了有效降低货物成本，便于物资的运输和集散，人们根据特定地方的运输工具和装卸条件，往往将商铺建在人员、物资最容易流动和中转的江河交汇处、水路交叉口等紧邻生产资源和产业集聚的地域。历史时期，作为水运交通线必经之地的这类村镇，常常因商业贸易发展而带动手工工业的发展，形成工贸交通型城镇。直到近代，随着陆路交通的发展，交通工具的改善，才渐渐衰落[①]。

唐朝及其以前，西安长期作为国都，是全国的交通中心，和平时期联系各地的驿道畅通，而在战时东南部的上津道（从长安经蓝田、商州上洛郡，下金钱河入汉江）是关中通往汉江、控制汉江上游的重要通道。以此，昔日的漫川关出现过“水码头百艇联樯，旱码头千蹄接踵”的盛景。明清以后，由于金钱河水运发展，境内土产山货和江南手工制品均以漫川关镇为集散地，漫川关镇便自然而然地成为陕南的工贸重镇。今天，山阳县作为陕西东南部的窗口，漫川关镇作为山阳县南部的中心，福（州）银（川）高速自商县过漫川关镇入湖北，交通地位显著。

漫川关镇的商贸文化体现在多个方面。

第一，经营文化。漫川关镇主街道沿靳家河分布，道路两侧皆为店肆，商业资源集聚。有手工作坊，也有小商铺，既经营宿、酒、茶、食，又经营百货商品。由于该镇没有固定的赶集日期，年年如一日，日日有集市，一直延续着“男人下田，女人摆摊”的习俗。

第二，商帮文化。中心广场商业建筑包括北会馆、武昌会馆、骡帮会馆、鸳鸯双戏楼，均反映了当时商业贸易的繁荣。会馆是商帮集会的地方，不同会馆代表不同商会，其所代表的利益群体也不同。例如，现今在北会馆里悬挂的会旨有十方面：“一、商定本帮重大事项。二、维护帮会会员权益。三、调节帮内商务纠纷。四、保障会员人货安全。五、处置以外灾难事故。六、主持祭祀聊谊活动。七、权衡商行货物质量。八、平抑市场高低物价。九、筹集会馆开支经费。十、参与资助公益事业。”这样的会旨，规定了帮会的权利义务，一定程度上维持了商贸交易的秩序，减少了商业纠纷，有利于促进漫川本地商品贸易的发展。

第三，民俗文化。以庙会为例。当地庙宇众多，五教俱全，既有三官庙中

① 周宏伟：《基于传统功能视角的我国历史文化村镇类型探讨》，《中国农史》2009年第4期。

的天官、地官、水官，也有鲁班庙中的鲁班神、骡帮会馆中的三眼水神。赶庙会，对于普通乡民来说，求神拜佛，祈祷一年的安稳幸福是一个由头，游玩才是目的。虽然崇拜神灵是为祈求丰收，但对于商人来说，庙会是聚集人气、振兴市场的好时机。三月三、四月八，各种庙会使南北商旅集聚漫川关镇，茶馆人来人往，戏楼日日笙歌。

第四，街巷风气。新《县志》有载："漫川关风物近荆、襄，重礼义，善巧言，小吃别有风味。"[①]在今天的漫川关镇，这样的风情仍然多见。街巷居民的日常交谈中，店铺、商品、市场行情等，是最常见的主题。

5）饮食文化

漫川关镇人一日三餐，但饭点较晚，一般九点吃早饭，下午两点吃午饭，晚上点灯时才吃晚饭。漫川关镇人喜吃腌菜，偏重酸辣。酸辣饮食与陕南的自然地理环境密切有关。在漫川关镇，几乎家家有腌菜缸、浆水菜盆等腌制菜品的陶器。这里地处秦岭山区，冬季寒冷，蔬菜种类较少；夏季雨量大，而山路崎岖，交通不便，外出购买食品困难。故此，人们常把蔬菜加工成酸菜、辣菜，以方便长期保存食用。

漫川关镇人食肉习俗悠久。《隋书·地理志》中记载陕南人"性嗜口腹，多事田渔，虽蓬室柴门，食必兼肉"[②]。尽管食肉是当地人悠久的饮食喜好，而在明清时期，肉类对多山少地、经济不富裕的山区普通农民来说却并非日常食品。值得一提的是漫川"八大件"。"八大件"极其讲究，有四碗四盘共八道菜肴，分别为刮刀丸子（碗）、肉丝大炒（盘）、豆油卷子（碗）、干炸鸡块（盘）、甜醪糟肉（碗）、红薯丸子（盘）、红莲蹄子（碗）、肉片小炒（盘）。不论乔迁、结婚、祝寿、送葬等红白喜事宴请，必以"八大件"招待客人。从八大件菜品的制作食材看，除红薯丸子外，其余均为肉类。红薯价廉，在耕地面积有限的山区，是人们解决温饱的日常主食。其余七道肉食，之所以作为宴请饮食的重头戏，是因为这既可以反映主人家的热情好客，也是让当地人改善日常饮食肉食较少的重要途径。

---

① 山阳县地方志编纂委员会编：《山阳县志》，西安：陕西人民出版社，1991年，第317页。
② 《隋书》卷24《地理志》，北京：中华书局，1973年，第829页。

（六）人口与经济

1. 居民来源

关于漫川关镇历史时期的人口数量，无具体史料记载。清中期《春融堂集》卷一九有诗云："危径时时断，疏林叶叶斑；路通商雒县，水入曼川关；风土仍三户，人烟接百蛮；羁愁怜野鸟，日暮又知还。"[①]《春融堂集》成书于乾隆年间。可见，当时的漫川关镇一带还是较为荒僻。不过，从零散的资料统计来看（表 1），乾隆以降，这里的人口增长速度较快。

表 1 清中期以来漫川关镇区的人口数量

时间	户	口
乾隆三十二年（1767 年）	152	760
民国三十三年（1944 年）	1784	7325
1964	—	6807
1982	1920	8394

这样的人口状况，与所在山阳县人口的历史状况，也大致相仿。据旧《县志》所载：乾隆七年（1742 年），该县户一千八百五十一、口一万一千七百九十四；至道光三年（1823 年），该县人口增至十万七千七百余口；而至光绪三年（1877 年）……全县人口共计十九万五千二百二十八人[②]。短短一百多年的时间里，人口增长竟然增加近二十倍，可见增长速度十分之快，增加人口中绝大部分为外来移民。在漫川关镇一带，新增加的外来居民亦以"下湖人"居多。

"下湖人"指从今湖北一带迁移而来的居民。明朝"景泰年间……盗王彪啸聚山中，秦蜀楚豫之流民皆入"[③]。可见，最早进入漫川关镇一带的移民多为本省及邻近的四川、湖北、河南三省流民。清代以来，进入漫川关镇一带的多为湖北、江淮灾民。清代江淮地区多水灾，部分江淮人们流离至此。而经过明末清初战乱，很多地区满目荒夷，人口大减。史载陕南一带"民死于锋镝、饥馑、瘟疫者十分之五……狐狸所居。豺狼所嚎，虎祸尤多，土著人少，所种者十分之一二"[④]。这为江淮移民的定居提供了条件。

---

①（清）王昶：《春融堂集》卷 19，上海：上海文化出版社，2013 年，第 281—880 页。

② 杨绳信：《清末陕甘概况》，西安：三秦出版社，1997 年，第 123 页。

③ 陕西省图书馆编：《山阳县志》，《陕西省图书馆藏稀见方志丛刊》第 13 卷，北京：北京图书出版社，2006 年，第 506 页。

④（清）严如熤：《三省边防备览》，道光二年（1822 年）刻本。

随着商品经济发展，金钱河水运日益繁荣，不少外地货物从汉江上溯进入金钱河，同样，不少本地山货顺金钱河进入汉江，远销武汉等地。在水码头处，南来北往的商人颇多，也有部分外来商人长居于此。例如，黄家药铺先祖黄玉波，原为山西客商，随姻亲邹姓人到漫川关镇做生意。漫川关镇大姓还有阮姓、江姓、赵姓等外来姓氏。其中来自湖北的所谓“下湖人”最多。漫川大调继承人当地 73 岁的王安礼回忆说：“其祖辈原住湖北省，因受户族邻里的歧视，清乾隆年间自勋西县搬迁至漫川关镇居住。”

2. 农业经济的历史与现状

漫川关镇一带具有良好的水热资源和丰富的土地资源，农业开发有漫长的历史。明代以前，漫川关镇一带畲田盛行。宋人王禹偁《畲田词并序》载：“上洛郡南六百里，属邑有丰阳、上津，皆深山穷谷，不通辙迹，其民刀耕火种。大抵先斫山田，虽悬崖绝岭，树木尽朴，俟其干且燥，乃行火焉，火尚炽，即以种播之。”[①]可见，位于该地的漫川关镇一带，其农业耕作方式也当以粗放型的刀耕火种为主。这种刀耕火种的制度，一直到近代尚没有绝迹。清朝至民国，畲田、牛耕和纯手工劳力约各占三分之一。

清初《肇域志》称山阳“民始事猎，后变而务耕种，女多蚕绩”[②]。《中华全国风俗志》则谓，山阳县民“尚耕桑，轻末作，其人经直，其风淳朴，其俗俭约”[③]。山间河谷平原地区皆种小麦、水稻，山上则有玉米、红薯、豆类等。经济作物中花生、芝麻占据一定位次，漫川关镇本地特产有魔芋、菌类等。

新中国成立后，畲田制度废止，地势较平坦的地区以牛耕为主，其余山间、川地仍靠人力。近年来，随着农业科学技术的发展，机械耕作发展很快。

据镇志资料统计，漫川关镇自 1978 年至 2000 年，粮食总产量在不断上升，农村经济收入不断增大，且增速较快，猪牛羊等牲畜存量也在增大。

目前，漫川关镇域耕地面积 21 110 亩，人均耕地面积 0.92 亩；林地面积 11 万亩，森林覆盖率为 50%，林区主要分布在勋岭、太平山、猛柱山、贺家岭等山梁。畜牧业生产有较快发展。至 2012 年，全镇实现国民生产总值 3.42 亿元，农民人均纯收入 9360 元。

---

① 山阳县地方志编纂委员会编：《山阳县志》，西安：陕西人民出版社，1991 年，第 107 页。

②（清）顾炎武：《肇域志》卷 34，上海：上海古籍出版社，2004 年，第 1281 页。

③ 胡朴安：《中华全国风俗志》上篇卷 7，郑州：中州古籍出版社，1990 年，第 19 页。

3. 非农业经济的历史与现状

漫川关镇古有“十户九经商”的说法，从传统意义上讲属于交通商贸型集镇，从事商业贸易的非农业人口比重很大。据《陕西航运志》所载：“清道光年间，有小商船自汉江入金钱河，到达山阳县的三里店，获山阳县令赏银 50 两。清代后期，有四家商户集资购买了一艘能载重 3 万斤的木船，往返于金钱河上下，收益良好。以后沿岸群众自行组织，发展船只，在金钱河中航行。民国三年（1914 年），金钱河水运趋于兴盛，商贾接踵，百舸竞发。木船最多时达百只，往返于白河县和山阳县漫川关镇之间。新中国成立后初期，仍利用金钱河船只转运一些短途物资。”①

“男人下田，女人摆摊”是漫川关镇的传统。漫川关古镇老街两旁均是商铺。但是，随着交通运输方式的改变，水运地位的下降，漫川关镇的商贸相比曾经的繁盛时期明显衰落。

目前，城市化的速度在不断加快，大量农村劳动力涌入城市，漫川关镇也不例外。据老街街民说，在漫川关古镇，但凡有一定劳动能力的人，外出打工的比率很大。漫川关镇镇区也有大量外镇外村人员涌入，从事商业服务和小型加工业等。

近年，为促进漫川关镇经济的发展，政府转变经济发展模式，积极推动旅游业的发展。随着该镇历史文化资源保护与利用工作的开展、旅游设施的大规模建设和省内外游客的增长，该镇的旅游收入已有明显增加，经济社会发展有了新的方向与动力。

① 陕西省地方志编纂委员会编：《陕西省志·航运志》，西安：陕西人民出版社，1966 年，第 181 页。

五、明清河西走廊堡寨民居的功能演变[①]

（一）引言

堡寨是一种以土、石、砖等材料垒筑而成，集防御与居住功能于一体的封闭性军民聚落。研究明清时期河西走廊的堡寨，对于深入了解河西聚落的历史演变过程，保护与利用今天河西走廊的传统聚落，具有重要意义。以往学界关于河西走廊堡寨的研究，或是从考古学角度复原河西城乡聚落的历史面貌[②]，或是从军事史角度探讨明清时期堡寨在西北防御体系中的作用及其在处理民族关系方面的意义等[③]，也有从建筑学的角度探讨传统堡寨式民居的建筑形制等，而很少从整体上探讨明清时期河西堡寨本身的变迁过程及原因[④]。本文试图从社会史学的角度，研究明清时期河西地区堡寨的发展及其功能的演变，分析河西堡寨功能的变化与统治者经营方式转变的关系，探讨堡寨在明清河西地区经济与社会变迁中的地位与作用。

河西走廊位于甘肃省西北部，东起乌鞘岭，向西北延伸至甘新交界，南界祁连山脉，北界龙首山、合黎山和马鬃山，东西长一千余千米，南北宽十至百余千米。走廊内以大黄山和黑山为界，分为石羊河流域的武威、永昌平原，弱水流域的张掖、酒泉平原，疏勒河流域的玉门、敦煌平原。这些平原绿洲，自然条件较好，适宜农牧业的发展。由于河西走廊地处我国内地通往新疆、中亚和印度各地的交通要道，历来为兵家必争之地。“昔人言，欲保秦陇，必固河

① 本部分由高小强撰写。

② 马鸿良、郦桂芬编：《中国甘肃河西走廊古聚落、文化名城与重镇》，成都：四川科学技术出版社，1992年。

③ 田澍：《明代甘肃镇边境保障体系述论》，《中国边疆史地研究》1998年第3期；张涛、朱耀善：《古代河西民居——屯庄》，《河西学院学报》2002年1期；闫天灵：《明清时期河西走廊的寄住民族、寄住城堡与寄住政策》，《中国边疆史地研究》2009年第4期。

④ 唐晓军：《甘肃古代民居建筑与居住文化研究》，兰州：甘肃人民出版社，2012年；李江：《河西走廊传统堡寨建筑初探》，《山西建筑》2014年第4期。

西；欲固河西，必斥西域”，可见其战略地位之重要[①]。

（二）明代的防御性堡寨

明代“甘肃一线之路，孤悬千五百里，西控西域，南隔羌戎，北遮胡虏，山势旷远，中间可以设险要之处固有，而难以设险之处居多”[②]。为了抵御北元和安抚西番，以确保边疆的稳定，明朝在河西设立甘肃镇，在嘉峪关以东设置十一卫（凉州卫、庄浪卫、永昌卫、山丹卫、甘州五卫、肃州卫、镇番卫）、三守御千户所（镇夷守御千户所、古浪守御千户所、高台守御千户所），形成了以甘肃镇为中心的卫所防御体系，对当地的居住形制产生了重要影响。明代在河西地区实行“寓兵于农”的管理体制，出于军事防御及生产的考虑，在基层便出现了堡、墩、城墩等具有防御功能的堡寨。

1. 修筑屯堡，以护卫军民屯田

河西走廊地处明朝军事前沿阵地。明朝初期，由于河西地区地广人稀，为保障军粮供应，朝廷决定移民屯田。洪武二十八年（1395 年），首先在甘州设屯，随后在整个西北地区推广。军屯的生产组织以“屯”为基本单位，以百户为一屯，“令各处卫所，凡屯军一百名以上委百户一员，三百名以上委千户一员，五百名以上委指挥一员提督，不及一百者，亦委百户一员提督”[③]。根据军屯人数多少进行编制，组织管理屯田生产。由于河西地区的屯田大都处在无险可依的平原绿洲，时常受到“南番北虏”的威胁和掠夺，卫所的力量鞭长莫及。为此，政府不得不设法组织官兵护卫屯田，以保障军粮供应。

为确保防御与屯田两不误，明朝选择了筑堡，“堡字于保于土，乃家自为守也”[④]。永乐十二年（1414 年），明朝政府规定：“每小屯五七所或四五所，择近便地筑一大堡，环以土城，高七八尺或一二丈。城八门，周以濠堑，阔一丈或四五尺，深与阔等。聚各屯粮刍于内，其小屯量存逐日所用粮食，有警即

① （清）顾祖禹撰，贺次君、施和金点校：《读史方舆纪要》卷 63《陕西二》，北京：中华书局，2005 年，第 2972 页。

② 魏焕：《皇明九边考》，中国西北文献丛书编辑委员会编：《中国西北文献丛书》第 79 册，兰州：兰州古籍书店，1990 年，第 358 页。

③（明）申时行等修：《明会典》卷 18《户部五・屯田》，北京：中华书局，1989 年，第 122 页。

④ 乾隆《甘州府志》卷 5《村堡》，《中国地方志集成・甘肃府县志辑》第 44 册，南京：凤凰出版社，2008 年，第 260 页。

人畜尽入大堡，并力固守。”[①]堡寨由于坚固高大，不易被敌人攻破，可以保护军民财产和人身安全，确保屯田正常开展。依据地理位置择优合力屯堡，并在堡内集结粮草和财产，以方便临时集合和戍守，形成了以屯堡为中心的屯防模式。当时“设甘州等卫屯堡四十六所”[②]。为便于管理，每一大堡设堡长一人，屯堡一人，并设有守备、操守、防守等官，实行官兵共同防御。小堡只设屯长一人，并设防御掌堡官或总旗，组织军民防御和生产生活。屯卒“无事则耕，有事则战。贼寡则本堡之兵，贼多则近堡合力，各大城兵马相机应援。大则可以斩获成功，次则亦可夺获抢掠，不至损失”[③]。屯卒平时耕种，如有敌情则迅速集结在堡内戍守防卫。如果敌我力量悬殊，本堡无力应对，则联合附近屯堡协同作战。这种作战方式加强了各堡之间的联系和互补的机动性，以达到牵置和消灭敌人的目的。如果数堡的兵力还无法抵御，相邻的大城会视情况派军队应援，构成堡与城之间拉网式联合防御，以减少损失，取得防御作战的成功。

随后，河西各地筑堡之风开始盛行。甘州“自明设卫以后，设堡更多，前弗胜考。其续增之最要者如洪水、黑城、花寨、平川、板桥，系嘉靖八年巡抚唐泽所建。甘浚、古城、龙首、红泉、靖安，系嘉靖二十八年巡抚杨博所建”[④]。在地方官员的极力倡导下，河西各地相继修建了大量的堡寨。“民勤为凉州门户，四通夷巢，无山险可恃。明时套夷，不时窃犯，故设重兵弹压，而蔡旗、重兴、黑山、青松、红沙等堡，俱有防守官兵，周围棋布，原议本营自守城池，不奉调遣，小警本营暨各堡官兵可足战守，大警调凉、永各营兵丁策援驰御”[⑤]。在无山险可守的情况下，为了防止敌人的入侵，通过修筑堡寨、驻扎官兵防守来维护地方安全，不失为一项有效的措施。以各堡自守为原则，在敌人势力确实强大，卫所内各堡官兵无法抵御的情况下，调派其他卫所的官兵策应支援，形成了卫所之间的相互救援模式。除此之外，“殷富之家，高广墙垣，以备夷虏”[⑥]。富户人家也修建堡寨，维护自身安全。

---

①《明太宗实录》卷155，“永乐十二年九月丁酉”条，北京：中华书局，2016年影印本。

②《明太宗实录》卷157，“永乐十二年冬十月壬午”条，北京：中华书局，2016年影印本。

③ 乾隆《甘州府志》卷13《艺文上》，《中国地方志集成·甘肃府县志辑》第44册，南京：凤凰出版社，2008年，第438页。

④ 乾隆《甘州府志》卷5《村堡》，《中国地方志集成·甘肃府县志辑》第44册，南京：凤凰出版社，2008年，第260页。

⑤ 民国《民勤县志·兵防志》，《中国地方志集成·甘肃府县志辑》第49册，南京：凤凰出版社，2008年，第302—303页。

⑥ 乾隆《镇番县志》卷2《村社》，《中国地方志集成·甘肃府县志辑》第43册，南京：凤凰出版社，2008年，第23页。

据学者实地调查研究，明代河西走廊（高台辖区）的主要城堡有 33 处[①]。据笔者统计，这些城堡周长由 40 丈到 390 丈不等，一般在 100 丈左右。最小的红寺堡周长 40 丈，共 51 户，147 人，平均每户 2.88 人。最大的红崖堡周长 390 丈，共 206 户，484 人，平均每户 2.35 人。其中有屯田数据记载的仅有三堡。例如，许三湾堡：周长 60 丈，共 39 户，83 人，平均每户 2.15 人，屯田 16 232 亩；九巴堡：周长 80 丈，共 96 户，497 人，平均每户 5.18 人，屯田 1216 亩；柔远堡：周长 80 丈，共 121 户，273 人，平均每户 2.26 人，屯田 5108 亩。屯堡往往择屯田而建，目的在于以堡护耕，既为当地农业的开发提供了有力保障，同时又促成了村镇聚落规模的逐渐扩大。例如，黑泉堡、盐池堡、红崖堡成为现在的乡驻地，河西堡成为现今的小村庄。

2. 筑墩台，集防御、居住于一体

筑堡虽能起到护卫屯田的作用，但数屯之中筑一堡，仍然难以全方位地保障军民的财产和人身安全。嘉靖初年，右佥都御史刘天和主持甘肃屯田之事，请求让甘肃丁壮及山陕流民在近边之地耕种，这一建议得到朝廷同意，其后又在各边境卫所推广，加强了边境屯垦的力度，使得“屯利大兴”。

此后，河西除继续修建屯堡之外，还修筑了防御性建筑——墩。据《肃州事宜疏》载：“肃州原设堡寨稀薄，虏易攻剽，以致屯田日就荒废。今查本卫丁壮及山陕流民，括之可得四千五百，其中多矫健善战者。请于近边密筑墩台，增其垣埤楼堞，使居其中，平时耕牧，遇警保塞，庶几古人寓兵于农之意，则贼至无所掠，而屯种得以渐广，即甘、凉、山、永、庄浪等处皆可行也。”[②]墩是为防御敌人而修筑的军事设施，除了传递军情、有效防御外，同时也是屯驻军队和百姓活动的场所。河西地区的墩依据功能可分为两种类型：“凡墩，有兵墩，有田墩，兵墩守司望，田墩备清野。旧志屯庄，田墩也。”[③]兵墩多随边墙而建，其余各地则多建田墩。由于河西地区地广人稀，当时“居民大率各于

① 马鸿良、郦桂芬编：《中国甘肃河西走廊古聚落、文化名城与重镇》，成都：四川科学技术出版社，1992 年，第 104 页。

② 陈子龙、徐孚远、宋徵璧等选编：《明经世文编》卷 157《肃州事宜疏》，北京：中华书局，1962 年，第 1578 页。

③ 乾隆《甘州府志》卷 8《墩铺》，《中国地方志集成·甘肃府县志辑》第 44 册，南京：凤凰出版社，2008 年，第 309 页。

自置田亩中择稀地而居”[①]。墩一般靠近屯田修筑，平时耕作，战时御敌，易耕易战。除了传递信息、集中力量抵御敌军之外，墩还有控制地方人口进行生产的作用。

明嘉靖二十九年（1550年），巡抚右佥都御史杨博在甘州大力营堡筑寨。针对当时田地比较分散、数屯合力才能够筑一堡、堡寨距离屯地远、清野不便诸问题，他上疏道：

> 闻警清野，固为守边常法，然零星小寨，归入城堡，动辄一二十里，远至四五十里，汗漫奔驰，卒难毕至。敛之不豫，则虏已入境，而仓皇莫及；敛之太早，则虏未必来，而生物困毙。且收敛之官，因而科克屯民，是避患而反贻患也。故议以屯种附近之乡，或二三十家，或四五十家，督令共筑一墩，每墩设一总甲提调，如警报一至，大城四路各发柴烽信炮，传示各乡，即敛生畜屯据本墩，庶聚散甚速，清野甚易。
>
> 每墩周围底阔一十二丈，顶阔八丈，实台高二丈四尺；裙墙高七尺，底阔一尺五寸，顶阔八寸；鸡窝天棚共二层，共高一丈六尺：通高四丈。漫道一道上塔，天桥一连墩下。月城底阔八尺，顶阔四尺，高二丈八尺；周围裙墙底阔一尺五寸，顶阔一尺，高六尺，共高二丈四尺。外壕一道，底阔八尺，口阔一丈，深一丈；壕外拦马墙一道，底阔三尺，顶阔二尺，高五尺。掉桥一座。月城门一层，铁裹之。[②]

由于墩靠近屯田修筑，加之体量高大，并设有漫道、天桥等防御设施，敌人不宜靠近，再加上发达的预警体系，可以及时掌握敌情，相互点火传递信息，对敌军造成心理上的威慑。由于其防御上的优势，杨博“增置屯庄墩三百六十五，山丹增五十九。廖逢节又增五座，山丹增六座。石茂华又增数座”[③]。严密的防御体系有效抵御了外敌入侵，保障了农业生产的有序进行。对于堡寨较少和无力筑堡的偏僻之乡，墩的修筑无疑弥补了因堡寨的分散而造成的防御缺陷，有利于屯田的顺利进行。

---

① 乾隆《镇番县志》卷2《村堡》，《中国地方志集成·甘肃府县志辑》第43册，南京：凤凰出版社，2008年，第23页。

② 陈子龙、徐孚远、宋徵璧等选编：《明经世文编》卷273《议筑简便墩城疏》，北京：中华书局，1962年，第2530页。

③ 乾隆《甘州府志》卷8《墩铺》，《中国地方志集成·甘肃府县志辑》第44册，南京：凤凰出版社，2008年，第309页。

据明人张玉《边政考》记载：凉州卫有 58 堡 109 墩，古浪守御千户所 4 堡 29 墩，镇番卫 24 堡 53 墩，永昌卫 33 堡 90 墩，甘州卫 56 堡 136 墩，山丹卫 23 堡 51 墩，高台守御千户所 46 堡 42 墩，肃州卫 43 堡 97 墩，镇夷守御千户所 14 堡 46 墩[①]。由于堡、墩分布范围广泛，且相互之间能够快速传递敌情，进行联合防御，这就有效保障了地方军民的生产生活。

3. 筑墩城，家自为守

针对河西边陲地带边患肆虐的状况，明朝地方官员创造了一种更为灵活的防御策略——建筑墩城，即将堡稍加改造变成小城，再和墩相结合，在小城中筑墩，形成墩城。这种新型建筑方式集合堡与墩的优点，集防御与居住于一体。杨博《议筑简便墩城疏》有云：

> 臣往年巡抚甘肃之时，尝创为墩城之法。即如五七家之村，令其近村合力筑一小城，周回止二十八丈，底阔一丈二尺，高连垛口二丈，枚顶七尺；于中各筑一墩，每座周围八丈，高连垛口二丈五尺。实台上盖房一层，架楼一层，最上盖天棚一层。此外更有拦马墙壕二道，近墩又有漫道。将至墩门，悬置板桥，防贼循道而上。大村则令其左右夹峙，各筑二墩，或四墩、六墩。
>
> 盖守御之方，大则为城，其次则为堡。城非万金不能成，堡非千金不能成；惟此墩城，通计不过百金，为费甚少，随处可筑。大城必须数千人，堡须千人，方能拒守；惟此墩城，十数人可以守。虏少则势力单弱，料彼不能攻挖；虏多则人马稠密，惧我乘高击打。纵使攻破一墩，必先自伤数十百人，所得不足以偿其所失，虏必不肯为之。况我之墩城，随在皆设，虏势虽重，岂能一一攻之？不烦收保之劳，坐收障蔽之益，此之谓家自为守。且贼既入边，势必散抢，若各城之中，分置步兵与土人相兼按伏，俟有零骑到墩，邀而击之，自然可以成功，此之谓人自为战。先年大举达虏尝犯凉州，彼时墩城告完，臣适在彼调度，既无毫毛疏失，且有斩获微功，是乃明效大验。[②]

---

① 张雨：《边政考》第 4 卷《地舆图下》，台北：华文书局，1969 年影印明嘉靖刻本。

② 陈子龙、徐孚远、宋徵璧等选编：《明经世文编》卷 273《议筑简便墩城疏》，北京：中华书局，1962 年，第 2530 页。

由于墩城省工料，易修筑，且设有拦马墙、漫道、板桥等设施，具有较强的防御功能，能够有效抵御外敌来袭。即使不意被攻破，其中也没有多少财物，敌军得不偿失。墩城的建筑既方便了各堡之间的联系，更重要的是能够有效防御外敌侵袭，稳定边疆秩序。墩城除具防御功能外，还兼有居住功能。在农务结束且并无边患之时，军民就在墩堡内居住，大小城堡均有防守人员进行防守，为军民的安全生活提供有力保障。隆庆元年（1567 年），巡抚都御史石茂华议设保甲疏：

> （甘肃镇）逼近番虏，军民之居，多在城堡墩院之内，虽有散处而居者，亦各有相近墩堡，或农务已毕，或有警收敛，则皆归墩堡之内，非如腹里之村落相望，比屋相连者也。城堡大者则有守备，操守防守；小者则有防御掌堡官员或总旗。平时则守护城池，由警则收敛人畜，非如内地村落各自为谋，无所联属者也。[①]

墩城以其独特的防御功能有效抵御了外敌的侵扰，保障了军民的生产生活。军民平时多居于城堡之中，由此逐渐形成了不同于内地的城堡式村落。

总而言之，由于起初明朝经营河西以防御为主，堡、墩、墩城按照当时的军事防卫体制修建，作用在于保障屯田或开展军事活动，因而，堡寨内防御、居住设施相对齐全，防卫与居住功能兼备，通过提高军民的自我防御能力，能够有效抵御游牧民族的侵扰。而各堡、墩之间可以相互联络、呼应、驰援，能够对敌军形成心理上的威慑，构筑起明代西北基层边防安全体系。

至明后期，随着军事的废弛和屯田的破坏，河西地区的人口大量减少。据载，“明设高台所，景泰中，户一千四百六十五，口二千九百三十五；嘉靖中，户一千二百五十三，口三千四百二十六。其镇夷自为一所，永乐中，户一千一百三十六，口三千六百二十九；嘉靖中，户一千二百三十三，口四千五百二十六；万历中，户一千零三十，口三千二百五十四”[②]。大面积的人口逃散，使得墩堡失去了往日的防御作用。明末崇祯时，周一敬在《甘肃镇考见略》中记述他巡阅三边时所见的情形：“今目睹各墩，缺人守瞭……一二鹑衣穷卒，手足仓皇，烽柝俱废，甚至以人少为虏所拉，反为向导焉。甚则营卫婪怯，吏买闲

①乾隆《武威县志·文艺志》，《中国地方志集成·甘肃府县志辑》第 39 册，南京：凤凰出版社，2008 年，第 492 页。

②（清）黄文炜等著，张志纯等校点：《高台县志辑校》，兰州：甘肃人民出版社，1998 年，第 22 页。

雇替，塞白一时，并实在墩瞭无之矣。”[①]显然，以墩堡为主的防御体系随着明朝的衰微，已趋于瓦解。

（三）清代的居住性城堡

迨至清代，西北边防线由河西地区推进到西域，河西则成为清朝经营西域的后方基地。清顺治六年（1649 年），“改甘肃卫军为屯丁”，使此前明代的“卫军”军人转变成为向政府交租纳税的个体劳动者。由此，明末荒芜的国家屯田渐次恢复，并得到进一步发展[②]。为了平定准噶尔，清政府曾向沙州（敦煌）、瓜州移民，垦荒生产，并以政府的力量保障移民的居住生活。

1. 修建城外之城，为沙州移民屯垦提供住宿保障

边墙之外的敦煌自明代废弃后，就成为关外少数民族的游牧场所。雍正三年（1725 年）设立沙州卫后数年间，清政府又迁甘肃五十六州县户民到沙州屯田，并帮助移民修建房屋，筑城堡。据清人所撰方志记载：

> 从前户民初到敦煌，未有房屋，不便露处，先为借给空闲营房暂住，按户发给房价银三两，并行令地方官于城外每户给隙地二分四厘，各盖房二间。即按到来之各州县户内派，十户派立甲长一名，各于所管之十户内拨五户砍伐木植，五户托打土坯，通力合作，共相建盖，咸使安居。通计二千四百五户，共盖官房四千八百一十间。其力量有余，或行专盖者，听民自便。今自城南以至城东、城北，三面环绕，户接家连，洵称辏集。[③]

在政府帮助下，移民之间相互合作，营建新的家园。移民虽来自不同地域，但在政府主导下修建民房，其修建风格基本一致，并没有过多地保留其原籍的建筑样式。农户以迁出地的县籍为单位，聚居在沙州城周围，“各照州县名为某坊，分属六隅”，按移民前所属的州县组成坊[④]。因为“卫城仅容衙署兵房，并

---

① （明）周一敬：《甘肃镇考见略》，明崇祯十二年（1639 年）刻本。

② 慕寿祺：《甘宁青史略正编》卷 17，“改甘肃卫军为屯丁”条，兰州：兰州俊华印书馆，1936 年。

③ 乾隆《敦煌县志·建盖房屋》，《中国地方志集成·甘肃府县志辑》第 49 册，南京：凤凰出版社，2008 年，第 11 页。

④ 道光《敦煌县志·凡例》，《中国地方志集成·甘肃府县志辑》第 49 册，南京：凤凰出版社，2008 年，第 48 页。

无余地，民居皆在城外，自筑护墙以为凭依。现今户口滋繁，商民杂遝，而旧筑护墙剥落坍塌，难资捍御”[①]。因此，移民只能居住在城外，户民自筑护墙，以保障安全。雍正九年（1731年），沙州卫守备赵在熊率户民在内城外另建郭城一座，“另筑开四门，建造门台、脊房，并四面角墩，虽尺度减于卫城，而严翼整焕，足资捍御矣”[②]。在郭城的东、南、西南角、北四面开四门，以方便居民出入，并在城上四面建角墩进行瞭望防守，另建有炮台十二处，作为防守之用，达到以拱卫内城的作用。

平时农户并不住在城里，因为“其户民田地，俱在沙州东西北三面，离城五六七八十里不等。春耕伊始挈眷赴田，夏耘秋收妇子散处原野，结茅而居，浇毕冬水搬回城内，终岁勤苦略无宁息”[③]。郭城和明代堡寨相比，已失去平时护卫百姓耕作的作用。由于田地离城较远，往来耕种多有不便，农户只能在田间临时搭建茅草屋居住，只有等到冬天忙完农活才能回到城内。随着人口增多和屯田面积不断扩大，当地民众的居住方式由原来的城乡间季节性流动向乡下散居发展，按原来各坊属地形成新的聚落。“例如城南一二里地的皋兰坊，城东五里地的灵台坊。有些繁殖的村坊，还要分出新、旧，大、小，上、中、下，东、南、西、北的志派来。他们每一个集团有一个土堡，有一个神庙，以至于各有其语言习惯，各有其头目——农坊。农坊的权力很大，他可以凭其意志处理某一集团的民间讼事，以及各集团与政府间的事务”[④]。居民以堡为组织单位，进行生产生活。随着经济的发展，出现了专门修建房屋的工匠，“工人凡习一艺者，如造屋宇、筑垣墙、烧砖瓦、制器具，各资其值，是以养家。俗尤勤种植，渠旁隙地，树木阴森，凡修房宇，民尤称便”[⑤]。乡村民居建筑也出现了多样化，堡寨聚落的比重也逐渐下降，在城堡之外逐渐形成新的乡村聚落。

---

① 常钧：《敦煌杂钞》卷上《沙州卫》，中国西北文献丛书编委会编：《西北史地文献》第23卷，兰州：兰州古籍书店，1990年，第329页。

② 常钧：《敦煌随笔》卷上《沙州》，中国西北文献丛书编委会编：《西北史地文献》第23卷，兰州：兰州古籍书店，1990年，第382页。

③ 常钧：《敦煌随笔》卷上《沙州》，中国西北文献丛书编委会编：《西北史地文献》第23卷，兰州：兰州古籍书店，1990年，第382页。

④ 明驼著，达浚、张科点校：《河西见闻录》，顾颉刚：《西北考察日记》，兰州：甘肃人民出版社，2002年，第106页。

⑤ 乾隆《敦煌县志》卷7《杂类》，《中国地方志集成·甘肃府县志辑》第49册，南京：凤凰出版社，2008年，第125页。

2. 安插维吾尔族，在瓜州建筑五堡

瓜州位处嘉峪关以西，明中叶以后沦为少数民族的牧马地。雍正十一年（1733 年），“吐鲁番头目、回民二千三百八十余户、九千二百余名口，慕化来归，安插瓜州，总计开地三千五百石，自东至西长二十余里，自南至北长四十五里。若令回民聚居一城，则到地耕种遥远不便。因分匀建筑五堡”[①]。兹将吐鲁番回民（维吾尔族）安插居住情况列表如下（表 1）。

表 1　雍正年间瓜州吐鲁番回民安插居住情况

堡名	堡位置	堡周长	堡高	安置部落（首领）名称	户数	人口
头堡	安西镇二十五里	三里七分	二丈二尺	额敏和卓、鲁古庆、泗尔堡	1017	4064
二堡	头堡西南十里	一里五分	一丈七尺	哈喇火州、木尔兔	348	1254
三堡	二堡西北十里	一里五分	一丈七尺	苏巴什、勒木津、小阿斯他纳、皮鞊、述桂	307	1244
四堡	三堡西北四里	一里五分	一丈七尺	塞木津、洋海、土域沟	327	1251
五堡	四堡东北十里	一里五分	一丈七尺	土鲁番、阿斯他纳、雅图沟、汉墩	338	1351

资料来源：据乾隆《重修肃州新志·安西卫·瓜州事宜》编制

维吾尔族在迁至瓜州之前，其部族居城堡，清政府修建五堡，首先是尊重维吾尔族的风俗习惯，其次是为了耕牧方便。五堡内由官盖房屋，分配给维吾尔族居住，按人口和职位房屋分配。“回民共计九千二百六十四名，每二口给房一间。共计盖房四千六百三十二间。额敏和卓系统领回众大员宜多给房屋，规模宏敞，以示优异。今计门房五间，第二层五间，东西厢房各三间，第三层五间，东西厢房各三间”[②]。在一堡内修建了左右对称的三层楼房，作为扎萨克辅国公的额敏和卓共计大房二十七间。“大酋长居屋多筑台居住，今瓜州哈密札萨克公居宇犹仍旧制”[③]。由此可见，这是在尊重维吾尔族风俗基础之上的礼遇。而在堡寨之内修建内地阁楼式民居，体现了汉维乡村民居建筑的交融。

对部落头目除按普通民众每两口一间的标准给予外，按等级另有优待。“其一等头目，除计算家口，照每二人给房一间外，每员加给房三间，二十九员共该加给房八十七间。二等头目，除计算家口，照每二人给房一间外，每员加给房二间，三十九员共该加给房七十八间。三等四等头目，除计算家口，每二人

① 乾隆《重修肃州新志·安西卫》，《中国地方志集成·甘肃府县志辑》第 48 册，南京：凤凰出版社，2008 年，第 346 页。

② 乾隆《重修肃州新志·安西卫》，《中国地方志集成·甘肃府县志辑》第 48 册，南京：凤凰出版社，2008 年，第 346 页。

③ 常钧：《敦煌随笔》卷上《回民五堡》，中国西北文献丛书编委会编：《西北史地文献》第 23 卷，兰州：兰州古籍书店，1990 年，第 380 页。

给房一间外，每员加给房一间，四十二员共该加给房四十二间。以上共大小房屋间四千八百六十六间”[①]。筑堡修建房屋安插维吾尔部落居住，让部落头领管理内部事务，扩大了清政府对维吾尔族的政治影响，也争取到更多的维吾尔族民众的支持和内向，推动了统一新疆的进程。除了修建住房之外，清政府也实施了相应的优惠政策，扶持维吾尔族进行农业生产，但因瓜州气候干旱，田多水少，疏勒河水常患不足，民众生活比较艰难。乾隆二十一年（1756 年），瓜州维吾尔族又迁回吐鲁番。

3. 由堡寨到村堡的转变

随着清王朝统一全国，河西走廊的边防守御地位下降，蜿蜒其中的边墙已失去昔日防御功能，边墙内外各民族之间能够自由交流。史载，“汉番贸易往来，边墙半属丘墟，耕牧多藉境外，边境不严，瞭望无庸，故各堡官兵有增减裁革之意”[②]。由于年久失修，部分边墙已破烂不堪，原来人为的军事地理界域也被打破，边墙已无需大量的军民防守，部分堡寨也相继废弃。例如，“亨利堡、宁番堡、丰平堡、定远堡、宣威堡、镇远堡、团山儿堡、大果园堡、三坝湾堡、三官庙堡、罗家庄堡、俱明代所置，位于沿山地区。清初废”[③]。多数堡寨的规模明显缩小，“仿古筑室百不过一二，其余墙垣基址高不盈丈，广不数武”[④]。多数堡寨的规模明显缩小，究其原因，“天朝中外一家，刁斗无闻，村堡可以无严矣”[⑤]。由此可见，由于边境相对安宁，战事不起，堡寨的防御性功能已明显弱化，很多大大小小的旧堡变为乡堡或村堡，用于当地百姓居住生活。

随着经济社会的发展，堡寨的人口数量随之增长，在空间上以原来的堡寨为中心，由堡寨内居住向堡寨外迁移，形成了规模较大的乡村聚落。为了说明问题，兹将河西地区高台县堡寨名称和周长未发生变化的乡堡人口数统计列表如下（表 2）。

---

① 乾隆《重修肃州新志·安西卫》，《中国地方志集成·甘肃府县志辑》第 48 册，南京：凤凰出版社，2008 年，第 346 页。

② 民国《民勤县志·兵防志》，《中国地方志集成·甘肃府县志辑》第 49 册，南京：凤凰出版社，2008 年，第 303 页。

③ 高台县志编纂委员会编：《高台县志》，兰州：兰州大学出版社，1993 年，第 18 页。

④ 乾隆《镇番县志》卷 2《村社》，《中国地方志集成·甘肃府县志辑》第 43 册，南京：凤凰出版社，2008 年，第 23 页。

⑤ 道光《续修山丹县志》卷 4《村堡》，《中国地方志集成·甘肃府县志辑》第 46 册，南京：凤凰出版社，2008 年，第 135 页。

表 2　河西高台县乡堡人口数统计

城（乡）堡规模		乾隆二年（1737 年）户口数		民国十年（1921 年）户口数			
堡名	堡周长	户数	口数	户数	男丁	女丁	口数
柔远堡	80 丈	121	273	1988	5019	4756	9775
乐善堡	120 丈	210	358	1420	3153	2734	5887
永丰堡	100 丈	134	454	1433	3465	2707	6172
黑泉堡	180 丈	407	1122	1944	4136	3778	7914
镇江堡	50 丈	20	20	371	834	750	1584
临河堡	80 丈	92	485	534	1398	1038	2436
河西堡	100 丈	83	322	435	1163	1009	2172
深沟堡	200 丈	61	139	12	35	21	56
盐池堡	180 丈	84	179	59	214	185	399
双井堡	302 丈	70	187	28	82	46	128
胭脂堡	240 丈	50	217	65	222	169	391
镇夷堡	4 里 3 分	607	1303	1957	5040	3919	8959
红崖堡	390 丈	206	484	962	2510	1843	4353
镇羌堡	80 丈	67	302	467	1098	847	1945
暖泉堡	90 丈	67	317	249	607	589	1196
从仁堡	70 丈	72	317	419	1022	744	1766
顺德堡	70 丈	34	127	297	752	612	1364
许三湾堡	60 丈	39	83	31	85	70	155
五坝堡	90 丈	208	778	298	802	688	1490
六坝堡	90 丈	257	695	1763	4235	3507	7742
七坝堡	80 丈	38	181	206	721	593	1314
八坝堡	70 丈	63	261	32	114	78	192
九坝堡	80 丈	96	497	28	109	73	182
十坝堡	无	12	28	51	172	116	288

注：此表中乾隆二年（1737 年）户口数依据乾隆《重修肃州新志·高台县》第 1 册《所属城堡》、第 2 册《户口》整理；民国十年（1921 年）户口数依据徐家瑞编《新纂高台县志》卷 2《户口》、卷 3《乡堡》整理，其中民国十年（1921 年）口数为男丁和女丁之和

其中，十坝堡虽以堡命名，但事实上并“无堡，居民各筑土庄耕牧”[①]。堡寨逐渐演变成为非防御性居住聚落，成为一个单纯的地名。据笔者统计：张掖县城周围有 25 堡，东乐县城周围 14 堡，山丹县城周围 33 堡，抚彝厅 24 堡[②]。同样，由于“瞭望无庸”，所以“守瞭不设各墩，半成邱墟，其墩亦无行列纪

①（清）黄文炜等著，张志纯等校点：《高台县志辑校》，兰州：甘肃人民出版社，1998 年，第 9 页。

② 乾隆《甘州府志》卷 5《村堡》，《中国地方志集成·甘肃府县志辑》第 44 册，南京：凤凰出版社，2008 年，第 259—260 页。

律之可言，道里亦不甚确实，远近不过臆度之耳”①。墩由于荒凉残破，已失去了往日的防御和居住功能。

（四）结语

堡寨式民居作为一种具有防御功能的特殊的民居形式，是特定历史时期的产物。明朝为了巩固边疆，大量移民河西走廊，受战争的影响，以筑堡寨护卫自身安全作为第一要务。但随着清朝统一全国，河西地区纳入中原王朝的统治体系，清廷对河西地区的经营策略发生了变化，堡寨的防御功能逐步弱化，只是作为一种特殊的地方民居形态而存在，却对后来民国时期河西走廊民居的发展演变产生了重大影响。堡寨式民居作为一种独特的地域民居建筑，将居住和防御相结合，形成河西地区一种独具特色的民居类型。

河西堡寨功能的嬗变，不仅反映出中央政权对河西地区经营方式的变化，同时也折射出当时乡村社会的生产生活面貌。更重要的是，作为一种地域文化景观，堡寨本身就蕴含着丰富的历史信息和地域特色。堡寨式民居作为一种历史遗存，既为今天研究明清时期河西走廊的历史、地理、经济、社会、文化、建筑、民俗等提供了弥足珍贵的实物资料，也为区域的历史村落及其民居的保护、利用提供了重要的历史依据。

---

① 民国《民勤县志·兵防志》，《中国地方志集成·甘肃府县志辑》第 49 册，南京：凤凰出版社，2008 年，第 295 页。

六、江淮移民与明清洮州新型民居的形成及扩散[①]

（一）引言

传统民居是指按照传统方式建造并使用的具有地域或民族特征的民间居住建筑。它是人类进行社会生产和生活的载体，体现了不同民族的人群在不同地域环境中适应和利用自然环境的能力，也是人们民俗、审美等地域文化的物质载体。甘南藏族自治州地处青藏高原东北部边缘向黄土高原和陇南山地的过渡地带，先民经历了由逐水草而居的单一游牧生活逐渐向以草原山地游牧、江河流域半农半牧、山间平缓地区农业生产为主的多样化生产生活方式的转变。与此相适应，传统民居也出现了帐房、窝棚、碉房、木板房、“马康”、土木平顶楼房、“马康”和土木二层平顶楼房相组合等多种形制并存的建筑形式[②]。

关于甘南藏族自治州传统民居的研究，学界既往主要从民居的环境、类型、特点、功用及建筑艺术等方面进行论述，对居民形成的原因及其分布区域的扩散过程探讨不够，尤其是关于移民文化对于当地民居形式变化的影响关注不够[③]。本文拟从移民文化及其与藏区文化融合的角度，探讨甘南藏族自治州新型民居样式的形成与扩散，试图对该地区的传统民居样式的历史源流进行探讨。不当之处，敬请方家匡正。

---

① 本部分由高小强撰写。

② “马康”，藏语为“ma khang”，“马（ma）”是主要的意思，“康（khang）”为房子。“马康”即“主房”，是人们进行主要活动的场所。

③ 任致远：《甘肃藏居》，《建筑学》1983 年第 7 期；王一清：《甘南民居》，《西北民族大学学报》（哲学社会科学版）1992 年第 2 期；贡布：《甘南藏族民居特色》，《中央民族大学学报》（哲学社会科学班）1996 年第 3 期；桑吉才让：《甘南藏族民居建筑述略》，《西北民族学院学报》（哲学社会科学版）1999 年第 4 期；傅千吉：《白龙江流域藏族传统建筑文化特点研究》，《西北民族研究》2007 年第 4 期；安玉源、王晨：《甘南藏族传统民居的生态适应性》，《兰州理工大学学报》2011 年第 37 卷；张毅：《拉卜楞藏区民居形成的变迁》：《甘南日报》2007 年 5 月 9 日，第 3 版；丹曲：《安多地区藏族文化艺术》，兰州：甘肃民族出版社，1997 年；齐琳：《甘南藏族民居地域适应性研究》，兰州：甘肃民族出版社，2009 年；唐晓军：《甘肃古代民居建筑与居住文化研究》，兰州：甘肃人民出版社，2012 年。

（二）明代以前甘南藏族自治州的传统民居形式

新石器时代，甘南藏族自治州民居已经雏形初见，“房屋建筑，有半地穴的，有地面建筑，有单室和双室，屋内有圆形小灶等”[①]。秦汉时期，甘南藏族自治州为西羌民族的主要活动区域，羌民“所居无常，依随水草，地少五谷，以产牧为业，其俗氏族无定，或以父名母姓为种号”[②]。魏晋南北朝时期，吐谷浑“多畜，逐水草，无城郭。后稍为宫屋，而人民犹以毡庐百子帐为行屋”[③]。吐谷浑上层社会虽然逐渐懂得如何营造城池和宫殿，但“有城郭而不居，随逐水草，庐帐为屋，以肉酪为粮”[④]。隋时期，党项“牧养牦牛、羊、猪以供食，不知稼穑”，“织牦牛尾及羖䍽毛以为屋”[⑤]。游牧生活方式下，帐幕为其主要的民居形式。

比至唐代，吐蕃“其人或随畜牧而不常厥居，然颇有城郭。其国都城号为逻些城。屋皆平头，高者至数十尺。贵人处于大毡帐，名为拂庐”[⑥]。高者数十尺的平头屋即碉房，拂庐即牛毛编织的大帐篷。碉房更多地体现了军事防御性质作用，这种“外不见木，内不见石”的碉房，在甘南藏族自治州除寺院建筑中有所保留外，传统民居中已不多见。两宋时期，唃厮啰“居板屋，富姓以毡为幕”[⑦]。板屋作为一种传统民居形式，至今在甘南藏族自治州卓尼、迭部等地继续沿用。元时期，甘南藏族自治州归宣政院管辖，属吐蕃等处宣慰使司统领。为了解决草场不足，发展农业，“些地”（卓尼杨土司祖先）部落在元朝中晚期进入洮州境内的卓尼高达坡定居，用松枝搭成窝棚，拓荒种地，经营农业。后来土司每年除夕都要在衙门大堂前搭一松棚以纪念先辈创业时的艰难[⑧]。窝棚式居住方式，使以游牧为主的部民开始定居，某种程度上也体现了游牧式生活方式向定居生活的转变。

从上述记载可以看出，明代以前甘南藏族自治州的传统民居以帐房、碉房、木板房及窝棚等为主。帐幕具有结构简易、易于移动等特点；用材更多地使用

---

① 李振翼：《甘南简史》，中国人民政治协商会议甘南藏族自治州委员会文史资料研究委员会：《甘南文史资料》第5辑，内部资料，1986年。

②《后汉书》卷87《西羌传》，北京：中华书局，1965年，第2869页。

③《南齐书》卷59《河南传》，北京：中华书局，1972年，第1026页。

④《晋书》卷97《吐谷浑传》，北京：中华书局，1974年，第2537页。

⑤《隋书》卷83《党项传》，北京：中华书局，1973年，第1845页。

⑥《旧唐书》卷196上《吐蕃传》，北京：中华书局，1975年，第5220页。

⑦《宋史》卷492《吐蕃传》，北京：中华书局，1977年，第14163页。

⑧ 杨士宏：《卓尼杨土司传略》，成都：四川民族出版社，1990年，第18页。

畜牧生产资源牛羊毛粗布；占有较少牲畜的普通牧民大多以木板为主；而以石材为主料的碉房建筑除经济实用外，还具有很强的军事功能。

（三）明代江淮移民与洮州新型民居的产生

明洪武四年（1371 年），甘青藏区各部纷纷归附明王朝。据《明史·西域传》记载：

> （洪武）十二年，洮州十八族番酋三副使等叛，据纳麟七站之地。命征西将军沐英等讨之，又命李文忠往筹军事。英等至洮州旧城，寇遁去，追斩其魁数人，尽获畜产。遂于东笼山南川度地筑城置戍，遣使来奏。帝报曰："洮州，西番门户，筑城戍守，扼其咽喉。"遂置洮州卫。[①]

洮州卫隶属陕西都司，治今甘肃省临潭县新城镇，辖境约甘肃省岷县以西及西倾山以东的洮河流域，包括今临潭、卓尼、碌曲、迭部、合作市全境及夏河县、玛曲县、舟曲县部分地区，略同于今甘肃省甘南藏族自治州[②]。

为加强管理，明政府下令迁出洮州土著人口而以岷洮陕西等处官军驻扎。据明太祖谕曹国公李文忠西平侯沐英等敕载：

> 其洮、铁二城、长阳地方人民，切不可留一户在彼。……毋得私己容留一人在于洮州地方，后为民患。彼中人户多养马匹，务要收拾干净，不可令人作弊……洮州不守，恐久远难为转运。……必须守御。其地方人民，一户也不要留在那里，如今守洮州，就将所得牛羊，多拨些与军，折作二年军粮也。[③]

明政府迁出洮州城及周围地方土著居民，将所得牛羊作为戍边军粮。洮州卫驻扎"官军原额马步五千六百二十二员名，新旧召选舍人士兵民夫八百名"，大量移民进入洮州地区，安家落户，重建家园[④]。随着官军的驻防和明王朝对洮州

---

①《明史》卷 330《西域传》，北京：中华书局，1974 年，第 8540 页。

② 张彦笃、包永昌等修，张俊立校注：《洮州厅志校注》，北京：中国文史出版社，2013 年，第 3 页。

③《谕曹国公李文忠西平侯沐英等敕》，《明太祖御制文集》，台北：学生书局，1965 年，第 299—302 页。

④（明）张雨：《边政考》，中国西北文献丛书编委会编：《中国西北文献丛书》第 78 册，兰州：兰州古籍书店，1990 年，第 371 页。

的经略，该区域以畜牧占绝对优势的生产方式逐渐开始改变，农业生产方式逐渐扩散。为了保证屯垦，明太祖“命天下卫所军卒自今以十之七屯种，十之三守城，务尽力开垦，以足军粮”[①]。出于稳定军心及移民实边的需要，“明代的统治者不只许军士携妻小在卫，也允许携带父母兄弟在卫随住”[②]。卫所戍卒及家属一起戍边屯垦，居民大多聚居在城内或附近的堡塞之中，这使军士有所“牵挂”和“拖累”，不轻易逃亡，从而达到固守疆土的目的。而当时的移民中以江淮官员为主体，并且世袭而数代为官。所属士兵大部分来自江淮地区，增加了相互之间的亲近感，在洮州新的地理空间中产生了心理上的归属感，战时能够听从调遣，平时乐于耕种，其后裔在洮州世代繁衍生息，渐成土著。“予因是求各家谱牒览之……其最著之族有二：一金氏，都督金朝兴两弟之后也；一李氏，都督佥事李达之后也。……其他所见家谱，有宋氏，原籍徐州屯头村，明指挥佥事宋忠之后。有杨氏，原籍南京经丝巷，明镇抚千户杨遇春之后。有刘氏，原籍六安州，明百户刘贵之后，有范式，原籍合肥，明千户范应宗之后”[③]。由此可知，此地居民多为明初自苏、皖等地迁来者。

毋庸置疑，人是文化的主要载体，没有特定人群承载的文化是没有生命的文化。文化扩散是指文化从一地扩散到另一地的空间过程。文化事象的扩散是由于初始承载者进行人口迁移造成的，即由他们从源地带到了新的靶地，那么这样的文化扩散为迁移扩散[④]。移民从江淮地区迁移到“无人居住”的洮州，两地风俗相差甚远，加之和当地少数民族隶属于不同的管辖体系，所以相互接触和交流少，文化渗透相对缓慢。由于迁移人口众多，自我文化认同感强烈，祖居地的风俗习惯自然而然被移民带入洮州，当然其房屋建筑也保留了其家乡江淮地区的民居风格。

江淮民居的典型布局，以天井为中心，由回廊、平面组成“口”字形的四合院二层小楼阁。据学者研究，明代以前，以木质梁架承重，外加砖、石、木、土砌筑的围护墙；建筑以木构架楼居为主，梁架结构混合采用北方抬梁式和南方穿斗式两种结构，居民的活动主要在二楼，一层和二层的高度比为1:2；到了清代，江淮民居基本上接受了北京四合院主要活动在一层的习惯，

① “中央研究院”历史语言研究所编：《明太祖实录》卷216，“洪武二十五年二月庚辰”条，北京：中华书局，1962年，第3184页。

② 王毓铨：《明代的军屯》，北京：中华书局，1965年，第244页。

③ 顾颉刚：《浪口村随笔·临潭居民祖籍》，沈阳：辽宁教育出版社，1998年，第232页。

④ 周尚意、孔翔、朱竑编著：《文化地理学》，北京：高等教育出版社，2004年，第177页。

层高比为2:1；格栅窗应用极为普遍，精工细作的木雕窗棂，题材极为丰富[①]。无独有偶，甘南藏族自治州的传统民居中也有类似的建筑样式。这是江淮移民将家乡传统的居住方式带到洮州，使洮州地区出现了以土木结构的二层楼房为主的新型民居。

当然，江淮民居通过文化迁移到洮州，受当地环境条件的影响，在局部也发生一定的改变。江淮特色的“青瓦粉墙”已经不再出现，这主要是受当地材料的限制。由于“拉卜楞附近不产砖瓦，寺院内部墙壁用砖砌成者殊少。喇嘛及人民住宅则以黄土为主”[②]。以板筑土墙代替砖，楼房屋顶用泥土做成平顶或做成“人”字形屋顶，再覆以木板。洮州地区降雨量相对较多，但屋顶基本不用瓦，主要是由于其附近瓦比较稀缺的原因。康熙《岷州志》卷一一《风俗·居室》有云：

> 岷州木易而陶难，故公署寺观以及富人之室，栋梁极伟，斗拱巍然，屏窗栏槛之属，厥制甚备。下用丈余松板，满室平铺，不少惜焉；且有以合抱大木刳其中而为檐溜者。上用陶瓦覆屋，四壁则不尽用砖，多砌以土坯、外涂坚茨而已。其在寻常百姓所居，规模颇不甚隘，窗棂阁板亦复整备，兼多楼房。惟是覆屋止用松板，以乱石镇之，遂毕营室之事。一二年间，必重加修整，否则床头风雨所时有也。诗云：“在其板屋，乱我心曲。”其是之谓欤！[③]

由此可见，砖瓦在当地属于奢侈材料，一般建房多砌以土坯，瓦只能用于公署寺观以及富人之室，靠近林区的普通人家用松板代替瓦，为防止风吹散松板，在松板上压上小石头。至今，甘南藏族自治州卓尼、迭部、舟曲等靠近林区的地区还存在这种沓板房。远离林区的地方，则用泥土做成土平顶。除此之外，江淮移民借鉴了碉房的平顶建筑形制，对合院式土木结构楼居二层的建筑布局做了适当的调整，房屋空间布局以曲尺形和凹形为主，主要是为了便于采光，增加受热面积，以适应高原气候。一般坐北朝南，二层部分的建筑后移，前面留有晒台，楼上住人，楼下层饲养牲畜和堆放农具。据民国学者的调查，洮州

---

① 赵新良：《诗意栖居：中国传统民居的文化解读》第1卷，北京：中国建筑工业出版社，2007年，第68—74页。

② 张其昀：《甘肃省夏河县志之四矿产》，台北：成文出版社，1970年，第61—62页。

③ 岷县志编纂委员会办公室：《岷州志校注》，内部资料，1988年，第185页。

农村房屋建筑与南京亦有相似之处[①]。

由此可知，土木结构二层楼房的甘南藏族自治州传统民居是江淮移民通过文化迁移扩散到洮州，因地制宜、因材制用的结果。有学者也认为："寓兵于屯丁，实为简而有效之法，屯丁中尤以凤阳人为最多，今临潭新城以下汉人装饰，故仍不失明代安徽遗风（如女子服饰用高髻凤鞋——鞋间甚细而向上，而房屋之布置与形式，颇有江南古风……）。"[②]当然，随着大量江淮人迁移并定居于洮州地区，成为洮州地区的新居民，自然而然地带来了江淮地区的民居建筑形式。历经五个多世纪的沧桑，其民居建筑形制遗风仍然保留了下来。

明政府在经济方面除移民屯田、建设洮州之外，还以茶易马为纽带，开展民族贸易，以互通有无，促进了洮州商业的发展。在政治上实行"土司""僧纲"制度，达到"以土治土"的目的，通过"土流参治"以维护明王朝的长治久安。在教育方面，兴办学校，传播文化。在明政府的多方努力下，甘南藏族自治州出现了"创墩台，瞭望处处农猎，开卫学，教化家家诗书"的文明开化现象[③]。这样，江淮移民文化以洮州为中心向周围进行扩展扩散。"洮邑鄙在西陲，宋元而上，莽为寇区，明初设卫置戍，安插汉民，邑治渐彬彬矣"[④]。通过移民的嵌入和文化的传播，一改明以前洮州地区的蒙昧状况。随着移民屯垦区域的不断扩大，移民逐渐和周边游牧民族相互交流和学习，双方习俗也慢慢开始改变。

移民社会的本土化和边疆地区的内地化是不可分割的。当内地的物质和文化传播到甘南藏族自治州后，和本地的游牧文化产生碰撞，二者相互吸收和借鉴，实现了文化的整合，形成独具特色的本土文化。

（四）清代洮州民居在甘南藏族自治州的扩散

清乾隆十三年（1748 年），改洮州卫为洮州厅，治所仍在临潭新城，领辖今临潭、卓尼、碌曲、迭部等县，归巩昌府（治所今甘肃省陇西县）管辖。据

---

① 陆俊光：《洮州农村》，《服务月刊》1941 年第 5—6 期，第 123 页。"房屋多是两层，下边养牲畜，上面住人，只北房一幢，间亦有东房者甚少，天井无由构成。此与南京附近农村房舍相仿佛，或为他们祖先带过来，亦正有因。因为江宁县农村是我工作过的，故知其详"。

② 王志文：《甘肃西南部边区考察记》，中国西北地方文献丛书编委会编：《西北民俗文献丛书》第 19 卷，兰州：兰州古籍书店，1990 年，第 309 页。

③（清）张彦笃修、包永昌等纂：《洮州厅志·李都督墓志》，台北：成文出版社，1970 年，第 798—799 页。

④（清）张彦笃修、包永昌等纂：《洮州厅志·选举》，台北：成文出版社，1970 年，第 583—584 页。

《洮州厅志》载：洮州城内一十八坊；城外村庄堡寨，以洮州城为中心分布在各路。

据相关史料统计：东路有 51 个村庄，距离城 250 米至 37.5 千米；南路有 33 个村庄；距离城 500 米至 30 千米；西路有 45 个村庄，距离城 250 米至 39 千米；

北路有 55 个村庄，距离城 1.5 千米至 90 千米；东南路有 21 个村庄，距离城 5 千米至 30 千米；东北路有 10 个村庄，距离城 5 千米至 17.5 千米；西南路有 12 个村庄，距离城 2.5 千米至 20 千米；西北路有 5 个村庄，距离城 250 米至 2.5 千米。共计 232 个村庄堡寨[①]。

随着村庄规模和数量的扩大，农耕民族与游牧民族之间的空间距离越来越小，相互之间的影响却越来越大。“由于距离衰减作用，对任何均质的空间，只要某一物质或事物先占据了某一位置，空间就被异化了。对这一物体或事物越接近受他的影响就越大”[②]。在同一自然环境下，由于地域范围相关联，势必将江淮文化扩散到周边地域，形成文化上相似的群体。尤其是村庄附近游牧民族受农耕文化的熏陶和影响，生产生活方式也在潜移默化中发生着改变，出现“内地番人颇染汉风，其俗务稼穑、习工作，事畜牧，高楼暖炕，皆与汉无异。但多居楼下，而楼之上则堆积柴草焉。食尚乳酪，衣惟褐裘，春冬不易”[③]这样的情况。在农耕文化的影响下，靠近农区的游牧民族慢慢开始定居农耕，在修建民居过程中向汉族学习，遂采用了土木二层结构楼房的建筑形式，但饮食、服饰仍保留了其原来的习俗。

游牧民族虽然学习汉族建造楼房，但多居楼下，究其原因，一是以前以居帐篷或窝棚为主，不习惯住楼上；二是虽然定居农耕，但仍以畜牧业为主，牛羊数量多，有专门的牧场。而少部分以农业为主的少数民族，则住二楼，一楼养牲畜。这自然是受汉族生活习惯的影响。“近藏俗称熟番，又称‘龙娃’，近城中，通汉语，半耕半牧，渐成熟地，居土屋，有力者亦居板屋，高楼暖炕，仓储充盈，惟服饰仍存藏俗。洮河上流临潭县卓尼附近之藏民，即属此类”[④]。

由于土木结构二层楼房适宜半农半牧的生产生活方式，具有很强的地域适应性，逐渐以洮州为中心在甘南藏族自治州扩展扩散，甘南藏区遂出现“深院

① （清）张彦笃修，包永昌等纂：《洮州厅志·都堡》，台北：成文出版社，1970 年，第 139—168 页。
② 梁进社：《地理学的十四大原理》，《地理科学》2009 年第 3 期。
③ （清）张彦笃修，包永昌等纂：《洮州厅志·番俗附》，台北：成文出版社，1970 年，第 928 页。
④ 张其昀：《甘肃省夏河县志》卷 3《民族》，台北：成文出版社，1970 年，第 40 页。

高楼平顶房，碉楼座座满村庄，父老侈喧谈自卫，纷飞顽石当刀枪”的文化景观[①]。其碉楼就是土木结构的二层平顶楼房。而今，新城城区东街、南街、西街、北街的临街遗留的明、清时期的建筑保护完好，房屋多为土木结构二层建筑，前为木装饰、镂空木刻、小格窗户等，体现了江淮建筑的遗风。

距离汉族较远的少数民族，受汉族的生产生活方式影响较小，依然以游牧业为主，“至外地生番，则毳幕轻迁，野性难驯，少耕稼……游牧迁徙，逐水草而居。牛马羊无数，皆以山谷量”[②]。其居住形式依然以帐篷为主。“远藏俗称生户，即纯粹游牧族，不通汉语，不受影响，插帐迁移，不知庄稼，其帐房多为黑色状，如覆斗，称为黑帐房（蒙古包称为白帐房）”，保留了游牧民族的自身生产生活方式[③]。其居住生活“并不是散漫零落，而是聚居在一起的，各家的帐房都住扎在同一地带，当一地的草食尽以后，再选定日子，在‘郭哇’领导之下，全部落的居民，一齐拔帐迁移。在相隔一二日路程以外草料丰茂的地方，靠水立帐，又住了下来，各部落每年迁移十次左右，平均月余迁移一次”，仍然过着逐水草而居的游牧生活[④]。

牧民为了适应恶劣的自然环境和半农半牧的生产方式，在半地穴窝棚的基础上建造“马康”式住宅，这是一种半地穴、外形如碉堡的土木结构平顶屋[⑤]。“马康”被认为是游牧经济向农耕经济转变过程中产生的一种居住形态。“马康”的起源较迟，如拉卜楞寺周边半农半牧区的“马康”式住宅建筑始于明末清初[⑥]。有学者认为：“安多藏族地区，随着半农半牧业的发展，家庭成员从事农业人数增多，改善居住条件的意识增强，对原来的‘马康’进行改进，发展成为二层平顶楼房。平顶楼房约产生于清代中叶，流行于清末民初，此说尚待考证。”[⑦]

在笔者看来，甘南藏族自治州的二层平顶楼房应为明初以洮州为中心的江淮移民文化扩散的结果。在牧区向半农半牧区转变的过程中，部分游牧民族照搬洮州的二层平顶楼房，部分游牧民族借鉴二层楼房将其发展成为半地穴土木结构二层平顶楼，即紧贴“马康”续建二层平顶楼房。这是游牧民族在保留自

---

① 陆泰安：《洮州纪略》，《西北通讯》1947年第6期。
②（清）张彦笃、包永昌等修纂：《洮州厅志·番俗附》，台北：成文出版社，1970年，第930—931页。
③ 张其昀：《甘肃省夏河县志卷之三民族》，台北：成文出版社，1970年，第41页。
④ 俞湘文：《西北游牧藏区之社会调查》，上海：商务印书馆，1947年，第28页。
⑤ 唐晓军：《甘肃古代民居建筑与居住文化研究》，兰州：甘肃人民出版社，2012年，第349页。
⑥ 伦珠旺姆，昂巴：《神性与诗意：拉卜楞民俗审美文化研究》，北京：民族出版社，2003年，第78页。
⑦ 丹曲：《安多地区藏族文化艺术》，兰州：甘肃民族出版社，1997年，第283页。

己特有建筑“马康”形式的基础上，吸收汉族建筑文化而形成的别具特色的依附式的新型民居建筑形式。有人认为，“续建平顶楼房的时间大约开始于清中叶，流行于清末至民国时期”[①]。如果按“马康”和平顶楼房起源的时间推测，笔者以为紧贴“马康”而续建二层平顶楼房的时间应该至迟是在明末清初。至今这种传统民居在甘南藏族自治州半农半牧区仍然流行。

（五）结语

传统民居建筑是自然环境和人文环境诸要素复杂作用的结果。“地表的差异性不仅来源于自然界，人类活动会对地球表面的差异性做出反应，可以自生差异性，或加强或减轻源于自然界的差异”[②]。不同阶段，自然环境、经济形态、文化认同、人口迁移等因素的影响不同。甘南藏族自治州传统民居经历了帐篷、碉房、木板房、窝棚、土木平顶楼、“马康”、“马康”和土木平顶楼房的组合等建筑形制的演变，这是一个漫长的历史过程，生动地反映了人与自然和谐共生的关系。

每一种传统民居建筑形制都是特定文化的展现。不同历史阶段的不同人群在应对不同气候、地理环境和生产生活方式时选择了既有继承性又有创造性的民居建筑，导致同一地理区域民居的发展呈现出可传承性和多样性。江淮移民通过文化的迁移扩散给甘南藏族自治州带来了江淮式民居，藏区居民结合洮州当地环境，修建了土木结构平顶楼房，然后，出现了“马康”和土木平顶楼房依附式的组合建筑形制，形成了今天甘南藏族自治州民居的独特性和多样性。民居作为一种特殊的文化符号，展现了各民族文化独特性、多元性的魅力。

---

① 张毅：《拉卜楞藏区民居形成的变迁》，《甘南日报》，2007 年 5 月 9 日，第 3 版。

② 梁进社：《地理学的十四大原理》，《地理科学》2009 年第 3 期。

七、沙漠边的"生存家园"——甘肃永泰古城的兴衰[①]

（一）引言

进入 21 世纪，我国北方沙漠化土地达到 38.57×10^4 平方千米[②]，其中，潜在和轻度沙漠化土地达到 13.93×10^4 平方千米。潜在和轻度沙漠化地区分布有大量村镇聚落，其中不乏历史文化村镇。沙漠和人类活动的互动在这一区域体现的非常明显。很多学者习惯性认为沙漠化扩大必然是人类行为所为，而这些村镇是罪魁祸首。也有学者清晰地指出保护这些村镇会有利于减缓沙漠化扩大，如王乃昂教授认为建设村镇的人类活动会在一些区域对沙漠化产生逆转，敦煌蓝湖的绿洲面积就随人类活动的加剧而有扩大[③]。

西北地区有一部分历史文化村镇位置靠近沙漠边缘。在历史时期，这些村镇尽管靠近沙漠，但是当地人依靠智慧建设水利设施，发展农业，营造出人类可以生存的环境条件。今天，面对沙漠旁的这些曾经有过辉煌历史文化村镇，我们该怎么办？

"中国历史文化名村"永泰村古城位于甘肃与内蒙古交界的腾格里沙漠南缘，距今已有四百多年的历史（图 1）。永泰城始建于明代，明万历二十六年（1598 年）间，李汶带军进攻阿赤兔等蒙古部落并收复松边；次年李汶上《松山善后事宜疏》，建议在此筑边筑堡和设官屯兵，以保卫边疆。万历三十三年（1605 年），巡抚顾奇志正式提议建造永泰城，并于万历三十六年（1608 年）

---

① 本部分由蓝图、潘威、张丽洁撰写。

② 王涛等：《近 50 年来沙漠化中国北方沙漠化土地的时空变化》，《地理学报》2004 年第 2 期，第 203—212 页。

③ 王乃昂等：《近 2 ka 河西走廊及毗邻地区沙漠化过程的气候与人文背景》，《中国沙漠》2003 年第 1 期，第 96—100 页。

竣工[①]。永泰城周长 1710 米，占地面积 212 264 平方米，由于该城外形如一只头南尾北的乌龟，故也有“龟城”俗称[②]。清至民国年间，永泰城农业、商业在甘蒙边界曾冠绝一时，是本区域非常有名的富裕城镇。新中国成立后至 1960 年代。由于腾格里沙漠逐渐南移，周边生态环境极度恶化，原本繁荣的永泰城开始衰败起来。

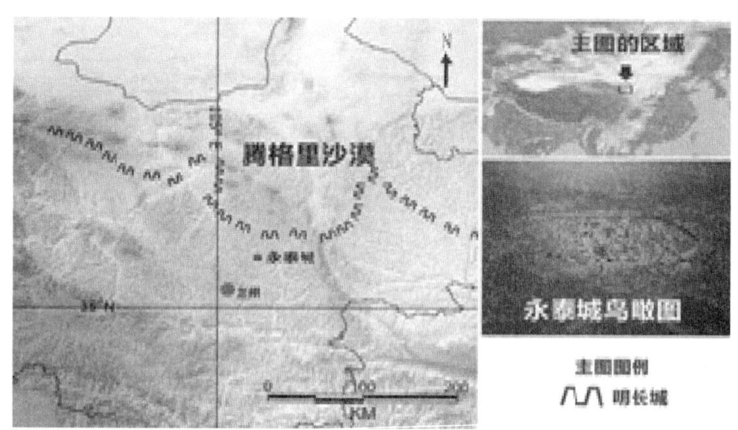

图 1　永泰城所处区域及其城堡鸟瞰图

本书以甘肃永泰古城为个案，尝试探讨沙漠边缘区的历史文化村镇的环境变迁对村镇保护与发展的影响，以为科学制定特定自然区域村镇历史文化遗产的保护与利用对策提供参考。

（二）影响历史时期沙漠周边村镇兴废的主要因素

在谈永泰个案之前，不妨以陕西榆林以北的毛乌素沙地为例来了解历史时期沙漠周边村镇兴废的原因。目前学术界普遍认为，沙漠化的扩大导致了沙漠边缘村镇的衰落，但从历史上沙漠边缘聚落数量的变化来看，这一认识存在疑问。虽然自从唐后期开始，毛乌素沙地就一直在不断扩大，但根据陕西省第三次文物普查资料的数据，从唐到明清，毛乌素沙地旁的聚落遗址数量并非直线下降，而是呈现一个升降反复的情况[③]。这一地区唐代遗址非常少，但到了宋代

---

① （清）佚名：《创修红水县志·历代兵事》，李金财、白天星总校注：《靖远会宁县志集校》，兰州：甘肃文化出版社，2002 年，第 897—902 页。

② 景泰县建设局办公室：《关于申报永泰村为中国历史文化名村的报告》，内部资料， 2008 年。

③ 艾冲：《论毛乌素沙漠形成与唐代六胡州土地利用的关系》，《陕西师范大学学报》（哲学社会科学版），2004 年第 3 期，第 99—105 页。

该地区的聚落却呈现爆炸性增长，降至元明清时期又回落至唐代水平。这说明，毛乌素沙地的不断扩大，并不必然导致周边村镇聚落的减少。

我们认为，造成宋代毛乌素地区聚落数量爆炸性增长的原因，可能是党项族对这一地区的经营。永泰元年（765 年），唐朝政府强制将党项族迁至陕北一代（毛乌素沙地东南缘），党项族在唐朝衰落后迅速崛起，先是首领拓跋思恭被任命为夏州定难军节度使，两宋之际李元昊更建立西夏政权①。西夏统治区适宜发展农业，一度出现了“禾黍如云”的景象，于是，大量聚落此间在该地区出现，西夏政权的力量也因此得到加强②。但其后，元代这一地区被划为专营牧业的皇家牧场，明代修建的长城分割开了农牧区，清代使用封禁政策限制在此垦殖，这样，农业逐渐退出了这一区域，该区聚落才逐渐减少（图 2）。

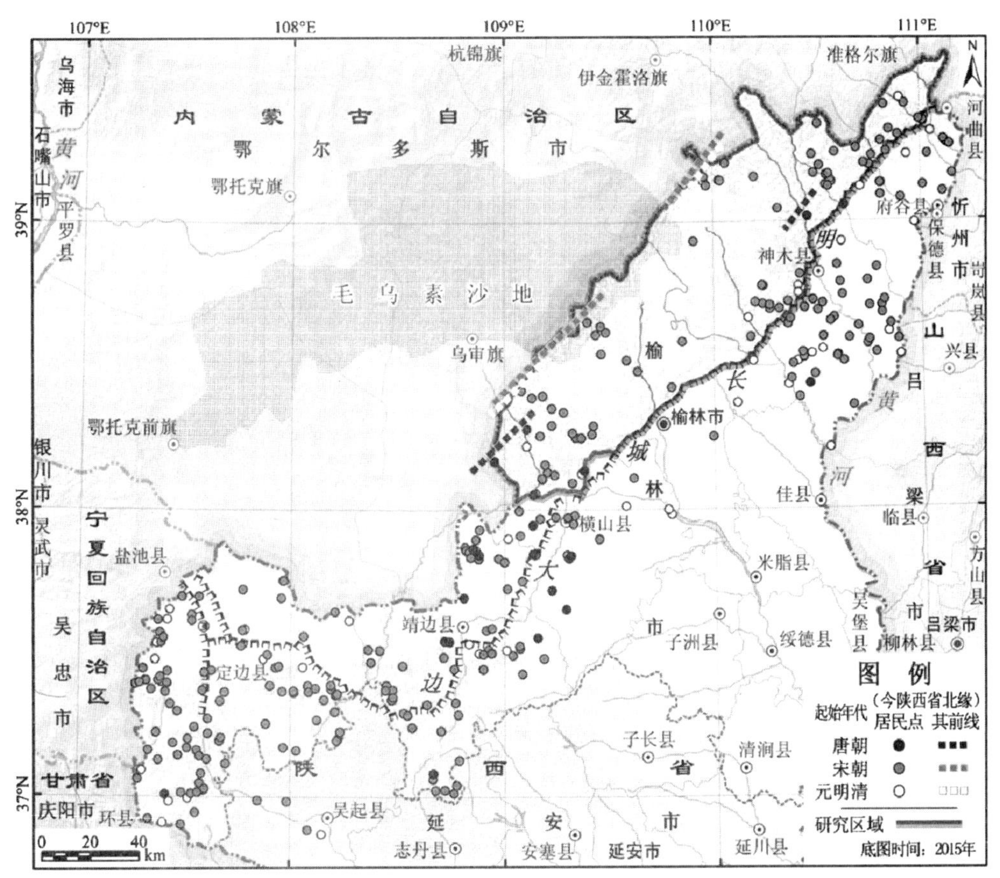

图 2　毛乌素沙地东南缘的唐至清代聚落遗址分布

① 杨浣：《试析唐代党项羁縻府州》，《宁夏大学学报》（人文社会科学版）2000 年第 4 期，第 99—102 页。

② 杜建录：《西夏农田水利的开发与管理》，《中国经济史研究》1996 年第 4 期，第 139—143 页。

这个例子说明在沙漠边缘周边村镇的兴衰，并不一定与沙漠化扩大有必然联系，有王朝政策、军事需要等因素在影响聚落村镇的兴衰。只要环境适宜，政策适当，人类完全有能力在某些沙漠化影响较大的区域建立一个个“生存家园”①。

（三）龟城水脉——沙漠边缘地带的特色水利

甘肃永泰古城的周边情况与毛乌素沙地东南缘十分相似。历史时期，永泰古城北边的腾格里沙漠不断地在南侵。《奏城永泰疏》记载，这一带在唐宋时代被称为“龙沙”，“龙沙”一词泛指塞外沙漠之地②。据《永泰城图说》记载，在明代初建永泰时，建设者就有对这里干旱情况的考量，认为需要利用水利设施来缓解当地的水资源缺乏问题，即所谓“旱燥之地，恐难资生，故于城南门距数十武，设大清池，一曰永汲海，使龟无燥涸，民有沾足”③。我们采访的一位当地老人称，永泰这个地区一直都是“十年九旱”，但干旱的环境不一定造成饥荒，当地人会用存粮救急。

党项人依靠国家力量和农业在沙漠边缘建设家园，而永泰城的居民则建造出颇具特色的水利系统。从自然条件来看，虽然永泰城处于腾格里沙漠的南缘，气候干燥，但是紧靠寿鹿山（老虎山），位于山口的洪积扇平原，有较为丰富的地下水，并且季节性的河流——大沙河流经永泰古城，使得本地拥有相对较好的局地小环境。这条河流在《创修红水县志》中有记载：“（大沙河）在县北寺儿滩之南。其水无常，遇大水则西自平番打鱼沟、车道岭，经靖邑一条山、索桥入河。长凡二百余里，宽一里有奇。寺儿滩（永泰古城属于此区域）田地全凭是水灌溉，故大沙河之滨，收货恒丰。”④可以说，位于沙漠边缘区的永泰城，自然条件是相对不错的。

明代时永泰建设有蓄水池等水利设施，到了清代，永泰城的水利更加发展，

---

① 侯甬坚教授曾经提到，自古至今，人类是人类家园营造的主体力量，不能认为历史上的人类活动都把自然环境搞坏了，任何一处人类家园的营造历史，不光有苦难的教训，还有许多人世间绝无仅有的劳作经验等待我们去挖掘、总结和运用。侯甬坚：《人类家园营造的历史：初探云南红河哈尼梯田形成史》，《历史地理学探索》第2集，北京：中国社会科学出版社，2011年，第215—217页。

②（明）顾奇志：《奏城永泰疏》，李金财、白天星总校注：《靖远会宁红水县志集校》，兰州：甘肃文化出版社，2002年，第900—901页。

③（清）林得时、李国华：《永泰城图说》，李金财、白天星总校注：《靖远会宁县志集校》，兰州：甘肃文化出版社，2002年，第 952页。

④（清）佚名，《创修红水县志·水利》，李金财、白天星总校注：《靖远会宁县志集校》，兰州：甘肃文化出版社，2002年， 第842页。

体现出人类在沙漠边缘对自己生存环境的不断营造[①]。雍正二年（1724 年），名将岳钟琪回乡祭祖，谈到明代李汶建城时虽有龟形，却缺乏“五脏六腑”般的供水设施，只是一个龟壳。为了让永泰龟城成为一只真正的边地神龟，就需要解决其用水问题。于是，岳钟琪建造了永泰城沿用至今的水利系统（图 3）。《永泰城图说》中记载：“至本朝，邑威信公岳东美（即岳钟琪），于雍正二年归里祀祖，见知此义，曰：‘李公虽设龟形，未设腑脏，宜补之。’公于城内街东西并西巷北角，设五眼井，以作五脏，尤于北城角设一大池，曰‘甘露池’，合诸井并名‘六腑’。”[②]我们 2013 年 8 月考察古城时，《永泰城图说》中所载五口井尚存，当地居民的生活用水仍来自于其中的一口井水。

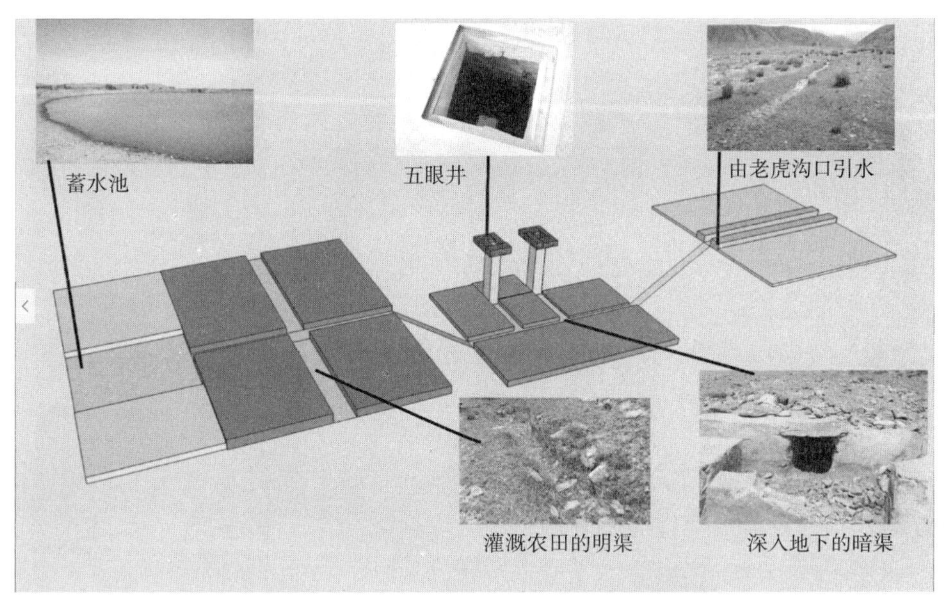

图 3　岳钟琪所建水利系统及其遗迹示意图

《永泰城图说》中记载：“（岳钟琪）由老虎沟口造石槽于地中，接流水于井，以充龟腹，由井边递至甘露池，池盈于北。水洞穿城而过，至郭外。”[③]这样的水利设施类似于新疆的坎儿井：先用石槽将山口的融水引入暗渠，暗渠再将含水层里的地下水与石槽流入的融水一起引入城中，城中居民利用五眼井

① （清）林得时、李国华：《永泰城图说》，李金财、白天星总校注：《靖远会宁县志集校》，兰州：甘肃文化出版社，2002 年，第 952 页，其中记载建城之初便有大清池这样的蓄水池。

② （清）林得时、李国华：《永泰城图说》，李金财、白天星总校注：《靖远会宁县志集校》，兰州：甘肃文化出版社，2002 年，第 953 页。

③ （清）林得时、李国华：《永泰城图说》，李金财、白天星总校注：《靖远会宁县志集校》，兰州：甘肃文化出版社，2002 年，第 953 页。

提取暗渠中的水用作生活用水，剩下的水会流入城外的明渠，明渠里的水会被用来灌溉农田，再之后剩下的会流入甘露池储存起来。本文前面提到有一条大沙河流经永泰古城，但实地考察发现，永泰城城外的农田地势，比大沙河高出数米，河水无法自流灌溉农田。询问当地老人，得知以前在大沙河旁一个叫王家坝的土筑拦河堰坝，可以将洪水期的大沙河河水撇入一条引水水渠中，再由水渠中的水车将水提至地势较高的农田中（图 4）。

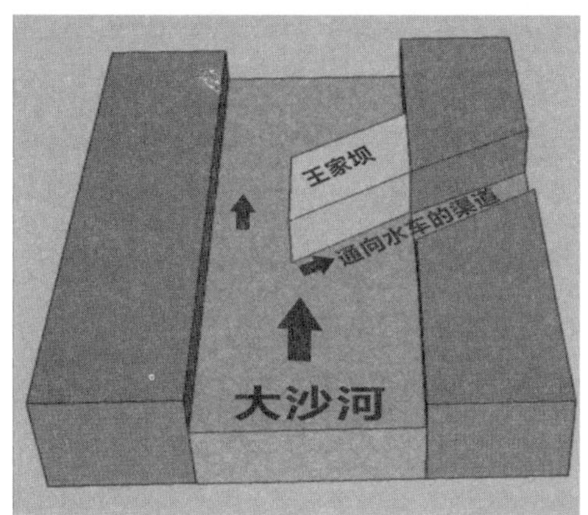

图 4　王家坝遗址（方框内）及示意图

永泰古城的水利系统，对于稳定当地干旱年份的粮食生产具有重要意义。我们将永泰城所属的红水县《创修红水县志》中旱年、涝年、丰年、荒年的分布情况与腾格里南缘的 PDSI 指数曲线进行对比（图 5[①]），发现当地

① 图中曲线引自腾格里沙漠 315a 来 PDSI 5—6 月南缘的重建值曲线（陈峰等：《腾格里沙漠南缘近 315 年 5～6 月 PDSI 指数变化》，《地理科学》2011 年第 4 期， 第 434—439 页）；B 代表当地丰年，C 代表欠年，F 代表涝年，D 代表旱年，后面加*号代表其受灾年份（红水县的旱灾年份：1867、1868、1876、1881、1883、1884，水灾年份：1855、1874；永泰的丰年：1845、1893，欠年：1848、1867。据《靖远会宁红水县志集校》相关内容整理），与实际 PDSI 指数的干旱程度不符。

所载旱灾与干旱年份的分布，并非都与粮食歉收的荒年对应。例如，1893 年（图 5：B*）是一个比较干旱的年份，但县志里该年却是永泰地区的丰年。究其原因，可能是由于当地的传统水利设施可以缓解局部地区的农田干旱。比较一些“反常年份”与当年发生的具体事件，可以获得进一步的证据。例如，1867 年与 1868 年（图 5：D*）这两个不太干旱的旱灾年恰好处在同治回乱时期[①]。黄正林教授曾指出，在同治回乱十年中，黄河上游地区的灌溉系统遭到大量破坏，交战双方曾利用渠水灌决敌人，而战争带来的人口流失使一些灌溉系统瘫痪，如惠农渠“同治年间因地方变乱，居民流徙，渠公废弛，口亦沦没”[②]。当地百姓中，至今仍在流传着同治间回民军队长期围困永泰城、南门城楼因此被战火损坏的故事。战乱之中，交战双方都没有维护当地水利设施。大沙河上的拦水堰坝是由土夯成，基本每年都需要维护、整修，否则，农田灌溉就无法保障。

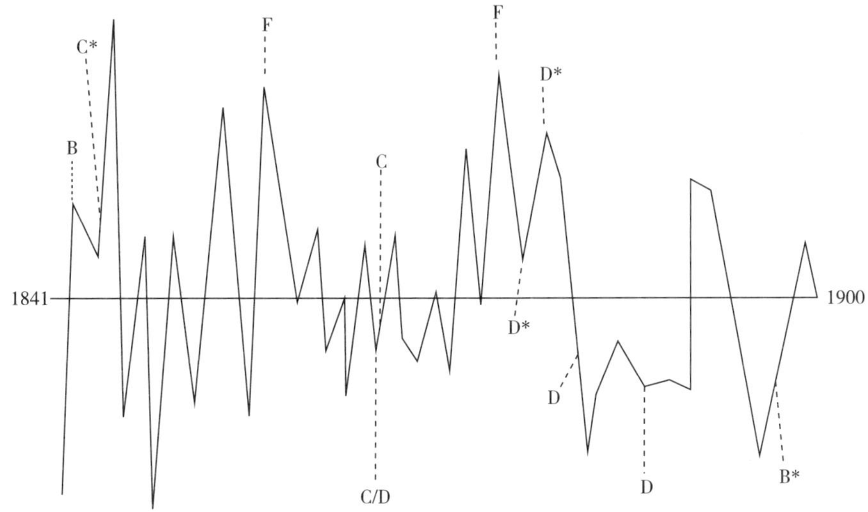

图 5　腾格里沙漠南缘气候变化与县志记载灾情的对应关系图

（四）永泰居民改造局地环境的努力

今天的永泰古城已经人烟稀少、房屋破败，但在历史记录和居民记忆中，

---

① 景泰县志编纂委员会：《景泰县志》，兰州：兰州大学出版社，1996 年，第 15 页。其中《景泰县志·大事件》记载：1869 年 4 月，反清回民起义袭红水、永泰各堡，未克。起义军之前也对该地区其他据点有过进攻。

② 黄正林：《同治回民事变后黄河上游区域的人口与社会经济》，《史学月刊》2008 年第 10 期，第 78—88 页。

在古城遗存的一些古建筑中，我们还是可以体会到古城曾经的繁荣。人类“生存家园”的建设在造就古城兴旺的同时，也有效遏制了腾格里沙漠的扩展。试看当地居民改造局地小环境的几个侧面。

（1）农业。即使是临近沙漠，永泰所属的皋兰县的农业状况总体还是不错的。所谓“西陲将勇兵强于天下……农民耕获与中州无异”[①]，《皋兰县红水分县采访事略》则载，“于（永泰）城隍庙前院东西两旁，原设房屋十楹，今储义粮约京斗一千余石。于城隍庙前院东西两旁，原设房屋十楹，今储义粮约京斗一千余石”[②]。在光绪全国社仓之风渐渐废弛之时，沙漠旁边的永泰城的社仓依然能保持住一个较好的储粮量，反映当地的农业收成尚可[③]。我们发现城外还存在大量砂田。砂田开发的历史十分悠久，可追溯至前凉政权的“治石田”。砂田可以蓄水保墒，保温促熟[④]，其砾石覆盖层具有不错的保水能力，能够显著增加土壤含水量，加深淋溶层的下限[⑤]。这项技术的存在，成为地处半干旱地区的永泰旧时因地制宜发展农业的传统技术信赖。

（2）社会文化。一直以来，永泰城居民延续着赈灾传统。地方志中有大量灾后当地乡绅立即筹钱修补城墙或学校的记录。史载：“光绪十四年地震（义学）倾圮，十八年代理分令吴工令士民阎兆祜倡议筹款，补葺完固。”[⑥]“乙酉二十四年，河湟、庄浪回匪告警，民困城塌，欲远眺之。生员李国华，监生阎玉麟等，首倡劝众，努力就地筹款一千奇，以作补葺之费”[⑦]。永泰城居民对于地方教育的发展不遗余力。如《创修义学碑记》载：“（永泰人）岂以道里辽远，风土异宜，遂囿于方隅，而不克睹文明之象哉。”[⑧]城内从清代就设有永泰义学和富文社，到了民国时又建有第二高级小学校和第二区公

---

① 乾隆《皋兰县志·武卫》，《中国地方志集成·甘肃府县志辑》，南京：凤凰出版社，2008年，第91页。

②（清）佚名：《皋兰县红水分县采访事略·社仓》，李金财、白天星总校注：《靖远会宁红水县志集校》，兰州：甘肃文化出版社，2002年，第958页。此采访事略成书年代约为光绪年间，记载的社仓存粮数为光绪年间的存数。

③ 黄鸿山、王卫平：《清代社仓的兴废及其原因——以江南地区为中心的考察》，《学海》2004年第1期，第131—135页。

④ 候甬坚：《天无绝人之路：陇西高原砂田作业的微观调查——兼及〈魏书·张骏传〉“治石田”事迹》，杨朝飞主编：《中国环境史研究》第4辑，北京：中国环境出版社，2015年，第218—237页。

⑤ 逄蕾等：《干旱半干旱地区砂田结构及水分特征》，《中国沙漠》2012年第3期，第699—704页。

⑥（清）佚名：《皋兰县红水分县采访事略·义学》，李金财、白天星总校注：《靖远会宁县志集校》，兰州：甘肃文化出版社，2002年，第958页。

⑦（清）佚名：《永泰城记》，李金财、白天星总校注：《靖远会宁红水县志集校》，兰州：甘肃文化出版社，2002年，第951—952页。

⑧（清）史公：《创修义学碑记》，李金财、白天星总校注：《靖远会宁红水县志集校》，兰州：甘肃文化出版社，2002年，第888—889页。

立第一初级小学，甚至还出现了第二区公立第一初级女子小学校这样的女子学校[①]。此外，为活跃地方文化，据村民说，永泰城每年清明节都会进行祭祀城隍爷的庙会。

（3）商业。据景泰小学的李爱仁老师说，在民国的时候城内还存在一条商业街，有十间以上的商铺，这在甘蒙交界地带已十分难得。在古城内的商业街遗址考察，街道两侧房屋依稀可辨。商业街的经营者主要是陕西商人，他们用陕西的药材换购当地的皮毛。陕西商人多，无意中还导致了当地居民的饮食习惯改变。永泰人喜食凉皮和臊子面，据说就是受到陕西商人的饮食习惯影响。此外，据当地老人介绍，民国时期永泰、大靖等镇也都有规模不小的烟土贸易，永泰的“古城牌”烟土在蒙古、甘肃、陕西一带都有市场。

（4）环境。1947 年出生的村民张耀宾介绍说在永泰城里过去有许多大树，后来为了建设景泰县县城，不但永泰城内的树被砍伐，城内的一些寺庙也被拆除，砍伐和拆得的木材一起被运至景泰县县城，用来建造公安局和党校等建筑，现在当地还有一句俗语来形容景泰县城的一些公共设施是“永泰的树，永泰的庙”。当地人在城外的沙地边缘栽种耐旱灌木，最主要的就是“花棒”（学名：细枝岩黄芪，Hedysarum scoparium）。花棒不仅能做饲料、榨油，还可以用来编织，本身也是优良的薪柴，这成为当地居民经济收入的一个重要来源。花棒发达的根系也能起到防风固沙的作用，成为永泰对抗腾格里沙漠扩大的有力手段。相比于现在某些沙漠边缘的“只种不养”“植树造零”的绿化行为，这种出于自身生活考量的绿化行为显得更加有效，因为当地人能从绿化中获取直接的利益，这会促使当地人自觉维护沙地边缘的人工植被。

（五）人口的迁出与永泰城的衰落

新中国成立初期，永泰城大体维持着一个人丁兴旺的状态。据当地老人称，1950 年至 1960 年，当地人口增长已造成城内土地不敷使用，一些村民开始在永泰城外建造房屋。可 1969 年后发生的人口迁移彻底改变了永泰的面貌，而引发这次人口迁移的原因是附近现代灌区的建成（图 6）。

---

①（清）佚名：《创修红水县志·教育》，李金财、白天星总校注：《靖远会宁红水县志集校》，兰州：甘肃文化出版社，2002 年，第 890—892 页。

图 6　永泰城所在区域与现代灌区的卫星遥感示意图

1969 年后，电力提灌工程景泰川水电提灌工程开始建设，第一期工程自东向西，将黄河水输送至景泰县县城，将沿线地区建设为现代灌区。永泰村属于非灌区，人口开始自发或被动向现代灌区迁移。根据当地老人描述，永泰村前后有三次向现代灌区的移民。老人称在晚清民国时，城里人口最多时达到两千多人。而从《景泰县志》的相关记载推知，民国三十三年（1944 年）时永泰乡及其辖区大约有 9300 人居住①，而现在城内常住人口仅为 100 人左右②。

现在永泰城已经被沙地环绕，明渠已基本断流，渠内杂草丛生，在黄色的沙地上形成条条纤细的绿带，成为该地农业兴旺的最后象征。大沙河内的王家坝也早已废弃，城外存在大量弃田，剩下的砂田由于疏于翻新砂而肥力丧失，仅在 1990 年所建的小水库旁有小面积土豆种植。造成这种状况的原因有两方面：一是由于人口流失后，城内缺乏青壮年劳动力，水利设施缺乏应有的维护，

① 景泰县志编纂委员会：《景泰县志》，兰州：兰州大学出版社，1996 年，第 52 页。其中写有 1942 年永泰乡辖 10 保，86 甲。根据兰州大学卢毅彬《控制与消解——国民政府时期甘肃保甲制度研究》中所写甘肃 1941 年全省户口总编查时的保甲编组原则“10 甲编为 1 保、10 户编为 1 甲”，以每户 5 口人为标准，推算 1942 年永泰乡所辖人口大约为 9300 人。

② 张陇堂：《永泰城成枯城》，《中国旅游报》，2013 年 11 月 18 日，第 13 版。根据报道目前城里居住着 79 户人家，300 多口人，常住的只有 100 多人。我们实地的采访也证实了这一事实。

农田缺乏基本的翻新；二是由于大沙河上游建设了水电站，造成下游长时间断流，永泰城因此失去了一个很重要的灌溉用水来源。人口外迁和河流断流两方面相互作用，造成了永泰城现在衰败的态势。

在永泰古城东北，以景泰县城为首的现代灌区虽然安置了很多居民，但也存在很多问题。一是设施建设和维护成本过高。当地发展的农业收入很低，根本无法按水价成本收取，当地收取的电费和水费远低于其成本[①]。如果没有政府的支持，是很难一直维持下去的。二是因大规模的人口迁移而引起的不同程度土地纠纷。据当地老人称，永泰地区曾发生过一些因土地问题而引起的群体事件。

此前不少观点认为永泰这一地区的衰败跟气候干湿变化相关，然而，根据陈峰等人最近采取腾格里沙漠南缘树轮（采取地点昌灵山紧邻着永泰古城）分析所获得的 PDSI 指数显示，在 1991 年以前的 315 年，这一地区的干旱情况并没有一个大的波动[②]。以此，可以推断永泰城的发展变化与气候的干湿特征没有明显的关联。

（六）结论和启示

两宋时期，党项人在沙漠化扩大的区域成功地经营了农业，在毛乌素沙地东南缘留下了大量聚落，证明了在沙漠边缘的人类活动并非所有都屈服于“沙进人退”的规律。时间过了大约半个世纪，一座名为永泰的军事堡垒被建造在了腾格里沙漠南缘。从永泰城堡建成的 1608 年开始，永泰城居民依靠水利和农业在腾格里沙漠旁边维持着“生存家园”，把一个临时的军事要塞发展成了一个繁荣的村镇，没有让壮观的“龟城”被腾格里沙漠吞噬。但在 1969 年之后，由于人口的迁出，永泰村开始走向衰败。劳动力的减少使当地水利瘫痪、农田荒弃、基础设施缺乏。而人类活动的退出，使永泰城周边的生态环境环境进一步恶化，土地不断沙化。如果不进行人为的干预、控制，不久之后的将来，永泰村可能会成为腾格里沙漠的一部分。

在今天建设现代灌区和大型防沙工程的背景下，沙漠边缘小村镇不应成为牺牲品，应重视此类村镇的稳定，特别是一些具有保护与利用价值的“历史文

---

① 贾德治、万国成：《大型电力提灌工程所面临的困境及出路》，《中国农村水利水电》2006 年第 4 期，第 21 页。观点来自于该文。

② 陈峰等：《腾格里沙漠南缘近 315 年 5～6 月 PDSI 指数变化》，《地理科学》2011 年第 4 期。

化名村”。作为“中国历史文化名村”的永泰城是人类在恶劣条件下建设“生存家园”的珍贵成果，需要设法改善当地的基础服务设施，重建水利系统，保护并适当改良传统的砂田耕种方式，适度发展影视旅游业，以留住更多的当地人口，维持当地的生态环境。

在拥有更好的交通条件和旅游商机的今天，永泰不应消失在浩瀚的腾格里沙漠中。

八、环境与民居选择——以陕西窑居为例[①]

（一）引言

地理环境与人类生活关系密切。不同的环境条件，往往导致不同的地域民居形式。陕北一般为窑居区，不同的地理环境伴以不同的窑居类型（图 1）：天然土壁上向内开挖形成的券顶式横洞称靠崖窑；平地向下挖一方形深坑，再横着向四面坑壁开挖形成者称地坑窑，分全下沉式、半下沉式、平地式三类；以砖、石或土坯发券砌筑而成者称锢窑。另有一种特殊形式的锢窑，即柳笆庵，构筑方法为先筑土墙，在土墙上部内侧相对开多道槽，将粗沙柳条捆扎成直径 15—20 厘米的柳条笆子，再将柳笆圈成半圆形，两头分别插入两堵土墙的相对槽内，纵距 1.5 米架插一道拱形柳笆，用粗柳条或柳笆纵向将各拱形柳笆捆扎，上铺柴柳茅草，再以泥巴覆盖抹顶。

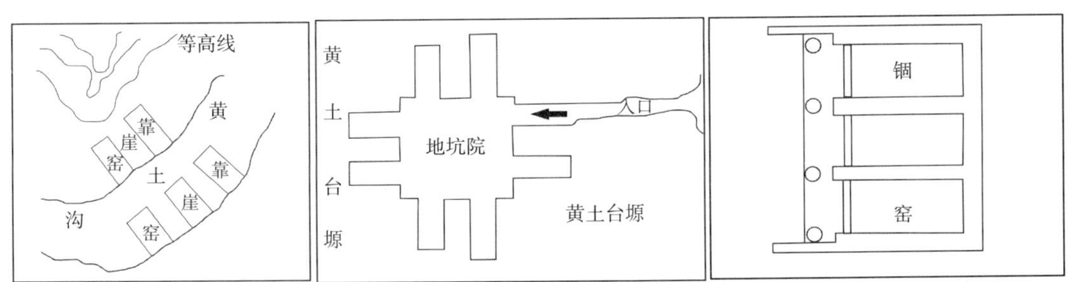

图 1　靠崖窑、地坑窑、锢窑平面示意图

中国窑居研究的开篇之作为 1934 年龙庆忠基于对河南、山西、陕西、甘肃等地窑洞的实地考察写出的《穴居杂考》[②]。时至今日，已涌现出《窑洞民居》

① 本部分由祁剑青撰写。

② 龙庆忠：《穴居杂考》，《中国营造学社汇刊》1934 年第 1 期，第 57—68 页。

与《中国窑洞》等一大批优秀研究成果[①]。以往的研究，从研究内容来讲，主要集中在窑居的形制、平面布局与空间处理、细部装修等方面；从研究手段与方法来讲，建筑学者侧重讨论建筑技术、装饰艺术等内容，而地理学者主要研究的则是窑居与地理环境之间的关系、形成机制以及文化区的划分等问题。应该说，迄今我们对全国范围内窑居的宏观分布情况基本是清楚的，然而对窑居在各地的具体情形尚有必要再进一步研究。本书即以陕西窑居为例，从文化地理学角度切入，对陕西窑居的地域分异及其与环境之间的关系进行探讨。

（二）资料来源与研究方法

1. 研究区域与资料来源

本书所涉区域为陕西省的秦岭以北部分，包括关中和陕北地区，所依据资料主要为方志与实地考察照片两类。明清以降所修地方志的风俗志部分载有居住方面的相关资料，只是较为零星，新中国成立以来新修地方志的城乡建设志、民俗志两部分皆载有居住方面的资料，而且绝大多数都较为翔实、系统，内容涉及选址、形式与风格的分布状况以及居住习俗等方面。传统民居研究离不开实地考察，所拍摄照片直观地反映了陕西窑居的建筑风格及其与地理环境之间的关系，一定程度上起到了弥补文献记载不足的作用。秦岭以北广泛地发育了黄土地貌，关中与陕北绝大多数区县皆有窑居分布，有的地方即便是现在没有，历史上也可能存在过窑居生活方式。

2. 研究方法

美国文化人类学家斯图尔德最早将生态学原理引入文化研究，提出文化生态的概念[②]。斯氏运用文化生态学理论与方法分析问题主要从以下三个方面着手：“第一，分析开发技术或生产技术与环境的相互关系；第二，分析特殊的技术手段开发特殊地区中的行为模式；第三，弄清行为模式在开发环境中影响其他文化方面所具有的作用程度。”[③]“伯克利文化生态学派”的研究方法反对

① 侯继尧等：《窑洞民居》，北京：中国建筑工业出版社，1989 年；侯继尧、王军：《中国窑洞》，郑州：河南科学技术出版社，1999 年。

② J.H.Steward，*Theory of Culture Change*，Urbana:University of Illinois Press，1979.

③（美）J.H.斯图尔德：《文化生态学的概念和方法》，王庆仁译，《民族译丛》1988 年第 6 期，第 27—33 页。

地理环境决定文化景观的“地理环境决定论”，强调文化传统、技术手段对文化景观形成的作用，既重视研究人类文化塑造地球表面的过程，即文化景观的创造和变化过程，又重视气候、土壤、河流、植被、动物与人类活动的密切关系[①]。传入中国以来，冯天瑜提出文化生态有自然环境、经济环境以及社会制度环境三个层次[②]。简而言之，文化生态学既研究文化对其环境的适应过程，又关注环境以外的其他因素对文化的影响，认为文化与环境之间是双向的互动关系，环境影响文化、文化适应环境，也影响环境。本文运用文化生态学方法用来分析陕西窑居与环境之间的关系，认为窑居分布适应地形条件，所用建筑材料基本都就地取材，主窑的朝向等又反映着气候条件，这是其与自然环境的关系；窑居的选址与布设、居住方式等要素又与经济环境、社会文化环境等有着密切的关系。

（三）结果与分析

1. 陕西窑居的地理分布特征

1）长城内外风沙地貌区

陕北长城内外风沙地貌区为毛乌素沙地的南延部分，主要分布于长城以北，少部分在长城以南，东西长约 400 千米，南北宽 12—80 千米[③]。该区域缺乏靠崖窑与地坑窑开挖的地形地貌条件，民居以房屋为主，多沙土打墙木椽“一欠欠”土房、“马鞍形”土房以及砖瓦房等，窑居为辅，基本皆是砖石锢窑以及柳笆庵。例如，民国《横山县志》卷三云：“地宅平原者，凿石作砖，营治大窑，有石窑、砖窑之别。”[④]柳笆庵在榆阳区北部[⑤]、神木县大柳塔镇等地今仍常见，亦为相邻区域的乌审旗、鄂托克前旗等地的传统民居类型之一[⑥]。

---

① 邓辉：《卡尔·苏尔的文化生态学理论与实践》，《地理研究》2003 年第 5 期，第 627 页。

② 冯天瑜等：《中华文化史》，上海：上海人民出版社，2005 年，第 10—11 页。

③ 陈明荣等：《陕西省地理》，西安：陕西人民出版社，1996 年，第 47 页。

④ 民国《横山县志》，台北：成文出版社，1960 年，第 279 页。

⑤ 榆阳文史编委会：《榆阳民俗》，内部资料，2006 年，第 132 页；乌审旗志编纂委员会编：《乌审旗志》，呼和浩特：内蒙古人民出版社，2001 年，第 922 页；鄂托克前旗志编纂委员会编：《鄂托克前旗志》，呼和浩特：内蒙古人民出版社，1995 年，第 320 页。

⑥ 榆阳文史编委会：《榆阳民俗》，内部资料，2006 年，第 132 页。乌审旗志编纂委员会编：《乌审旗志》，呼和浩特：内蒙古人民出版社，2001 年，第 922 页；鄂托克前旗志编纂委员会编：《鄂托克前旗志》，呼和浩特：内蒙古人民出版社，1995 年，第 320 页。

2）黄土地貌区

陕西省广泛发育了黄十地貌，主要分布在秦岭以北，长城内外风沙地貌区以南、以东的广大地区。黄土堆积后经长期流水冲刷和其他外营力作用，形成了黄土塬与黄土丘陵等地貌形态。黄土台塬是黄土堆积的高原面，地势平坦，地面坡度不到1°，只有到边缘才有明显的斜坡；长条形的黄土丘陵称为‘梁’，椭圆形或圆形的黄土丘陵称为‘峁’，梁、峁顶部面积不大，斜坡所占的面积却很大，坡度一般为10°—35°[①]。

（1）黄土丘陵沟壑地带。陕西的黄土丘陵沟壑地带主要分布在北山以北，与长城内外风沙高原区相连，与渭北台塬相接，即南以黄龙山、将军山、嵯峨山到永寿梁一线为界，东以黄河为界，向西至子午岭西坡，北到白于山—横山，大体在长城一线[②]。该区域聚落选址多在依山傍水、地势相对宽阔平坦的向阳湾、沟、渠、峁、畔、川地带，伴随着不同的地形、建筑材料等要素，窑居表现为靠崖窑、锢窑两类，并且前者为主流。由北向南，从靖边、神木的南部直到北山附近的黄陵、黄龙一带，主流的传统民居皆为靠崖窑。例如，《靖边县志·城乡建设志》载，靖边县南部多选择土质较好的沟畔、山坡劈崖面刨土窑洞；《榆林市志·居住》载，榆阳区东南部农村以靠崖窑为主；《神木县志·城乡建设志》载，神木县南部多选择向阳避风、土脉坚实处，凿土窑洞居住[③]。据20世纪80年代统计,米脂县80%—90%的农户均以靠崖窑为家[④]。《黄陵县志·传统建筑》载，黄陵县的原区边沿、沟湾、川道山坡多靠崖窑；《黄龙县志·城乡建设志》载，黄龙县的东、西沟两侧及西河东坡下多靠崖窑[⑤]。

（2）黄土台塬地带。陕西的黄土台塬地带包括渭北台塬与秦岭北麓台塬两块，呈带状分布在渭河南北两侧，分别由北山和秦岭向渭河倾斜。行政区域涉及渭南市、咸阳市、宝鸡市、铜川市、西安市的34个区县[⑥]。该区域呈窑居与房居并存态势，窑居类型全面。

渭北台塬又称渭北旱塬，虽有沟壑存在，然塬面相对宽坦，主流窑居为地

① 任美锷：《中国自然地理纲要》，北京：商务印书馆，1999年，第164页。

② 张宗祜等：《中国黄土》，西安：陕西人民美术出版社，1980年，第45页。

③ 靖边县地方志编纂委员会编：《靖边县志》，西安：陕西人民出版社，1993年，第247页；榆林市志编纂委员会编：《榆林市志》，西安：三秦出版社，1996年，第749页；神木县志编纂委员会编：《神木县志》，北京：经济日报出版社，1990年，第523页。

④ 王军：《西北民居》，北京：中国建筑工业出版社，2009年，第52页。

⑤ 黄陵县志编纂委员会编：《黄陵县志》，西安：西安地图出版社，1995年，第231页；黄龙县地方志编纂委员会编：《黄龙县志》，西安：陕西人民出版社，1995年，第332页。

⑥ 任志远等：《黄土台塬区土地利用时空动态与生态安全》，北京：科学出版社，2014年，第1页。

坑窑，窑院顶部有女儿墙防止人畜跌落，尤以咸阳北部为地坑窑的主要分布区。20 世纪 80 年代的调查数据表明，乾县吴店乡有 70%农户住地坑窑、韩家堡村有 80%农户住地坑窑，三原县柏社村有 90%的农户住地坑窑[①]。在渭南市蒲城县党家沟、长义沟、阎兴、池阳等地，宝鸡市岐山县川原地带，铜川市耀州区小丘、下高埝原区，皆有大片的地坑窑分布[②]。西安市过去在高陵北部川平原诸村、灞桥邵平店村有地坑窑分布[③]。渭北黄土台塬地带亦有少量锢窑分布，典型者如长武县十里铺村的土坯锢窑、铜川市陈炉镇的砖石锢窑[④]。结合文献记载与实地考察可知，在渭北台塬的黄土塬边、沟壑地带也有靠崖窑分布。例如，乾隆《淳化县志》卷八载："山崖间大都穴居。"[⑤]《秦疆治略》岐山县条下载："山窝所居窑多房少。"[⑥]民国《续修礼泉县志稿》卷一〇载："住，惟北乡多穴居。"[⑦]由西安北越渭河，在鹿苑塬的梁村、西营，奉正塬的东关、西关等村便可见靠崖窑顺塬分布。考察所见，在咸阳市武功、乾县等地的塬边、丘陵沟壑地带皆有靠崖窑分布；渭南市韩城、合阳、澄城三地的山区皆有靠崖窑分布。铜川市宜君县东原的五里镇、西村、尧生及偏桥等地，多在沟边原畔打窑居住[⑧]。

秦岭北麓黄土台塬由于受山前季节性河流冲刷严重，塬面由于受沟谷溯源侵蚀已经变得破碎。聚落多选址于较为平坦的塬面上，主流传统民居为瓦房，窑居较少，且以靠崖窑为主，分布在黄土塬边以及冲沟地带。例如，在少陵塬脚下，西安马鸣公路起点马腾空至新殡仪馆 9 千米长的路段边现今仍分布着几百孔有人居住的靠崖窑[⑨]。

3）石质地貌区

陕西窑居分布的石质地貌区主要指的是陕北高原上的石质山岭地带。聂树人将其大体划分为三部分。其一，黄河及北洛河之间的梁山山地，包括定边以

---

① 王军：《西北民居》，北京：中国建筑工业出版社，2009 年，第 52 页。

② 蒲城县志编纂委员会编：《蒲城县志》，北京：中国人事出版社，1993 年，第 346 页；岐山县志编纂委员会编：《岐山县志》，西安：陕西人民出版社，1992 年，第 332 页；耀县志编纂委员会编：《耀县志》，北京：中国社会出版社，1997 年，第 220 页。

③ 高陵县地方志编纂委员会编：《高陵县志》，西安：西安出版，2000 年，第 323 页；侯继尧等：《窑洞民居》，北京：中国建筑工业出版社，1989 年，第 101 页。

④ 长武县志编纂委员会编：《长武县志》，西安：陕西人民出版社，2000 年，第 314 页。

⑤（清）万廷树修、洪亮吉纂：乾隆《淳化县志》，台北：成文出版社，1960 年，第 465 页。

⑥（清）卢坤：《秦疆治略》，清道光七年（1827 年）刻本。

⑦ 张道芷、胡铭荃修，曹骥观纂：民国《续修礼泉县志稿》，台北：成文出版社，1960 年，第 340 页。

⑧ 宜君县县志编纂委员会编：《宜君县志》，西安：三秦出版社，1992 年，第 375 页。

⑨ 魏永贤：《过渡房——离西安城最近的窑洞群》，http://www.sxdaily.com.cn/n/2014/0324/c73-5390167-1.html（2014-03-24）。

东的白于山、莲花山，延安以东的青雾山、大皇山，甘泉以东的六盘山、清泉山，富县以东的普狮山及洛川以南的黄龙山。其二，北洛河以西的桥山山地，包括陕甘省界的子午岭，彬县北部的松岭，旬邑的石门山、翠屏山，黄陵的桥山，宜君与耀县间的文王山、武王山等。其三，陕北高原与关中平原的界山北山①。此类区域有些地方背靠石山，采石方便，多石锢窑。例如，《靖边县志·城乡建设志》载，青杨岔、畔沟等多石料的地方，券石窑的较为普遍②。《子长县志·城乡建设》载，马家砭乡凿石较易，民居大多为石窑洞③。《黄陵县志·近代民居传统建筑》载，石窑洞在川道地区的一些村庄，背靠石山，多石而少土，民居便以筑石拱窑为宅。据统计，1949年新中国成立时，全县共有砖石窑洞2929孔，其中石窑占大部分④。

4）河谷阶地地貌区

在无定河、大理河、清涧河等中游地段，河谷开阔，阶地发育⑤。此类区域河床基岩外露，采石较为方便。据调查，在绥德、清涧一带的河谷平坦宽阔区域多分布有砖石锢窑⑥。

2. 自然环境与陕西窑居

1）适应地形

民居往往选址于地理环境相对优越的地段，为防山洪与卑湿，靠崖窑首选依山近水的高台地、坡地的向阳面。靠崖窑的平面布局也受制于自然地形，最常见的一字形即三五孔窑并列起来，有单间布置法，亦有“一明两暗”和“一明一暗”格局；一字形的一侧若有可利用的地形，再开挖几孔窑洞便成为“L”形（图2）；当靠崖或道沟边土壁可以形成一方凹地时，三面凿窑可形成三合式靠崖窑院（图3）。靠崖窑聚落基本都顺山谷、冲沟呈条带状延展，又沿等高线分布，呈板架格局，下一层的窑顶往往为上一层的场院。例如，米脂县有

① 聂树人：《陕西自然地理》，西安：陕西人民出版社，1981年，第39页。
② 靖边县地方志编纂委员会编：《靖边县志》，西安：陕西人民出版社，1993年，第247页。
③ 子长县志编纂委员会编：《子长县志》，西安：陕西人民出版社，1993年，第446页。
④ 黄陵县志编纂委员会编：《黄陵县志》，西安：西安地图出版社，1995年，第231页。
⑤ 陕西师范大学地理系：《陕西省榆林地区地理志》，西安：陕西人民出版社，1987年，第33页。
⑥ 中华人民共和国住房和城乡建设部：《中国传统民居类型全集》，北京：中国建筑工业出版社，2014年，第210页。

自然村落 396 个，90%建在沟坡上，村落结构松散[①]。

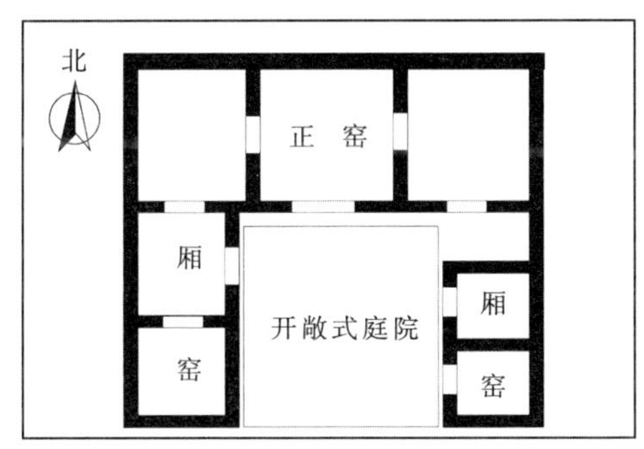

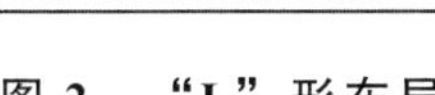

图 2　“L”形布局

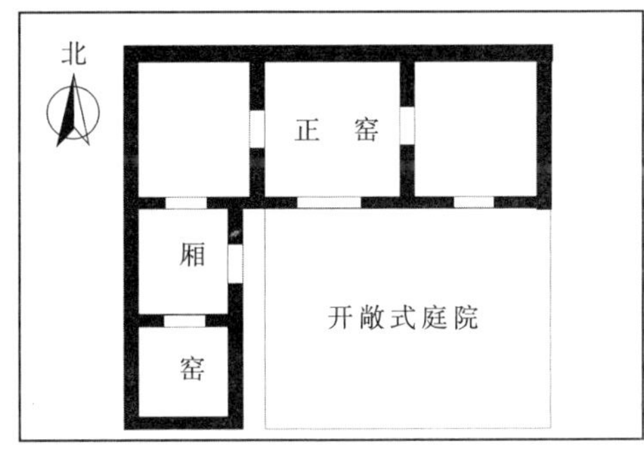

图 3　三合式靠崖窑院

渭北台塬黄土塬面平坦广阔，土层深厚，缺少可利用的山崖，窑居多为地坑窑，呈团块状分布，形成的聚落一般也大于靠崖窑聚落。以永寿县监军镇等驾坡村为例，地坑窑与“南胡同”“北胡同”的自然地理环境巧妙结合。该村有十合头院落 11 户，有 110 孔窑，八卦式 32 户，有 256 孔窑，其他形式的窑 115 孔，其中明庄 41 户、半明半暗 19 户、地坑庄子 17 户[②]。半明半暗地坑窑院、明庄子皆在塬面有一定坡度时产生，利用了塬面的标高差，改善了入口的陡坡，提高了地坑窑院的地坪标高，夏季有利于院内雨水排出。

锢窑不要求有可利用的山坡与深厚的黄土层，只需有一定面积的平地，再加上合适的建筑材料（砖、石、土坯）即可砌筑，一般随建筑材料的产地随机式分布，尤其是石锢窑，主要分布在河谷阶地地貌区与石质地貌区，不是陕西窑居的主流类型。

2）就地取材

陕北高原西北边沿长城一线的定边、靖边、横山、榆阳、神木等区县的长城以北和以南部分系毛乌素沙地的南缘，处于鄂尔多斯高原向黄土高原的过渡区域，“气候干旱、地表起伏不大，组成物质松散，因此，流水、重力作用不显著，沟壑不发育”[③]。该区地形及土质条件不适合靠崖窑与地坑窑的开挖，盛行的柳笆庵所用建筑材料即当地所产之沙柳以及沙土。

陕西老黄土的分布由秦岭北麓向北一直延伸至榆林、靖边以北的沙区，且

① 侯继尧、王军：《中国窑洞》，郑州：河南科学技术出版社，1999 年，第 37 页。

② 陕西黄土地实业有限公司：《黄土地绿色生态观光园一期工程开发建设项目可行性研究报告》，内部资料，2002 年，第 55 页。

③ 陕西师范大学地理系：《陕西省榆林地区地理志》，西安：陕西人民出版社，1987 年，第 31 页。

厚度在 50—200 米。侯继尧指出，老黄土有柱状节理，土层大孔基本退化，土质紧密，有轻微或无湿陷性，具有较好的直立稳定性与较强的抗剪强度，是挖掘黄土窑洞的理想层。黄土在颗粒组成、含水量适度的条件下，强度接近 50 号砖①。黄土还可模制成土坯砌筑锢窑。石锢窑主要分布在河谷阶地地貌区与石质地貌区。砖锢窑分布于烧砖方便区域，以铜川市陈炉镇为例，其耐火坩土储藏量多达 3439.5 万吨，民居皆为用耐火砖砌筑的锢窑，依赖的便是当地盛产的耐火坩土与丰富的煤炭资源②。再如，《子长县志·城乡建设》载："境内煤炭开采历史悠久，民众素有烧砖作瓦、建筑砖窑习惯。"③

3）适应气候

穴居的成立，最重要的是气候干燥④。关中、陕北与东部诸省同纬度地方相比，表现得偏旱，降水偏少，陕北北部年平均降水量在 500 毫米以下，定边一带只有 323.6 毫米；安塞以南降水量虽有增加，但不及 600 毫米⑤。关中渭河沿岸降水量 550—600 毫米，西部的宝鸡、麟游等地在 630 毫米以上，渭北的咸阳、大荔则只有 510 毫米⑥。判断一地的干燥或湿润程度不能只依靠降水量，需参考当地的干燥度。陕西的干燥度 1.0 等值线大致以秦岭为界，关中西部、陕北高原南部属半湿润气候，陕北高原北部属半干旱气候，最北端的风沙区，干燥度大于 2.0，属干旱气候。关中东部干燥度大于 1.5⑦。陕北地区窑居较关中多除地形要素外，与其更为干燥的气候环境也是有密切关系的。

关中、陕北与东部诸省同纬度区域相比，又显得偏寒。聂树人认为，陕北长城沿线属温带寒冷半干旱气候区，年均温在 8°C 以下，最冷月均温在-10°C 以下，三边一带最热月平均气温只有 22°C，极端最低气温达-28—-32°C；长城沿线以南，北山以北，为暖温带冷温半干旱气候区，年均温 7.8—9.6°C，最冷月均温-5.4—-8.1°C；关中平原属暖温带温和半湿润气候区，北界北山，南界秦岭，大多数地方年均温 10—13°C，最冷月均温为-1—-3°C，绝大多数地方无大寒期⑧。再看陕西窑居区的风力状况，冬季由于受蒙古高压控制，盛行偏北

① 侯继尧：《陕西窑洞民居》，《建筑学报》1982 年第 10 期，第 71 页。
② 陈和虎等：《陈炉古镇窑洞民居建造方法初探》，《美术大观》2010 年第 11 期，第 59 页。
③ 子长县志编纂委员会编：《子长县志》，西安：陕西人民出版社，1993 年，第 444 页。
④ 胡惠琴：《世界住居与居住文化》，北京：中国建筑工业出版社，2008 年，第 27 页。
⑤ 聂树人：《陕西自然地理》，西安：陕西人民出版社，1981 年，第 111—113 页。
⑥ 陈明荣等：《陕西省地理》，西安：陕西人民出版社，1996 年，第 92 页。
⑦ 陈明荣等：《陕西省地理》，西安：陕西人民出版社，1996 年，第 100 页。
⑧ 聂树人：《陕西自然地理》，西安：陕西人民出版社，1981 年，第 144—148 页。

风，夏季盛行偏南风，春秋季节二者交替，但仍以偏北风为主。长城沿线>5米每秒的起沙风每年出现次数为85—371次，风大且频繁[①]。1月，关中及陕北南部风速较大，除宝鸡、西安、渭南附近风速较小外，其他地区都超过2米每秒，潼关、白水等地达2.8—3.4米每秒[②]。窑居有一个众所周知的特点便是可以抵御寒冷。例如，民国《葭县志》卷二云："气候多寒，居房室者甚少，城乡之民砌石为窑，亦有穿土作穴。"[③]不论陕北、关中，窑居内部的采暖防潮皆通过火炕，盘火炕的材料为黄土模制的"炕板"，恰巧利用了未经烧制的黄土孔隙率较大、热空气可以较长时间存留的特点，即便在冬天最寒冷之时都无需再添置火炉取暖。为保暖，主窑的朝向要避开当地的主导风向，最理想者为坐北朝南，此外是坐西朝东，其余坐向的窑洞多不住人。在黄土丘陵沟壑区虽然很难满足正南、正北方向，也要选址于尽可能多地获得太阳光的位置。基于不同的气候条件，为扩大采光面积，陕北地区的窑洞皆为满堂门窗；关中的窑洞则多门窗分设，采光面积较小。

3. 经济环境与陕西窑居

民居发展受生产生活方式的制约，而生活方式又具有浓郁的地域性。农村生产生活方式在窑居布局中有所体现。以永寿县监军镇等驾坡村为例，其生产生活方式以农耕劳作为主，地坑窑院内皆备有碾、磨等设施以便加工糜、谷等粮食；院内皆有粮仓窑，在窑顶的打谷场将粮食碾打晒干以后，通过"马眼"直接灌入。一般而言，工商业发达的区域，民居建筑质量也相应较高。以佳县木头峪村为例，村落呈"井"字形布局，由前滩、后滩组成，中间戏楼、广场相连，保存了40余处明清时期的石锢窑四合院，各个窑院皆有明柱抱厦、高大的石砌门楼以及砖砌照壁。木头峪建筑精良的砖石锢窑建筑群得以保存至今，与其昔日曾为黄河水运码头的地位、发达的商业历史是难以分开的。再如，陈炉窑院围墙多由废弃的"匣钵"与陶罐陶瓮垒砌而成，与其发达的陶瓷业关系密切。

民居建筑质量状况是区域经济发达程度的重要表征[④]。尽管现今陕西仍存有

---

① 何彤慧、王乃昂：《毛乌素沙地历史时期环境变化研究》，北京：人民出版社，2010年，第386页。

② 陈明荣等：《陕西省地理》，西安：陕西人民出版社，1996年，第101页。

③ 民国《葭县志》，台湾：成文出版社，1960年，第400页。

④ 翟辅东：《论民居文化的区域性因素——民居文化地理研究之一》，《湖南师范大学社会科学学报》1994年第4期，第113页。

一些气势恢弘、建筑精良的窑居庄园，彰显着主家昔日的雄厚财力。然而，陕西窑居区的经济过去基本都不太发达，窑居集造价低廉与施工简便于一身，正好适应了这一点。以清涧县为例，新中国成立前夕，全县约有窑洞两万孔，其中土窑洞占相当数量，大多质朴简单、不事雕饰，只有高质量的砖石锢窑才会带有檐廊、雕刻等工艺[①]。如今的“弃窑建房、别窑下山”潮流反应的一个现象便是经济社会发展了，传统的窑居方式已不再能满足现代人的生活需要。

4. 社会文化环境与陕西窑居

1）信仰与禁忌

陕西窑居的选址与营造集中了一系列的民俗习惯与仪式。选址要考虑所在位置的安全性、方便性、舒适性以及趋吉性，需请风水师持罗盘定方向，讲究向阳、背山、面水，习惯称左山为青龙、右山为白虎，有“背山儿女水是财，面山带得功名来，宁让青龙站起跑，不叫白虎展开腰”之说。动土之前需请风水师择吉日祭土安神，在动工处竖一杆，上挂铧、弓箭、历书、色线、缝衣针以及五谷袋等，书写动工日期及安神镇邪语，焚香叩头，方可动土[②]。营建礼仪中，最隆重者要数合龙口，砖工将成，剩中窑顶部一砖，即龙口，待吉日吉时放归原位，说唱吉利话，将五谷、色线、书本、弓箭、笔墨等物什放入龙口。乔迁新窑需举行“暖窑”仪式，选双日黄道吉日，窑主人贴乔迁喜庆对联，放鞭炮，亲朋好友、邻里乡党带礼前来祝贺，主人设宴款待。

2）长幼有序

陕西窑居的居住功能布局讲求伦理关系，注重等级制度、长幼尊卑，折射出传统中国社会的礼制思想。遵循“父上子下，哥东弟西”的居住习惯，而且分家之时长子不离老院子。在最简单的“一”字形布局中，居正中者称“中窑”，系主居室，供长辈居住，两边的窑称“边窑”，供晚辈居住及作储物空间使用，且居于主窑左边窑的地位要高于右边的窑。在四合式窑院中，正面开几孔坐北朝南的北窑，与主窑正对者称倒座窑，北窑为上，作起居与长辈卧室使用，东西厢窑为卧窑、厨窑、杂物窑等，南窑留一孔作入口，其余作厕窑、牲畜窑等使用。

---

① 清涧县志编纂委员会编：《清涧县志》，西安：陕西人民出版社，2001年，第340页。
② 延川县志编纂委员会编：《延川县志》，西安：陕西人民出版社，1999年，第682页。

（四）结论与讨论

本文的主要结论有以下三点。

（1）地域性为陕西窑居的基本属性，不同的地形地貌塑造了不同的窑居类型。陕北长城内外风沙地貌区的窑居主要是锢窑；在黄土地貌区，黄土丘陵沟壑地带的主流窑居为靠崖窑，黄土台塬地带的渭北台塬塬面相对平坦广阔，窑居以地坑窑为主，塬边、冲沟处分布有靠崖窑，亦可用黄土模制成的土坯砌筑土坯锢窑，秦岭北麓台塬塬面破碎，窑居以靠崖窑为主；石质地貌区与河谷阶地地貌区采石方便，石锢窑较多，砖锢窑流行的区域一般距煤炭等燃料产地不远。

（2）地坑窑的防风性能最好，石锢窑的防雨性能最优。靠崖窑、锢窑的主窑坐向以朝南为最佳，其次为朝东，这样既避开了主导风向，又有利于采光；为扩大采光面积以适应冬季寒冷的气候，陕北窑居多安装满堂门窗，关中则为门窗分设，且采光面积较小，这是两地窑居在形制上的主要差别。

（3）经济环境对窑居的作用体现在生产生活设施的布设上，亦影响着建筑的精良程度；窑居的选址、营造有一定的信仰与禁忌；居住功能布局与空间处理反映了传统社会的礼制思想。

值得注意的是，本研究以陕西窑居为例探讨环境与民居之间的关系，涉及地理环境提供的多种可能性与居住者的选择趋向问题。自然地理环境的基础性作用是毋庸置疑的，靠崖窑很好地反映了这一点。陕西秦岭以北广泛发育了黄土地貌，只要有可倚靠的地形与适合的土质便可以有靠崖窑产生。然而，在一些“可窑可房”的区域，以渭北台塬为例，塬面平坦，当地居民既可以盖瓦房，又可以开挖地坑窑，还可以砌筑锢窑，在这类区域窑居的形成机制中，究竟什么要素起关键作用？有的可能是受制于经济条件，坚固耐用的砖石锢窑造价也相对较高；有的可能是受生活习惯影响，有的可能是借鉴其他住户的窑居方式。这是本文尚未完全解答的问题。文化生态学研究文化与环境之间的相互关系，本文突出了环境对窑居的影响，尤其是自然环境的基础性作用，就窑居对环境的反作用尚有进一步论述的必要。

九、三原县柏社村地坑窑院聚落的营造智慧[①]

（一）前言

地坑窑院又称地坑院、天井院，是指在天然黄土平地上向下挖掘而形成方形深坑，再在四面坑壁开挖窑洞的居所形式。这种居所形式主要分布于陕西、河南、甘肃等典型黄土地貌区。柏社村地处陕西三原北部台塬，早在魏晋时期，人们为躲避战乱，便开始在该地形成定居点，发展至今已历一千余年[②]。

柏社村村落整体地势相对平缓、开阔，黄土层厚度可达数十米甚至百米以上，土壤颗粒细腻、密度均匀，垂直节理及胶结性好，十分适宜建造窑居[③]。该村现存的地坑窑院有二百一十余个，其中 60%为近六十年内建造，34%为一百年以内建造，6%为一百年以上建造。可以说，这些窑院基本上将一百余年的窑院聚落建造经验完整地呈现出来。笔者认为，总结该村窑居聚落的建造经验，有利于该村的历史文化遗产保护和居住功能的提升。故此，特对该村历史时期以来的传统营造智慧做粗略探讨。

（二）择高平之地以安居

安居，是一个聚落生存与发展的基本因素之一。《汉书·沟洫志》论及聚落："或久无害，稍筑室宅，遂成聚落。""或久无害"即指安定、稳固，不易遭受自然或人为侵害的环境。柏社村所在地为典型的湿陷性黄土地质，除人为灾害外，最大的危害即水患。倘若地面防水、排水不善，会导致窑洞上部土壤含水量增大，土壤强度降低，窑洞极易发生坍塌。所以，择佳址避水患成为

① 本部分由王凯、严少飞撰写。

② 史念海：《黄土高原历史地理研究》，郑州：黄河水利出版社，2001 年。

③ 侯继尧：《中国窑洞》，郑州：河南科学技术出版社，1999 年。

聚落营建的最重要环节[①]。

从大格局来看，柏社村所处的北部台塬被村落东部的浊峪河自北向南分为东西两部分，柏社则位于西部台塬上。整个村落的地势西北高东南低，村落北部有数条自然形成的雨洪冲沟，是村落导排雨洪的主道。由于冲沟下连浊峪河，因而，要保障村落安全，必须对冲沟时常加以维护、整修，以保障此道的通畅。

从村落内地坑窑院的布局来看，呈现出两个特点：第一，东西大街北部，其窑址受冲沟影响，地形变化较大。地坑窑院则选择在冲沟之间的高平之地上，沿地势延展。第二，柏社村整体地势南面较低，雨水顺着自然地势由北向南流经，形成了天然的排水渠道。地坑窑院总体分布呈现“川”字形格局（图 1），集中分布于村落的高平地段，而地势略低之地的窑院多被废弃。坍塌的地坑窑院往往成为村落内部的蓄水洼地。这种布局特点的形成，与雨水的长期侵害密切相关。现存窑院仍需要加强对雨洪的防范。

图 1　地坑窑院分布图

---

① 周庆华：《黄土高原·河谷中的聚落——陕北地区人居环境空间形态模式研究》，北京：中国建筑工业出版社，2009 年。

（三）选密实之土而建居

土质，是衡量一个窑洞久远与否的重要参考因素之一。若土质不佳，就会存在较大的安全隐患。柏社村居民开挖新的地坑窑院时，十分注重对窑址土质的探测和选择。柏社村内的土壤情况优劣不均，即使相邻的地坑窑院土质可能也有明显区别，相应的，导致地坑窑院的质量及其持久性也有区别。就其择土可以总结出两个基本经验，第一要选择质地密实、颗粒均匀的土壤；第二要选择整体性较强且地下水位较低、较为干燥的土壤。

通过对村落东西大街南部地坑窑院的土质调查，发现有以下三个特点。第一，整个村落的西部、北部地势略高，土质明显比中部、南部低洼之地的土质要好。土质较好的地区现存的窑洞质量也较佳。柏社村东西大街以南虽然地势较为平坦，但土壤中含沙量略大，地坑窑院出现废弃和塌陷数量较多，位置也较为集中。第二，从地坑窑院的分布来看，北部离排洪沟较近的狭长地带，土壤含沙量及含水量较大，地坑窑院发生坍塌的情况较多。第三，低洼的雨洪排沟或涝池旁的地坑窑院，也因土质较差和水患等原因出现较多的坍塌现象（图 2）。可见，经过长期的经验性选择，村内地坑窑院的位置趋于集中性片状分布。

（四）植乔木之林以养居

柏社村之名因当地早期广植柏树而得名。后来，村内柏树渐渐被人为砍伐消失。不过，今天的柏社村，仍被几万棵乔木所荫护，其地坑窑院则隐藏于密林之中，呈现出“见树不见村，见村不见屋，闻声不见人”的奇观[①]。这里的树木种植主要分布于三个地方：第一是地坑窑院内，多植核桃树。第二是地坑窑院四周一定距离的地面，多植楸树等。第三是村内低洼之处，多植杂木（图 3）。柏社村内的乔木 70%为楸树。

楸树等树木对地坑窑院的作用，主要体现在以下诸方面：第一，可以平衡土壤含水率。楸树属小乔木，高 8—12 米，喜深厚肥沃的土壤，耐寒、耐旱，较为适合本地区的局地气候。树叶呈长圆形，叶面较大，可以通过茎叶的水文效应以及植物的蒸腾排水效应，保持树木附近地坑窑院土壤中合适的含水率，

---

① 祁嘉华、王俊：《陕西古村落的现状、问题与对策》，《西安建筑科技大学学报》（社会科学版）2010 年第 2 期。

图 2　地坑窑院保存现状

图 3　楸树林与地坑窑院分布图

防止发生坍塌。第二，可以减少雨水侵蚀。茂密的楸树林及巨大的树冠，可以有效减缓、减轻雨水对地面黄土的撞击和滴溅。第三，防止水土流失。楸树生长相对缓慢，侧根系较为发达，可以增强植物根系与土壤的结合，提高土壤的抗雨洪冲蚀能力，对整个村落产生较强“网兜”效应。第四，核桃树既可以荫护窑院院坪，便于闲时遮阴、赏景，其果实也可以采摘食用，有一定的经济效益。第五，整个柏社村的乔木茂密成林，可以调节柏社村的局部小气候，夏天可以遮阳降温，冬季可以起到防风作用[①]。

（五）凿蓄涝之池以护居

为了更有效地防御水患，保护地坑窑院，当地普遍采取导、蓄、渗、排的方法。第一是“导”。柏社村整体地势东南部偏低，将村落北部两条较大的自然排水沟与村内部较小的水沟联结成导排水网，让村内多余的雨水尽量少停留于地坑窑院附近。窑洞顶部多用细小的农作物秸秆和黄泥进行平整和维护，以防止漏水、渗水，并形成一定坡度，使雨水能够快速流入旁边低洼的导水沟中。地坑院内部地面从四周向中心形成一定坡度，使雨水能够尽快导入院内井中。第二是“蓄”。在村落东部、南部地势较低之处，将一些土质较差或有些坍塌的窑院进行挖掘，作为村内蓄洪涝池，雨季可以增强导排水渠道系统的蓄水能力，减轻雨洪对排水沟的压力，旱季则可以缓解种植、蓄养之用水。第三是“渗”。一则村内蓄洪涝池储存之水，可补给村内一定范围地下水；二则每个地坑窑院中央的渗井，通过收集院内雨水，使之下渗，既可减少对窑洞的威胁，也能补充地下水。第四是“排”。将“蓄”“渗”之后村内无法消化的雨水尽快排出村外。

（六）用生土之利以适居

柏社地处渭北，历史时期以来经济相对落后，房屋建造材料不足。地坑窑院式建筑造价低廉、便于自行施工，是黄土高原台塬区较为适宜、理想的居住形式。首先，生土地坑窑洞有着良好的保温性能，节能、绿色。地窑室内温度长年保持在 10—22℃，相对湿度在 30%—75%；每个窑洞内部都设有通风道，

---

① 高元、吴左宾：《保护与发展双向视角下古村落空间转型研究——以三原县柏社村为例研究》，城市时代、协同规划——中国城市规划年会论文集，青岛，2013 年。

可自由关闭，能够使室内有新鲜空气流通；冬季则可以利用暖炕提升窑内温度。其次，地坑窑院的各个窑洞为独立空间，可以避免不同功能房间的空气交叉污染；中间的院落可以满足窑洞的日照采光需要，提供家庭日常生活的公共空间。多数人在院内栽种果树，春季可观赏树木发芽生花，夏季可遮阳避暑，秋季可收获果实，冬季落叶后不影响日照（图 4）。窑洞上部地面，既是各窑居家庭的农作物加工场地，也是村内人们生产、交流、活动的重要公共场所空间。

图 4　地坑窑院

（七）结语

柏社村地坑窑院聚落，是黄土高原地区人们人居营建对自然地理环境的呼应，是人们对适宜生活方式的选择和智慧创造。这种密切适应自然地理环境条件的人居创造，给我们展现出一幅黄土高原人民智慧而朴实的生活画卷。无论时代如何变迁，作为人类智慧结晶的窑居聚落，它们对当今生态聚落、生态民居的建设具有参考与借鉴意义。

十、三原县柏社村地坑窑传统营建技艺研究[①]

（一）引言

柏社村隶属于陕西省咸阳市三原县，地处关中北部黄土台塬区，因历史上广植柏树而得名。自宋代起至今该村已有一千六百余年历史，村内现存地坑窑达两百多院。地坑窑是在一定的自然、经济、技术条件下，经长期的发展与演变形成。柏社村地坑窑院落布局巧妙，尺度适宜，空间开敞，朴素大方，蕴含着丰富而独特的传统营建技艺。

（二）传统选址谋宅

传统选址谋宅和周围环境密切相关。在“环山抱水、负阴抱阳、背山面水”的理想择居模式影响下，地坑窑要求“后有靠山，前不蹬空”。柏社村周围，北部有高山，西南有平原，左右各环一河，可谓山水交汇，动静相宜，为久居之地[②]。

中国古人很早就发现南向阳面最宜居，如老子所说“万物负阴抱阳，冲气以为和”。下沉式窑洞在朝向选取上大多也遵循这一思想：主窑坐北朝南，符合院子的风水主朝向。地坑院在形态上有凹凸互补关系，是阴阳互补以求和的真实体现。柏社村地坑窑从台塬之上向下求“阴”，在取“阴”之中造物补阳，循环往复，生生不息。

① 本部分由栗博撰写。

② 温浸：《关中渭北地区传统村落的空间形态特色及其延续——以三原县柏社村为例》，西安：西安建筑科技大学硕士学位论文，2010年。

（三）规模尺度控制

据现状调查，柏社村保存完好的地坑窑 134 院，经常有人居住的地坑窑 25 院，废弃的地坑窑 66 院，共计 225 院，为我国地坑窑规模最大、分布最集中的地方。其中质量较好的建筑主要是一些地面新建筑和部分年代较短且有人居住的地坑院，主要分布在村子西侧；而质量较差的建筑主要是一些历史悠久的古窑院，零星散落于中心窑洞区。

柏社村地坑窑形制有方坑式四合头、八合头、十合头、十二合头等多种。窑院顶部多砌有女儿墙，窑洞洞高 3—4 米，洞顶厚 3.5 米左右，宽 3.5—4 米，深 10—20 米不等[①]。尺寸不同，窑孔数量也不同。例如，9 米见方的地坑窑常挖八孔，而 9 米 × 6 米长方形的地坑窑多为 6 孔。

（四）建筑构造及形态设计

地坑窑建筑主要包括 9 个部分，分别是窑顶、外墙面、拦马墙、滴水檐、四头、窑脸、窑腿、崖面和院心。

1. 地坑窑的平面特征

地坑窑呈四方几何形布局，从上方看呈向下的方斗状。柏社村的地坑窑一般在四方几何形的一边挖 2—3 口单窑。单体地坑窑可通过地道可相连成群。从平面布局上来看，地坑窑可分为全开放空间、半开放空间和私密空间。

全开放空间是窑顶的地上全开放空间（图 1）。这里少有大树与建筑物，因为植物根系会给黄土层带来水分，继而吸引动植物滋生，破坏墙体的实密性。窑顶开阔的空间可供务农居民晾晒作物、嬉戏玩耍、话说家常等。

半开放空间是在地坑窑四方几何形的一个方位上开凿与地面的连接通道而形成的半开放连续空间。这是进入地坑窑院落的唯一入口。入口有直线插入式和折线插入式两种。年代比较早的地坑窑多采用间接含蓄的折线插入式，既能减缓水流速度，也能防盗护院。

私密空间即进入地坑窑的单窑窑内。单窑包括主窑、客窑、厨窑、牲口窑、

---

① 张睿婕、周庆华：《黄土地下的聚落——陕西省柏社地坑窑院聚落调查报告》，《小城镇建设》2014 年第 10 期，第 99 页。

厕窑等，也有较大的单窑兼顾两种以上的功能。例如，有些单窑比较长，向内会有隔开的储物空间。

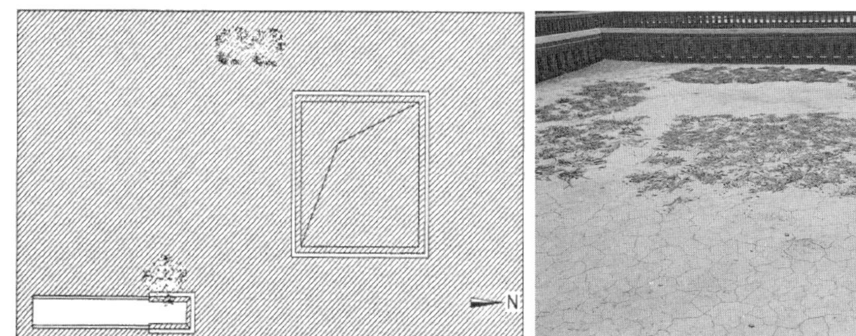

图 1　柏社村地坑窑窑顶全开放空间

柏社村地坑窑院落总体呈现了一个轴对称格局，融合了儒家的尚中思想和道家的八卦定位原则。从开放空间到私密空间的过程也是一个由外到内、由大到小、由开放到封闭的空间序列。

2. 地坑窑的立面特征

女儿墙，也叫拦马墙。其功能在于提示定位辨别和防止人与牲口跌落窑内，墙高出窑顶 0.5—1 米，多以灰砖垒砌而成。滴雨檐，位于窑墙崖面顶处靠下，防止雨水溅淋土墙，延长崖面使用寿命。滴雨檐上部为由瓦排列的挑出部分，下部为砖砌筑的支撑部分。窑脸，是窑洞的进出口，包括拱、门与窗（图 2）。门大都是左右开扇的木门，窗以方格形式为主。勒脚，作为地坑窑土拱的主要受力部分，在窑腿最低处，多为砖砌。

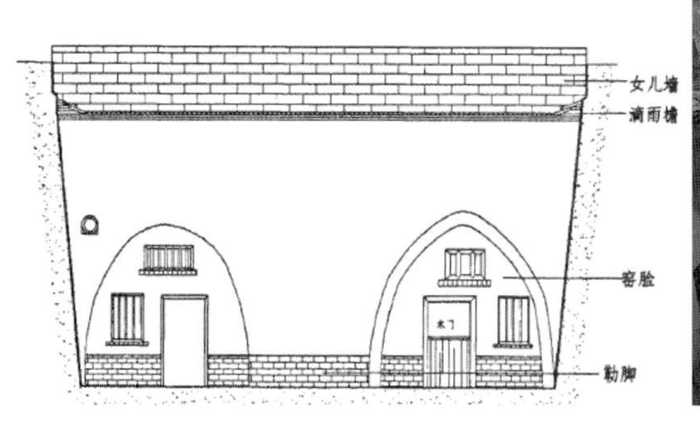

图 2　柏社村某地坑窑立面

柏社村有许多不同的地坑窑，其中单个窑脸亦有不同。传统生土窑洞没有栋梁支撑，完全由挖凿成型的纯原状土拱作为自支撑结构体系，拱轴线的几何形状多为圆弧、双心圆、抛物线的形式。

（五）建造流程及施工工艺

地坑院的建造非常讲究，需要经过选址、定坐向、挖坑院、打窑、剔窑、泥窑到进一步的修窑脸、安门窗、做拦马墙、滴水檐等流程①。地坑院的砌筑按从下向上的顺序，依次选址、定坐向、定院子中心、挖院坑、修理平整晾晒、打窑等。通常情况下，一户窑院从开工到建成历时数年。

1. 地坑窑建造流程

1）挖坑院

挖窑院之前需要做好选址、定向、定宅形工作。开挖时注意比预设好的尺寸稍小一些往下挖，一般小 30 厘米，为后期修整留有余地。入口一边留作斜坡，以便人员进出和运土方便。主人或窑匠使用的工具是铁锹或镬头，用箩头盛土运到外面。院坑大致挖好以后，开始进行表面修理和平整，这是最考验窑匠眼力、技艺、手劲和力气的时候。

2）打窑

待坑院挖好、土体土壁晾干以后，就可以开始打窑了。打窑就是把窑洞的形状挖出来。窑匠先在坑壁上起券，然后沿券形向里挖，开挖的洞口要比券形小。挖至 2—3 米处，须将洞晾一段时间，使窑壁新土风干坚硬。晾干之后再继续往深挖 2—3 米，再晾。这种工序一般需要重复两三次，直到接近窑洞预定深度。

3）剔窑及泥窑

剔窑就是在窑洞粗挖完成后，对凹凸不平的内壁的整平。剔窑工序是从内窑顶开始，从上到下，先修削剔出窑形，然后剔光窑壁，使内壁平整。等到窑洞晾干后，开始泥窑工序。泥窑与今天的室内面层装修相似，一般要泥三层，每层厚 3 厘米左右。当地居民还会在窑内刷一层白灰，再糊上一层纸，以完善

① 张晓娟：《豫西地坑窑居营造技术研究——以三门峡陕县凡村地坑窑居为例》，郑州：郑州大学硕士学位论文，2011 年。

室内墙面。

4）细部做法及装修装饰

在以上工序完成之后，剩下的就是细部的完善与装饰，如箍窑腿、修窑脸、安门窗、砌筑女儿墙等。传统地坑窑多选用土、土坯、夯土墙等建筑材料与环境协调融合。近年来随着经济水平的提高，人们开始使用砖和水泥等建筑材料进行装饰。

2. 地坑窑施工工艺

柏社村地坑窑以黄土作为主要的支撑围护材料，配以木和砖石材料，凭借简单的挖掘工具和人工智慧在长期实践中积累了一套丰富的施工工艺。

1）土作

在柏社村，土是最经济易得的建筑材料，更是在经济条件落后的情况下居民造房的首选材料。注意要选择含沙多黏性好的黄土，这种土干缩性小，可减少裂缝。同时保证土质不干不湿以便夯实。土坯是当地居民利用挖出来的原土，经过浸水、拌和、翻晒等工序用土坯模子和实柞子做成的。土作的关键部位为窑顶和外墙面（图 3）。

图 3 柏社村地坑窑土作墙面和入口拱顶

窑顶相当于现代建筑的屋顶。柏社村地坑院的窑顶基本上都是碾实的黄土面，几乎不种植物，空间开敞。不仅窑顶不种植物，而且每年都要用石碾对窑顶进行三到四次的碾平压光，特别是在大雨之后，更需及时压碾，增强密实，减少渗水。

窑洞的外墙面是窑洞空间的竖向界面，由土坯砌筑和秸秆泥抹面或者直接用秸秆泥抹面而成的砌体。因外墙面暴露于室外，经受风吹、日晒、腐蚀、雨淋等作用而容易发生开裂、剥落、变色等现象，所以土作外墙在保证窑洞外观整洁及延长使用寿命方面发挥了重要作用。

2）木作

木作在地坑窑中主要用于门窗制作。门窗做法应是这种顺序：定门，砌窗下墙，放窗，再放脑窗，接着砌其他墙。地坑院的门有宅门和院内窑洞门之分。宅门是重点装饰的部位，体现主人的社会地位。最简朴的宅门是就地挖洞，接下来是土坯门柱搭草坡顶，进一步是青瓦顶，讲究点的是砖拱，上卧青瓦顶。门的高度一般为 1.85 米左右，宽 2 尺 9 寸（1 寸≈3.33 厘米）左右，门框约 10 厘米。窗多为木质，可做成棂花格，窗户与现在我们使用的名称大致一样。制作门窗材料选用不易变形且当地生长较多的木材，如槐木和椿木。门窗安装制作好以后，要刷漆保护。

3）砖石作

地坑窑中的砖石做法多用于女儿墙、窑脸、室内地面等。

女儿墙高一般为 50—60 厘米，也有 80 厘米的。女儿墙的具体构造做法分为土坯砌筑，夯土砌筑和砖砌。砖砌做法可做成 120 厚、180 厚和 240 厚的，砌筑方式有一丁一顺、多顺一丁、全顺式、“十”字形等。

窑脸是一个拱形曲线，是窑洞立面构图的重要元素。在确定拱形曲线之前要先确定窑的宽度、高度和窑腿高度，这样才能确定拱形曲线的顶点和最低点，再根据确定的三个点来画弧线。砌筑时要从两侧砌起，最后砌中间。

窑洞室内地面的做法一般是直接夯实土层或用当地烧砖铺砌而成。夯土地面做法比较简单，将地面找平夯实就能直接使用。砖铺地面首先要找平地面，然后铺 1—2 厘米厚的细土，最后铺砖。施工从窑后向前开展。

砖石作除在女儿墙、窑脸和室内地面之外，还经常用于炕、勒脚、散水、入口和坡道处。例如，散水，一般高 15 厘米，位于勒脚与地面的交界处，常见做法有直接黄土找坡，铺砖砌砖，然后用水泥抹平。

（六）建成后保养及修缮方法

窑洞普遍存在塌、潮、暗、占、塞等缺陷，地坑窑亦是如此。因而有必要对其进行保养及修缮，以下具体措施可供参考。（1）设置水平防水层，节省耕地防止坍塌。(2)窑脸采用砖贴作为垂直防水层，以防窑脸土被雨水冲刷坍落。(3)增大开窗面积，改善自然采光及冬季太阳照射取暖。(4)采用掩土自然空调太阳房，改善窑洞通风环境。

（七）结语

柏社村地坑窑的传统营建饱含了当地匠人的经验与技能，体现了劳动人民在长期生活积累中的勤劳和智慧。然而在现代经济社会快速发展的冲击下，地坑窑这种民居瑰宝正面临着被遗弃和毁坏的惨境，同时其传统营建技艺也正随着老一辈窑匠的离去而逐渐流逝。本文以柏社村地坑窑为对象，从其选址谋宅、规模控制到建筑设计、施工流程，再到最后的保养修缮，都分别进行了资料收集与讨论，可为今后地坑窑建筑的保护和修复提供技术支撑与科学借鉴，为传统村落的保护与传承提供有益参考。

十一、景观生态学视角下的地坑窑林木绿化经验研究——以陕西省三原县柏社村为例[①]

（一）引言

柏社村位于三原县最北端，旧时古柏高大茂密，故名“柏社”，村内现今保留着一种独特的绿色建筑类型——地坑窑，先民们在平坦开阔的黄土台塬上向地下挖掘矩形底坑形成窑院，然后在这个院落的四壁横着开挖窑洞，作为客厅或卧室，并通过坡道把窑院与地面连接，从而出现了黄土台塬上特有的生土民居。

从景观生态学的视角，研究“林木+地坑窑+环境”的关系，探讨环境、生物群落与人类社会的整体性，可以为地坑窑的节能和植物的多样性提供帮助，从而加快柏社村的生态环境建设，推动黄土台塬人居环境的可持续发展[②]。然而在以往的研究中，林木往往被忽视，本文通过对柏社村林木的深入调查，分析林木对地坑窑的保护作用，探讨林木的生态效益，最后对林木绿化与生态保护的经验进行总结，以期今人之借鉴。

（二）柏社村概况

1. 历史沿革及气候特征

柏社村距今已有1600余年的聚落发展史，晋代柏社村民居于“老堡子沟”；宋代为商贸集镇；明清店铺林立；民国时修建了大规模的房舍；新中国成立后挖建了大量窑；现今仍留有窑院780处；2014年，柏社村被列为国家级历史文

① 本部分由杨毓婧、崔陇鹏、李志明撰写。

② 赵兵、韦薇：《国内外乡村绿化研究与建设经验》，《园林》2012年第12期，第12—18页。

化名村[①]。柏社村处于关中渭河平原半湿润气候区，冬季寒冷干燥、夏季炎热多雨（图 1）；又位于三原县北部黄土台塬区，易发生水土流失，村北有数条自然冲沟、洼地嵌入，内部为平坦的原面，其地势、地质、地貌、土壤情况，如表 1 所示。

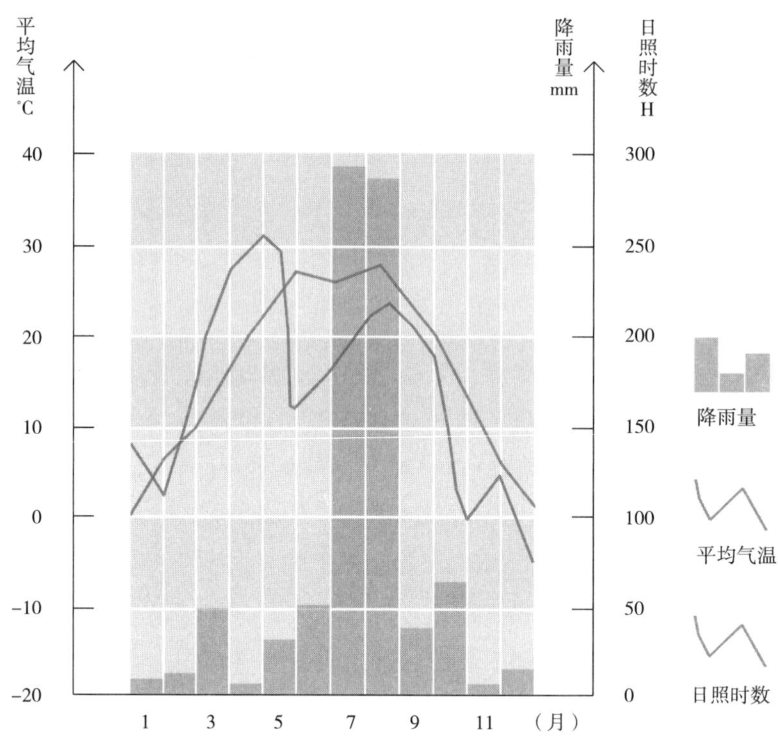

图 1　三原县气候

表 1　三原县地势、地质、地貌、土壤情况

类别	特点、特性
地势	三原县地势西北高东南低，柏社村北高南低[②]
地质	三原县主要为原生黄土
地貌	三种地貌：南部平原、北部台塬和西北山塬，柏社村位于北部台塬[③]
土壤	土层厚 7—14 米；土质疏松；土壤透水性好，失陷性大，含水量低

① 雷会霞、吴左宾、高元：《隐于林中，沉于地下——柏社村的价值与未来》，见本书。

② 李晨：《在黄土地下生活与居住——陕西三原县柏社村地坑窑院》，《海峡科技与产业》2014 年第 1 期，第 34 页。

③ 李晨：《在黄土地下生活与居住——陕西三原县柏社村地坑窑院》，《海峡科技与产业》2014 年第 1 期，第 34 页。

2. 自然环境及林木概况

柏社村西倚嵯峨山，“山分三面，秀拔苍翠，三峰并列，隐然若笔架”；清峪河邻于西，“源出石门山泉，南流百余里至底石堡，为三原柏社里，东南流为义河”①；浊峪河环于东，“源出清峪水源之东……过邵村西南，过柏社东，又过辛村东”②。柏社村靠山邻水，自然环境良好。村外果树林木繁茂；村内环境优美静谧，五千多棵高大繁茂的楸树遮天蔽日，形成了幽静的村落环境；窑内绿化自然朴实、充满生机，均有乔木、灌木、花卉的种植。柏社村被包裹在由外部果林、内部树林和窑院绿化共同构成的环境中，形成了“隐于林中，沉于地下”的独特风貌（图 2、图 3）。

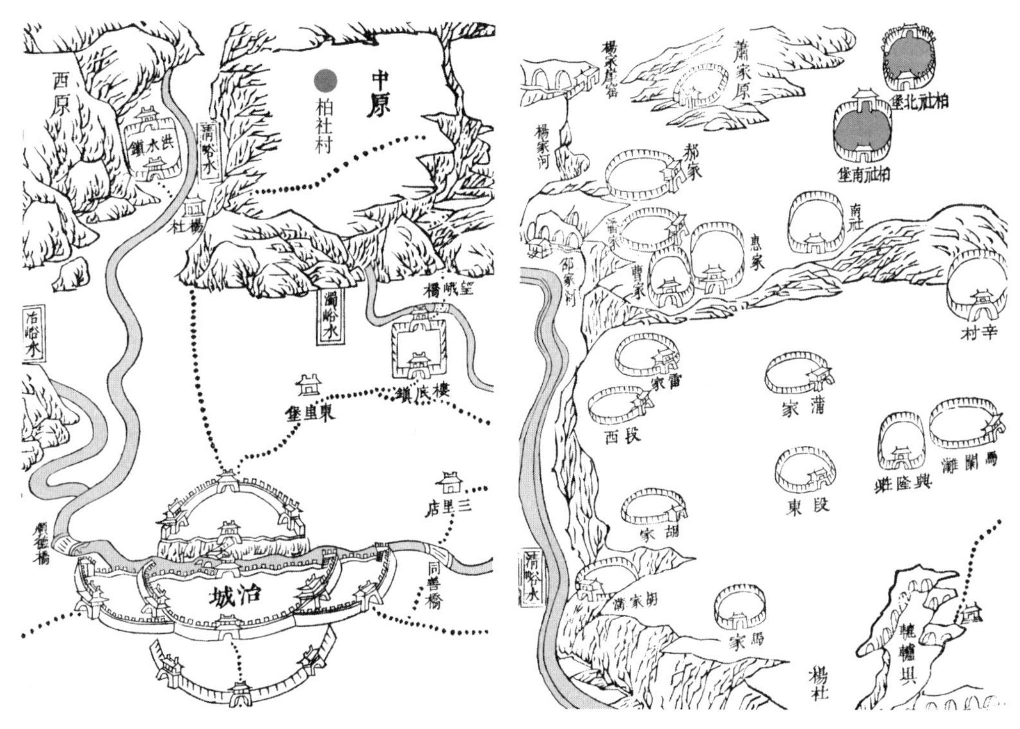

图 2　三原县境总图　　　　图 3　三原县境分图（中原）

3. 史料记载的灾害与生态环境问题

柏社地区之自然灾害，据史料记载，自明万历四十六年（1616 年）至清同

① 嘉靖《陕西通志》卷 2，明嘉靖二十一年（1542 年）刻本。
② 光绪《三原县新志》卷 1《山川》，清光绪六年（1880 年）刊本。

治十二年（1873年），河水溢涨三次，大雪六次，干旱、冰雹、地震若干次，如表2所示。

表2 三原县自然灾害统计

灾害类型	时间	史料记载
洪涝	明万历四十六年（1616年）六月二十二日	大雨如注五六日，……（浊峪河）淹没百里，漂七十余村，白渠以北鲜有存者，数月平地水方尽
	清道光二十九年（1849年）七月二十九日	大雨，浊峪河涨，漂汲楼底镇东寨五堡，庐舍荡析，伤男女尽百人，畜数十
	清康熙元年（1662年）六月	大雨六十日，清河水涨，诸谷皆溢
大雪	清嘉庆二十年（1815年）三月十六日	大雪
	清嘉庆二十四年（1819年）四月六日	大雪
	清同治二年（1863年）十二月十六日	大雪三日，多冻死者
	清同治四年（1865年）一月十四日	大风雪，难民多冻死者
	清同治九年（1870年）二月三十日	黑霜又雪，冷甚，杀麦苗
	清同治十二年（1873年）十一月九日	大雪二日，树多冻死

由表2可知，自康熙元年（1622年）以后，自然灾害发生的频率陡增，这可能是因为清代经济发达，当地人对资源过度开发，造成了生态环境恶化，从而导致了自然灾害的频频出现。

（三）“景观生态学”视角下的林木对地坑窑的作用

1. 林木对生态环境的保护作用

在水土流失严重的西北地区，人们很早就种树兴利。清代陶模《种树兴利示》载：“种树于山坡，可以免沙尘而灭水害……种树于旷野，可以接洽霄壤、调和雨泽……种树于瘠土，可以化碱为沃，引导泉流。”[①]俞森《种树说》载：“若沿河栽柳，则树成行……则根株纠结，已无隙地，堤根牢固，何处可冲？……若树木繁多，则土不飞腾，人还秀饬。”[②]何大璋《劝民种树文》亦载：“无论桑柘榆柳，以及桃李枣杏，实繁易成者于河旁池畔，并道左地角，悉行栽植，或五尺一株，或一丈一株，不使地有空闲，较之田亩所种，不纳税租，不烦耕耨，不忧水旱。”[③]

林木可以保持水土。林木的枝冠覆盖地面，可减少地面物种；其枝叶可缓冲

①（清）陶模：《种树兴利示》，宣统《固原直隶州志》卷9《艺文》，清宣统元年（1909年）刊本。
② 俞森：《种树说》，乾隆《原武县志·艺文二十二》，清乾隆十二年（1747年）刻本。
③（清）何大璋：《劝民种树文》，光绪《通渭县志》卷6《艺文》，清光绪十九年（1893年）刻本。

降雨时雨滴对于地面的冲击力，减少冲刷和地表径流；其根系可固定表土，减少水土流失；其枯枝落叶覆盖在土壤表面，可保护土壤免受雨滴的直接打击，能保持较多水分，能拦截地表径流，减缓水流速度，减少细沟或切沟侵蚀发生的机会①。

林木可以减轻土壤侵蚀度。林木通过改变土壤性质、改善土壤结构，以增加土壤入渗力、降低可蚀性。研究表明，林木水土保持功能的大小顺序为灌木林>灌木+草地>草地>草地+作物>作物，草覆盖地表后，能减少和防止水蚀过程中的面蚀作用，对雨水和地表径流有拦截和渗透作用②。

2. 林木对地坑窑的保护作用

地坑窑塌方的主要原因是雨水渗顶和雨水刷击窑脸，所以防止窑顶被水侵蚀和冲刷，是保护地坑窑的关键，当地居民的主要措施是广植树木③。过度的开发林木资源，可导致生态环境恶化，从而引发洪涝灾害，使地坑窑被淹没，给居民带来严重灾难。笔者在调研中，对居民进行了访谈，得到了该方面的信息，如表 3 所示。

表 3　柏社村访谈记录

访谈对象	基本信息	对地坑窑的认识
68 岁老人	男，农民，现住在村北的地坑窑	不愿意住地坑窑。20 世纪 60 年代，柏社村被洪水淹没，村北许多地坑窑塌陷，死伤了很多人，有心理阴影；下雨天入口坡道湿滑，行走吃力
70 岁老人	男，农民，现住在村南的明窑	喜欢住明窑。冬暖夏凉；住习惯了；洪水来临时，村南的明窑很少塌陷，很安全
75 岁老人	女，农民，现住在村南的地坑窑	据老人回忆：在大炼钢时期，铁器交光了，树木砍光了，后来洪水来了，淹没了村庄，他住在村北的地坑窑也塌陷，脚受伤了，后来搬到村南
42 岁中年	男，干部，现住在村南的地坑窑	一直住在地坑窑，认为地坑窑冬暖夏凉，但是生活基础设施不方便，正在修新房，准备搬进去

由此可知，在 20 世纪 50 年代末，林木遭到严重破坏，导致生态环境恶化，引发了地坑窑塌陷，使百姓伤亡惨重，幸存者也因此恐惧地坑窑，害怕灾难再次降临。可见林木在柏社村，不仅有绿化功能，而且有生态功能，能够防止自然灾害的发生，保护地坑窑。

---

① 王晋雨：《植树造林对矿区水土保持的重要性——防止水土流失的措施》，《能源与节能》2015 年第 2 期，第 104—105 页。

② 付会芳：《黄土高原水土流失及其防治措施》，《水土保持研究》1997 年第 3 期，第 162—165 页。

③ 曹源、童丽萍、赵自东：《传统地坑窑居水循环系统的研究》，《郑州大学学报》（理学版）2009 年第 9 期，第 85—88 页。

（四）柏社村现状林木分析

1. 柏社村外围林木

沿柏社村西北部之冲沟、洼地，存在着大量果林，在汛期雨水从西北流向东南，果林能减缓水流速度、储存大量雨水、拦截雨水流向村落内部，有效地防止了地坑窑被雨水冲刷的灾害。村之东南也存在着果园，保持了从村落内部汇集而来的雨水，固定了土壤，防止了水土流失。所以，柏社村外围之果林，乃村落之屏障。

2. 柏社村内部林木

楸树林是村内的特色绿化，分布在道路两旁，增加了道路的垂直空间感和乡村景观美感；自由的分布在乡村中，增加了村内绿量，减小了冬季寒风的侵袭程度，增强了夏季凉爽温润的气候。楸树林将地坑窑紧紧包围，拦截并储存了村内的雨水，防止雨水冲刷地坑窑，如同一个个保护层，保障了地坑窑的生存，同时楸树林是村民文化的载体，是宝贵的物质财富。村内还保留着 3 棵古槐，他们见证了村子的沧桑沉浮，承接着村子悠久的历史，是村子的文化载体（图 4）。

图 4　柏社村内林木

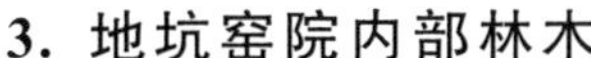

3. 地坑窑院内部林木

1）地坑窑入口

入口是地坑窑与外部相通的空间，为曲尺跨院型。沿入口坡道植有林木，如刺槐、杏树、婆婆纳、蛇莓。林木增加了入口的识别性和序列感；是儿童玩乐、村民闲聊的空间；林木的根系增强了黄土的稳定性，防止雨水直接冲刷土崖壁面，具有保持水土的生态功效（图 5）。

图 5　地坑窑洞入口

2）地坑窑洞院落

窑院呈矩形，由四周窑围合而成的积极空间，是村民生产、生活的空间，也是村民文化思想、价值观念的载体。原始的窑院中植有 1—2 棵落叶大乔木，或杏树，或核桃，或石榴；乔木下种农作物，如韭菜、青菜；还配有花卉，如牡丹、月季、凤仙。

从地面上看乔木“树冠露三分”，提醒了行人的注意，避免意外跌落；农作物有食用功效，绿色且方便；花卉给土黄色增添了生机，使村民赏心悦目，畅情抒怀。窑院的林木具有生态功能，调节温、湿度以达到冬暖夏凉；吸收污浊空气和烟尘以改善室内外环境；减缓地表径流、保持水土以保护窑（图 6、图 7）。

图 6 地坑窑院林木

图 7 从窑顶看窑院

3）地坑窑顶

地坑窑顶，即井口以外至窑进深尺寸范围之内的面积。窑顶没有林木，且村民每年秋季用石硫碾压一次，每二三年用草泥涂抹一次，以弥补地表裂纹和鼠虫蚁穴孔洞，保证排水通畅、雨水不渗漏，也是对雨水直接冲刷土崖壁面的维护。窑顶是村民打场晒粮、活动休闲的场地。

窑顶的边界为层次丰富的树林，乔木有楸树、刺槐、杏树；灌木丛有刺槐丛、泡桐丛；灌木丛上爬满了藤蔓植物和草本植物。树林具有多重功效，第一，边界性，林木形成绿色的屏障，增加了边界识别性，保护了村民活动的安全性。第二，生态性，窑顶的雨水快速排进树林，树林有效的拦截并储存了雨水，防止雨水冲刷地坑窑，给空旷的窑顶带来了绿色的生气（图 8、图 9）。

图 8 地坑窑顶林木

图 9 从窑院看窑顶

4. 柏社村本土植物

柏社村的林木均为本土植物。本土植物是经过长期特定的自然选择的物种

演替后，对某一特定地区有高度生态适应性的自然植物区系成分的总称。本土植物由于长久的扎根与生存，与其他的生物群之间形成了稳定的生态环境，具有良好的环境效益。了解本土植物，能够更深入的了解柏社村的环境需求，为村落植物配置提供借鉴。笔者通过实地踏勘，从乔木、灌木、草本植物、藤本植物四个方面归纳了树种，如表 4 所示。

表 4 柏社村本土植物种类

类型	植物种类
乔木	楸树、泡桐、刺槐、香椿、核桃树、苹果树、梨树、杏树、石榴树
灌木	楸树丛、泡桐丛、构树丛、刺槐丛、石榴丛、丰花月季、牡丹、紫薇
草本植物	狗尾巴草、茅草、节节草、酢浆草、灰蓼头草、鬼针草、酸模叶、苋菜、荠菜、刺儿菜、蒺藜、苍耳、马蹄金、蜀葵、婆婆纳、蛇莓、凤仙花
藤本植物	绿草、葡萄、打婉花、爬墙虎、藤本月季

综上所述，外部果林、内部树林和窑院林木共同营造了一个具有观赏性、标志性、生态性、文化性的绿色人居环境，林木保持了水土、防止了雨水侵蚀，有效地保护了生态环境和地坑窑，人与自然相处和谐（图 10）。

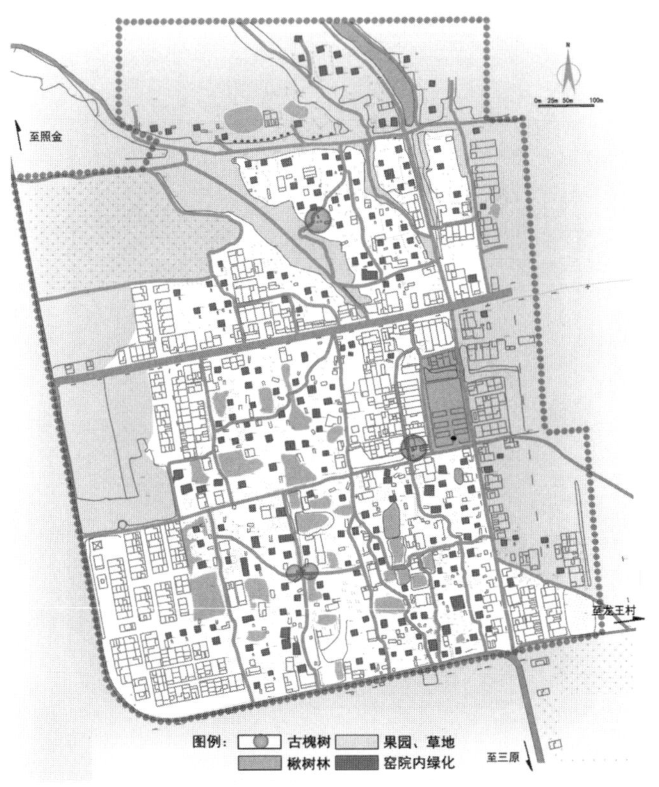

图 10 柏社村绿化现状

（五）结语

地坑窑分布于水土流失严重、生态环境恶劣的黄土高原，在改造、利用自然的过程中，柏社村的先民广植树木，以保持水土、调节气候，人与地坑窑、生态环境和谐发展，这是先民们的智慧积累。在全球生态环境持续恶化的背景下，在地坑窑的绿色改造中，我们应该向先民学习，具备可持续发展的观念，从根本上解决问题。这就需要我们持续研究林木+地坑窑+环境的生态共生模式与技术，使林木与地坑窑协同发展，形成低成本的绿色发展模式。这不仅可以创造地域景观，又可以优化本土植物与地坑窑的“一体化”发展，协调人、地坑窑、生态环境的可持续发展。笔者从景观生态学的视角，通过对柏社村的林木的深入分析与研究，挖掘了林木对地坑窑以及生态环境的关键性作用，希望能够给今天的地坑窑及其生态环境保护提供参考与借鉴。

十二、隐于林中，沉于地下——柏社村的价值与未来[①]

（一）引言

习惯了城市的喧嚣与一般乡村的拥杂，第一次步入“柏社”这个位于咸阳三原县境内黄土台原区的看似普通的乡村，即被其完全隐沉于地下，“见树不见村，见村不见房，闻声不见人”的独特风貌和纯净景观所深深打动。而这恰是黄土高原著名生土窑洞的一种独特类型——下沉式窑洞造就的神奇魅力（图1、图2）。

图1　村落楸树林

图2　窑院内部种植

然而，伴随着近十余年社会经济的快速发展，在弃窑建房和土地复垦的双重作用下，下沉式窑洞已经大量消失，各地仅余为数不多的零散分布，像柏社村这样有大规模集中分布的地区，成为目前国内唯一的发现地点。因此，从柏社村价值分析入手，对于下沉式窑洞这种处于快速消失中的西北地区古老民居形式进行抢救性保护与研究十分紧迫；同时，在传统文化延续和智慧总结的基

① 本部分由雷会霞、吴左宾、高元执笔。

础上，使古老的人居方式适应现代生活，使历史古村落具有持久的生命力，也是应该关注的重要问题。

（二）柏社村的价值

下沉式窑洞是黄土台塬上留存下来的一种充满智慧的生土民居，先民们创造性地在黄土平地上挖掘矩形地坑形成窑院，利用黄土直立边坡坚固稳定的特性，人工形成垂直边坡，进而向四周开挖窑洞，并通过坡道把窑院与地面连接，从而出现了独特的窑洞形式。下沉式窑洞主要分布于陕、甘、晋、豫等省区的黄土平地环境中，具有冬暖夏凉、防火隔声、施工简易、造价低廉、文化深厚等多方面优势[①]。

根据地方史料记载，柏社村已有1600余年的聚落发展史，这一带早在晋代时即开始有人居于老堡子沟（现柏社东北部），前秦时期迁移至衚衕古道（图3）。南北朝时，北魏在此建城堡，现存于村东北，城沟城形依稀可辨。隋代在古堡西南800米处建新城，今称南堡西城。唐朝经过贞观之治，南堡又添东城。宋代柏社成为商贸集镇，明代时期盛极一时。现今，仍留有当年的商业街1条，民居街3条，明清古建民宅等。柏社村包括多个自然村，居住约3750人，据调查现存有780余个窑院，其中村子的核心区域面积为92.97公顷，集中分布有220多处窑院。目前，西北地区下沉式窑洞多已消失，类似柏社村这样集中且连续分布有如此大规模下沉式窑院的村落尚无发现，成为唯一。据调查，柏社核心区内各类建筑分布及建设年代、质量状况等基本情况如下。

图3　衚衕古道

① 侯继尧、王军：《中国窑洞》，郑州：河南科学技术出版社，1999年。

（1）建筑形式以窑院为主，共 225 院，约占院落总户数的 70%。根据窑洞数量的不同，被分为四合头、八合头、十二合头、十六合头等，柏社村内目前最大的 1 院为 16 孔窑，而最小的仅有 2 孔窑[①]。孔数不同，所占据的用地大小也不同，其中八合头为主要形式，窑院尺寸为 9 米 × 9 米，每个壁面挖 2 孔窑洞；六合头窑院尺寸为 9 米 × 6 米，2 个壁面分别有 2 孔，另 2 个壁面有 1 孔；十合头窑院尺寸为 12 米 × 8 米，2 个壁面分别有 3 孔，另 2 个壁面有 2 孔；十二合头，院子尺寸为 12 米 × 12 米，每个壁面挖 3 孔窑洞。窑院顶部多砌有女儿墙，窑洞洞高 3.5 米，宽 3.5—4 米，深 10—20 米不等，洞顶厚 3—3.5 米。窑洞 2 米以下的墙壁垂直于地面，2 米以上至顶端为拱形。其中 1 个窑洞凿成斜坡通向地面，成为出入的通道，称为门洞，是地坑院的入口。（2）从结构形式而言，整体村落民居中纯生土结构的约占 90%，仅在村落边缘分布有部分砖木结构建筑，堪称典型的生土建筑村落。（3）建筑年代按照现存情况划分为 5 个时间段，分别为 0—30 年、30—50 年、50—70 年、70—100 年以及 100 年以上。其中，以 30—50 年的窑洞建筑居多，约占总数的 36.3%，0—30 年次之，约占总数的 24.6%，50—70 年的建筑数量与 0—30 年等同，70—100 年的 52 处，约占总数的 23%，建筑年代百年以上 26 处，约占总数的 4.8%。（4）就窑洞保存质量与窑院整体环境而言，窑院墙体完整、孔洞清晰、修有女儿墙、院内环境整洁、植被经修整的地坑窑共计 83 院；院内部分墙面脱落、孔洞部分坍塌、无女儿墙、杂草丛生的地坑窑共计 40 院；院内墙体大部分脱落、孔洞不清晰甚至坍塌、无女儿墙、杂草丛生且无人居住的废弃的地坑窑共计 72 院；破坏较为严重，基本已经全部坍塌的地坑窑 20 院。

悠长的岁月笃证了柏社曾有的历史与文化，虽实物遗存有限，却也难掩其光彩与魅力。特别是从最早简易的坑洞到今天的窑院与砖房，柏社村保留了不同年代的不同民居形制，千余年来的历史变迁在这里留下了鲜活的印记，村落本身构成了一幅地方人居文化历史演进轨迹的现实图景。同时，由于黄土地貌的整体形态特征，平地环境中有时穿插着沟壑，形成地形的垂直变化等，人们利用这些特点，将靠山窑洞与下沉窑洞相结合，形成了柏社村灵活丰富的窑洞构成方式。在建造过程中，窑院之间需要相互避让，以利于窑洞、入口的安排，还要充分利用地面与地下空间，合理形成道路、场院、排水涝池、树木、相关地面设施等要素的相互关系。这些村落营建方式不仅与周边自然和社会环境建

① 合头：每院地坑窑所拥有的窑洞的孔数。

立了合理的关系，也创造了灵活有序的群体空间，体现了村民们相互谦让合作的包容与邻里精神。

总体来看，柏社村的特性与价值主要体现在以下方面。

1. 历史活态价值

黄河流域的关中地区是我国人类聚居文明的重要发展地域之一，下沉式窑洞的开挖方式充分说明，黄土高原的先民创造性地利用了环境资源优势，发挥黄土坚固、可塑等性能，发展出了与自然环境相适宜，又对自然环境进行巧妙利用的居住空间营建方式①。如果说从半坡等著名关中先民聚落到陕北石器时代窑洞遗址，直至现代窑洞乡村，展现了黄土高原由人类穴居生成的聚居形态的完整演化历程，那么下沉式窑洞则是这个系列中不可缺少的重要一环（图 4）。柏社村的发现与保护对于揭示黄河流域人类聚居形态演化的完整系列，分析下沉式窑洞村落的生成条件、整体布局、空间营建、交通方式、与周边环境关系、建造方式等均具有重要的实证研究价值。

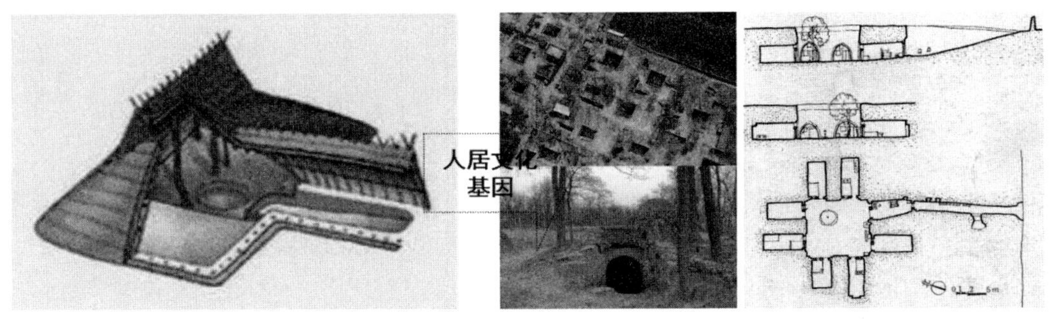

图 4　人居文化基因演变

2. 生态价值

作为生土建筑的典型代表，窑洞的生态价值特性已广为大家所认同，下沉式窑院亦是如此，其建造方式蕴含着丰富而朴素的生态观念。除了一般窑洞的生态优势外，下沉式窑洞的建造者往往根据不同地貌条件，选择不同的窑洞组合类型，满足不同的功能需求，形成了多样的空间变化。窑院内的水窖收集雨水，既利用了雨水资源，又减少了雨水难以外排带给窑院的安全隐患。通过院内果树的种植，进一步改善了窑院的小环境，同时，村落内大量种植树木，形

---

① 荆其敏：《覆土建筑》，天津：天津科学技术出版社，1988 年。

成了整体覆盖、不见窑居的独特景观。此外，对黄土特性的把握体现在窑院的建造、使用和维护的全过程中，在保证节能的前提下，通过围护、防水等措施，最大限度地提高了安全保障、延长了使用年限，凸显了与自然环境和谐共生可持续利用的生态优势。

3. 空间创造价值

柏社村以下沉式窑洞集中分布为主体，随着地形的变化，还有部分靠崖式窑洞和少量四合院等，基本涵盖了关中各种生土建筑类型和民居形式。同时，尽管窑洞的开挖方式相同，各个窑院的总体形态相近，但由于各个窑院所处的环境和对应的需求不同，造成了窑院在窑洞数量、窑洞之间的连接、二层窑院构成和对外联系方式等多方面的变化，形成了丰富的空间组合，体现了窑洞居民巧妙利用地形环境营造独特生活空间的创造力（图 5）。这些丰富的各类窑洞生土建筑聚合，形成了黄土高原穴居基因的创造性发展，构成了关中地区以下沉式窑洞为主的生土建筑集中展示地，成为生态民居博物馆式的传统村落保护区。

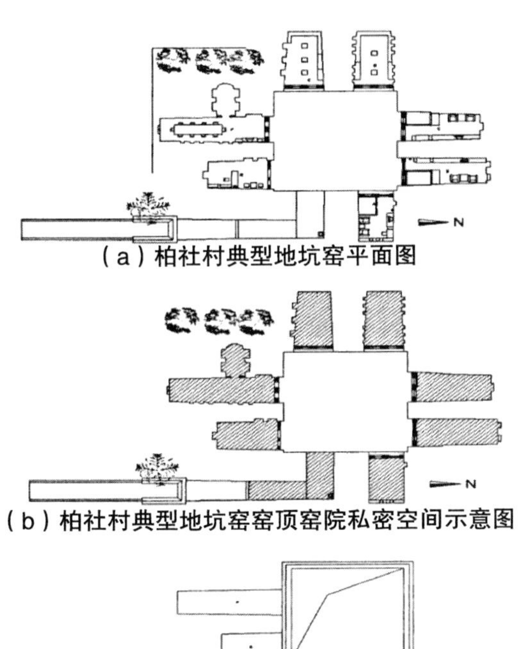

（a）柏社村典型地坑窑平面图

（b）柏社村典型地坑窑窑顶窑院私密空间示意图

（c）柏社村典型地坑窑窑顶窑院半开放空间示意图

图 5　地坑窑平面布局

4. 文化记述价值

柏社村地处关中平原，已有1600余年的历史，村内的地貌、整体格局、建筑等还依稀呈现出其沧桑的历史，被称为衚衕的小街揭示了当年作为军事要地的历史。而下沉式窑洞更是处处渗透着地域文化的基因。从窑院总体类似四合院的格局、正偏房的使用、内外的装饰、屋内的陈设，直到窑院之间相互的照应、关联、避让等，均通过布局、形态、色彩等体现了浓郁的地域文化风格。千年古村落遗存下来的生活方式、民俗习惯、邻里相处的特点以及公共空间的营造等在与现代社会融合的过程中仍有必要进一步挖掘。因此，这里也可以成为以民居、民俗研究为特色的研究、实习基地。

5. 建设示范价值

由于柏社村所具有的下沉式窑洞数量规模的唯一性和各类窑洞、民居的多样性，其旅游价值突出，加之柏社村距离西安只有50千米，交通方便，与三原县城、嵯峨山等旅游区容易构成完整体系，具有发展休闲旅游、民俗观光项目的综合优势，从而有利于将柏社村的保护与社会经济发展相结合，使传统民居保护与现代生活需求相结合，成为探询新农村建设特色途径的示范。

总而言之，柏社村可谓是我国西北地区现存规模最大，并以独特下沉式生土窑洞民居为特征的历史文化古村。2014年3月，柏社村被列为最新一批的国家级历史文化名村，同时，我们认为，作为古老的人居活化石，柏社村还具有联合其他地区生土窑洞共同申报世界文化遗产的潜质，以及民俗文化旅游与新农村建设相结合的示范价值。

当然，在社会不断进步的今天，传统下沉式窑洞的不足也越来越突出，主要表现在潮湿、通风和上下水等方面。由于这些原因，在下沉式窑洞分布的区域，窑洞逐渐成了贫穷的象征，经济条件好的人们开始离开窑洞而在地面上建造砖房，加之人们对窑洞“屋面”未加以利用，下沉式窑洞似乎不利于节约土地，于是也成为这种独特民居快速消失的原因。因此，柏社村既要保护这些难得的生土民居、村落格局，又要发展社会经济，改善人们的居住品质，提高农民的收入水平，努力达到保护与发展双赢的目标。

（三）柏社村的未来

基于上述对柏社古村价值的认识，我们有理由认为一方面对其进行抢救性保护迫在眉睫，另一方面，如何使古村落在保护和传承传统文化基因的同时，也能保持持久的生命力，使古老的人居方式得以适应现代生活，同样是我们应该解决的现实问题[①]。

柏社古村所处的三原县，是陕西省级历史文化名城，拥有着丰富的历史文化资源和独特的生态环境基础，尤以民间特色饮食著称，且距离西安市区仅 50 千米，具有发展都市休闲旅游的突出优势。柏社村位于县境北部，与嵯峨山省级森林公园毗邻，周边果树林木繁茂，气候宜人，高速路、省级公路均可到达，无疑应成为三原县旅游网络中的重要节点。为此，本文对柏社村的建设发展提出了如下目标：依托区域旅游网络设施的发展建设，通过对柏社村农业种植与产业结构的优化与调整，以及文化展示、百食体验、避暑养生等主题项目的策划实施，将村落特色文化保护与新农村建设相结合，实现以关中窑洞民居与传统民俗文化为依托，从而打造出具有观光、避暑、度假、科普等综合功能的文化观光型和民俗体验型的柏社古村落旅游区。

同时应把握以下关键问题。

（1）村落格局和环境特色的整体保护，特别是对“见树不见村，见村不见房，闻声不见人”这一下沉式人居空间隐匿环境意境的保护，需划定村落保护区范围，严格控制地面建筑建设，同时保护地面植被、树木及原始地貌特征。

（2）保护下沉式窑院及其他各类窑洞空间形式，以充分展示人们巧借自然的建造智慧。同时，深入挖掘整理村落历史遗迹、历史建筑、古树、街巷及传统民俗文化等信息，使其沉积的丰富文化信息得到展示。

（3）注重村落基础设施、公共服务设施和居住环境的整体改善与提高，为增强村落的自身吸引力与发展能力奠定基础。

（4）针对下沉式窑洞和各类地面建筑，应分别采取保护修缮、改造与拆除等不同的措施。保护：凡是不存在严重安全问题的窑院，都应该进行保护和修缮，保护不同年代的原状地坑窑院建筑，以展示其历史发展足迹；保护各类具有历史价值的重要建筑及遗存。修缮：在保持窑院格局基础上，对窑洞外观加以整饰，内部增设卫生设施，提高居住舒适度。拆除：对于核心保护区内的地

① 游小文等：《古村落的保护与发展问题研究——以朱家峪村为例》，《规划师》2007 年第 3 期，第 34—36 页。

面建筑逐步予以拆除。一般保护区内地面建筑，部分结合乡村旅游改造为服务点，其余予以逐步拆除。

（5）针对窑洞普遍存在的塌、潮、暗、占、塞等缺点，在与传统风貌相协调的前提下，采取必要处理措施。①设置水平防水层，以防止坍塌，并增强窑洞顶面绿色种植的可能。②窑脸采用砖贴作为垂直防水层，防止窑脸土层被雨水冲刷坍落。③修建较大面积的窗户，改善自然采光。④后部增加垂直通风井，改善窑洞通风环境。

（6）在管理运作方面，通过“政府+公司+农村旅游协会+旅行社”的模式，分步实施。一期初步形成乡村特色旅游条件：①修缮南北及东西主要交通道路，改造入口区景观环境。②依托东西商业街及部分条件成熟的窑洞院落发展农家乐旅游。③建设地窑文化标志区，建立参观线路指示系统，并完善相应配套设施。二期进一步完善旅游功能设施，形成具有一定市场影响力的文化及乡村体验休闲旅游产品谱系：①推出高端窑洞特色旅游宾馆。②扩大展示范围，并提高其环境及服务功能性，为游客提供更加丰富的活动内容。③全面打造明清商业古街和东西民俗商业步行街，增强服务功能。

（四）结语

黄土高原生土窑洞是我国民居系列中独特的组成，而且其自身所具有的价值将伴随可持续思想的深化而不断提升。进一步研究、保护传统窑洞典型村落，改进传统窑洞的不利，提高其居住的标准，具有长远的意义，柏社村的发现为我们提供了一个很好的机会。我们认为，柏社村不仅具有国家历史文化名村的价值，而且可以作为下沉式窑洞的典型村落，与陕北以及其他地区不同类型窑洞村落一起，共同成为具有独特价值的世界民居文化遗产中的重要组成部分。

（参加《三原柏社古村落保护发展规划》的人员还有：李祥平、张锋、权瑾、刘涛、温媛、张睿婕等。感谢韩骥、吕仁义、王军等先生给予的中肯建议；感谢赵德锁先生在柏社村史料资料方面给予的大力支持、三原县住建局、新兴镇、柏社村等相关领导和同志在实际工作中给予的热情帮助）

十三、陕南山地传统民居的文化生态学解析——以柞水县凤凰镇为例①

（一）引言

陕南山地传统民居类型丰富多样、地域特色显著，然而与关中民居、陕北民居相比，目前学界已有的研究稍嫌薄弱。《陕南民居》一文从自然地理环境、陕南民居的形式与风格、平面构成要素、细部装饰几方面对陕南民居作了介绍②。此文亦即1993年出版的《陕西民居》之陕南民居部分的主体内容③。孙大章指出陕南民居既有陕西窄院的风格，又有川湖的木构民居风格，西部的汉中地区受四川影响大，东部的安康地区则明显受湖北民居的影响④。张晓虹通过明清以来的地方志、文人笔记的整理得出历史时期陕南秦巴山地与汉水谷地为茅屋分布区，还保留一定数量的板屋结构⑤。王军将陕南民居分为独立式院落、前店后宅式院落、“一”字形的乡间农舍三类，并对其建筑形制、营造技术以及装饰风格进行了介绍⑥。《中国传统民居类型全集》归纳了陕南民居的四种类型：石片房、合院、吊脚楼、夯土房，并就其分布、形制、建造程序及方法、装饰艺术、代表性建筑等进行了描述⑦。另有数篇建筑学科的学位论文，从建筑类型学角度对陕南传统民居的形制、构筑技术、装饰艺术等进行了分析⑧。这些论著对于本文的研究给予很多有益的启示。

---

① 本部分由祁剑青撰写。
② 侯继尧等：《陕南民居》，《西安建筑科技大学学报》1981年第3期，第24—38页。
③ 张璧田、刘振亚：《陕西民居》，北京：中国建筑工业出版社，1993年。
④ 孙大章：《中国民居研究》，北京：中国建筑工业出版社，2004年，第135—136页。
⑤ 张晓虹：《文化区域的分异与整合：陕西历史地理文化研究》，上海：上海书店，2004年，第322页。
⑥ 王军：《西北民居》，北京：中国建筑工业出版社，2009年。
⑦ 中华人民共和国住建部：《中国传统民居类型全集》，北京：中国建筑工业出版社，2014年。
⑧ 闫杰：《多元文化视野下的陕南民居——以陕南古镇青木川为例》，西安：西安建筑科技大学硕士学位论文，2007年；张强：《陕南青木川古镇传统建筑初探》，重庆：重庆大学硕士学位论文，2008年；潘晓博：《陕南汉中地区传统建筑元素解读》，西安：西安建筑科技大学硕士学位论文，2010年；张骁：《陕南地区近代建筑研究》，西安：西安建筑科技大学硕士学位论文，2010年。

传统民居的形式与风格受制于自然地理环境、经济发展水平、思想观念等要素，具有鲜明的地域性。由于绝大多数研究论著来自建筑学学者，目前关于陕南民居研究比较侧重于讨论建筑技术、装饰艺术等内容。对于地理学者来说，感兴趣的则是传统民居与地理环境的关系、传统民居文化的扩散与传播、民居文化的形成机制以及民居文化区的划分等课题。传统民居作为一种文化景观或文化事象，其与地理环境之间显然具有密切的关系。因而，利用文化生态学的理论与方法研究传统民居，应该是一个较好的视角。文化生态学的概念系美国学者斯图尔德所提出，其主旨在于研究环境对文化的影响①。研究这种影响主要从三方面入手：一是分析开发技术或生产技术与环境的相互关系；二是分析特殊的技术手段在开发特殊地区中的行为模式；三是弄清行为模式在开发环境中影响其他文化方面所具有的作用程度②。“伯克利文化生态学派”则反对地理环境决定文化景观的“地理环境决定论”，强调文化传统、技术手段对文化景观形成的作用，不但重视研究人类文化塑造地球表面的过程，即文化景观的创造和变化过程，而且重视气候、土壤、河流、植被、动物与人类活动的密切关系③。在我国学者看来，文化生态学主要研究自然环境诸因素与文化现象分布的相互关系④，或着重研究文化群落与其地理环境之间关系的发生、发展及其演变规律⑤，文化生态可以划分为自然环境、经济环境、社会制度环境三个层次⑥。

本文以陕南山地传统民居保存较为完整的古镇——“中国历史文化名镇”陕西省柞水县凤凰镇为研究对象，尝试从文化生态学角度分析其传统民居与环境之间的关系。

（二）凤凰镇传统民居的形制特点

柞水县凤凰镇，亦称凤镇，距离县城四十五千米，街巷整体格局与传统民居基本保存完整。传统民居主要有土木瓦房与砖木结构四合院两大类。土木瓦房因其墙体为夯土版筑或由土坯砌筑而得名，系凤凰镇乃至整个陕南山地的主

---

①（美）J. H. 斯图尔德：《文化变迁的理论》，张恭启译，台北：台湾远流出版事业有限公司，1989年，第49—50页。

②（美）J. H. 斯图尔德：《文化生态学的概念和方法》，王庆仁译，《民族译丛》1988年第6期，第27—33页。

③ 邓辉：《卡尔·苏尔的文化生态学理论与实践》，《地理研究》2003年第5期，第625—634页。

④ 王恩涌编：《文化地理学导论（人·地·文化）》，北京：高等教育出版社，1989年，第10页。

⑤ 江金波：《论文化生态学的理论发展与新构架》，《人文地理》2005年第4期，第119—124页。

⑥ 冯天瑜等：《中华文化史》，上海：上海人民出版社，2005年，第10—11页。

体农宅；主街凤凰街两侧分布有一百二十余座保存较为完整的前店后宅式民居，基本形制为砖木结构四合院，三进院落七十余座，两进院落五十余座，建于清道光年间者约四十座、咸丰年间者约八十座。

1. 土木瓦房

陕南山地的自然地理环境直接导致了传统民居以及聚落的星散分布。凤凰镇的土木瓦房大多不事雕饰，多为普通农宅，未经统一规划，顺山势零散分布，多选址于阳坡，冬季温暖，夏季干爽。立面有一层也有两层。承重结构有两类，一类为穿斗式木结构承重体系，另一类为实墙搁檩式，由夯土墙或土坯墙自身承托檩条。屋顶多为悬山顶，上覆小青瓦，出檐较为深远，多在一米左右。平面布局以“一”字形者居多，一般从二开间至七开间不等，二开间者多为“一明一暗”格局，其中一间作会客空间使用，另一间作卧房，有时在一侧加盖披檐作厨房；三开间者，多“一明两暗”格局，中间一间作为堂屋，供神祇并作会客空间使用，两边布置卧房、厨房以及杂物间等；三间以上者以此类推。若有地形可以利用，“一”字形的一侧再加盖一排房屋便为“L”形。地势相对平坦开阔之地，有些用土墙围成院落，大多数则受地形限制为开敞式庭院，充分显示出传统民居对自然地理环境的依赖性。例如，法国人文地理学家白吕纳所云：“最能表示房屋对地理环境的依赖的，总要算是农村房屋和孤立房屋了。”①

2. 砖木结构四合院——以康家宅院为例

陕南山地砖木结构四合院民居的天井有两种类型，一类为窄长形，另一类为“口”字形。凤凰镇四合院的形制特点多为：平面布局紧凑，天井窄长，围合以正房、厢房、倒座房等基本要素。康家宅院（图 1），始建于清乾隆二十八年（1763 年），为两层三进天井院，据说是当年康永盛由湖北聘请知名工匠营造而成。院落墙体基础以毛石、条石砌筑，依纵轴方向布置，主入口向南，黑色的临街大门为核桃木制成；倒座面阔三间，屋顶为两坡硬山顶，覆以小青瓦，有封火山墙；两侧厢房皆为三开间，单坡硬山顶；中间过厅面阔三间；最后一进院为正房，高出两侧厢房，面阔三间，中间一间为堂屋，在柱础、木构架、雀替等处皆有装饰，屋顶为两坡硬山顶，屋脊两端上翘，中央由小青瓦堆砌成莲花状进行装饰。

---

①（法）白吕纳：《人地学原理》，任美锷、李旭旦译，南京：钟山书局，1935 年，第 79 页。

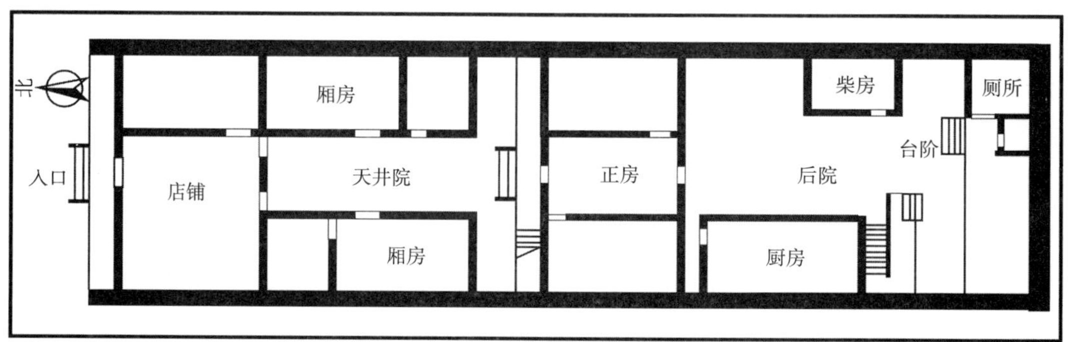

图 1 康家宅院平面示意图

（三）凤凰镇传统民居对自然地理环境的适应

对于传统民居的形成机制而言，自然地理环境无疑是最基础的因素。文化生态学理论认为，较简单文化往往比发达的文化更直接地受环境制约。传统社会，自然地理环境往往决定了聚落的选址与分布，聚落整体格局多顺应地形，也深深地影响到传统民居的形式与风格，屋顶、门窗、墙体以及院落形态皆适应气候，建筑材料遵循就地取材原则，平面布局受制于地形。

1. 凤凰镇整体格局顺应自然地形

周建明指出，“有研究表明，所有影响村落空间形态的因素中，自然环境的作用是最主要的。自然环境包括了特定的气候、地形以及环境所能提供的自然材料、自然资源等”[①]。凤凰镇地处柞水、镇安、山阳三县交界之处，背倚大梁山，面向凤凰山，南面山势缓和，余三面山势皆高大陡峻，周围有皂河、社川河、水碓沟三条河，其中社川河水量最大，沿镇北流过。镇址为典型的背山面水聚落环境（图 2、图 3），主街依地势东西向呈“S”形，有一条小溪流过，南北两侧有八条巷道垂直于主街。

传统社会，聚落的选址与营建其实是对自然地理环境的选择，注意宅址与周围山脉河流诸要素之间的关系，要注意安全性以及舒适性，故而往往选取向阳、背风、用水方便之处，基本与风水理论相吻合。凤凰镇从聚落选址、传统民居朝向到理水的走势等方面皆存有风水文化的烙印，符合风水学说所谓“负阴抱阳、背山面水”原则，讲究人家的房屋选址要经过“觅龙、察砂、观水、

① 周建明：《中国传统村落——保护与发展》，北京：中国建筑工业出版社，2014 年，第 41 页。

图 2　凤凰镇鸟瞰

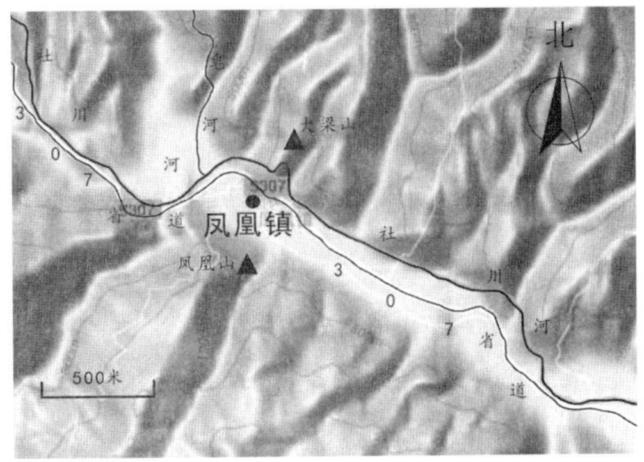

图 3　凤凰镇地形示意图

点穴、取向”五步骤。依照风水理论确定宅址之后，便要开始建造房屋，俗称“破土”，需选择吉利的时间并举行相应的仪式。凤凰镇传统民居的营建环节还有一系列礼仪过程，比如立木要放鞭炮、贴对联，房屋正下梁下方要画太极图并书吉利语言以及上梁日期，梁正中要用红布包毛笔、铜钱等物什，谓之“包梁”；搬家常后半夜进行，取其越走越亮之意，避开六月、腊月，俗谓“六腊不搬家”。

2. 凤凰镇传统民居建造就地取材

由于遵循就地取材原则，传统民居的建筑材料从结构用材到装饰用料均体现出强烈的地域特征。凤凰镇地处秦岭南麓，不乏丰富多样的建筑材料，天然建材有土、石、木、竹等，人工建材有砖、瓦等。土木瓦房为凤凰镇农宅的主体，经济实惠，至今仍有不少农家在建造使用，生土材料又节能环保，在凤凰镇传统民居中可谓“物尽其用”。此外，凤凰镇产的白土还具备“制之可以绘墙，白不亚于石灰”的功效[①]。秦岭及其以南地区，主要由古生界及其以前的硬度较大的变质岩系和灰岩系组成，新生代以来土状堆积不多，加之地槽褶皱带的构造特性，形成以起伏较大的岩质山地为主的地貌[②]。凤凰镇不乏大理石、花岗岩、石灰石等优质石材，为防潮湿，传统民居地基多由毛石、片石砌筑。凤凰镇竹木资源丰富，主要树种有杉树、枞树、白树、杨树、红椿树、板栗树、枫树等，木材多用于房屋结构与门窗，以及版筑夯土墙时的墙版；竹多质优，有斑竹、筋竹、慈竹、楠竹、木竹等，有时用于竹骨泥墙，亦可制作竹钉使用。

①（清）李麟图纂修：《镇安县乡土志》，台北：成文出版社，1959 年，第 161 页。
② 聂树人：《陕西自然地理》，西安：陕西人民出版社，1981 年，第 21 页。

砖瓦多在附近的砖窑烧制，凤凰镇老街的店铺式民居有的是一砖到顶的砖木结构瓦房，也有的在夯土墙外包青砖，屋顶几乎都由小青瓦覆盖。

3. 凤凰镇传统民居适应当地气候

不同地区的传统民居都有应对不同温度条件的建筑技艺，涉及日照、采光、通风等建筑物理环境要素，尽量使屋内有一个适宜居住的温湿度环境，夏天不太热，冬天也不太冷[①]。同陕南山地的其他地方一样，在适应气候环境方面，凤凰镇的传统民居需要考虑隔热、通风、遮阳等。

凤凰镇北有秦岭阻挡冬春季节的西北风，夏秋季节湿热多雨，主导风向为东南风，民居主居室多面向南或东南。凤凰镇属秦岭山地暖温带温和湿润气候区，年平均气温为11—14°C，年平均降水量为750—900毫米[②]。屋顶的形制与气候环境有着相当密切的关系，依赖于气温、降水和空气质量等环境条件，最终以可度量的温度、湿度等指标影响居住质量[③]。传统民居的瓦屋面一般是按照檩、椽、望板的承重层上再加上保温层、防水层构成。屋顶的保温层能够隔冷隔热，主要在于瓦屋面。降水量影响民居屋顶的形态以及坡度，一般而言，降水量多的地区多悬山顶，干燥少雨的地区多硬山顶，降水量越多，坡度相应的越陡，便于及时倾泻雨水，气温越高，屋顶苫背越薄，便于散热，但不绝对。凤凰镇传统民居的屋顶以悬山顶较为多见，屋面较薄，有的瓦片直接钉在望板上，还有的阴阳板瓦干撒于板椽（古称桷子）上，即所谓“冷摊瓦”或“明椽明瓦”。屋面与水平方向约成30°角，出檐（图4）挑出多在一米左右，有的达一米五以上。此类建筑手法既有利于防止雨水淋湿墙面，同时又能起到遮阳作用。民居层高较大，一层居室内往往用木板隔成阁楼，使居住空间降低，而阁楼形成保温隔热层。广泛采用的生土墙体可以调节室温，使房间内保持冬暖夏凉，外包青砖或涂以白灰，则可保护墙体免受雨淋。除合院式民居外，由于地处山区受地形崎岖的限制，散布于山坡阳坡的土木瓦房大多数不设院墙，这客观上有利于空气流通；砖木结构四合院民居的窄长形天井（图5、图6），加以深远的出檐，缩小了院内的露天面积，对于调节庭院小气候具有重要作用，既可减少日晒又产生了烟囱效应，“拔风”解决湿热通风等问题，而天井中央布

① 周建明：《中国传统村落——保护与发展》，北京：中国建筑工业出版社，2014年，第42页。
② 聂树人：《陕西自然地理》，西安：陕西人民出版社，1981年，第145页。
③（法）白吕纳：《人地学原理》，任美锷、李旭旦译，南京：钟山书局，1935年，第91页。

设水池、养花又可以净化空气，利于提高居住的舒适度①。

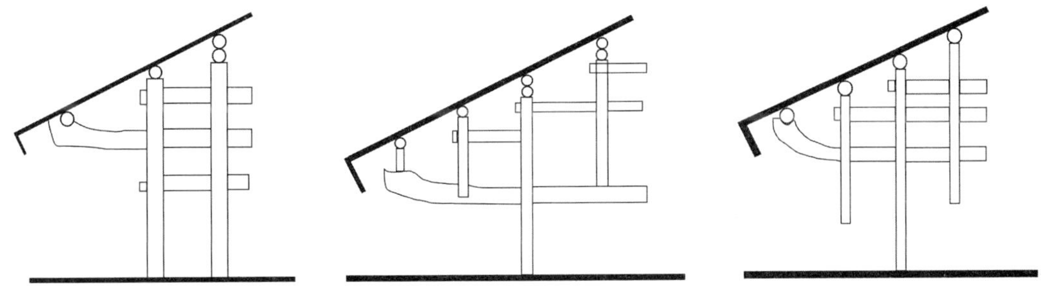

图 4 挑檐

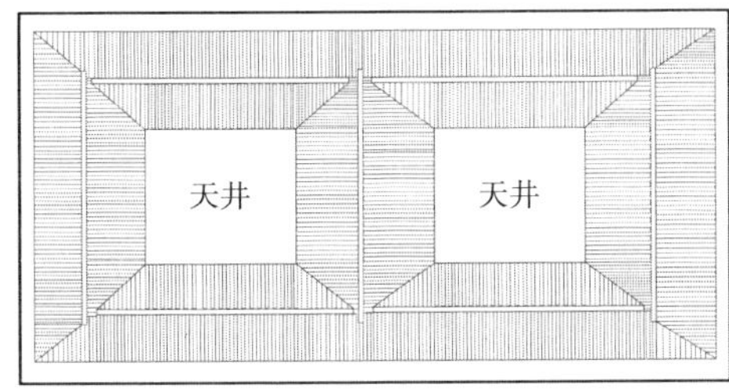

图 5 方形天井

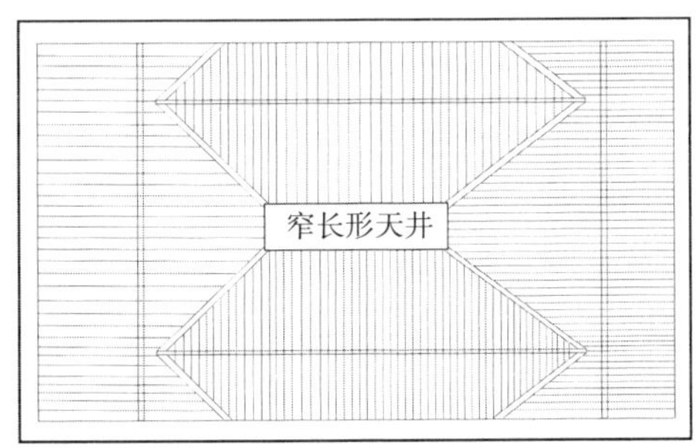

图 6 窄长形天井

（四）凤凰镇传统民居对经济活动需求的应对

传统民居是自然环境与文化环境双重作用的产物，对其形成机制进行分析，首先要肯定自然环境的基础作用，同时还必须重视经济环境的巨大影响力。因为传统民居在建筑规模与建造质量上的差别与居住者的家庭经济状况直接相关，与生产生活方式也有关系，纯居住性质的民居与店宅式民居的区别便是很好的说明。

① 据王振宏测量，凤凰镇丰源和钱庄的天井长为 8.15 米，宽为 3.7 米。王振宏：《柞水县凤凰镇传统民居及民间艺术的保护研究》，西安：西安建筑科技大学硕士学位论文，2007 年，第 41 页。

“秦头楚尾”的地理位置，再加以便利的水运条件，清中期凤凰嘴至西安的骡马道辟就以后，凤凰镇逐渐成为秦岭以南的重要商贸集镇、水旱码头。光绪《镇安县乡土志·商务》载：“盐，由咸宁引驾卫驮运入山，亦有用人力背运者，每年行销二千余石，由凤凰嘴、柴家坪转运兴安，其售于本境者十之三四而已。布匹，水运由旬阳、两河关等处入境，在柴家坪、青铜关等处行销；陆运由龙驹寨、蜀河口等处入境，在凤凰嘴、云盖寺、县城等处行销，每年约一二千捆。”[①]北方的土特产品经陆运至此卸货，再顺水路南下；江南的大米、丝绸溯河至此卸下，再从旱路北越秦岭运往关中，甚至远及西北诸省。

凤凰镇的传统民居，尤其是主街凤凰街上的前店后宅式民居，多为建筑精良、装饰考究之作。三进以上的四合院层层升高，固然与中华传统文化中的所谓“连升三级”“望子登科”等祈求仕途顺利的心理有关，但主要还是户主经济实力的表征。户主财力雄厚，往往在民居装饰上有明确的体现，如精美的砖雕往往用在屋脊、山花、马头墙以及硬山墀头等部位装饰。屋脊装饰有两种，一种为中部掏空，砌以几何形图案的青砖，饰以云文等，脊端收尾处为鱼尾形；另一种则是外部两侧用砖雕做出装饰图案，有牡丹、海棠、莲花等。墙上的砖雕多为如意纹、云纹以及象征富贵的牡丹等；硬山墀头装饰主要有瑞兽、花卉、如意纹、宝剑、民间人物故事等。在梁枋、雀替、门窗上皆有精细的木雕。石雕装饰主要分布在墙基、柱础、抱鼓石、上马石、拴马桩等处，题材有动物、岁寒三友（松、竹、梅）、莲花、牡丹、海棠、兰花等纹样。

凤凰镇主街两侧的店铺式民居基本上以二三进院子为主要形式，店铺式民居在商铺后面即为家庭居住空间，为的是方便开展商业活动。因为，从商业角度考虑，临街要尽可能多地开店设铺，营造时必然会缩减铺面的开间，为扩大使用空间只能增加进深尺寸或层数。

（五）凤凰镇传统民居对传统思想观念的反映

中国传统社会的礼制思想涉及政治制度、哲学思想以及民俗心理等领域，体现出主仆尊卑、高低贵贱等伦理秩序。传统民居无论是简陋的茅屋草舍，还是豪华的贵族宅第，其差异主要表现在建筑物的规模大小、质量高低，在礼制思想与宗法观念上却基本都是相通的。凤凰镇传统民居中，土木瓦房为普通农

---

① （清）李麟图纂修：《镇安县乡土志》，台北：成文出版社，1959年，第166页。

宅。以最常见的平面布局“一明两暗”为例，中间一间为堂屋，相当于一个具体而微的小祠堂，系家庭的礼仪空间与待客空间，后墙上供设祖宗牌位、摆放香炉祭品，丧事设灵堂、喜事待宾朋，两侧房屋为卧房及杂物间。正如许烺光所讲的，“家中的神龛与宗族祠堂的作用完全一样，只是一般说来，前者用于存放五服以内的祖先的牌位（即同一曾曾祖父的后嗣），而后者用来存放同一宗族内所有不在家庭神龛上的祖先的牌位”[①]。在凤凰镇以及位于其西北方向的小岭镇，笔者曾见过发丧之前棺材停在堂屋众人守灵的情形。

四合院的布局满足大家庭共居下长幼有序、内外有别、主尊奴卑的使用要求。四合院中轴线上的正房等级最高，面阔、进深、柱高等都要超过厢房与倒座房，装饰亦要比其他房屋精细，中间一间作为堂屋供俸祖宗牌位而不住人，功能同样为丧事设灵堂、喜事待宾朋，两侧房屋多供宅主或长辈居住，左为上，倒座房多供地位次一级的晚辈居住，厢房供家中辈分最小者居住。在凤凰镇的多进宅院中，亦有作为“礼仪空间”的建筑物存在，前文所述康家宅院的院内曾建有康氏祖祠，“文化大革命”时被拆除。不过在当地考察之时，笔者并未见到凤凰镇有家族祠堂，原因可能为该镇并不是宗族聚居式聚落。

（六）凤凰镇传统民居与移民来源地文化的联系

张力仁指出，元代陕西行省将汉中、安康等地纳入管辖范围之后，由于政区的整合作用，秦岭山脉的文化界线意义已经淡化[②]。政区的文化整合作用在传统民居中亦有所体现，凤凰镇传统民居与关中平原的“窄院”民居、秦岭北麓的山地民居（如蓝田县葛牌镇民居、周至县老县城村民居）等皆存有一定的相似度。

明清以降，陕南文化区的形成与移民是分不开的，大规模移民迁入始于清乾隆年间，终于道光年间。张晓虹将陕南移民称作陕西文化区的突变机制[③]。根据清末的文献资料，陕南的“客民”记载具有普遍性[④]。曹树基指出，“陕南移民以湖广人为主，可看作‘湖广填四川’运动的延续”[⑤]。清乾隆以前，陕南的

① 许烺光：《祖荫下》，王芃、徐隆德译，台北：南天书局有限公司，2001年，第42页。

② 张力仁：《人类空间行为选择与环境关系个案研究——以清代陕南秦巴山地为例》，《中国历史地理论丛》2008年第2辑，第59—66页。

③ 张晓虹：《陕西文化区划及其机制分析》，《人文地理》2000年第3期，第17—21页。

④ 钞晓鸿：《晚清时期陕西移民入迁与土客融合》，《中国社会经济史研究》1998年第1期，第66—74页。

⑤ 曹树基：《中国移民史》（第6卷）《清民国时期》，福州：福建人民出版社，1997年，第126页。

行政建置基本都处在平川地带以及交通相对方便之处，伴随着流民的大量涌入，地方官府对偏远山区的管辖逐渐地显得鞭长莫及，标志着已有行政建置不再适应流民社会的管理需要，有必要析置新的政区。凤凰镇的居民主要由明代移民为主的老民、清乾隆至道光年间的移民以及清末来此定居的经商者三部分构成，其中以湖北人最多（2015 年 5 月与 11 月在凤凰镇考察时，采访当地居民，有不少人祖籍为湖北）。1961 年以前，凤凰镇归镇安县管辖。《秦疆治略》镇安县条下载："幅员辽阔，千有余里，跬步皆山，土著者不过十之一二，客民十居八九，依山结庐，星散而处。"[①]可见，清道光年间镇安县民众绝大部分为客籍。柞水县的前身孝义厅便是为了适应流民社会的管理而新置的政区，系乾隆四十七年（1782 年）割镇安、咸宁、蓝田三县所设，直至道光年间仍是"民皆穴居岩处，户口零星不成村落"[②]。再看《光绪孝义厅志》的记载，"境内烟户，土著者十之一，楚、皖、吴三省人十之五，江、晋、豫、蜀、桂五省人十之三，豳、冀、齐、鲁、浙、闽、秦、凉、滇、黔各省人之十一，故性情各异，风俗亦不同"[③]。就人口构成来看，是时镇安县、孝义厅可谓"五方杂处"，其实类似情形广泛存在于陕南山地，大规模的移民在住居方面的表现便为严如熤所称的"棚居杂吴语，板屋半楚咻"[④]。

凤凰镇传统民居的某些建筑手法，极有可能为当年的外来经商者所带来。该镇传统民居的外形最具特点的便是硬山顶、大出檐、窄长形天井。高耸的山墙有马头墙式与阶梯式两类，且前者占比重较大。因与湖北相邻，从地缘关系看，传统民居建筑风格亦有相同之处，故而凤凰镇又被誉为具有秦风楚韵的"江汉古镇活化石"。前文所述康家宅院主人的祖上康绍相、康绍椿是清乾隆二十八年（1763 年）由湖北蕲春迁入凤凰镇的，康宅的建筑特点与鄂东南传统民居类似，四合成院，布局以窄长形天井为中心，建筑内部多为穿堂[⑤]。"青砖小瓦马头墙，回廊挂落花隔窗"常用来概括徽派民居的建筑风格。在凤凰镇老街的"三岔街口"有一处名为"高房子"的店铺，系乾隆四十二年（1777 年）安徽籍人士卢应魁徙居至凤凰镇后，其孙卢学易所建并经营的"茂盛和"商铺遗址。

---

①（清）王志沂：《秦疆治略》，清道光七年（1827 年）刻本，第 20 页。

②《清史稿》卷 63《地理十·陕西》，北京：中华书局，1976 年，第 2094 页；（清）卢坤：《秦疆治略》，清道光七年（1827 年）刻本，第 1 页。

③（清）常毓坤修，李开甲纂：《光绪孝义厅志》，台北：成文出版社，1959 年，第 125 页。

④（清）严如熤著，黄守红注：《严如熤集》，长沙：岳麓书社，2013 年，第 1199 页。

⑤ 佚名：《陕西省柞水康氏谱》，http://blog.sina.com.cn/s/blog_b2a89bbf0101bt9x.html（2017-02-13）；刘丽芳：《中国民居文化》，北京：时事出版社，2010 年，第 126 页。

该店铺原为青砖木架结构二层楼房，由三个四合院串联组成，现仅存一座门面房，仍保持着当时的建筑形式与风格，外山墙为梯形马头墙平顶青砖构造，系典型的徽派建筑风格。

（七）结论

以陕南山地的柞水县凤凰镇为个案，从文化生态学角度切入对其传统民居进行解析，发现自然地理环境、经济环境以及社会制度环境等共同作用所形成的合力在地方传统民居的形成过程中起重要作用。自然地理环境的作用是基础性的，主要体现为，凤凰镇整体格局顺应地形，依山势、河流走向呈“S”形，传统民居的平面布局亦受制于地形，如“一”字形、“L”形的土木瓦房；所用建筑材料基本都就地取材；为适应湿热多雨的气候环境，屋顶以悬山顶为主流、出檐较为深远，屋面苫背较薄，有时阴阳板瓦干撒在椽上，土木瓦房多为开敞式庭院，客观上有利于通风，砖木结构四合院的天井呈窄长状，形成“烟囱效应”有利于夏季通风除湿热。凤凰镇约 750 米长的主街凤凰街两侧分布的前店后宅式民居是为满足商业活动的需求而形成的，沿街为了尽可能多地开设店铺，院落多沿纵深方向发展，同时彰显着清代、民国年间镇域经济的繁荣程度，这是经济环境之于传统民居的反映。凤凰镇传统民居的某些建筑风格极有可能为清代乾隆至道光间的陕南大移民以及从湖北、安徽等地来此经商者所带来的，如砖木结构四合院的天井、高耸的马头墙等。

十四、古镇·视域——以陕西商洛漫川关镇为例[①]

（一）引言

漫川关镇，古称丰阳关，位于陕西省商洛市山阳县东南陕鄂交界处，历史悠久，自先秦时期便以“朝秦暮楚”闻名，现为陕西著名古镇之一，秦楚分界碑至今犹在[②]。虽然如今的漫川关镇历经二十余年发展，原有古镇风貌已岌岌可危，但是镇区边界与周边山体上的祠庙、建筑仍然屹立。本文期望通过对这些祠庙、门户空间的分布规律研究，提炼出古镇视域的设计规律，更深刻地理解古镇历史原貌，为今后的提升改造提供更多的依据，加强古镇的人文特色。本文的视域特指古镇周边人文建筑所形成的视线面域，它主要由城市的门户建筑，周边的祠庙和其他建筑的视域构成，笔者认为，视域的设计规律是多层次的，主要包括视线、边界、重心、文化，只有充分理解这四点如何交织在市镇的布局中，才能更充分地理解漫川关镇的人文特色。

（二）漫川关镇的历史与现状

古代的漫川关镇是秦岭山地区沟通南北的咽喉，水陆商贸繁荣。唐代诗人贾岛曾写诗描述漫川关镇的山水环境：“一山未尽一山迎，百里都无半里平。”[③]从中可想到漫川关镇之山水形势。据《十六国春秋》记载，前秦皇始二年（352年）于漫川关置荆州，“引南金、奇货、弓竿、漆蜡，通关市，来远商，于是国用充足而异贿盈积矣”[④]。明清两代，政治清平，这里交通位置重要，兴建了大批优秀建筑，如船帮会馆、湖北会馆、武昌会馆、骡帮会馆、武圣宫、慈王

① 本部分由赵彬彬、杨毓婧撰写。

② 阮仪三编：《遗珠拾粹》，上海：东方出版中心，2013年，第4页。

③ 乾隆《山阳县志》，清乾隆十四年（1749年）刻本。

④（北魏）崔鸿撰，（清）汤球补：《十六国春秋辑补》卷34，北京：中华书局，1985年。

庙等，今被列为文物保护单位，可见当年漫川关镇之商贸繁盛。这里自古也是兵家必争之地，南宋这里是宋金双方反复争夺的迂回战场，近代曾发生过关系到红四方面军生死存亡的漫川关战役。

漫川关镇依山傍水，东有青龙、太平诸山，西有如意山、凤兰山，南为白虎、落凤二山，北则仰望花果山，靳家河从如意山与镇区之间湍流而过，汇入太极环流。

（三）视域的四要素分析

构成漫川关镇区视域的主要建筑有三官镇白虎、娘娘庙、慈王庙、一柏担二庙等，加上镇政府老办公楼，共同组成了镇区的视域（图 1）。下文以这几个主要建筑为基点，对漫川视域的四个要素——视线、边界、重心和文化进行分析。其中镇区的建设面积以 1949 年以前的状态进行研究。

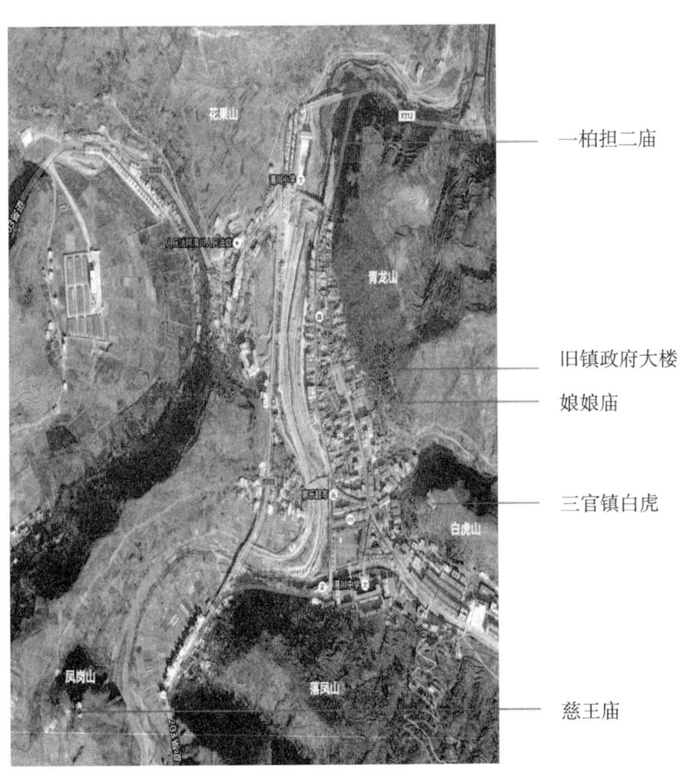

图 1　漫川关视域建筑分布图

1. 视域的视线分析

视线的核心作用有以下两点。第一，监控镇区各个交通要道的动向，起到烽火台的作用，即防卫职能；第二，作为城市人文空间，起到休闲、娱乐和教化的功能，即民生职能[①]。无独有偶，英国地理学者史蒂文·C.·布拉萨于1975年提出“瞭望—庇护”（Prospect-Refuge）理论，强调了人的自我保护本能在其风景评价过程中的重要作用，人类需要景观提供庇护的场所，并且这个庇护的场所能够拥有较好的视线以便他能够观察，漫川关镇镇区周边的祠庙空间恰恰拥有这种功能，即防卫职能，就这一特性，笔者对镇区内主要的祠庙进行了视线分析（图2）。

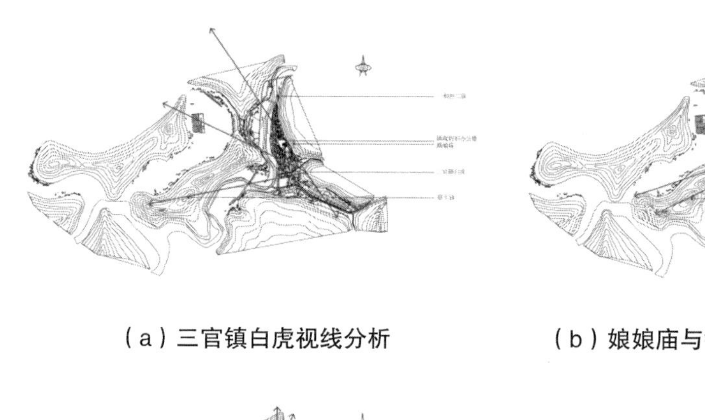

（a）三官镇白虎视线分析

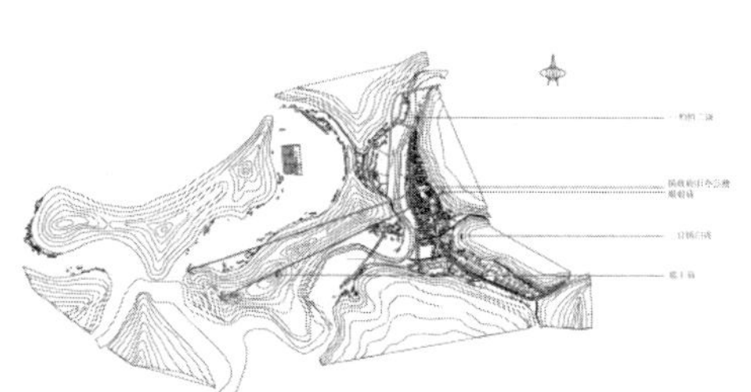

（b）娘娘庙与镇政府旧办公楼视线分析

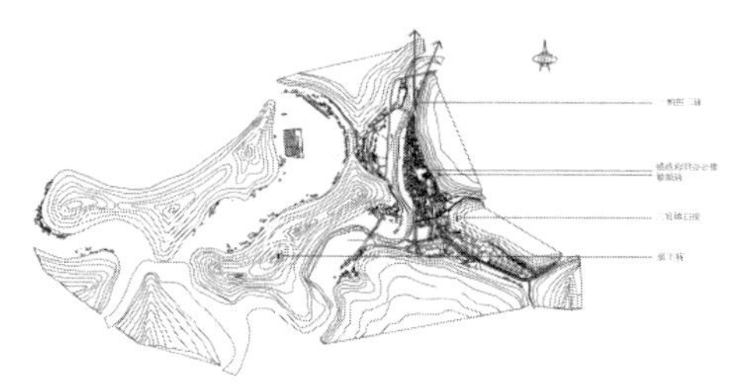

（c）一柏担二庙视线分析

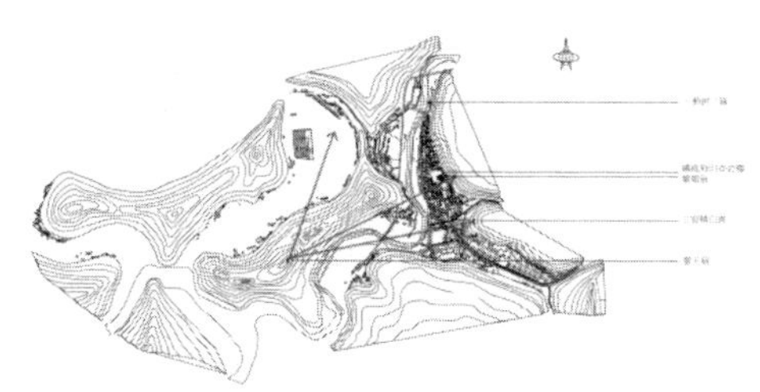

（d）慈王庙视线分析

图2　漫川视域的视线分析图

从图中可以看出，三官镇白虎庙的视域范围最广大，基本可以俯察全镇区的情况，并可远眺太极环流或落凤山之瓷王庙，想到古代若有敌从水面攻来，由瓷王庙点燃烽火，则三官镇白虎一望即知，进而全镇可知。娘娘庙临近旧政府办公楼，处古镇中心，亦可眺望瓷王庙，联系更为便捷。唯镇区北部谷口，三官镇白虎无法监视，此处有一柏担二庙，作为补充。这样一来，漫川关镇的古镇区就基本被祠庙的视域覆盖，起到了护卫全境的作用（图3）。

---

① 王贵祥：《明代城市与建筑——环列分布、纲维布置与制度重建》，北京：中国建筑工业出版社，2012年，第12页。

综上所述，漫川关镇的视域基本监控了镇区的所有用地，起到了防卫职能；人们在镇区进行生产、生活活动的同时，也可以看到人文景观，即“瞭望—庇护”的双重作用。

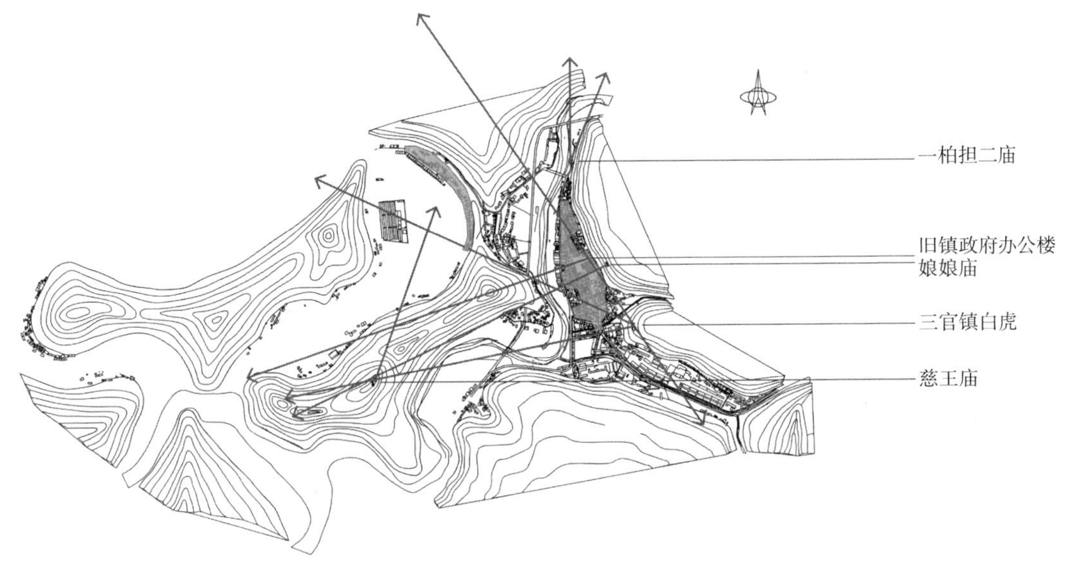

图 3　漫川关镇视域的视线与 1949 年以前镇区用地关系图

2. 视域的形态分析

笔者认为，传统城镇不止有建设用地意义上的边界，视域上亦有边界。且对一个建设进程较为缓慢的城镇而言，这种边界在时间上呈现出一种永续性，使数代人获得心理与地理上的稳定认同感，从而增强本地的文化属性。由漫川关镇视域边界与 1949 年以前镇区用地关系图（图 4）可看出，漫川关镇的镇区在视域边界以内，而水码头区在边界以外，增强了镇区的中心地位。且镇区南部与视域底边基本相平行，人文的界限也成为实体空间的界限，笔者认为，正是由于视域底边与河道平行，才使得这里形成了一种别样的门户空间体验，即站在镇区南端向两旁望去，可看到瓷王庙与三官镇白虎，便知即将出镇，这也是视域带来的另一种认知体验。

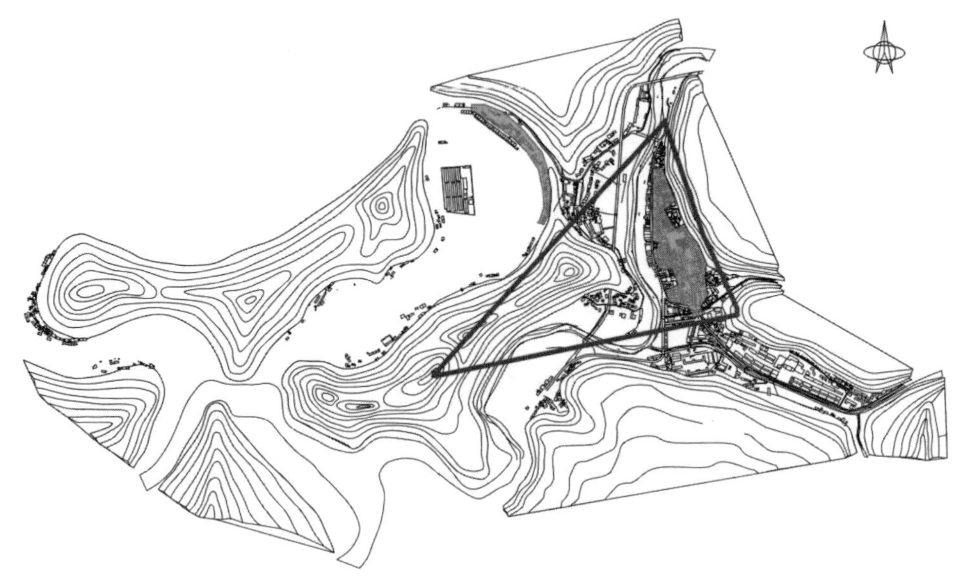

图 4　漫川关镇视域边界与 1949 年以前镇区用地关系图

笔者从研究中发现，用人文建筑为城市标志空间边界并非个例。例如，明代广州之东洲京观楼，据清乾隆三十九年（1774 年）《番禺县志》记载："形家者流，盖谓众涯奔扬，盘束汤汤，抑何以也，诸大夫及此议乎，余应之曰，'大观哉幸辱，斯言固东洲之界也……诸大夫受上命奔走疆场，所希重溟恬于覆盂，则保大定功，与谁掣钜诚，一朝狂沸，民奚以匡而我，何疆吏之为也'。"① 古人以京观楼之建，"固东洲之界"，将"民奚以匡"，达边界标表之效，为古人对方位与城市边界的处理手法，而漫川正是将百姓悉数框入边界之中，巩固四境之界的另一个范例。

3. 视域的重心分析

视域应该有其标志性的重心，漫川关镇的视域图形大致呈三角形，即以娘娘庙、三官镇白虎、慈王庙以及一柏担二庙四者为节点，近似形成一个以娘娘庙、三官庙、慈王庙为端点的三角形（图 5），以这样的视角审视视域，则发现其重心交汇于镇区的广场之上②。在古代，这里曾是几大会馆的庭院空间，也就是说，从庭院中即可看到三官镇白虎发出的警讯；而今天庭院被建设为广场，

① 乾隆《番禺县志》卷 19《艺文》，清乾隆三十九年（1774 年）刻本。

② 张钰曌：《漫川关镇历史社区功能优化与文化传承研究》，西安：西安建筑科技大学硕士学位论文，2015 年。

视线更为开阔，对视域重心的感知得以加强。

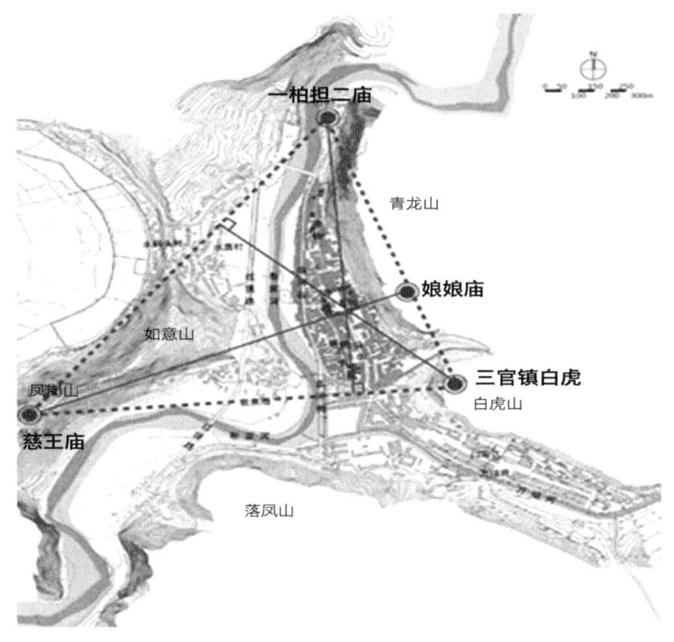

图 5　漫川视域三角形重心分析图

资料来源：张钰曌：《漫川关镇历史社区功能优化与文化传承研究》，西安：西安建筑科技大学硕士学位论文，2015 年

4. 视域的文化分析

笔者认为，仅仅有空间上的属性是远远不能承载起视域的内涵，需要用文化的象征意义进行辅助，这些建筑在文化、历史或地理意义上，与当地发生着深刻的联系，增强了人们的情感认同[①]。例如，三官镇白虎，传说明清以前的漫川关曾两次建县，但都因东面有一座气势凶恶的白虎山屡屡带来天灾而被废。后有蜀僧超古来到漫川关镇，被政府请来查勘地形追究缘由，超古言因白虎山如下山猛虎，必然伤人，宜建庙降服。因而邑人建设庙宇，祭祀道教中威望极高的天官、地官、水官以压制白虎，因而得名三官镇白虎。尽管传说亦真亦假，但在地理认知上也客观加强了人们对于庙宇的认同感，“三”也是传统文化常用的数字。

又如慈王庙。相传慈王是湖北汉口人，曾在朝廷为官，告老还乡后，乐施好善，悬壶济世，扶贫帮困，深受百姓尊敬，68 岁寿终，被尊奉为慈王，漫川

① 王其亨：《风水理论研究》，天津：天津大学出版社，2005 年，第 8 页。

关镇地处陕鄂交界，深受湖北地方文化影响，因而修建慈王庙也是文化交流的一种象征。此外，慈王庙建于孟良寨之上，相传宋将孟良曾经在此安营扎寨，镇守漫川关镇而得名。可以说，这是在历史方面找到了与漫川关镇的一些联系。

再如一柏担二庙。其位于漫川关镇区北端河口处，河边一突兀巨石之上，巨石上有一古柏，古柏两侧建有吕祖庙和鲁班庙，因此而得名。清末当地秀才阮文山题对联赞曰："左灵台右凤鸾古柏盖地；前玉带后回龙石柱擎天。"此庙的选址亦是找到了地理上的一种认知，将本与漫川关镇没有太多联系的吕祖庙和鲁班庙紧密地结合了起来。

综上，这些庙宇在文化、历史或地理上找到了与当地的一种联系，提供了更有人情味的心理认知，增强了古镇的艺术特色。笔者在调研过程中也确实体会到，这种认同并非外人一厢情愿，漫川关镇的人们也是津津乐道，一说起这些建筑便可娓娓道来。正如刘易斯·芒福德所说的："城市的主要功能是化力为形，化能量为文化，化死物为活生生的艺术造形。"[①]这种对于视域文化的建设，正是这种功能的体现。其联系方式可总结如表 1 所示。

表 1　视域要素人文联系方式表

名称	人文联系方式	地理位置
慈王庙	历史故事	凤栖山山顶
一柏担二庙	地理特征	镇北大石上
娘娘庙	文化传说	青龙山山腰
三官镇白虎	文化传说	白虎山山腰

（四）结语

综上所述，漫川关镇视域有以下几个特点。第一，衔接良好的视线关系，各点间能够互相眺望，形成远距离的交往互动，又能被居民时刻感知。第二，边界鲜明的构图特征，在古代时期，古镇格局未大幅拓展，视域的边界能够被清晰感知。第三，富于艺术的重心表达，古镇的中心不止是生活的，也是视域艺术构图的核心。第四，寄托情感的文化联系，漫川用文化上的信息，巩固了视域的艺术地位，使空间环境与人文发生了良性互动。

笔者认为漫川视域在未来古镇发展中应做到以下几点：第一，构成视域的建筑应能够长期维护，保证其在更长时期内处于文化标志地位，这要求我们不

① （美）刘易斯·芒福德：《城市发展史》，北京：中国建筑工业出版社，2004 年。

仅要做好建筑的保护，也要充分理解它们的布局规律。第二，若在古镇的新区建设中应用同样一种视域营造的规律，或能有不少裨益。第三，漫川关镇视域系统的营建并非毫无误差，这可能是受当时的工程技术条件所限，未来可以改进。

可以认为，漫川关镇所形成的视域也是其传统营造经验的一部分，在未来的保护与开发当中，应该重视这种人居经验的传承，增强对古镇传统格局营造与保护的理解。例如，在古镇的新区建设中，能否应用同样的规律去丰富新区的艺术构架；又或者，能否将一些侵犯传统视域的一些建筑进行改造，保持原有艺术构架的完整性，这些都是值得我们继续探索的。

十五、古镇戏场中的空间连续性与空间流动性研究——以陕西、四川地区为例[①]

（一）引言

中国古代很少出现欧洲那样专门供戏剧演出的空间。我国古代的戏场大都隶属于其他不同类型的建筑，故其形态性质，甚至名称都有所不同。戏场在当时时代背景环境中的存在具有特殊的意义，不仅仅是戏曲发展的舞台，更重要的，它是人们公共活动空间，是古代中国式交往空间的代表。文章对陕南、四川古镇中的戏场进行研究，主要是寻找事物发生背后的原因，探索如何以空间的方式来促使观演关系的融洽和古镇空间活力的产生，促使人们更好地交流。

（二）“空间流动性”和“空间连续性”

传统古戏场中的“空间流动性”和“空间连续性”是对同一空间体验的不同表述。空间连续性是由传统建筑中界面分隔的模糊性造成的，界面分隔的模糊性使得建筑产生连续的内界面，进而产生“空间透明性”，使得人在一个空间中能够感知多个空间的存在，并产生一种意识上和心理上的空间导向，从而产生空间“动态”，而中国古建筑的美就在于其是“动态”的，每一个院落就像精心设计的室内一样，而通过明暗交替的空间转换达到不同的心理感受。

除了外向封闭性和内向开放性之外，中国传统聚落还有一个鲜明的特点，即聚落成员在建筑内部游历所能得到的一种连续的，流动的空间体验。而古镇中的戏场空间，常采用从空间的限定性到空间的交错性，再从空间的交错性到空间的透明性，最后从空间的透明性到空间的流动的手法，达到空间流动性的

① 本部分由崔陇鹏、张钰塑撰写。

目的，从而激发空间的潜质，使其成为一个对公众开放的，利于人们交往的，充满活力的空间。

传统聚落空间是从均质单一空间演化而来的非均质复合空间（图 1），这种从均质单一空间到均质复合空间，再从均质复合空间到非均质复合空间的变化，其实都是一种空间从简单到复杂的“量变”的演进过程，而非均质复合空间到非均质连续空间的演变是一种“质变”的演进过程，它体现着时间这一“四维空间”要素的产生，作为空间的体验者，必须以“流动”的方式感受空间的变化，体现着空间流动性的产生。而富有变化和连续性的非均质复合空间才是积极的有活力的空间（图 2）①。

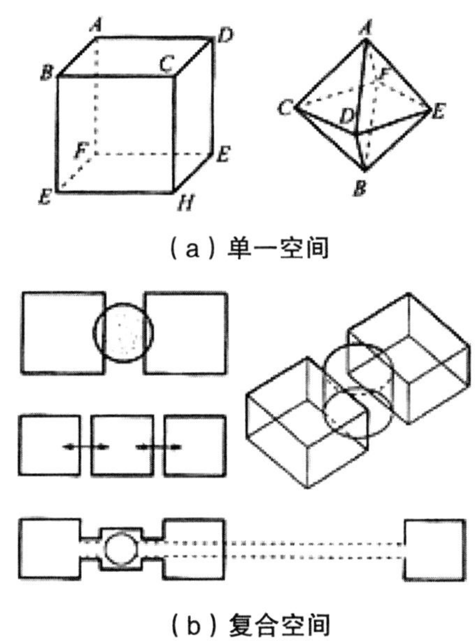

（a）单一空间

（b）复合空间

图 1　单一空间与复合空间

资料来源：（美）弗朗西斯·D. K.·钦：《建筑：形式·空间和秩序》，北京：中国建筑工业出版社，1987 年

	空间限定性	空间交错性	空间透明性	空间流动性
传统空间形态生成演化	匀质单一	匀质复合	非匀质复合	非匀质连续

图 2　空间连续性与空间流动性的产生

---

① 李志民：《建筑空间环境与行为》，武汉：华中科技大学出版社，2009 年。

（三）古镇戏场中的“空间连续性”

传统古戏场的空间连续性是空间流动性的前提，其特征可以从内空间的连续性、外空间的连续性、内外空间的连续性上说明。独立的观演空间通过道路和廊道，将其与多个古戏场或其他的公共空间连接，形成连续的空间意向。正是由于这种空间的连续性，使古镇的公共空间成为一个整体，构成完整的空间意境，如陕西漫川关古镇，其街道空间是连续而又具有划分的，形成串珠式样的连续外空间，而鸳鸯双戏楼耸立于古镇中心，戏场空间通过道路和廊道与其他公共空间连接，形成连续的空间意向。每当节庆时，两台同唱，整个古镇空间都人头攒动极具活力（图 3）。

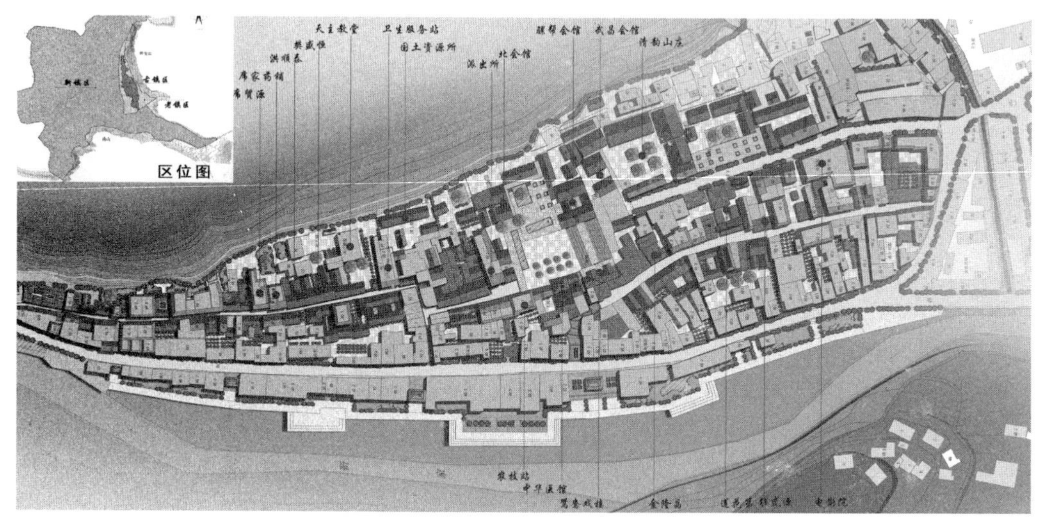

图 3　漫川关平面全景现状

1. 古镇戏场内“空间的连续性”

古戏场内空间的连续，主要是指庭院中内界面的连续性。由于中国建筑中，“外界面”是围合封闭的墙体，“内界面”才是真正的建筑立面，而建筑立面的感受，不可能如西方庭园中的建筑那样一览无余，必须通过游览的方式穿越深深的庭院空间才能感受到，而内界面的开放性、外界面的封闭防御性，则是中国传统文化的直接产物。不可否认，中国不同种类和功能的建筑表现出大致相同的布局和形式，而这些建筑也都是由同一原型发展而来的，但建筑的特征和其“性格”却是依靠庭院中的各种装饰、小品、雕刻来完成的，塑造其应有的格调和空间精神，如庙宇中的香炉、幡、碑等。而内向的连续性，就体现在以连续的内廊道引导人的动态行动的方向，如陕西漫川关古镇中的鸳鸯戏楼，四川仙滩古镇中的天上宫、南华宫戏场的开敞式内廊（图 4、图 5）。

图 4　陕西漫川关古镇中的鸳鸯戏楼

图 5　富顺仙滩天上宫戏台与敞廊

2. 古镇戏场外“空间的连续性”

古戏场外空间的连续性主要指街道空间的连续性，传统聚落的街道空间分两种，一种是单纯的道路空间，两侧是封闭的实墙，其本身就是连续的封闭空间；另一种是有商业功能的街道，其空间是内庭院空间的外化，具有内庭院的空间特征。有商业功能的街道空间，常常利用外屋檐和外廊道来创造连续的外空间，如罗城戏场两侧看廊，以连续的廊道空间将一个外道路空间内庭院化，使其成为拥有庭院特质的戏场空间。又如，永川县五间铺主街禹王宫戏场外的街道与“凉厅子”空间结合，“凉厅子”即街道两侧的敞廊，廊宽 3—5 米，是人们贸易交易的场所，它增强了街道空间的内聚性，使整个场镇街道成为“露天”的商业中心。

3. 古镇戏场内外“空间的连续性”

古镇戏场外空间与内空间的连续，主要指内庭院空间与外道路空间的连续关系，其连续方式有拼贴和交合两种。

以拼贴的方式形成的连续空间，主要是通过戏场与道路的直接连接，如宜宾县越波场濒临岷江，是个集贸小镇，场中有禹王宫、南华宫、东岳庙三个戏场，三座建筑都位于场镇的端部，与镇子的出入口道路空间相结合。四川永川五间铺古镇的三个戏场，通过街道两侧的敞廊与戏场无缝连接，创造出了一种内外空间连续不断的意向（表 1）。

以交合方式形成的连续空间，主要是指戏场与道路空间三维上叠合，比较典型的有四川合江白沙古镇，它建于明末清初，居民以土著川人为主，口袋形状的平面，场镇中沿着中轴线方向有三个戏场：月亮台街心戏台、川主庙戏台和张爷庙戏台，分别形成场镇的不同中心，月亮台为人流中心，川主庙为精神中心，张爷庙为副中心，戏场之间通过道路连接，道路上有四个过街楼，对空间进行分割和限定。其中月亮台街心戏台为场镇入口处的过街楼，川主庙戏台是第二个过街楼，位于道路的交叉处，其他两个过街楼是张爷庙的左右两厢，不只是单纯的过街楼，还有城门的作用，有疏散和防御功能。其独特的过街楼的空间处理方式使得戏场空间和道路空间有各自的流线，互不影响且相互融合，为传统观演空间的经典作品。

在中国传统的观演空间中，连接私人空间和社会空间的正是街道，它使人感受到了流动的意义和价值，日常生活不断地发生和聚集，而这种多义性和流动性的生活方式，正是古代中国空间的特质，街道空间与庭院空间一起构成了中国特有的公共观演空间，起着西方广场的作用。街道和建筑处于相互渗透的状态，而街道是建筑的延伸，其本身就是生活空间。所以，我国传统的街道本身具有西方广场和道路双重功能属性，这也就决定了我国传统空间中道路所担负的多重功能：既可以是表演场所，也可以是交通空间。

表1　四川古镇戏场连续空间的形成方式

连续空间形成方式	地点	图示	备注
拼贴的方式形成的连续空间	四川广安肖溪古镇	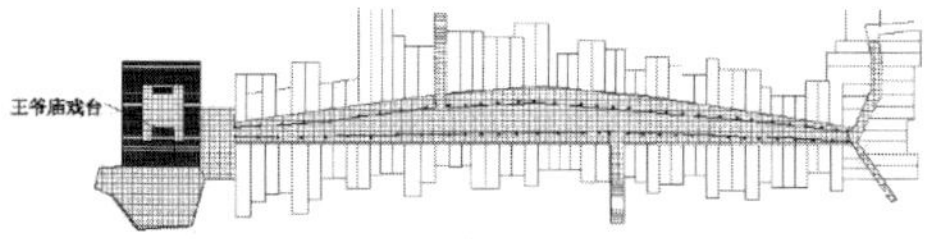 王爷庙戏台	古镇街长100多米，东西走向，中间宽两头窄，最宽处约7米，最窄处约3米，场口处有王爷庙戏楼，其下架空又与凉亭相通，戏楼借助王爷庙主殿前大台阶作为观众席，在沿江一面有大平台，是人们进行社交和宗教活动的场所
	四川永川五间铺古镇	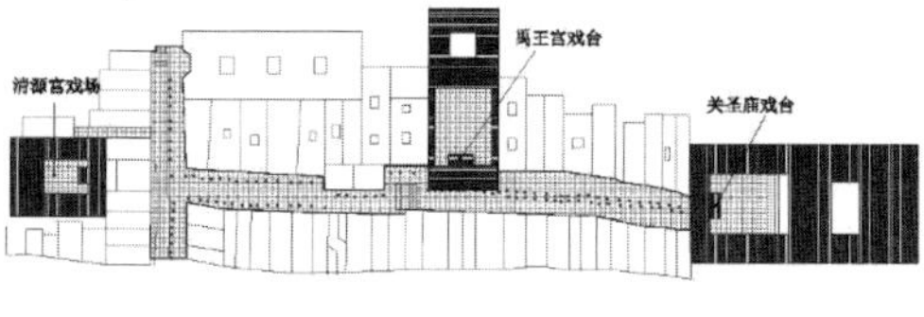 清源宫戏场 禹王宫戏台 关圣庙戏台	永川县五间铺主街上的禹王宫、南华宫关圣庙等，它们与街道“凉厅子”空间结合，以高大的体量和独特的建筑造型成为场镇主景。街道两侧凉亭，廊宽3—5米，是人们贸易交易的场所，它增强了街道空间的内聚性，使整个场镇街道成为“露天”的商业中心

续表

连续空间形成方式	地点	图示	备注
拼贴的方式形成的连续空间	四川宜宾越波古镇	南华宫戏台 禹王宫 东岳庙戏台	宜宾县越波场频临岷江，是个集贸小镇，场中有禹王宫、南华宫、东岳庙、南华宫和禹王宫分别为广东会馆和两湖会馆，东岳庙为五岳神庙之一，3座建筑都位于场镇的端部，与镇子的入口和出口空间相结合，均有戏台，为封闭的戏场空间
	四川合江尧坝场	东岳庙戏台	东岳庙处于尧坝场中央，面临古街，背靠聚宝山，整个建筑从山门到庙顶高差约15米，中轴线布置，共四进院落，山门背面即为戏台，戏台正对面为魁星阁，魁星阁两侧为左右看楼，庙顶处为三圣殿，是古镇的最高处
交合的方式形成的连续空间	四川犍为罗城古镇	街心戏台 灵官庙	古镇始建于明代崇祯元年（1628年），全镇坐落于山顶，主街道为南北走向，两端较窄，中间宽敞。街中央为两层戏楼，一层架空为通道，戏楼正对面为灵官庙，街道两侧各有一排长约200米，宽约6米的荫廊，仿佛船篷一般，又称“船厅街”
	四川合江白沙古镇	街心戏台 川主庙戏台 张爷庙戏台	白沙古镇位于长江下游，建于明末清初，居民以土著川人为主，口袋形状的平面，月亮台为人流中心，川主庙为精神中心，张爷庙为副中心。清初，左右两厢跨过街道，与街道融为一体，可以看出，厢房不只是单纯的过街楼，还有城门的作用，有疏散和防御功能，四个过街楼，形成环线和以街心戏台、川主庙、张爷庙连续空间形成的中轴线

续表

连续空间形成方式	地点	图示	备注
交合的方式形成的连续空间	四川合江顺江古镇		清源宫（川主庙）在清初是川主李冰与镇江王爷的合建庙宇，大门临河岸码头，左右两厢跨过街道，与街道融为一体，可以看出，这种功能使得院坝成为独特的街道集会广场，不仅凝聚人气，还有利于寺庙的管理
	四川自贡仙滩古镇		仙滩天上宫建于1850年，南华宫建于1862年，但是街道形成于会馆之后，在南华宫碑记载，门厅、戏楼、疏楼、大殿、耳房、陪房、庑屋，皆与寺庙、民间建筑为一整体，循序渐进渐高，升合起伏，条井分明，疏漏下四城门，自通左右街道，启闭自如，制人流，控应变，防未然，巧妙之极，奇特罕见

（四）古镇戏场的空间“流动性”

古镇戏场的空间“流动性”分为两种特征，一是演出场所本身体现出的临时性和流动性，二是人的观演行为所体现出的临时性和流动性。

1. 古镇戏场的“流动性”

观演行为与观演场所的“流动性”，正是古镇戏场中充满人气和产生空间活力的重要因素。这种流动性体现在：戏班随着演出需要而“跑江湖”“逢场作戏”，戏台随着庙会的需要而临时搭设，四周的人群因为赶集的需要而临时的相聚。

中国古代临时性的随着庙会和赛社而进行的演戏行为，随之而来的人群“瞬间聚集”“瞬间转移”的赶集行为，促使了临时戏台的出现。临时戏台，又名草台、野台，是为了演出而临时搭设的戏台，它的好处在于可以适应不同地形、时间的需要。据中国明清时期古文献中的记载，即使在遥远的村落，都频频有万人空巷的看戏的场景，更不用说城市里演戏，在明清绘画中我们可以看到城市和农村搭台演戏的场景。清汤斌《汤子遗书》卷曰：“吴下风俗如遇迎神赛会，搭台演戏于田间空旷之地，高搭戏台，哄动远近男妇，群聚往观，举国若狂。”

此外，传统的临时戏场是具有临时性的“功能置换”的古戏场，平时作为街道和晒谷的广场，在节庆时成为古戏场，我国现在农村的社火，也常常“借道演出”，而这种瞬时的“功能置换”和临时舞台的可移动性，使得街道和戏场共生共存，合理的利用和安排时间。这也是我国步行街文化的最初形式，日本东京歌舞伎町步行街就规定周一到周五白天作为车行道而其他时间为步行街而安排不同的使用时间。我国农村至今还有很多地方都还有秋收后在街道和晒谷的广场演出的习俗，可见临时性的观演空间所具有的季节性的流动性。

戏曲的演出活动多伴随着民间各种庆会活动而进行，演出空间环境也与人文环境相互重叠。近千年来，正是通过各类性质不同的演出场所，戏曲渗透到了中国社会的各个角落，遍及城镇乡村，成为广大民众最普及、最主要的娱乐方式与娱乐品种。

2. 观演行为的流动性

我国古代的演出场所不断转移的同时，观演行为本身也常处于动态的变化中。在古镇中的演出场所是流动与固定相结合的演出空间，其演出的空间依次是舞台—所行各处—舞台，戏曲表演也可以分为两部分：流动演出和固定演出。流动的演出主要是指庙会时前期在街道上边行边演，固定的演出就是戏台上的表演，常常是在游行表演结束后开始（图 6）。这种表演方式在我国有着很悠久的传统，我们现在在农村还能看到的“社火”，大概就是这种演出形式的一部分。在明清，有各种各样这样的表演，当时称为“走会”，其内容经常是民间歌舞的串演，它没有一个中心事件、情节和人物，唱段曲调也不统一。这种走街串巷的表演，一来铺垫气氛，二来聚集人气，三来消灾祈福，等游历完毕，才在戏台或坛场停留下来，举行一系列的仪式和表演。例如，尧坝场东岳庙前及戏台下原为大米杂粮市场，平日里赶场开市，遇到庙会活动便张灯结彩，请戏班唱戏，抬着木刻的城隍塑像巡游，前面是仪仗队，戏班子跟在后面，装扮各种人物形象，百姓紧随左右，沿着街道巡游一天，以达到消灾祈福之功用，到晚上才点灯唱戏。也可以说是民间戏曲的特殊表演方式决定了流动与固定相结合的演出方式[①]。

从上可以看出，传统戏曲走街串巷式的演出以及随着节庆不断迁徙的方式正是激发场所空间活力的主要因素，而古镇戏场的观演空间是线性的、流动的、非封闭的，恰好能给这样走街串巷的民间戏曲以表演和施展的空间，所以，传统古镇中连续的街道和庭院，正是古代人们交往和生活的公共场所，而正是这样的空间环境赋予传统观演行为以活力和持久性。

图 6　四川古镇抬“神”游街活动

资料来源：赖武、喻磊：《四川古镇》，成都：四川人民出版社，2010 年，第 105 页

（五）结语

可以说，古镇戏场中的空间连续性，产生了古镇中空间的流动性，而演出的流动性与观看的流动性，正好吻合了这种空间特质。正是这种具有流动性、包容性和含蓄性的空间，传达出浓郁的生活氛围和人情味，进而导致传统场镇空间活力的产生。正如简·雅各布斯在《美国大城市的生与死》一书中所说：“人与人之间的活动及生活场所相互交织的过程，形成了城市生活的多样性，使城市获得了活力。”[②]当代观演空间的设计，也需要从西方封闭的剧场空间中走出来，创造出一种更能激发人与人之间的交流、更具有空间活力的场所。

① 季富政：《采风乡土》，成都：西南交通大学出版社，2008 年。

②（加）简·雅各布斯，《美国大城市的死与生》，金衡山译，南京：译林出版社，2005 年。

十六、基于文化共融的漫川关历史街区更新保护研究[①]

（一）漫川关沿革及现状

漫川关一带，北连秦，南接楚，以地貌多样、水域宽阔而得名。自宋至民国初，这里商贸繁盛，成为“北通秦晋，南联吴楚”的水陆交通要处。1934 年陇海铁路通车致使物流改道且洪水频发，其商务逐渐衰败。如今的漫川关，希望通过发展农业、小型工业和旅游业等，促进漫川关经济的进一步增长[②]。

本文研究的重点区域为漫川关的老街区“明清街”，其依山傍水，南北走向，背靠青龙山，面临靳家河，街道呈“蝎子”形，是漫川关镇唯一保存较为完整的历史街区。明清街，长 1080 米，呈“之”字形形态布局。街道以拐弯处为分界，自北向南，分为上街、中街、下街三部分，公共中心位于中街和下街的衔接处（图 1）。

图 1　老街空间格局

① 本部分由张瑶、崔陇鹏、刘华康撰写。
② 山阳县地方志编纂委员会：《山阳县志》，西安：陕西人民出版社，1992 年。

（二）漫川关街巷的尺度保护与肌理延续

街巷肌理主要包含两部分的内容，分别为：（1）街巷空间的尺度及比例，主要指街巷空间比例 D∶H（D 为街道宽度，H 为沿街建筑外墙高度）。（2）街巷界面材质，主要指街巷的硬质和软质景观。

1. 街巷空间的尺度及比例

建筑与街巷外部空间的组织关系，既有大小、形式，也有空间布置上的关系，最基本的是它们之间的比例关系，这也是人们对其空间感受的主要来源。保持传统村镇街巷空间的尺度及比例有两方面的含义。其一，要保持街区中建筑的基本尺度、体量和密度。其二，要对街道和街区的尺度、开放度等予以延续和控制①。

（1）上街两侧现存的传统建筑层数均为单层，高度在 4—5.5 米，加之街巷尺度较为狭窄，平均为 2—3 米，故其街巷高宽比控制在 0.5—0.7，空间感受舒适宜人，且具有连续感。而新建建筑则多为 2—4 层，高度为 6—9 米，街巷高宽比控制在 0.3—0.4，空间感受压抑。

（2）中街两侧现存的历史建筑多为 1 层，高度约为 4 米；其街巷整体较秦街宽敞，街道宽度基本为 2—6 米，整个街巷的高宽比均控制在 0.7，宜人的尺度和地方传统建筑的存在，使中街的空间感受更舒适，且更具地方传统特色。部分新建建筑为 2—4 层，高度为 6—12 米，街巷高宽比控制在 0.2—0.4，空间感受较为压抑。

（3）下街保存完好的历史建筑较少，但从保留下来的历史建筑中可以看出其沿街建筑均为 1 层，高度是 4—5.5 米。而新建建筑则多为 2—3 层，部分建筑可达到 4—5 层。楚街街道在老街中最宽，且宽度变化也比较大，最窄处仅为 4 米，最宽处可达 8 米。因而，尽管仍有新建的多层建筑的存在，其整体空间感受并不压抑。

综上所述，漫川关明清街所承担的主要职能是人的步行交通以及生活交往，因而其呈现的主要是“小尺度”的空间。其街巷宽度是 2—8 米，两侧传统建筑高度是 4—5 米，D∶H 在 0.5—2，无论是从空间尺度和比例上均让行人感觉舒适宜人。然而，对于人口的增长所导致的老街内新建多层砖混建筑，在控制高

① 浦欣成：《传统乡村聚落平面形态的量化方法研究》，南京：东南大学出版社，2013 年。

宽比在 0.5—3（传统街巷的 D:H 值普遍在此区间）的前提下，对其进行拆除或者改造，以满足安定、亲切的空间要求。

2. 街巷界面材质

街巷界面材质主要包括硬质和软质景观。硬质景观主要是建筑形态和其他铺地、小品等人工景观；软质景观主要是街巷绿化的自然景观，两者有完全不同的材质特性和景观效果[①]。

明清街内硬质景观主要包括传统民居建筑、会馆建筑、戏楼建筑等，其多为砖木结构，以青砖和实木为主要建造材料，多为坡屋顶，且建筑装饰构件、雕花等精致细腻；新修的民居建筑风格则较为现代，与传统街巷的风格不一致；此外，明清街内软质景观缺少，街巷内无绿化植物，街巷内无生气，且多陈列摆放杂物，街容风貌不堪。

综上所述，老街如今亟待做的首先是通过技术手段，将古镇区内明清街立面进行统一改造，确保古街风貌的完整性、连续性；其次，传统街巷内部旧为鹅卵石铺地，对后期铺砌的预制砖铺地，可进行拆除；最后，老街内部缺少绿化等软质景观，可增设必要的自然景观，将古镇周边的山水环境引进来。

（三）民居改造与其示范效应

由于漫川关老街区地形南北狭长，空间有限，为节省土地资源，当地传统民居建筑多呈东西向布置，并结合南北方的天井式建筑和合院式建筑形成多户共用天井和合院的居住形态。

笔者将本次民居建筑保护更新的重点放在传统邻里文化和熟人网络下“多户共居”模式的民居聚落单元，因而在此针对“天井式”平面格局中的两户共居、三户共居和四户共居的民居建筑进行分析（图 2）。

（1）“两户共居”的居住形态，设有前后两门，两面分别临两街。两户共同使用一个天井作为公共活动场所，天井内设置压水井等公用设施，满足日常生活之需；且两户利用天井进行采光。

（2）“三户共居”的居住形态又可总结为“U”字形的空间格局，三户共用一个天井，其中一面（C 户）为沿街住户，可有直接对向街巷的入口空间；

① 何依、邓巍：《历史街区建筑肌理的原型与类型研究》，《城市规划》2014 年第 8 期，第 57—62 页。

另外两户（A 户、B 户）为院内住户，可以从另一侧的入口出入，走廊空间主要为 A、B 两户使用。

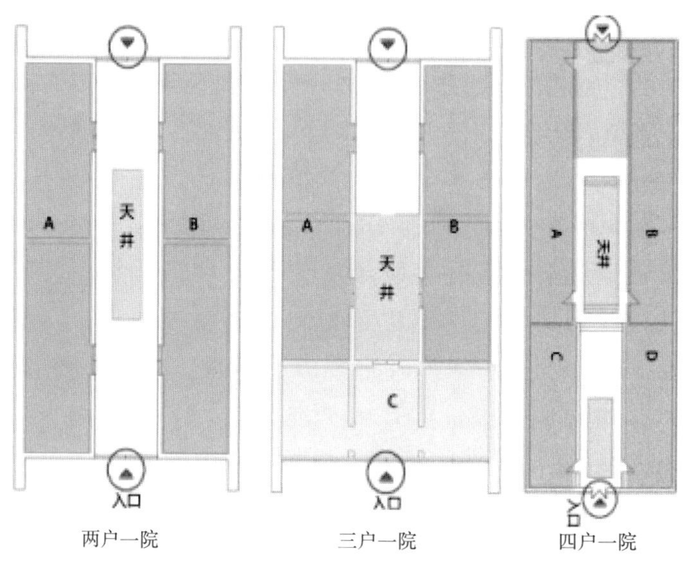

（a）两户一院　　（b）三户一院　　（c）四户一院

图 2　“多户共居”示意图

（3）“四户共居”的居住形态，为两户共居的拼接。四户两院的民居模式，围绕着两座天井排布，纵深狭长。两面分别临两街，从两侧入门进入皆可通达。其中 A、B、C、D 分别为居民居住区域；黄色区域为天井；白色区域为走廊等交通、绿化空间；浅绿色区域为当地民居中特有的公共活动生活空间。这四户人家皆可通过天井、廊道进行室内的采光。

针对漫川关老街区内单个或者多个民居进行改造，选取“改造范例”，设计“多户共居”的模式，在维持建筑地域特色的前提下，使用新材料、新技术，加固民居结构，重新安排平面布局，使其能适应居民的现代生活需要，并对其破败的建筑立面进行改造。通过改造典型民居，达到示范效应，并以此引导居民自行对其民居进行更新改造。此外，对民居的使用性质、体量、高度、色彩、屋面形式等做出详细规定，强调在改造过程中保持街巷体系的延续，以使整个街区的内外空间环境和谐统一①。

① 张瑜、贾艳飞、何依：《传统平原堡寨村落整体性保护方法探究——以平遥古村落为例》，《城市发展研究》2015 年第 4 期，第 104—110 页。

（四）结语

在经历国内城镇高速发展的阶段后，社会经济发展已出现了“新常态”的态势。针对快速的古镇规划与建设带来的问题，我们要挖掘和发扬传统村镇聚落环境所独有的空间特色以及地方文化，既要更新保护建筑及街巷空间，又要注重文化的引入运营，以复兴历史街区，满足游客和原住民的多元化需求，实现建筑、环境和人生活模式的共同保护，延续历史建筑的价值。

十七、传统地坑窑洞民居的技术传承与创新[①]

（一）地坑窑简介

地坑窑，又名“天井窑”“地下四合院”。四方坑院一般长宽约 10 米 × 10 米、深 6—8 米。坑院内每个立面水平方向有宽约 4 米、高 3.5 米，顶部为弧形的窑洞 2—3 口（图 1）。窑洞深 5—10 米不等，其中一面的 1 孔窑作为坡道形式的通道（俗称洞子）与外部相通。窑洞口多用青砖进行砌筑维护，上部有窑旋，有窗户、门，室内窑壁用麦草泥压光，用白土（观音土）或黄土泡开刷涂，门窗多用棕红色油漆刷涂。院内四周墙壁叫崖畔，立面用麦草泥压光。窑院顶部四周和通道口两侧顶部均用青砖灰瓦进行砌筑保护，顶面（俗称场）用挖窑的土夯平压实。另外，院内设有人工挖的土井（渗井）作为排水渗井，窑内后半部分有垂直通往顶部的直径 400 毫米孔（俗称溜子）作为通风井。

图 1　地坑窑图

地坑窑的施工，通常是在较平坦的地面确定地坑院院落的长、宽和坡道位

① 本部分由崔陇鹏、王树声撰写。

置后定位、放线，在初步平整后再开挖、建造窑洞的，其步骤大体如下。其一，开院。在地面定位放线合适的院落范围，先人工开挖坑院（俗称打窑），使用的工具有铁锹、二齿耙子、竹笼（篮子）、运土车等。随着坑院向下挖深，需要开挖宽度约 1000 毫米的土坡道，设置约高 200 毫米、宽 300 毫米的踏步（俗称台窝），以便人工向上运土。在坑院深度挖至约 8 米时，先开挖连接地面的通道，使之成型。其二，挖洞。在坑院的四面崖畔，选好窑洞的位置，用耙子画出外形尺寸（俗称开窑口），然后向里挖土，挖出的土方从坡道人工外运，直至窑洞成型。其三，洗窑。窑洞成型后，需请一位洗窑师傅（俗称把式）洗窑。洗窑就是对窑内进行修整。洗窑的主要工具为三齿耙子。洗窑后，用青砖和土坯（俗称胡畦）做窑旋和墙面的维护，并安装门框、窗框。然后，再在院内开设渗井（深 3—5 米，直径约 800 毫米）。其四，护窑。院厅成型后，院厅四面（崖畔）顶部边沿需用青砖、灰瓦砌筑护崖檐（俗称作崖畔），以防雨水冲刷。同时，在窑顶面（俗称场）撒些许麦糠，用碌碡进行碾压，使其密实，具有防水功能，也可用来碾压麦子、油菜等农作物，晾晒粮食。

窑洞的室内设施较为简单。一般住人窑洞室内设土炕 1 个，冬季可用柴火填烧取暖。炕上多用竹席作隔膜，室内常置放供人吃饭的方桌及木制椅子、长条板凳等。厨房窑洞室内设有灶台（俗称锅头），灶台上安放铁锅 2 个、案板 1 个。窑洞之内还常有小窑（俗称拐窑），用作储藏室或厕所。另外，窑洞也可用来圈养牲畜。

（二）地坑窑的特征

1. 地坑窑的平面特征

天井式地坑窑为四方几何形布局，形状与我国古代北方四合院建筑类同（图 2），从上方看只是一个四方向下的“斗”状[①]。柏社村的地坑窑一般为多年建成，每年挖掘四方几何形的一边，也就是两到三口单窑，四年即能大体建成（图 3）。地坑窑院落的方位，早期根据“后有靠山，前不蹬空”的原则来确定主窑，一般有东震宅、南离宅、北坎宅和西兑宅四种形式。随着时代的变迁及生活方式的改变，这样的方位象征逐渐被居民们淡化，新建的地坑窑院落大多以居北为上选定主窑。一般来说，一年中阳光照射最多的北方位上的窑就定为主窑，

① 侯继尧、王军：《中国窑洞》，郑州：河南科学技术出版社，1999 年。

然后按逆时针方向旋转，依次递进。单体的地坑窑也可打通，将各个窑院联系在一起，有时候可以联结多达五六个院子。

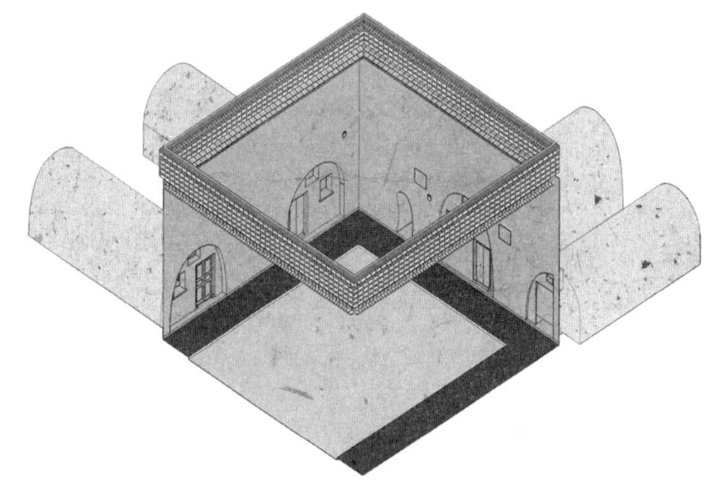

图 2 地坑窑概貌

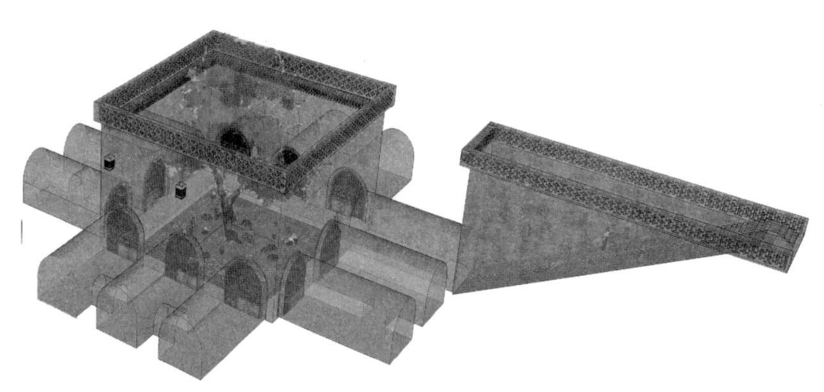

图 3 地坑窑的地下空间

2. 地坑窑的立面特征

地坑窑其内单个窑脸也有着区别（图 4、图 5、图 6）。传统生土窑洞没有栋梁支撑，完全由挖凿成型的纯原状土拱作为自支撑结构体系。根据资料研究显示，其拱轴线的几何形状模拟为双心圆拱、三心圆拱、圆弧拱（如半圆拱）、割圆拱、平头拱（如平头三心圆拱）、抛物线拱和落地抛物线拱七大类，圆在不同的环境下会形成不同的形式。柏社村大都是圆弧、双心圆、抛物线的形式，也有少量落地抛物线的形式，根据年代的不同窑脸也发生着变化。在黄土高原特有的环境条件下，当地居民选择采用本地材料，对重点建筑部位和需要强调的建筑结构加以装饰，如在门窗洞口处。柏社村的门窗大都是一门一大窗一小窗，门双开为多。都以木材为原料，以隼卯为结构。窗格样式多为方格布局，搭配窗花窗纸。门大都为实木灰门，上有铆钉、铜锁。由于受到建筑材料的约束，装饰纹理大都以灰砖的不同拼砌垒筑方式来表达。以上种种选择虽然受到各种限制，却使得结构独特的地坑窑乡土民居彰显出了前所未有的独特建筑气质，其思想内涵中的含蓄质朴在装饰中得到了很好的凸显。具体装饰表现在地坑窑的女儿墙、滴雨檐、勒脚、窑脸等处。

图 4　地坑窑窑脸图（一）

图 5　地坑窑窑脸图（二）

图 6　地坑窑窑脸图（三）

3. 地坑窑的功能

地坑窑院落内的各个单窑都有其主要功能，并附带其他次要功能。单一功能的厨房、厕所、家畜窑与储物室，其所属的使用功能一般不能兼顾其他功能；而具复合功能的卧室，会连带有储物、厨房、客厅的功能。这些功能的划定与居民的生活方式、习俗文化有着密切的联系。复合功能的单窑，在距离门窗较近的窑内区域，一般为火炕，这里离室外最近，光线充足，温度稍高，空气湿度较适宜，且有利于火炕烟尘的排出；火炕靠里的窑内区域，功能随季节的变化有所不同，冬季支炉子，取暖做饭，夏季当厨房移至庭院内或厨房窑后，此处将作为储物或客厅；窑内最里处，光线几乎常年不到，光照度急剧下降，不具备劳动活动的光环境，大都作为储物区域。居民们在长期的生活劳作中总结出的生活规律与经验，集中体现在窑洞功能的分配与利用上[①]。

---

① 童丽萍、韩翠萍：《黄土材料和黄土窑洞构造》，《施工技术》2008 年第 2 期。

（三）传统营建技术

黄土自身具有质地均匀的物理特征和抗剪抗压强度较高的结构稳定性特征，这些自然优势非常适合于干旱少雨地区的建设利用。这也就是当地的居民多用黄土、石材作为主要建造材料的原因。黄土和石材直接取之于当地，可用于建窑、砌火炕或挖土脱坯烧砖，而且一旦废弃，还原于环境，对于生态系统的物质循环过程毫不影响，符合生态系统的多级循环原则，可称为天然的环保型建材，并由此形成了相应的建造技术（图 7）。

图 7 地坑窑黄土材料图

1. 地基处理

作为窑洞承载力的重要部分，地基处理技术的改进可以提高窑洞的力学性能，提高窑洞的使用持久性能。一般黄黏土作为地基处理的材料，经过小木夯等人工地基加固，仅适用于单层平房或单层窑居建筑的浅基础的地基处理。若地基严重不均匀，持力层很深，上部建筑为两层以上的楼房或窑洞时，仅用黏土处理地基，可能会出现承载力不足的情况。为此，要有提高承载力的措施。实践中，常用 2∶8 灰土垫层地基、建筑渣土垫层地基和砂石垫层地基，其中 2∶8 灰土垫层和石垫层地基是常规地基处理技术。

窑居的承重受力在窑腿上，拱顶的侧推力通过窑腿传递至基础。承重结构相对简单，内部空间不受承重结构的干扰，空间可灵活变化。因而，常常采用轻质材料划分窑居内部空间，使居者根据自己的喜好与需要设计。材料本身也要易于维护，方便拆卸与安装，以为日后空间的更新提供适应性变化。

2. 崖面处理

黄土窑洞的寿命一般在六十年以上，现存的也有达三百年以上的，而一百年以上的很常见。窑洞挖掘成型以后，需要经历一至两年的稳定性考验。如果窑洞不出现大的掉块，关键部位也没有产生大的裂缝，则可认为是稳定可靠的。土窑洞的坍塌破坏多是由闲置不用、自然风化腐蚀和局部漏水坍塌造成，个别土窑洞破坏则是由于土质差所导致。窑洞的耐久性主要是由崖面的稳定性决定的。窑洞的崖面一般都是直接铲削而成，崖面坡度在 5%左右。很多旧式窑洞都是在崖面成型后一直未经处理，保留至今，往往整体结构依然安全完好。有些近两百年历史的老窑洞，整个崖面未经任何处理，但历经多年的风吹雨打之后，依然基本完好。而新近修建的窑洞，大都进行了部分乃至全部的护面处理。这样处理后，除了使整个窑洞显得美观大方外，更提高了窑面抵御风吹日晒及雨水淋蚀的能力。因此，当地有一定经济能力的人家，在新修窑洞时，都会对崖面进行处理，并对既有崖面进行了不同程度的贴面修缮。据了解，陕西窑洞崖面出现破坏，多数是在住户搬走后，长期无人修护导致的。

对窑洞崖面的处理方法，主要是通过在窑洞崖面铺设 12 厘米厚的砖面表层，不但使窑洞的美观程度得到提高，也让窑洞的使用更为方便。但由于只进行了局部的崖面处理，在长期的风吹雨淋作用下，窑顶崖面还是会出现雨水冲刷下流、崖面本身局部剥蚀等不利情况。在经济条件许可的情况下，居民对崖面会进行处理，使之显得美观大方，同时在窑洞的使用过程中不用再担心崖面遭雨水冲刷后出现泥水的问题，使整个窑院可以更好地保持干净整洁。窑面的稳定关键在于保护洞口，尤其是新建的窑洞。新建的窑洞洞口干裂过程比较快，而土体干缩，使表层与内部土体失去拉结作用，产生放射性裂纹，出现局部崩塌和掉块现象。一般来说，洞口的门窗、墙体，能起到支护作用，不需另行加固，只需对门口裂纹采取措施就行。

土窑洞的耐久性，在很大程度上取决于维护和保养。例如，住人窑洞较为耐久，而不住人容易破坏。这是因为住人窑洞一般能够保持通风、干燥，及时维修、加固和保养（图 8）。

图 8　地坑窑窑洞图

窑脸存在的主要问题有黄土风化剥落、洞壁裂缝和洞顶掉块等。新黄土短期内力学性质较好，自然状态下即能保持边坡稳定性。但随着时间推移，新黄土竖向力学性质变差，如长期受雨水冲刷，窑脸处黄土的稳定性也会降低很多。新修窑洞可通过窑面砌筑护面墙的方式，永久性地解决因崖面风化剥落所导致的不定时窑脸向窑内退进问题。对于洞壁裂缝和洞顶掉块等问题，旧窑洞可以用夯实土坯和加筋土修复，也可用木支撑等加固方法加固。由于天然黄土自撑能力较强，黄土窑洞在开挖过程中一般能保持洞壁稳定。若局部出现破损，可用与洞壁黄土黏结性良好的草泥修复。草泥的室内实验结果表明这种做法是合理安全的。另外，在窑洞洞壁衬砌夯实土坯，也可以进一步提高洞壁的稳定性。

3. 门窗处理

经过多年探索，黄土窑洞中作为传统弱项的采光方面已有了一定的改进。旧式窑洞室内只能通过窗户采光，洞内的亮度取决于窗的面积大小，前部光线较好，后部则采光不足、光线偏暗；而新近修建窑洞，大都通过窑脸的“一门二窗”（即在窑脸上镶砌门窗，一只低窗与门并列，上面再砌一只高窗，当地人也称之为天宙）结构、窑洞内壁的粉白和装修进行采光。随着窑洞建造技术的不断提升，其采光效果也越来越好。现在，只要有人居住的窑洞，几乎都会进行窑洞内壁的粉白或装修，窑内光线充足，感觉明亮畅快。

窑洞室内的温度，是人们选择窑洞居住形式的主要原因。由于窑洞的建筑材料和结构形式，导致窑洞的维护结构热惰性和热阻系数均较大。土壤导热性能差，使其本身始终能保持温热的稳定性。通常，一昼夜间的地表温差，只能影响深达 1 米以内的土壤层；一年间地表温差的变化，也只能影响 6 米左右的土壤层。土壤越深，其温差变化则越小。

窑洞顶部一般会有 3 米左右的覆土厚度。在夏天，当地表温度达到最大值时，由于温度向下传播会因地下与地表存在相位差和振幅衰减，时间上会滞后，这样，窑洞室内的温度相对于地表会比较低；在冬天，同样的道理，窑室内温度会比地表温度高。这就是黄土窑洞冬暖夏凉的基本原理。窑洞建筑利用土壤传热较慢这一特性，达到了节能的效果[①]。

（四）传统窑洞技术的改进

建筑技术是建筑空间的实现手段。早期的窑洞是在当时当地气候、环境、社会和经济条件下的产物。虽然窑洞的建筑过程包含有朴素的生态思想，但窑洞建筑本身存在着不足之处。针对传统窑洞民居的问题，1980 年 12 月 5—10 日在甘肃省兰州市召开的中国建筑学会窑洞及生土建筑调研协调会上，与会者一致同意创立“窑洞及生土建筑研究会”。研究会成立后，开展了一些卓有成效的科研和实验活动，诸如自然通风、太阳能利用、采光改善等。1986—1987 年，兰州市白塔山公园西侧一万多平方米的实验窑洞“白塔山庄”第一期工程建成。1997—2000 年，西安建筑科技大学刘加平教授带领的团队，在陕西延安枣园为居民做了一批示范工程，该示范工程通过在窑洞中引入太阳能、地冷、地热通风空调系统，提高窑洞的居住舒适度[②]。2009 年，中央美术学院、西安美术学院、北京服装学院、太原理工大学四校一道在我国西部农村开展关注西部农民民生、实施低碳绿色环境设计的公益项目，试图践行“为农民而设计”的设计理念，以全力保护传统窑洞民居这一建筑文化遗产。

这些针对窑居的建设与保护方案，大都体现在以下几个方面。

1. 生土营建材料的改进

生土营建材料的改进，主要是利用现代技术来弥补土材建筑防水性、防蛀性以及结构抗剪性较差的问题。土材在现代生态建筑的运用上，不仅需要创造出更有实用价值的建筑形式，还需要解决为满足舒适的居住品质而面对的实际技术问题。这往往需要辅助使用其他建筑材料和合理的技术手段来实现低能耗

① 赵伟霞等：《地坑院窑皮空间的构成及其影响因子解析——以陕县凡村地坑院窑皮空间研究为例》，《建筑学报》2010 年第 3 期。

② 刘加平等：《黄土高原新型窑居建筑》，《建筑与文化》2007 年第 6 期。

与高舒适度的目标，以使土材建筑得到更多的推广。生土墙体的改性方法可以分为化学改性与物理改性两大类。化学改性是指加入熟石灰、石膏、水泥、粉煤灰等改性剂与土粒子发生化学反应，以提高生土墙体的强度与耐久性。物理改性是指加入麦秆、稻草、竹筋、麻刀等植物纤维，以增强生土材料之间的拉结作用，提高生土墙体的整体性，减小土体干缩。物理改性可以提高生土墙体的抗震性与抗剪强度。化学改性剂可以改善生土墙体的耐久性。物理改性和化学改性两者均可以减小墙体的收缩率，提高其抗裂性。主要有以下几种改进方式。其一，使用石灰等添加剂来提高墙体的耐久性。黏土的干缩性较强，容易在墙体表面形成细微裂纹，通常需要加入石灰等添加剂。采用这种方法夯筑的土墙，干燥后非常坚硬，耐水性好，耐久性优于水泥。除此之外，还可以通过加入糯米汁、红糖水、蛋清水等，来提高墙体的强度与耐久性。在地震区或潮气重的地方，需添加混凝土粉末作为稳定剂。采用这种方法，在操作前，需先测试土壤成分、土壤中的水含量及空气温度和湿度，同时还需要对加入的水量和水泥量加以控制。其二，使用土坯与乳化沥青结合来提高墙体的耐久性。加固生土建筑的最好办法是增强生土建筑的耐久性，乳化沥青常被用于建筑外墙、地下水泥基础防水层和护堤墙中。此外，在混凝土墙根上砌筑第一层土坯砖时，也可以先在混凝土墙根表面涂一层沥青来防水。其三，使用石材建筑营造技术进行改进。以往对石材的利用主要在于石柱梁体系、承重与非承重叠砌、叠涩、石拱与石穹隆、干挂、湿铺、雕刻与装饰构件。在现代建筑的发展与应用中，这些利用方式或多或少受到一些限制。为了进一步开拓石材建筑市场，需要在乡土材料与营造技术的基础上扩展石材的利用方式，探索更有推广意义的使用方法。

2. 被动式太阳房的应用

在窑洞民居中加强太阳能的应用。例如，可在窑前窑顶设置太阳能温室，或在靠崖式窑洞前附加阳光间。这种设计不仅可以作为集热设施，还可以用来休息、娱乐、养花，既美化环境又调节小气候，即使在寒冬季节也能让人有置身于大自然的温暖感觉。太阳房的基本原理就是利用“温室效应”。被动式的太阳房是通过不同的集热方式获取太阳辐射热为建筑内部供暖，可分为直接受热式、集热蓄热式和附加阳光间式三种集热方式。这三种方式是被动式太阳房建造的三个必要因素，缺一不可。考虑到经济实用及集热效率，将三种集热方式共同组织可形成被动式太阳能集热系统，以此来解决传统窑居采暖与耗费不可再生资源的矛盾，并兼顾到窑居冬季保温、夏季降温的问题。此外，还可以在农村推广使用太阳能热水器、火炕、锅灶等。

3. 利用机械辅助和太阳能强化自然通风

采用自然通风取代空调制冷技术，至少具有两方面的意义。一是实现了被动式制冷。自然通风可在不消耗不可再生能源情况下降低室内温度，带走潮湿污浊的空气，改善室内热环境；二是可提供新鲜、清洁的自然空气，有利于人体的生理和心理健康。

自然通风的实现方式主要有两种。一是利用风压实现自然通风。风吹向窑洞时，因受到挡风板和植物的阻挡，会在窑洞的迎风面产生正压力。同时，气流绕过建筑的各个侧面及背面，会在相应位置产生负压力。风压通风就是利用窑洞的迎风面和背风面之间的压力差实现空气的流通。二是利用窑洞内部空气的热压差，即通常讲的"烟囱效应"来实现建筑的自然通风。利用热空气上升的原理，在窑洞上部设排风口，可将污浊的热空气从室内排出，而室外新鲜的冷空气则从底部被吸入。热压作用与进、出风口的高差和室内外的温差有关。室内外温差和进、出风口的高差越大，则热压作用越明显。于是，可以利用机械辅助和太阳能技术，强化窑居自然通风，从而达到改善窑居室内环境的目的。

此外，将竖井通风与地沟通风结合起来共同发挥作用，可以使窑居的降温除湿达到更优的效果。在地沟内每隔一段距离设置一个露出竖井（开通风防雨百叶窗），在两个竖井中间设置送风竖井，并安装风机，所送的风由此进入，风量根据地沟大小而确定。

4. 窑洞降湿处理

（1）壁面湿度的控制。由于很多窑顶都有覆土种植，故土壤湿度大，容易增加窑洞顶部的渗漏。对此，以往有用油毡、塑料薄膜进行防水处理的，但这会使窑居室内湿气无法蒸发，室内窑壁湿度增大。《黄土窑洞防水技术》的发明者提出了窑顶防水的新方法，即采用"双层结构土"来改变水的入渗过程，减少雨水的入渗量，达到减渗、防渗的目的。双层结构，就是指在同一土层内，由两种水平状的颗粒材料所形成的夹层土，如土中央有水平层的砂或炉渣。经过理论计算和实践检验，在土层表面下 50 厘米处设置一层 10 厘米厚的砂层或炉渣的做法，不但可以缓减和阻止雨水下渗速度和总量，而且可以降低窑洞四壁及窑顶砂层以下土壤的含水量。这样，一方面解决了造成窑洞民居潮湿的湿源方面的问题，另一方面，由于砂层以上土壤的含水率增大，且能保持一个相当稳定的时期，又为窑顶农作物的种植提供了有利条件。

（2）通风降湿。窑洞特有的自然空调系统通风，可以达到降湿的效果。基本原理就是通过空气的流动将部分水蒸气带走，从而降低空气湿度。有序的通风组织，既可以保证夏季窑内均匀的温度场分布，又能够防止窑洞壁面与地面泛潮。

5. 窑洞顶部的种植

窑洞民居的可持续发展，有赖于"环境支持系统"和"资源支持系统"的健全与合理。当代新型窑洞在传统窑洞的基础上通过进一步强化节能节地功能，能够降低生态成本。窑顶地面可设计种植绿化层、滤水层和隔、排水层来进行利用。窑顶进行种植绿化，不仅可增加土地种植面积，节约土地，也可以增加窑洞建筑的保温、隔热、蓄能、绿化和调节小气候的功能。窑顶隔、排水层自下而上由砖拱结构层、油膏防水层、30 厘米厚的灰土层、4 厘米厚的混凝土垫层、人行地砖层等构成。

6. 窑洞内的采光与换气

在窑洞后壁附近，通过设计一个"采光井"，能使采光、通风、防潮、储藏等功能有效地融为一体，解决传统窑洞室内通风换气不畅、采光不足、潮湿阴暗、室内空气不良的弊端。窑洞的平桩高度 2.6 米，拱高 0.7 米，吊顶后室内净空间与普通多层砖混结构住宅相同。此外，通过设计布置一个简易的"隔污换气"自调节装置，可以利用室内排气后的余热（冷）对新鲜进气进行加热（冷），依靠自然能实现对窑洞的空气调节。这一装置除了可以对空气进行调温除湿外，还可以配合窑顶的太阳能温室加热种植层的土壤，以利于寒冷季节植物的生长。这是改善、提升黄土高原传统窑洞居住功能的非常有价值的生态途径，值得应用、推广①。

毫无疑问，这些新的设计结合了中国传统窑洞民居的优秀建筑文化和生态经验，未来将在新型窑居建筑的建造过程中发扬光大。实践证明，把我国传统

① 靳亦冰：《资源承载限度下黄土高原沟壑地区村落发展研究——以陕西永寿、甘肃西峰两地村落为例》，西安：西安建筑科技大学硕士学位论文，2003 年。

建筑技术改进后应用到现代节能建筑的设计中来不仅是可能的，而且也是非常有效的。

（五）传统民居的技术创新

本课题组在示范地地坑窑院建筑的改造、提升设计中，通过研究地坑窑院的分布规律和营造思想，分析总结出地坑窑院村落的居住特征，力求寻找传统建筑技艺与现代技艺的结合点，探索建造成本低、实用性强、普及性广、具有环保生态特点的新技术。针对当代生土窑洞民居存在的问题，本课题组研究预设了可行的解决方案，如通过地下连接两口地坑窑院来加强两口窑院的沟通，采用采光天井来解决两口窑院连接部分的采光通风问题，在地坑窑院上部建设新的卫生间，并在卫生间的设计中运用雨水收集系统、地域性建筑材料等生态设计手法，传统与现代建造技术相结合，不仅节约建造成本，而且能够进一步提高地坑窑院民居的生态价值与使用价值等。其技术创新成果简介如下。

1. 适合于半干旱地区的立体生态景观墙

干旱半干旱地区的种植难点在于给植物浇水后，大量的水分被蒸发与渗漏，只有少量的水分被植物吸收。为了让植物充分吸收水分而不至于水分蒸发流失，今天一些干旱地区常采用塑料管道将水送到作物根部进行局部灌溉的滴灌技术。地坑窑多位于半干旱地区。针对半干旱地区现有植物浇灌技术存在的不足（如滴灌技术成本较高），本课题组研发了一种由旱地植物种植容器组成的生态绿化景观墙，主要是利用传统的无釉缸壁会渗水及冷凝的原理，采用冷凝水与渗透水来供应植物在每年 3—11 月时段所需要的水分。该设计既可以节省给植物浇水带来的人工费用，也可以大幅提高水资源的利用率。

2. 应用传统材料的生态植物盆

生态绿化景观墙的设计，是基于本课题组发明的一种带有储水腔的种植容器。该种植容器的储水腔腔壁采用没有施釉的素陶（或土陶）材料制作而成，其工作原理是通过素陶壁的微渗水、冷凝原理，使储水腔内的水缓慢地穿过种植腔腔壁渗透。由于储水腔能够长时间（可以达到 4 个月的持续渗灌效果）均匀地给种植腔内植物提供生长所需的水分，这样，既可以避免因蒸发、下渗或溢出而造成大量水资源浪费，也可以避免因浇水过度或者浇水不足而带来的植物死亡。

3. 应用现代金属材料表达传统瓦屋面

由于地坑院采光井设计采用玻璃顶，一方面导致采光井外观风貌与传统建筑形式不统一，另一方面也造成采光井无法遮阳的新问题。为此，本课题组研发了一种半透光金属瓦装饰单元及其组成的屋顶。该屋顶是由并列设置的多个金属瓦片板（金属瓦片板的纵切面为波纹状，一个金属瓦片板的波峰和与其相邻的金属瓦片板的波谷相对应形成透光孔）和穿过多个金属瓦片板透光孔的穿接杆（该穿接杆可将多个金属瓦片板绑定为一个整体）所组成的半透光金属瓦装饰单元。这种半透光金属瓦装饰单元，既保持了传统瓦屋面的肌理、风貌，又使光线可以穿过瓦屋面，在地面形成斑驳的阴影效果，如果结合采光井的玻璃顶，更可形成奇妙的窑洞室内效果。由于组成该装饰单元的材料廉价，因而，该新型装饰单元在地坑院的改造、提升设计中可广泛使用。

4. 传统夯土墙技术的改良应用

由于夯土墙自身的结构缺点，导致夯土墙房屋室内通风不畅、采光有限等问题。本课题组研发了一种可透光的新型夯土墙。该型夯土墙的夯筑方法是：在夯筑墙体时，先在夯土墙模板内预埋三种大小直径不同的带有磨砂玻璃的采光钢管，然后再进行夯筑，最终形成具有透光性质的夯土墙体。这种新型夯土墙不但可以通过采光钢管提高夯土建筑室内的采光率，而且，嵌入墙体的采光钢管能够加强墙体的抗剪性。

本课题组还发明了一种适用于夯土墙的采光通风窗。该型采光通风窗的建造方法是：在夯筑墙体时，通过在夯土墙模板内预埋采光通风装置，然后再进行夯筑，最终形成具有透光通风性质的夯土墙体。同样，这种新型采光通风窗，既可以提高夯土建筑室内的采光通风效果，也可以因采光通风装置提高墙体的抗剪性。

5. 适合于干旱、半干旱地区的生态卫生间

由于干旱、半干旱地区生产生活用水紧张，所以需要设法节约水资源。针对当前黄土高原地区农村改厕不易改水的状况，本课题组研发了一种节水功能的生态卫生间。该生态卫生间的节水方法是：通过收集卫生间屋面雨水作为冲

厕和洗手的用水，并结合传统的夯土墙及新型的夯土墙采光通风技术，实现生态环保的目标。另外，通过在夯土中添加掺和剂、在外墙做特殊防水层，来提高夯土墙体的稳定性、耐水性，以实现经济、耐用、美观的统一。

6. 适合于地坑院的地下通风采光天井技术

由于地坑院存在通风不畅、潮湿、采光有限等不宜居的问题，导致地坑院居民大量迁出，地坑院数量因此急剧减少。为此，本课题组研发了一种可以适合于地坑窑采光改善的通风天井及其营建方法。该通风天井特征及其营建方法是：天井位于窑洞的后部，先从地面往下挖掘，形成深度6—8米、边长为3米×3米的方斗型空间，然后，以钢筋混凝土形成框架结构承重体系，沿井壁砌筑砖墙，并在地表面铺设防水、防潮层，最后，在钢筋混凝土框架顶部铺设钢龙骨、玻璃及金属遮阳板，在框架侧面安装百叶通风口，形成可以为地坑窑通风、采光的空间。该通风天井对地坑窑群的保护及改造具有积极的意义。

7. 适合于黄土塬区的雨水收集与净化技术

黄土高原地区降雨量少，而降雨后形成的地表水存在含沙量高的问题。为此，课题组研发了便于雨水收集净化的水池、花池与屋面装置。该装置通过收集、沉淀、过滤等方式，将雨水转化为景观水、灌溉水和洗用水，可以提高干旱、半干旱地区雨水的利用效率。

上述技术创新成果已分别申报国家发明专利或实用新型专利。

十八、陕南地区传统建筑营造技术集成与应用①

漫川关镇作为陕南地区一个典型的建筑风格南北交融的古老交通重镇，其传统建筑结构和建造技术中蕴藏着很多先人的营造智慧，值得今天的人去了解学习。本文主要以漫川关镇为典型，结合陕南地区的传统营造技术，从建筑选址和形式、构成要素、装饰和营造技术四个方面对陕南地区建筑营造的特点进行归纳总结。

（一）传统建筑选址和形式

1. 建筑选址

1）陕南聚落选址

陕南地区多山，山间多分布有狭长的谷地、盆地，谷地、盆地中多有大小河流流过。陕南地区的聚落选址多靠近江河沿岸。由于谷地、盆地的地形不够平坦和开阔，建筑群大都只能沿江河布局延展，这样，使得聚落形态多呈线形。这也从某种程度上决定了陕南地区典型的“两山夹一川，线形布局”的城镇空间形态②。

2）漫川关老街选址

漫川关古镇具有独特的文化特色和老街建筑特点。由于漫川关镇一带山川广布，漫川关镇老街呈现出独特的“因水而生，逐水而居”的水码头空间格局和“街巷依山势而建，聚落就水边而成”的鲜明特征。古镇所在谷地，背山临河，地势东高西低，高差明显，南北间距狭窄。为了方便居民居住，此种地形

① 本部分由崔陇鹏等人撰写。

② 张研：《陕南地区特色小城镇形象营造方法初探》，西安：长安大学硕士学位论文，2010年。

排布房屋时往往顺应地势，沿河流岸或沿山体方向相互平行地布置道路。镇内的民居布局方式，并非传统的坐北朝南，而是顺应自然地势，使建筑物与街道垂直，坐西朝东或坐东朝西。

2. 民居形式

1）陕南三合院、四合院

由于陕南的山区地形起伏大，为节省土地，就不得不使宅基地平面的布置灵活多变。以略阳为例，因地处嘉陵江边，城处于山坡和山冈上，一般采用阶梯形或沿等高线进行建筑。民居建筑一般为砖木或土木结构，青砖青瓦，木梁木椽，大坡屋顶。且为了通风、隔热，一般都有阁楼，阁楼有高有低，高者可以住人，低者可以贮藏东西。一进门或二进门处，有照壁。宅前具门楼，门楼的木雕、砖雕工艺精湛，门窗图案别具一格，有浓厚的地方特色。

陕南民居以独户式住宅为主，其平面布局多为三合院、四合院形式，平面一般为窄长方形，院落少则两进，多则三进、四进，住宅主体呈轴线对称，由厅堂、开敞的屋前场院和隐蔽的附属用房组成[①]。

三合院有正房 3 间，中间为堂屋，东西为厢房 2—3 间。正房前方屋檐外伸，可用来吃饭、歇脚。厢房开间比正房小，两端有围墙相连，墙中间朝南开门。

四合院由正房、厢房和过门房组成，中间有一天井，比三合院更讲究。三合院和四合院居室以土坯、砖石、木料为基本材料，大门多向南，忌朝西。

2）漫川关古镇民居

老街内的居住单体布局多选择缩小面宽、增加进深的方法，以便尽可能多地容纳当地居民。进深大的院落往往存在采光、通风不佳等问题，漫川关镇民居通过将狭长的院落分为多级院落，中间加设天井的方式来解决。这种天井院落，也成为当地民居最为典型的形式。明清时期的民居大多数面阔三间，平面布局为“前店后宅”，个别营业空间较大的民居为五开间，通常为“上店下宅”。到民国时期，出现了两开间、四开间的民居。民居平面都是以天井为中心来组合平面，有两个三合院相叠、两个四合院相叠、一个三合院和一个四合院相叠等组合形式。在建筑正立面上多设排门，也有石库门，侧立面则均为青砖砌筑的封火山墙。屋面与山墙屋脊交界处盖瓦，屋脊多由小青瓦叠成。民居多采用

① 李轲：《陕南传统民居建筑装饰艺术研究》，西安：西安美术学院硕士学位论文，2009 年。

墙承重结构体系，外墙用砖来承重，内部辅以柱子承重，室内多用木板墙进行分隔。内部的木构架属于抬梁式，多用七檩抬梁式或五檩抬梁式。

为了顺应地势，民居建筑平面往往设计有退台，在古街的中街部分甚至出现有三进阶梯式的院落，通过在院落中的天井部分设计阶梯来处理地势高差，这样既能有效地解决地势高差问题，也可以在院落中增加景观层次。

图 1 为漫川关镇典型民居形式。民居的大门也在中轴线上，前门为主入口，设在临街一侧，用于顾客进店交易，后门设在背街一侧，用于运进货物。由于外墙极少能开窗，四面房屋的通风采光主要靠天井和天窗解决。

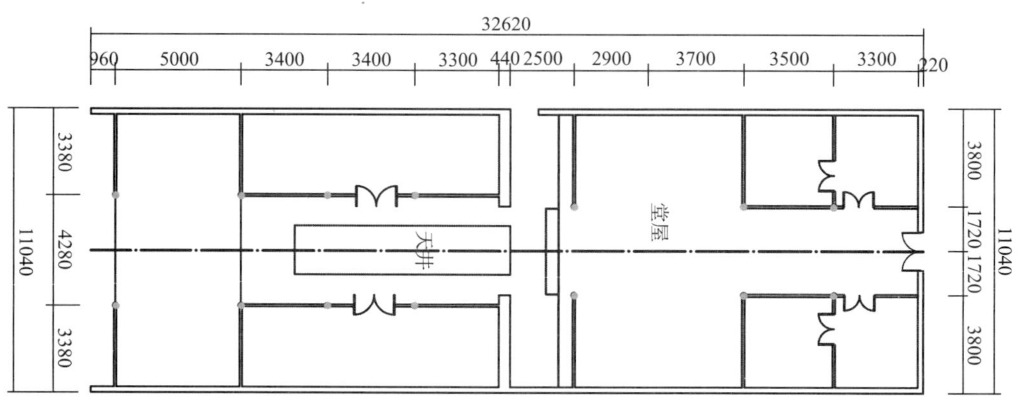

图 1 漫川关典型民居平面示意图

（二）传统建筑构成要素

1. 柱子和屋架

漫川关镇镇区群山环绕，山区丰富的林木资源便于建筑就地取材。漫川关镇当地民居的结构形式，一方面秉承我国传统木结构的建造特点；另一方面，因居“秦楚交界地”，受不同地域文化的影响而呈现出结构形式上的差异。例如，漫川关镇屋架的做法并不是单纯的穿斗式或抬梁式①。像明清街的民居建筑在穿斗式的基础上，通过增大屋架以下部分的使用空间，使人员能在室内更好地生产生活。这种民居在建造时通常不设瓜柱，通过在两边的柱子上直接搭建枋和骑柱，来增大下部空间，增加屋脊的弧度感（图 2）。

① 柴森：《陕西省山阳县漫川关老街空间形态研究初探》，西安：西安建筑科技大学硕士学位论文，2015 年。

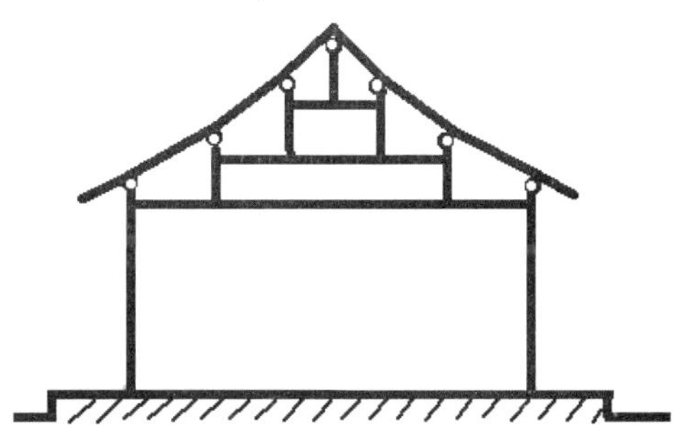

图 2　漫川关镇民居柱结构图

2. 檩与椽

檩是架在梁头位置的沿建筑面阔方向的水平构件，其作用是直接固定椽子，并将屋顶荷载通过梁而向下传递。

漫川关镇古建筑的檩尽量做到大小粗细相同，以便屋檩能够均匀稳定传力。檩上先钉椽子、铺竹篾，后铺瓦。陕南地区民居常见这样的结构。

3. 穿枋与梁

穿枋和梁作为建筑横向传力构造，相较于立柱使用的较少，通常为三穿、顶穿、上穿及下穿。屋檐下的中柱与两边的檐柱和定穿，构成稳定的三角屋架体系。

梁在漫川关镇古建筑中的应用值得一提。为了更好地使木材受力，工匠师傅们会选择本身弯曲的木材作为梁的选材。这样，无需人工手段便可以有效地提高梁的受力强度。北方的梁多为直梁，且少装饰，而漫川关镇传统建筑的梁架多雕刻、重装饰。像造型优美的月梁，其驼峰多做成倒元宝状或花瓣状，再在上面雕花（图 3）。

图 3　漫川关镇民居实体结构图

4. 屋面

作为以穿斗式为主的建造体系，陕南建筑屋顶部分的檩条起到了承载和传递屋面荷载的作用。陕南地区的建筑工匠在这个环节上可以说是一丝不苟，并逐渐形成了很多本地化的做法。由于当地盛产木材，屋顶部分的用料一般都比较整齐，选用木料的质量较高。每根柱子上都架有檩条，然后在檩条上布置椽子，上挂小青瓦。在屋面铺瓦时，每隔一段距离就会注意置放明瓦，用来采光。

屋面构造在屋脊咬结处会做泛水处理，设置漕沟以方便积水及时排出。有些用料较好的建筑，屋脊处的屋架不设脊瓜柱，而是直接利用穿枋和骑柱将荷载转移到两边的落地柱子上。这样，在屋顶营造出柔美的弧线，增加了建筑外观的美感。“L”形或有转角的房屋，则利用了正房屋脊高出两侧房间屋脊的高差来组织采光和通风，称为“燕子口”[①]。

由于陕南地区民居屋面使用的檩条和椽子间距都不大，排布比较均匀，因而，屋面形成的举折也比较缓。屋面大多为平坡，一般不做反凹曲面。这使得建造屋顶时下料简单，施工效率高，易操作。

（三）传统建筑营造典型技术

1. 消防通风

1）防火

（1）封火山墙。陕南传统民居多以木材作为房屋的主要建筑材料，而城镇聚落中房屋常常连成一片。城镇中木构建筑一旦某处着火，火势很容易蔓延他处，造成财产的巨大损失。为避免此种情况发生，漫川关古镇在修建房屋时，相邻两户的共用山墙均选取砖石垒筑，将山墙做高，伸出屋脊，为的是在火灾发生时能起到隔绝火势的作用，这就是封火山墙。由于“封”与“风”谐音，封火山墙在人们口中也常被称作“风火墙”或“风火垛子”。

（2）太平池（图4）。中国风水思想中有“四水归堂”的说法。四水归堂式住宅布局，是指屋顶内侧坡的雨水从四面流入院落天井中。太平池有石制，有陶制，常常置于天井中，接纳雨水，池满水溢，再由院中暗渠引至宅外。至今，漫川关镇区部分住户院子中仍存有“太平池”，作为储水器具以备灭火之

---

① 张强等：《陕南天井式民居研究——以青木川为例》，《华中建筑》2009年第3期。

用。平时，“太平池”里常喂养金鱼，使得院落景观更加生动。也有不少民居院落中并未放置“太平池”，而是直接在院子中砌筑带槽口的水池，以方便雨水蓄泄。

图 4　太平池

2）防水

（1）街道防水。由于漫川关古镇地处三股河道的交汇处，极易发生水涝灾害。20 世纪 50 年代和 20 世纪 80 年代，镇区曾发生过两次较为严重的水灾，导致古镇区部分古建筑被损坏。后来，为了减轻水涝对街道、房屋的影响，一方面，当地人们将中心街道垫高（较临河街面高出近 1 米）；另一方面，又在街道两侧修建排水沟。由于街道路面的抬高，造成下街的很多临街房屋相对位置降低，从街道进入屋内要下好几个台阶。莲花第就是一个典型案例。这样的改造办法，虽然暂时性地减轻了街道水患，但由于街道路面遮住了部分房屋外立面，临街建筑的美观性也大为降低。

（2）屋面排水。为了处理屋面的排水问题，古镇区传统民居院落屋面的出檐一般较深远，要超出台基，以便“四水归堂”，即让屋面雨水能汇流到院落中间位置的天井。天井的井池深度一般低于台基 30 厘米左右，其中有明显的找坡，可使汇入井池的雨水快速顺畅地排出屋外。有的民居在天井中建有过亭。过亭高出檐口，既丰富了天井的空间景观，也具有遮阳避雨的作用。

由于古镇独特的地理形势，未来古镇的防水措施还需要进一步的改善。

3）通风隔热

漫川关古镇群山环抱，受山地地形影响，气温起伏较大，降雨较为充沛。

由于古镇临河，湿气较重，人们往往通过房屋院落、屋墙的布局设计来解决夏天湿热气候带来的房屋通风问题。

由于夏季陕南地区山间谷地闷热，房屋建筑的防暑通风设计经常采用类似江南民居建筑的做法。江南传统民居的通风降温，主要通过民居特有的天井构造、小热容的围护结构、狭窄的巷道、双层座砖屋顶隔热、高大的外墙遮阳等建筑构造技术。为了方便通风，陕南的四合院民居既不像关中院落那样封闭严密，也不像陕北院落那样大门偏设，而是让庭院作半开敞式，有的农宅甚至不设围墙，即使设有围墙的院落也将院门居中开设，以便南来的穿堂风吹走闷热的暑气。陕南部分民居的围墙也采用江南的常见做法，即把房屋外墙砌成空心砖墙。空心砖墙的建造方法是将砖横立起来，让侧面着地，墙的外侧一块，内侧一块，然后在两块砖的端部，再横砌一块横立的砖，如此不断重复，砌成一排。砌好后再以同样的方式在一排上面砌第二排，只是要让横砌砖与下面一排的横砌砖错开。砌五排左右，须将砖块横着平铺一排，以加强墙的坚固性。这种“空斗墙”不但用砖省、墙身轻，其隔热与隔声性能也比实心墙好。

漫川关镇民居院落的居住主体建筑，无论高低，都建有一层阁楼，既可以储物，也有隔热的效用。有的阁楼裸露木构架，填以竹笆或木板，再在竹笆、木板上抹草泥、刷白灰浆。在屋面构造上，屋面所用的瓦片比省内其他地区轻薄，一般是阴瓦直接放置在椽上，而把阳瓦覆盖在两排阴瓦之间，以利于通风导热。房屋檐口挑出深远，不但防止落水腐蚀房屋，还形成一个建筑与外部空间之间半开敞的过渡区域。当夏天烈日当头时，人们可在屋檐下纳凉。

可见，包括漫川关镇在内的陕南地区民居建筑院落布局，与陕西其他地区相比，具有明显的地域特色。

2. 屋檐做法

1）出檐

带有屋檐的传统建筑中，屋檐伸出梁架之外的部分，叫做“出檐”。在漫川关镇明清街一带，传统民居建筑单挑出檐的形式较为普遍，而会馆、戏楼等公共建筑，则采用双挑出檐的形式。房屋建筑采取出檐的做法，既是功能上的需要，也是形制上的需要。功能上，可以防止木构建筑受潮；形制上，可以让建筑物显得端庄美观。这是当地人们对于传统建筑技术的一种改进。

2）飞檐翘角

飞檐是中国传统建筑中屋顶造型的重要组成部分，也是中国建筑民族风格的重要表现之一。檐部通过这种特殊处理和创造，不但扩大了采光面、有利于排泄雨水，而且增添了建筑物向上的动感。漫川关镇民居建筑檐口并无过多起翘，但鸳鸯戏楼角梁处能够看到明显的翘起，导致整个檐口呈曲线上扬（图 5）。附近的湖北民居中也常见到这种起翘，一般有“水戗发戗”和“嫩戗发戗”两种，“嫩戗发戗”较“水戗发戗”屋檐的翼角起翘更为明显。代表南方风格的鸳鸯戏楼之汉阳楼，其做法属于较为复杂的“嫩戗发戗”[①]。

图 5　鸳鸯双戏楼翘角

3. 藻井营造

藻井为覆斗形的屋顶装饰，一般用于亭台楼阁建造。鸳鸯戏楼的南北两座戏楼顶部皆有藻井，但形式不同，空间大小和结构也不同。由于藻井结构不同，又导致音效处理方式不同。南边的戏楼被称为“汉阳楼”，以演唱汉剧（又称楚调、二黄）为主。汉剧声音缥缈柔美，音调较高，而汉阳楼台口宽 5.4 米，高 3.1 米，进深 4.8 米，藻井为双层八角形，在楼上演唱汉剧可以扩音，真的有余音绕梁之效。北边的戏楼被称为“秦腔楼”，以演唱秦腔为主。秦腔声音高亢、音调较低，而秦腔楼台口宽 6.8 米，高 2.9 米，进深 4.5 米，藻井为敞开的八角形。

《风俗通》云：“今殿作天井。井者，东井之像也。菱，水中之物。皆所

① 潘谷西：《中国建筑史》，北京：中国建筑工业出版社，2009 年。

以厌火也。”东井即井宿，星官名，为二十八宿中主水的一宿。可见，在殿堂、楼阁高处作井，同时装饰以荷、菱、藕等藻类水生植物，也是古代人民重视木建筑防火的体现。

（四）民居建筑装饰

陕南民居建筑的装饰主要出现在柱础、门窗、屋脊、山墙几处。这些装饰很好地体现了陕南的地域文化。

1. 柱础

石础，为柱子与地面的衔接部分。石础的作用有二，一是将柱身承担的建筑重量传递到地面上；二是避免或延缓木柱的潮朽、碰损。柱础以其截面划分，主要有圆形、方形和多边形；以整体造型划分，主要有方柱式、六棱柱式、八棱柱式、圆鼓式、兽式、莲花式等基本形式。

包括漫川关镇在内的陕南地区，留存有大量的复合式柱础，柱上既雕刻有铆钉形纹样，也雕刻有梅兰竹菊、飞禽鸟兽等寓意吉祥的动植物图案纹样。除此之外，还有颇具地域特色的四方海棠纹、“万”字形福寿纹、如意卷草纹等。

2. 门窗

1）仿框

仿框在木结构建筑中主要起到固定门窗的作用，通常做法为在两柱之间横架高不超过 40 厘米、厚不超过 15 厘米的门板或是石板于门上[①]。在漫川关镇大部分的仿框上另有木板，木板多为透雕，造型别致，雕刻精美。房屋临街的一面，两柱中间通常全部为铺板门，中间一间仿框上饰雕板，左右两侧则通常为一大块木板，不作装饰。

2）门

陕南民居的大门多设在宅院的中轴线上，两侧完全对称。大门开在正中的，还要在大门和前厅之间再设置一道四扇两开的垂花屏门，起分割空间的作用。

---

① 刘俊宏：《陕南传统城镇形态保护与发展的研究——以漫川关镇老街为例》，西安：西安建筑科技大学硕士学位论文，2013 年。

平时屏门紧闭，人行两侧；遇有特别重大事情时将屏门打开，让宾客畅然入内。普通人家虽不一定有飞檐翘角的“走马门”，但只要有上房和厦房的，也要尽量争取筑一道土墙，修一个土坯门楼，用两个石墩做户枢，安两扇未油漆的白楂门。两扇门的外侧各置一个简易的门环，内侧设门闩，用以启闭。门楼通常做成木结构的人字架，上面覆瓦或覆草。这种大门虽然朴实无华，但也要贴上神荼、郁垒的门神画像，既体现驱邪、避灾的传统风习，也呈现出庄严美观的色彩。

漫川关镇镇区居民旧时有着“十户九经商”的说法，至今沿街住户仍沿袭着经营商铺的习惯。因而，不同于一般具有严格防御性质的门，漫川关镇当地的门更多的是为方便经商而设置，两柱之间的开间不设墙体而全部是由一条条的木板拼合而成，以方便拆装，当地人称其为“板铺门”（图 6）。除此之外，还有板门、单扇门、双关四扇门（图 7）。总结如表 1。

图 6　明清街板铺门

图 7　明清街双关四扇门

表 1　漫川关门面类型归纳

名称	板门	单扇门	双关四扇门	板铺门
形式	为一个整体，不透光	一般 1 米宽	将面宽分成三部分，左右两门格门，中间是双扇板门，格门上部做成窗心，窗心各板两端为腰板，每间四扇	宽约 30 厘米的模板，可一片片拆下和组合
分布点	老街上街和下街部分民居建筑	下街部分民居建筑	中街的会馆建筑和下街部分店铺建筑	漫川关古镇的特色建筑构件
特点	防御性和密封性较好	可组合成多种多样的形式	夏季通风、除湿热，较为灵活	便于敞开门户作为店铺，经营生意

3）窗

陕南民间建筑的窗式大体有三种。一是长窗，即隔扇，一般用于正房（厅堂）正面。长窗上半部分窗棂图形花样繁多，制作精良，下部裙板的木雕花纹则华丽、动人。图案内容比较庄重、严肃。其形制有四扇、六扇、八扇式。长窗虽称窗，其实具有门、窗、墙三种功能。左右两边常固定作为墙和窗，中间两扇可以关启，是供家人出入的门。这种窗由于是清一色木制，又比较大，所以很是气派。二是半窗，多用于住人房间。由于房间需要保暖，故半窗多做成固定的，但也有对开扇和单掀式的。三是小窗。由于陕南地区湿润多雨，民居阁楼也有设置通风用的小窗，不过一般位置较高。这种小窗一般成对出现，以方形、圆形最为多见，多用砖、瓦饰边，窗棂用木条或砖作成钱纹、回字纹等图案的窗格，以满足通风采光，或是透景的功能。

这三种窗式在漫川关古镇民居中都有保存。由于古镇民居户户相连、共用山墙的结构，山墙上并不开窗，主要面向院落天井开窗采光。民居的一层是日常使用的主要空间，层高较高，其上加有半层阁楼，主要为储物之用，也有人家以之作为休憩空间。阁楼多为平开窗，不设外廊和栏杆，为的是防止杂物掉落伤人。开窗的方式有两种，一种是直接在墙中凿洞口，装以木窗；另一种则直接在隔扇两柱子中间并列四扇窗，即长窗，大多为木质，常以“万”字纹、卷草纹形状的透雕进行装饰（图 8）。

图 8　漫川关镇民居窗

3. 屋脊

脊是我国传统民居屋顶上两个坡面顶相交而产生的高端的结合部和分水线，具有稳定房屋结构、防止雨水渗透的功能。脊端往往以砖、瓦封口。对屋脊装饰的繁简精细程度，能够反映出户主的社会地位和经济实力。牡丹、莲花、蔓草、云纹、几何图案等纹饰常常是屋脊砖雕的主题形象。

包括漫川关古镇在内的陕南地区代表性传统院落民居，其屋顶形制多是两坡起脊的硬山顶，往往花砖砌筑正、垂脊，正脊两端饰兽吻，小青瓦屋面上扣筒瓦合缝，檐口收头配饰瓦当和滴水。陕南屋脊一般用小青瓦砌筑成，脊的端部用兽吻收头，称为“鸱吻”。陕南传统民居建筑的屋顶正脊兽，有鱼身，有龙身，兼备了南北地域的不同特色。脊身正中突起的部分称中堆。陕南地区民居建筑的中堆受南方民居影响，其装饰题材除植物外，还有生动形象的文字、动物等元素。富户人家的屋脊与鸱吻，是用黏土分段预制，在窑中焙烧而成。分段预制的屋脊，下层与屋面相接，作为屋脊的基础，上部为屋脊正身，饰以各种精致的花纹。鸱吻的形式较多，有的是整体预制焙烧而成，有的是分段分块预制焙烧而成。

4. 山墙

陕南民居常在山墙的山花部分勾勒出彩色的如意纹、卷草纹等作为装饰。陕南最具特色的山墙是马头墙，层层跌落，别有形态。漫川关古镇的马头墙很是常见，封火山墙形式有叠落式、云纹式、弓背式等。这种做法在湖北民居中很常见，山墙上有伸出的马头墙造型，并且随着坡屋面层层降低，多为双层马头墙，也有三级五垛的马头墙，其高低错落的形态增加了建筑外立面上的变化。装饰不仅在立面握头处，墙头上的装饰更是花样繁多，形成了在西北地区难得一见的，如徽派建筑造型。

表 2 是对漫川关古镇建筑外装饰四个重要部分，即墙体、木栅格门、马头墙和屋顶的归纳。

表 2　漫川关建筑外装饰归纳

名称	元素特点	图示
墙体	以灰色调为主，部分刷白或红，为明清时期建筑特点	 莲花第墙体
木栅格门	棕红色，是湖北、江西等南方地区商铺门面的建筑特点	 商铺木栅格门
马头墙	灰白相间，有彩绘装饰，属于南方民居特色，造型雅致	 民居马头墙

续表

名称	元素特点	图示
屋顶	青瓦屋顶，为传统民居的建筑特点	民居屋顶

总之，漫川关古镇民居的建筑装饰，既没有南方典型民居耗费大量人力物力的木构件雕刻、彩绘等繁复工艺，又不像北方很多地方民居的简单、无趣，而是注重在实用的建筑构件上作简单且颇具特点的造型。

5. 影壁

影壁，是建在古代民居宅院大门内外或左右，作为遮挡外人视线或装饰门庭的一种建筑小品，其上大多有纹饰和图案。影壁上的纹饰、图案，是整座宅院最为绚丽和辉煌的部分。影壁壁面一般为两三米的长方形，用料多为上好的木料、石料、水磨青砖或陶制品；用工多请当地手艺最好的匠人；装饰多是主人最喜欢的吉祥禽兽、花卉、文字。影壁墙在陕西民居建筑中较为普遍。

陕南民居的影壁常见的有两种，一种呈“八”字形排列，称作“八字影壁”；另一种与门平行，叫做“一字影壁”。也有摆在正屋厅堂的木制影壁。影壁安排的位置，或在门外，或在门内，或在大门两侧，也有在门内外和两侧兼立的。其中，最常见的是门内影壁。影壁的造型可分为三部分，即壁顶、壁身、壁座。壁顶的作用在于保护壁身，上面多铺筒瓦，中央有屋脊，正脊两端有脊兽，檐口以下有椽子和斗拱，与屋顶的结构和装饰相似；壁身是影壁的主体部分，占整座影壁的绝大部分，是装饰的重点部位。装饰的内容有植物花卉、人物图案以及各种兽体、几何纹样，题材广泛。不管什么样的纹饰组合，大多都寄予户主美好的愿望。壁座是整座影壁的基座部分，讲究者用须弥座的形式。

上述的影壁式样，在漫川关镇都能找到。

（五）传统建筑的修缮与整治

由于漫川关镇位置偏僻，过去经济发展较慢，加上洪水等自然灾害影响，古建筑受到的破坏较为严重。近年，随着经济社会和城镇化建设的快速发展，镇区开始实施大规模拆迁改造，传统砖木结构房屋越来越少，取而代之的是建造随意、缺乏特色的钢筋水泥楼房，古镇区建筑的传统风貌、地方特色正在逐渐消失。作为历史文化名镇，如何保护情况不同的传统建筑，是一个值得研究的重要课题。

漫川关镇的文物建筑受损较严重，其中一些传统建筑需落架大修。“落架大修”是指当木结构建筑构架中主要承重构件残损、需要彻底整修或更换时，先将建筑构架全部或局部拆落，修配后再按原状安装的维修方法。虽然这是修复传统木构建筑中破损严重的重要构件的常用方法，但往往是在迫不得已的情况下才使用。采用该方法进行木构建筑修缮，对整个修建过程有着很高的要求。例如，需要对拆除的原屋架每一根梁、柱、桁、椽，每一块砖瓦进行编号，去除其中无法使用的部分，补以替代品，然后，再重新按照原样组装起来。尽管落架大修在修复过程中不可避免会造成部分文物信息的丢失和建筑表面的质感变化等问题，但要延长破损历史建筑的寿命，此方法为不二之选。

古镇区的文物保护单位骡帮会馆的修缮即是例子。骡帮会馆的关帝庙和马王庙被评定为三类残损建筑，现状环境及保护情况极为不佳：门前道路由于后期维护致使地面升高，现街道地面比室内最大高出 0.65 米，门后双戏楼维修地面高出山门 1.08 米；山门地处坑凹内，时有被水淹的危险；木构件部分残朽，弯曲，脱榫，对承重造成隐患；墙体表层抹灰脱落，后期改建增减多处，原貌已部分改观；木基层、木角槽朽；瓦面破损造成漏雨；前檐木装修多处改造，室内木隔断及木楼梯朽坏，需修补；室内地面均改为水泥地面，需破除，恢复原貌。根据《古建筑木结构维护与加固技术规范》（GB 50165-92）规定，应对现状建筑进行维修。为此，考虑把该建筑山门定为Ⅵ类建筑，需进行落架维修，结合双戏楼及门前街道地面标高整体抬高基础，清理干扰外立面效果的天线、广告等杂物，对于超出规范规定的新加建建筑物予以拆除，在传统符号、材质中提取漫川当地的风格元素，制定以灰瓦、白墙、红色木构建为基本色调，恢复建筑原有的坡屋顶，还原漫川关老街独具的南北交融“秦风楚貌”的建筑特征。

对于古镇区的各类建筑，在古镇历史文化遗产的保护与整治过程中，拟采用如下几种保护与整治方式。

（1）保护。即保持建筑物原样，以求真实地记录历史遗存旧貌。对于镇区历史地段内的文物保护单位和风貌典型、质量较好的历史建筑，都适宜采用保护方式。基本方法是修缮或对个别构建加以更换，修旧如旧，保存其真。

（2）改善。对于镇区建筑结构尚好，但不适应现代生活的建筑，保持原有建筑结构，只对局部进行修缮改造。老街核心保护区范围内的沿街风貌带建筑，在保护其建筑传统风貌和街巷格局不变的情况下，对建筑内部加以调整改造，配备必要的市政设施，以提高居民的生活质量。

（3）整治改造。对于镇区质量较好、风貌较差的建筑，需要对其立面进行整治、改造，以与传统建筑风貌相协调。古镇区需要整治改造的建筑面积较大。

（4）更新。对于镇区无法修复的危房和与传统风貌相冲突的建筑，采取拆除更新的措施，以设法使外观与传统建筑风貌协调。新建建筑按照风貌保护的要求进行设计，严格控制层数、尺度、颜色和体量。可以考虑采取移植历史建筑或利用历史建筑构件的方法。

（5）保留。对于镇区造型、质量较好，并与传统风貌、环境冲突不大的建筑，应当保留，维持现状。

（6）拆除。即镇区违章搭建或原先没有后来增建的、破坏传统空间格局的建筑，应予以拆除。漫川关古镇中，居民自主加建、扩建及改建的房屋非常多，本来一层的房屋被加建到二三层，有的建筑甚至结构也发生了变化。

在对镇区建筑的保护与整治过程中，为了尽可能展示老街建筑的传统风貌，拟在拆除影响老街建筑风貌的违规建筑的基础上，改善基础设施，整治改造建筑立面，提高传统建筑内部居住空间的合理和舒适性，以让当地人生活延续、安居乐业，使古镇能够展现出新的发展活力。

十九、西北地区历史文化村镇保护与社区发展规划编制导则[①]

（一）总则

1. 为规范、指导西北地区历史文化村镇保护与社区发展规划的编制工作，提高规划的有效性、实用性和科学性，促进西北地区历史文化村镇的遗产保护工作和社区经济、社会、环境的可持续发展，充分发挥规划对西北地区历史文化村镇保护与社区发展的指导作用，根据《中华人民共和国城乡规划法》《中华人民共和国文物保护法》《中华人民共和国旅游法》《历史文化名城名镇名村保护条例》《中华人民共和国文物保护法实施条例》等相关法律法规的规定，制定本导则。

2. 本导则适用于编制西北地区历史文化村镇、传统村落的保护与社区发展规划参考。

3. 规划应以西北地区历史文化村镇的物质及非物质遗产为主要研究对象，以保护历史遗产和促进社区和谐发展为重点，以促进村镇经济可持续发展及村镇居民人居环境的提升为目标，结合村镇的历史文化、民俗风情、自然景观等资源分布情况，统筹村镇的人文、自然资源禀赋与社会经济的未来发展趋势，提出历史文化村镇历史文化保护的基本要求与开发利用的基本原则。

4. 规划应分别依据相关镇规划、村庄规划的要求，结合西北地区历史文化村镇自身的保护对象、资源禀赋、发展条件、市场潜力、设施分布等，以镇区、村庄与历史文化遗产为重点，合理确定规划区范围和规划用地范围。凡涉及文物保护单位的，应考虑与文物保护单位保护规划相衔接。

5. 在西北地区历史文化遗产保护方面，规划应当遵循保护遗产本体及其环

① 本部分由“西北地区历史文化村镇社区功能提升技术集成研究与示范”课题组撰写。

境的真实性、完整性和保护利用的可持续性原则，保护历史文化遗产及其历史环境，保护和延续传统格局和风貌，继承和弘扬民族与地方优秀传统文化。在西北地区历史文化村镇社区发展方面，规划应结合西北地区历史文化村镇的地域特征发展背景和社会经济发展现状，改善社区生产生活条件，增强社区活力，发展社区文化，调整社区产业结构，促进经济社会协调发展。

6. 编制西北地区历史文化村镇保护与社区发展规划，应当符合国家有关法律法规、规范标准的规定，采用符合国家有关规定的基础资料。

7. 西北地区历史文化村镇保护与社区发展规划，应当进行科学论证，一体编制，并广泛征求有关部门、专家和公众的意见。

8. 规划用地分类及各项基础设施规划、专项规划的内容深度，可参照《镇规划标准》等国家标准和相关要求执行。

9. 规划期限一般为15—20年。其中，近期5年，中期5年，远期5—10年。

10. 规划的组织编制和审批，可参照《中华人民共和国城乡规划法》《中华人民共和国文物保护法》《历史文化名城名镇名村保护条例》《中华人民共和国文物保护法实施条例》等法律法规中的相关条款执行。

（二）西北地区历史文化村镇遗产保护规划

1. 保护规划的主要任务是提出保护目标，明确保护内容，确定保护重点，划定保护和控制范围，制定保护与利用的规划措施。

2. 历史文化名镇保护规划与镇总体规划的深度要求相一致，重点保护的地区应当进行深化。历史文化名村保护规划的深度要求与村庄规划相一致，其保护要求和控制范围的规划深度应能够指导名村的保护与建设。应对所在镇域、村域内有历史文化价值的村落、文物古迹和风景名胜等提出保护要求。

3. 保护规划应当包括以下内容。

（1）评估历史文化价值、特色和保护现状及其存在问题。

（2）确定保护原则、保护内容与保护重点。

（3）提出总体保护策略和名镇镇区或名村村庄保护要求。

（4）提出与名镇名村密切相关的地形地貌、河湖水系、农田、乡土景观、自然生态等景观环境的保护措施。

（5）确定保护范围，包括核心保护范围和建设控制地带界线，制定相应的保护控制措施。

（6）提出保护范围内建筑物、构筑物和历史环境要素的分类保护整治要求。

（7）提出延续传统文化、保护非物质文化遗产的规划措施。

（8）提出规划分期实施方案。

（9）提出规划实施保障措施。

4. 编制保护规划，应对原有的历史文化村镇保护规划实施情况进行分析总结。

5. 编制保护规划，应对历史文化名镇、名村的传统格局、历史风貌、空间尺度，以及与其相互依存的自然景观和环境提出保护要求。

6. 编制保护规划，应当依据当地的文物保护规划，对文物保护单位、尚未核定公布为文物保护单位的登记不可移动文物，提出必要的保护措施建议。

7. 编制保护规划，应当对当地的历史建筑，以及符合历史建筑认定标准、尚未被列为历史建筑的建筑物、构筑物，提出总体保护要求和保护整治措施。

8. 编制保护规划，应当发掘当地传统文化内涵，对非物质文化遗产的保护和传承提出规划要求。

9. 在综合评价历史文化遗产价值与特色的基础上，结合现状，划定历史名镇、名村的保护范围。名镇、名村的保护范围包括核心保护范围和建设控制地带。

10. 历史文化名镇、名村的保护范围按照如下方法划定。

（1）各级文物保护单位的保护范围和建设控制地带以及地下文物埋藏区的界线，以各级人民政府公布的保护范围、建设控制地带为准。

（2）历史建筑的保护范围包括历史建筑本身和必要的建设控制区。

（3）历史文化名镇、名村内传统格局和历史风貌较为完整，历史建筑和传统风貌建筑集中成片的地区应划为核心保护范围。在核心保护范围之外应划定建设控制地带。核心保护范围和建设控制地带的边界应当清楚，以便于管理。

11. 编制保护规划，应当对核心保护范围提出保护要求与控制措施，包括以下内容。

（1）提出街巷保护要求与控制措施。

（2）对保护范围内的建筑物、构筑物进行分类保护，分别采取以下措施：

① 文物保护单位：按照批准的文物保护规划的要求落实保护措施。

② 历史建筑：按照《历史文化名城名镇名村保护条例》的要求进行保护，改善相关设施。

③ 传统风貌建筑：在不改变建筑物外观风貌的前提下，对建筑物进行维护、修缮、整治，改善相关设施。

④ 其他建筑：根据对历史风貌的影响程度，分别提出保留、整治、改造要求。

12. 编制保护规划，应当对建设控制地带内的新建、扩建、改建和加建等活动，在建筑高度、体量、色彩等方面提出规划控制措施。

13. 编制保护规划，应当在以保护为主的前提下，明确历史文化遗产展示与利用的目标、内容，适当控制展示与利用的环境容量，提出展示与合理利用的措施、建议。

14. 编制保护规划，应提出实施管理措施，内容包括法规政策、资金保障、人才培养、宣传教育等方面。

15. 保护规划的近期规划措施，应当包括以下内容。

（1）抢救已处于濒危状态的文物保护单位、历史建筑、重要历史环境要素。

（2）对已经或可能对历史文化名镇名村保护造成威胁的各种自然、人为因素提出规划治理措施。

（3）提出近期投资估算。

（三）西北地区历史文化村镇社区发展规划

1. 西北地区历史文化村镇社区发展规划，应对西北地区历史文化名镇名村社区的各项建设进行整体部署，提出人居环境改善和传统资源利用的具体措施。

2. 编制发展规划，应遵循下列原则。

（1）坚持以人为本原则，树立全面、协调、可持续的发展观。

（2）坚持统筹规划原则，对镇区、村庄的保护范围、建设控制地带和发展空间进行科学、合理安排。

（3）坚持因地制宜原则，按照有利于农村经济社会发展、方便农民群众的生产生活、有利于社会稳定的要求，制订发展规划方案。

（4）坚持保护为主、兼顾发展，尊重传统、活态传承，符合实际、农民主体的原则，促进村镇社区经济社会和人的全面发展。

3. 编制发展规划，应对村镇社区经济和社会发展的优势与制约因素、建设条件现状进行分析，主要包括以下内容。

（1）村镇自然及历史人文条件分析。

（2）村镇区位与交通条件分析。

（3）村镇经济社会发展现状分析。

（4）社区人口发展和劳动力就业现状分析。

（5）社区基础设施、社会服务设施和防灾抗灾能力现状分析。

（6）村镇土地利用、基础设施、资源开发、产业发展等对村镇社区的影响现状分析。

4. 西北地区历史文化村镇的人口规模，应与村镇的未来发展趋势相适应，防止历史文化村镇社区的人口“空心化”。现状属于易受干旱、风沙、地质灾害等自然灾害侵袭的村镇镇区、村庄，可以制定合适的遗产保护和人口搬迁规划，避免自然灾害对居民造成危害。

5. 编制发展规划，应以历史文化村镇核心保护区为重要研究对象，以发展社会经济和保护历史文化遗产为目标，结合历史文化村镇的历史文化、民俗风情、自然景观等资源分布情况，提出历史文化村镇旅游利用的基本原则，确定历史文化村镇旅游资源利用的总体思路，提出历史文化资源的保护、利用和开发策略，合理分析区域环境容量，确定村镇的市场定位和发展目标，主要包括以下内容。

（1）旅游产业发展方面。应结合县域旅游发展规划，在与历史文化村镇周边旅游资源及景区、景点设施协调的基础上，合理制定历史文化村镇旅游产业的发展策略。

（2）旅游产品开发方面。应依据历史文化村镇旅游资源和历史文化村镇特色，研发具有自身特色的旅游产品；研发具有地方特色的非物质旅游产品。

（3）旅游线路组织方面。应依据历史文化村镇的旅游产品类型、规模和旅游设施标准，结合县域旅游发展规划，合理规划历史文化村镇的旅游线路。

（4）非物质文化遗产的保护与开发方面。应充分挖掘历史文化村镇的非物质文化遗产，以保护和传承村镇的历史文脉为基础，提出村镇非物质文化遗产的保护、利用和开发策略。

6. 编制发展规划，应本着修旧如旧、不大拆大建原则，提出村镇各类用地的空间布局规划，划定旅游服务、生活居住用地的范围，提出建设标准。

7. 编制发展规划，应确定村镇特色景观塑造的总体思路，提出村镇景观建设导引；应坚持历史文化村镇传统风貌与特色塑造相统一，融村镇社区空间布局、现代服务、地域特色风貌于一体。

8. 编制发展规划，应立足社区客观实际，扎实推进社区服务，建设富有活力、健康文明、和谐幸福的村镇社区，主要包括以下内容。

（1）充分挖掘社区历史人文内涵，丰富社区服务项目，细化社区服务内容。

（2）坚持村镇历史文化遗产特色，以塑造有影响力的文化社区为目标，确定社区主要文化活动项目，提升社区文化品质。

（3）合理布局社区公共空间，提升公共空间品质，提高社区居民的参与意愿。

9. 编制发展规划，应注重社区基础设施的改善、提升、完善，提出能源供应、给水排水、道路交通、邮电通信、环境保护（环境卫生）、防灾减灾等基础设施项目的配置原则，确定配置设施的类型和标准，提出各类设施的共建、共享、改造、提升方案，主要包括以下内容。

（1）给水排水工程规划。应在相关上一层次的城镇体系规划指导下，根据村镇地理条件和用水需求，合理确定村镇的用水标准和供水水源，确定水资源综合开发利用的措施和合理分配用水方案，统筹安排水厂，选择供水方式，布置管网系统。根据污水量预测和地形条件，确定村庄排水体制，统筹布置污水管网、排放口和处理设施。村镇的排水系统应最终实现分流制。

（2）交通网络规划。应根据相关上一层次的城镇体系规划、区域大交通网络规划，结合村镇的自然条件与现状特点，提出交通运输布局方案，提高道路等级，改善交通设施，形成村镇对外联系通畅便捷的交通条件。

（3）电力、电信工程规划。应以大区域供电系统为基础，结合区域电源和电网现状、用电量和用地负荷结构，根据社会经济发展和人民生活用电量需求，统筹布置、提升村镇的电网、变电站等电力供应设施；应按照村镇的发展需要，预测村镇电信业务量和电话数量，统筹布置、提升通信设施和电信网络。

（4）环境保护与防灾规划。应根据区域环境保护的目标，明确村镇环境保护的要求和控制标准，确定需要重点整治的污染源和防治措施，提出具体的保护和治理对策；对于区域多发性的干旱、风沙、地质地震等灾害情况，应提出防治预案与具体解决措施。

10. 编制发展规划，应注重村镇社区社会服务设施的提升、改善、完善；应对行政经济管理、教育机构、医疗保健、文体科技、商业服务等社会服务设施的项目、规模、层次和级别进行统筹，形成较为完整的村镇社会服务设施系统。

11. 编制发展规划，应对近期规划的目标、内容、建设用地规模、建设项目等进行部署，对建设项目的投资额度进行估算。

12. 编制发展规划，应根据实施规划过程中的主要问题和矛盾，提出村镇社区发展和布局的分类指导政策建议和措施。

（四）成果要求

1. 规划成果包括文本、图纸、说明书三部分。

2. 规划文本篇章结构建议如下。

第一章 总则

第二章 历史文化遗产价值与特色

第三章 遗产保护规划

第四章 社区发展规划

第五章 分期实施规划

第六章 实施保障与建议

第七章 附则

3. 规划图纸除村镇区位图外，图纸比例尺一般为 1∶5000；根据行政区域和规划范围的大小差异，可以在 1∶3000—1∶25 000 选择。重点地段模块设计，比例尺一般为 1∶1000；根据规划范围的大小差异，可以在 1∶500—1∶2000 选择。

4. 规划成果应当以纸质文件和电子文件两种形式表达。

（五）附表

附表 1　西北地区历史文化村镇基础设施配置参考标准表

类别 \ 日最大游客数			＜500 人次	500 — 1000 人次	1000 — 3000 人次	3000 — 5000 人次	＞5000 人次
交通运输设施	对外交通运输设施	汽车站	◇	◆	◆	◆	◆
		火车站	◇	◇	◇	◇	◇
		码头	—	◇	◇	◇	◇
	停车设施	停车场	◆	◆	◆	◆	◆
		修理厂	◇	◇	◆	◆	◆
		加油站	◇	◇	◇	◆	◆
	内部游览设施	非机动车道	◆	◆	◆	◆	◆
		游览设施	◆	◆	◆	◆	◆
市政配套设施	供水设施	自来水厂	◆	◆	◆	◆	◆
	排水设施	污水处理厂	◆	◆	◆	◆	◆
	供电设施	变电站	◇	◇	◆	◆	◆
		开闭所	◆	◆	◆	◆	◆
	通信设施	邮电所（局）	◇	◇	◇	◆	◆
		邮亭（话亭）	◇	◆	◆	◆	◆

续表

类别 \ 日最大游客数			<500人次	500—1000人次	1000—3000人次	3000—5000人次	>5000人次
市政配套设施	供热设施	—	◇	◇	◇	◇	◆
	燃气设施	—	◆	◆	◆	◆	◆
	环卫设施	公共厕所	◆	◆	◆	◆	◆
		垃圾处理场	◇	◇	◆	◆	◆
		垃圾转运站	◆	◆	◆	◆	◆
	防灾设施	消防站	◇	◇	◇	◆	◆

注：◆为必须配置的设施，◇为有条件配置的设施，—为不需配置的设施

附表2　西北地区历史文化村镇公共设施配置参考标准表

类别 \ 日最大游客数			<500人次	500—1000人次	1000—3000人次	3000—5000人次	>5000人次
食宿接待设施	住宿设施	民宿	◆	◆	◆	◆	◆
		一般旅馆	◆	◆	◆	◆	◆
		中级宾馆	◇	◆	◆	◆	◆
		高级宾馆(三星)	—	◇	◇	◆	◆
		豪华宾馆(四星)	—	—	◇	◇	◆
	餐饮服务设施	饮食店	◆	◆	◆	◆	◆
		一般餐厅	◆	◆	◆	◆	◆
		中级餐厅	◇	◇	◆	◆	◆
		高级餐厅	—	—	◇	◆	◆
	咨询服务设施	游客服务中心	◆	◆	◆	◆	◆
		导游小品设施	—	◇	◆	◆	◆
	医疗保健设施	门诊所/应急医疗点	◆	◆	◆	◆	◆
		医院	—	◇	◆	◆	◆
		救护站	—	◆	◆	◆	◆
		休养度假	—	◇	◇	◆	◆
		疗养	—	—	◇	◇	◆
游乐娱乐设施	文化娱乐设施	文博展览	◆	◆	◆	◆	◆
		艺术表演	◇	◇	◆	◆	◆
		游戏娱乐	◆	◆	◆	◆	◆
		其他	—	◇	◇	◆	◆
	特色旅游设施	农家乐	◆	◆	◆	◆	◆
		其他特色旅游设施	—	◇	◇	◆	◆
	体育运动设施		◆	◆	◆	◆	◆

续表

<table>
<tr><th colspan="3">日最大游客数
类别</th><th><500 人次</th><th>500 — 1000 人次</th><th>1000 — 3000 人次</th><th>3000 — 5000 人次</th><th>>5000 人次</th></tr>
<tr><td rowspan="6">旅游购物设施</td><td rowspan="4">一般商业设施</td><td>小卖部</td><td>◆</td><td>◆</td><td>◆</td><td>◆</td><td>◆</td></tr>
<tr><td>商业</td><td>◆</td><td>◆</td><td>◆</td><td>◆</td><td>◆</td></tr>
<tr><td>银行、金融</td><td>—</td><td>◇</td><td>◆</td><td>◆</td><td>◆</td></tr>
<tr><td>商业集市</td><td>◇</td><td>◆</td><td>◆</td><td>◆</td><td>◆</td></tr>
<tr><td rowspan="2">特色产品设施</td><td>特色产品综合市场</td><td>◆</td><td>◆</td><td>◆</td><td>◆</td><td>◆</td></tr>
<tr><td>特色商品专卖店</td><td>—</td><td>◇</td><td>◇</td><td>◆</td><td>◆</td></tr>
<tr><td rowspan="6">其他公共设施</td><td rowspan="2">行政管理设施</td><td>行政管理中心</td><td>◆</td><td>◆</td><td>◆</td><td>◆</td><td>◆</td></tr>
<tr><td>派出所</td><td>◆</td><td>◆</td><td>◆</td><td>◆</td><td>◆</td></tr>
<tr><td colspan="2">宗教礼仪设施</td><td>—</td><td>—</td><td>◇</td><td>◇</td><td>◇</td></tr>
<tr><td colspan="2">社会民俗设施</td><td>◇</td><td>◇</td><td>◆</td><td>◆</td><td>◆</td></tr>
<tr><td colspan="2">科技教育设施</td><td>◇</td><td>◇</td><td>◇</td><td>◆</td><td>◆</td></tr>
<tr><td colspan="2">公共景观设施</td><td>◇</td><td>◇</td><td>◆</td><td>◆</td><td>◆</td></tr>
</table>

注：◆为必须配置的设施，◇为有条件配置的设施，一为不需配置的设施

1. 饮食店包括快餐、小吃、野餐烧烤店等；一般餐厅包括饭馆、饭铺、食堂等；中级餐厅为规模较小但有停车位；高级餐厅为规模较大有停车位

2. 文化展览包括文化、图书、博物、科技、展览馆等；艺术表演包括影剧院、音乐厅、杂技场、表演场等；游戏娱乐包括游乐场、歌舞厅、俱乐部、活动中心等；其他指其他游娱文体项目

3. 宗教礼仪设施包括宗教设施、坛庙堂祠、社交礼制设施等；社会民俗设施包括民俗、节庆、乡土设施等；科技教育设施包括观测、试验、科教、纪念设施等；公共景观设施包括景观、寄情、鉴赏、小品类设施等

中篇　规划设计

一、陕西省三原县柏社历史文化名村保护规划（2013—2025年）[①]

下沉式窑洞是由原始社会人类的洞穴栖身演变而来的一种古老的民间住宅形式，蕴含着珍贵的人居文化因素，是自然图景与生活图景的有机结合，具有受外界影响小、冬暖夏凉的自然特性。在建造过程中，通常按照阴阳八卦的方位决定窑洞宅院的形式，隐含着丰富的风水文化思想。从现代绿色生态建筑的角度来看是典型的“生土建筑”，从中国古代“天人合一”的哲学思想来看是人与自然和谐共处的典型范例，因此对生土建筑单体与生土建筑群的研究，具有极为重要的学术价值及科研价值。

然而，由于当前经济的发展和生产生活方式的变革，大规模的“弃窑建房”现象愈演愈烈，古老的人居方式正面临着日趋消亡的危险境地，地域传统文化正经历着巨大的挑战，如何认识柏社村的价值，如何使传统文化得以延续、使历史村落以独特的方式步入社会主义新农村建设的潮流，成为本次规划面临的核心问题。

（一）总体概括

历史文化名城、名镇、名村的保护应当遵循科学规划、严格保护的原则，保持和延续其传统格局和历史风貌，维护历史文化遗产的真实性和完整性，继承和弘扬中华民族优秀传统文化，正确处理经济社会发展和历史文化遗产保护的关系。

——摘自《历史文化名城名镇名村保护条例》

① 本部分由“西北地区历史文化村镇社区功能提升技术集成研究与示范”课题组编写。

1. 区域位置

柏社村地处关中北部黄土台塬区，居于县城北端，与耀县接壤，隶属三原县新兴镇，距三原县城及耀县均约 25 千米（图 1）。古为三原与耀县之间的大镇，是一个拥有 1600 余年发展历史的古村落，因历史上广植柏树而得名“柏社”。

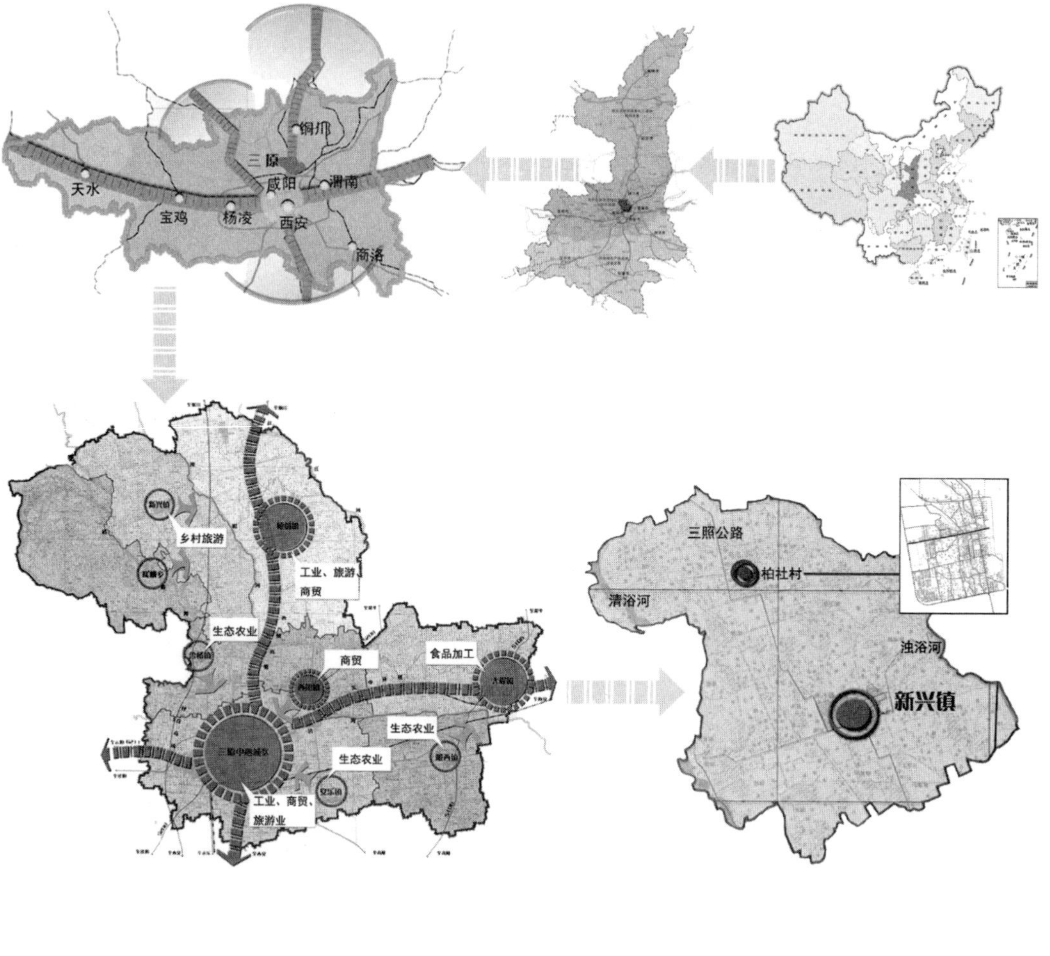

图 1　区位分析图

目前柏社行政村内保留窑洞共约 780 院，居住人口 3756 人。其中，核心区集中分布有 215 院下沉式窑洞四合院，形成了鲜明的风貌特色。

2. 社会经济

新兴镇以发展果蔬产业为主，积极发展乡村旅游业（图 2、图 3）。

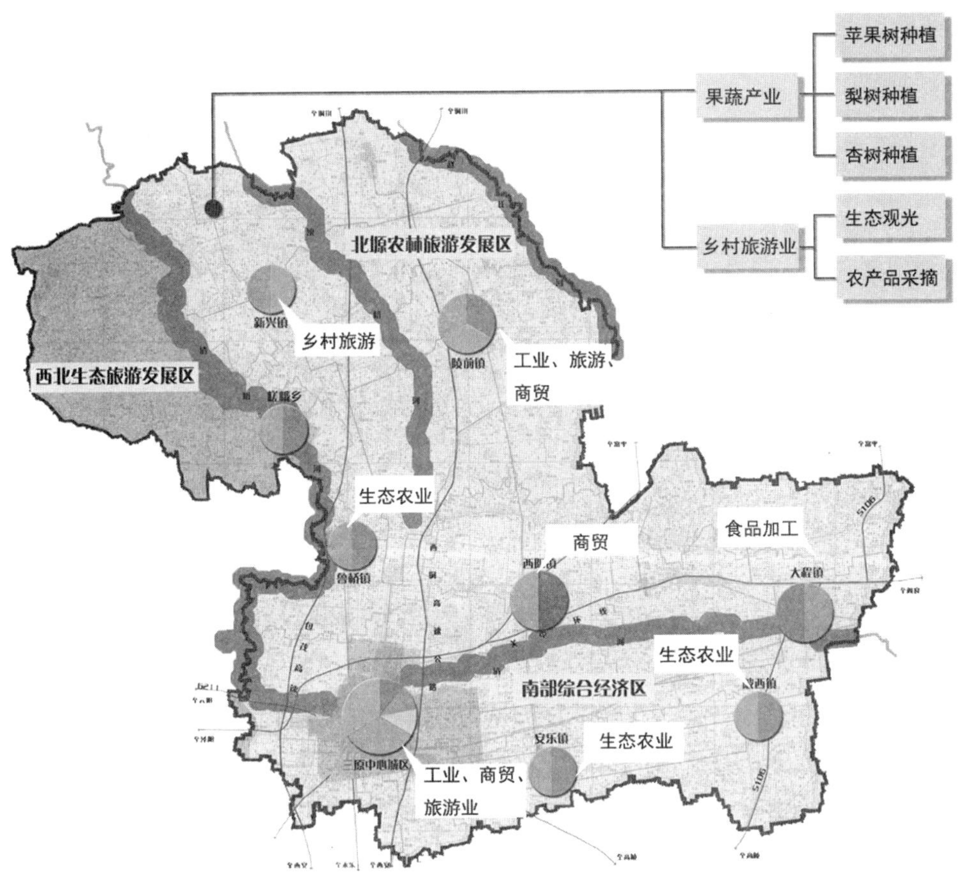

图 2　社会经济

图 3　农村旅游

柏社村位于新兴镇北部，北临耀州区，柏社村耕地面积 6858 亩，有效灌溉面积 4327 亩；人口总数为 3756 人，辖 15 个村民小组，6 个自然村，农村经济收入 947.91 万元，畜牧业经济收入 118 万元，运输业收入 285 万元，农民人均纯收入 2927 元。近年来，苹果、畜牧业在政府的大力支持下不断发展，市场不断扩大，成为该村的支柱产业（图 4、图 5、图 6）。

图 4　果蔬产业-梨种植业

图 5　果蔬产业-苹果种植业

图 6　果蔬产业-杏种植业

3. 自然环境

三原县地势西北高东南低，境内西有孟侯原，中有丰原，东有白鹿原。三原县南北以四十里原坡为界，西部有清峪河东西相隔，自然分割成三个差异明显的地貌区，即南部平原、北部台塬和西北山原。柏社村便处于三原县北部台塬之上。浊峪河自北而南，穿越台塬腹地，将台塬切割成东西两个部分，柏社村就处在西部。由此，从地貌上看，柏社村位于三原县北部台塬西北方向，海拔 700—900 米，东西各有浊峪河与清峪河。

村落周边为典型的关中北部台塬区田园自然景象，果树林木繁茂，地势北高南低，植被良好，毗邻浊峪河、清峪河、嵯峨山等自然风景区，小气候温和，空气清新（彩图 1）。

村落内部除北部有数条自然冲沟洼地嵌入，基本为平坦的塬地地形。村落内部环境优美静谧，500 余株高大繁茂的楸树遮天蔽日，形成了十分封闭幽静的村落空间环境，整个村子隐匿于中，显得古老而神秘。

窑院内部环境自然朴实充满生机。80%的地坑院落里都有种植，或艳丽的桃花，或秀气的杏花，或挺拔的核桃树。

1）生态敏感区

生态敏感区是指生态调节和自我恢复能力较弱，易受外界环境干扰的区域。其生态环境的优劣对整个县域生态至关重要。三原县的主要生态敏感区有浊峪河、油略河、赵氏河、各大小水库、嵯峨山森林公园等。

2）生态保育区

生态保育区是指发挥生态协调和环境净化作用的区域。三原县的主要生态保育区有北部三个原区、南部平原的农田水塘、已建成的国道和高速公路主干线两侧林带等。

3）生态开敞区

生态开敞区是指生态环境较好、整体生态功能协调、可以适当开发的区域。三原县的主要生态开敞区为南部的冲积平原区，以及北部台塬上主要村镇的建设用地。

4）生态恢复区

生态恢复区是指生态系统已经遭到破坏，需要进行恢复建设的区域。三原县的主要生态恢复区有南北部交界处的“四十里原坡”地带，清峪河、浊峪河的中下游地带，以及嵯峨山区除两平方千米林区以外的广大区域。

4. 村落格局

村子占地几千亩，受地势的影响，居住区主要集中在中间部位，周围农田环绕。村里房屋主要有窑洞、土木结构民房和新建住房等形式。地面新建房屋随处可见，比较集中的是入村主道路两边和商业集市的建筑。而大量窑洞区集中在居住区中间，被称为田尧区，也是保护的重点所在。

村落核心区沿三照公路呈南北向展开，内部被柏社西街划分，形成南北两个片区。其中南部窑院集中连片分布，且居于村子中心地带；北部结合地形在衚衕古道两侧有部分明窑（崖窑）；村子中段东部主体为具有百年历史的明清古街区，村小学与其相邻。村子西南端为近年新建的村民住宅区。商业建筑主要分布于柏社西街的两侧（彩图 2）。

5. 道路交通

柏社村交通便利，村内主要道路系统明确，东西、南北走向明显（图 7）。其中，一条是连接村外公路的入村主干道三照公路（图 8），从村口一直到照金，全长 2.4 千米；一条是当地人自发形成的商业集市街，也是村内等级最高的道路——柏社西街，东西走向，全长 1000 米左右；另一条是通过小学门口平行商业街的道路；还有一条是从村里通向下狼沟，历史上被称为战略要地的衚衕古道，部分道路是混凝土路面，部分是原始土路。村内的小路系统杂乱，方向不明确。柏社西街的路面为混凝土，道路两侧绿化情况较差，缺乏活力；村落内部道路以土路为主，纵横交错，周边植被茂盛，景色优美，极具活力（图 9）。

图 7　现状道路分析图

图 8　三照公路

图 9　村内土路

（二）现状资源

历史文化名村应当具备下列条件之一：历史上曾经作为政治、经济、文化、交通中心或者军事要地，或者发生过重要历史事件，或者其传统产业、历史上建设的重大工程对本地区的发展产生过重要影响，或者能够集中反映本地区建筑的文化特色、民族特色。

——摘自《历史文化名城名镇名村保护条例》

1. 资源概况

1）历史演进

柏社村始建于晋代，距今已有 1600 余年的发展历史，蕴含有古老的人居文化基因，并曾成为地区商贸发达的历史古镇。

柏社位于三原县北端，历史时期以来就是关中通往陕北、甘肃、宁夏地区交通线上的重要据点。柏社村聚落最早约在晋代出现于村外东北。晋代时期由于关中战乱频繁，百姓为躲避战祸来到了沟壑纵横、林木蔽日、水草丰茂的台塬坡地，也就是柏社村的前身。在后续的 1600 余年中，柏社村虽不断迁址扩建，但始终在 2.5 平方千米的范围之内（图 10）。

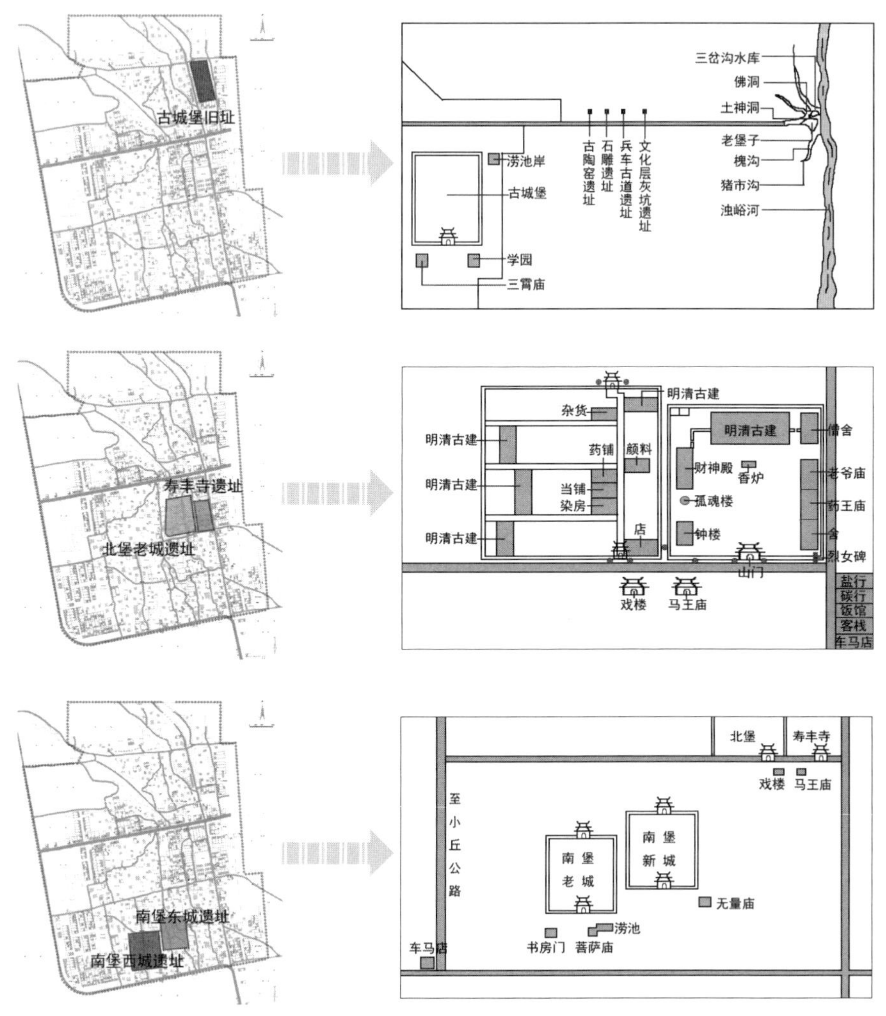

图 10　村落历史演进分解图

柏社村于前秦时期迁移至衙衙古道。南北朝时期，北魏在此建城堡。隋代在古堡西南 800 米处建新城，今称南堡西城。唐朝经过贞观之治，南堡又添东城。宋代柏社成为原区商贸集镇，至明清成为名副其实的商贸城。明代时期建立北堡，其位于寿丰寺西邻，成为盛极一时的商贸集镇。近代革命时期，柏社是通往革命根据地铜川照金、旬邑马栏、延安等地的咽喉要地，红军、八路军均在柏社设有秘密交通站（彩图 3）。

2）历史遗迹

柏社村历史悠久，文化底蕴深厚，经历了 1600 余年，留下了丰富的物质文化遗产和非物质文化遗产。历史遗迹、古窑洞等不仅体现了当地的民居特色，也是人与大自然和谐共处的智慧结晶（表 1）。同时，丰富多彩的民间艺术，体现了村民的精神追求与文化素质，活跃了村民的文化生活，是不可多得的非物质文化遗产精品（彩图 4）。

表 1　历史文物分类表

分类		内容
古城	古城	南堡老城遗址、南堡新城遗址、古城堡旧址、老堡子沟旧址、 北城堡遗址、商业街旧址和古民居巷
公共设施	寺庙	寿丰寺遗址、马王庙遗址、娘娘庙遗址、三宵庙遗址、 无量庙遗址、平和寺旧址和双龙寺旧址
	戏楼（台）	戏楼遗址
	涝池	古涝池淖址
	碑文	清潘同氏烈女碑、柏社镇古镇记事碑
民居	窑洞式民居	780 院窑洞
生态环境	古树	古柏遗址、古槐旧址 10 处、现存古槐 3 株
其他		土神洞、佛洞、猪市沟、文化层灰坑遗址、兵车古道遗址和石雕遗址

（1）古遗址，主要有以下几处：①古城旧址。柏社村在历史演进的长河中经历了 4 次城址变迁。晋代柏社村民居于老堡子沟，前秦时期迁移至衙衙古道。南北朝时，北魏在此建城堡，现存于村东北，城沟城形依稀可辨。隋代在古堡西南 800 米处建新城，今称南堡西城。唐朝经过贞观之治，南堡又添东城。宋代柏社成为塬区商贸集镇。②寺庙。由于村民对古遗址的保护意识不高，大部分遗址遭到破坏，被新建建筑替代，寺庙遗迹被覆盖。柏社小学是原来娘娘庙的旧址，现在的娘娘庙被挤到了学校西边。“潘烈妇碑”就立在庙前。如今的娘娘庙只剩一间房屋，庙门紧锁，没有了往日的庄严辉煌。③兵车古道遗址。

“衚衕”意为窄街长巷。柏社的衚衕古道在古时深 6—10 米，窄而狭长弯曲不直，长约 4.5 千米。衚衕古道两边高、中间低，当时具有一定交通、军事意义。现今，村民在衚衕两侧修建窑洞居住。④戏楼。明末柏社秦腔班社唱响关中北部，基于柏社深厚的民俗文化背景，村内建有当时少有的大戏楼(“文化大革命”时被毁），现存戏楼为“文化大革命”后所建。⑤碑文。清潘同氏烈女碑现仅存一座石碑，保存较完好，放置在柏社小学围墙边，不见碑座。“潘烈妇碑”四个楷书大字古朴大方，苍劲有力。为了弘扬礼教、净化民风，在清朝光绪年间，由名家题写碑文，为姑娘刻下了一通“潘烈妇碑”，以此表彰。

（2）古建筑。柏社村共有 780 院窑洞，核心区集中分布有 215 院下沉式窑洞四合院，村落周边为典型的关中北部台塬田园自然景象，柏社村被称为“地窑第一村”。

（3）古树名木。柏社村现存楸树林地和古槐 3 株（图 11）。

（4）民俗风情。柏社村悠久的历史也孕育了独具地方特色、丰富多彩的民间艺术。社火、唢呐、手工刺绣、剪纸、面花、纸扎等民间文化习俗均在柏社有悠久的历史，特别是木雕制作工艺，至今为人所称道。此外，柏社民风淳朴，村民勤于农耕，崇尚节俭，加之地坑窑院特殊的乡村聚落方式，更是透射出一份独有的文化魅力。

图 11　古遗址图

2. 比较分析

1）全国地坑窑分布概况

我国下沉式窑洞主要分布于晋南、豫西及陕西等地区，具有代表性的有三门峡市宜村乡地坑院，居住人口 13 568 人，人均占地 330 平方米（图 12）。按照平均每院 10 人计，其数量达到了 1000 多院，但是该地区窑院多呈分散式分布格局。据记载：晋南平陆县曾是我国保存地窑院（下沉式窑洞）最多的行政区，其中尤以张店镇最多，但目前已基本损毁殆尽（图 13、图 14）。

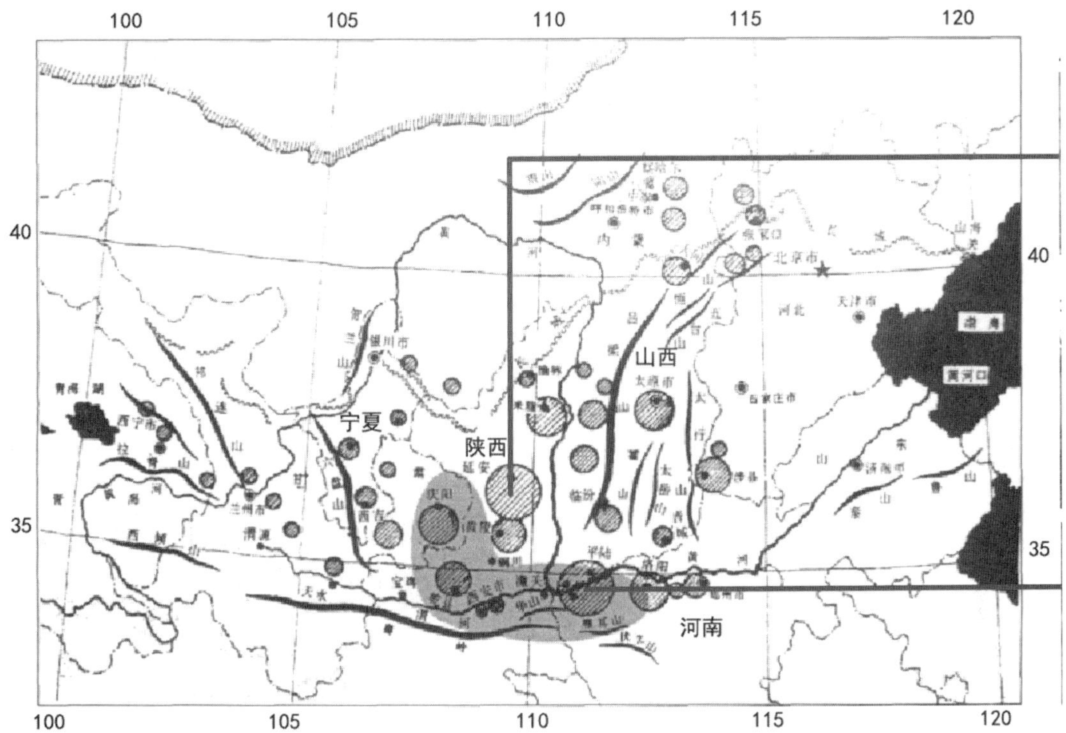

图 12　黄土高原地区地坑窑院分布图

图 13　崖窑照片

图 14　地坑窑照片

2）陕西地坑窑分布概况

陕西地坑窑主要集中分布于渭北高原地带的旬邑、永寿、淳化及泾阳、乾县、三原、礼泉北部等地区（图 15）。其中，乾县是下沉式窑洞开发较早的地区。近年，随着乡村开展的土地复垦，这些窑洞绝大部分被填平。

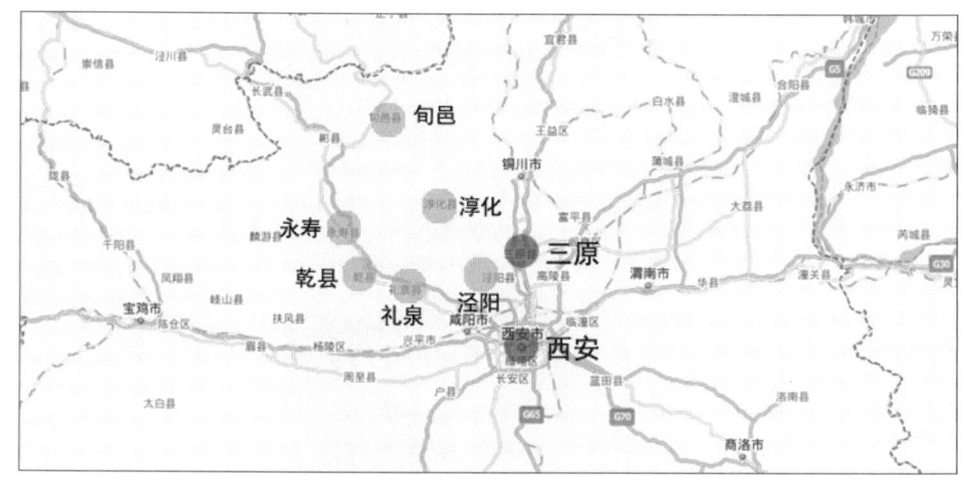

图 15　陕西省地坑窑分布图

3）柏社村地坑窑分布概况

三原县柏社村落现存地坑院 215 院，无论从数量、密集程度还是保护的完整度及典型性等诸多方面都具有突出的比较优势，加之窑院类型的丰富性，堪称天下地窑第一村，无疑具有重大的保护和研究价值（图 16）。

图 16　三原县柏社村地坑窑分布图

3. 古村特色

1）历史悠久，文化多彩

柏社村历史悠久，文化底蕴深厚，经历了 1600 余年，留下了丰富的物质文化遗产和非物质文化遗产。历史遗迹、古窑洞等不仅体现了当地的民居特色，同时也是人与自然和谐共处的智慧结晶。丰富多彩的民间艺术，体现出村民多样的精神生活与情趣，活跃了村民的文化生活。有些艺术如今已十分罕见，是不可多得的非物质文化遗产精品。

2）靠山临水，环境静谧

村落外围台塬地貌特色突出，植被良好，毗邻浊峪河、清峪河、嵯峨山等自然风景区，气候温和，空气清新。村落内部环境优美静谧，5 万余株高大繁茂的楸树遮天蔽日，形成了十分封闭幽静的村落空间环境。整个村子隐匿在林中，显得古老神秘。窑院内部环境自然朴实充满生机。80%的地坑院落里都有种植，或艳丽的桃花，或秀气的杏花，或挺拔的核桃树。

3）地坑窑众多，特色突出

柏社村的地坑窑是当地遗留规模最大的地坑窑聚集村落。古村内保留窑洞约 780 院，地坑窑最多的是 20 世纪 50 年代的窑，也有百十年的古窑，保持着原始古朴之风。其中，核心区集中分布有 215 院下沉式窑洞四合院，无论从数量、密集程度还是保护的完整度及典型性等诸多方面都具有突出的优势，加之窑院类型的丰富性，堪称天下地坑窑第一村。

三原县柏社村的窑脸形态和陕北地区的窑洞有着很大的差别。陕北地区以崖窑和箍窑居多，窑脸石质材质应用较多。而柏社村的地坑窑则是生土材质的较多，色彩上较为平和，基本是生土本色。因而，柏社村地坑窑改造的地方性特点也比较突出（彩图 5）。

4. 存在问题

（1）由于经济的发展，时代的进步，人们从最初满足基本功能需求转向精神层面的需求，更多的人选择从窑洞搬进楼房，造成很多窑洞荒废。

（2）伴随着本村经济的发展，平衡保护与发展之间的突出矛盾较为困难，村民们新的建设活动对古村历史风貌的保护工作有着严重的影响。

（3）古村落的价值并没有被村民完全认知，导致村民文化保护意识薄弱，毁坏历史遗迹的现象较为严重。

（4）古村的基础设施不完善，不能满足基本需求，给人们的生活带来了极大的不便，尤其是旱厕、煤堆、垃圾、原煤燃烧严重影响了古村的环境卫生。

（5）目前来参观窑洞及村落原生态环境的游客较为零散，古村的旅游价值没有得到重视。

（三）价值评估

申报历史文化名城、名镇、名村，应当提交所申报的历史文化名城、名镇、名村的下列材料。

（1）历史沿革、地方特色和历史文化价值的说明。

（2）传统格局和历史风貌的现状。

（3）保护范围。

（4）不可移动文物、历史建筑、历史文化街区的清单。

（5）保护工作情况、保护目标和保护要求。

——摘自《历史文化名城名镇名村保护条例》

三原县地势西北高东南低，西有孟侯原（天齐原），中有丰原（清风原），东有白鹿原（万寿原）。三原县南北以北部原坡为界，西部有北南向清峪河东西相隔，自然分隔成三个差异明显的地貌区，即南部平原、北部台塬和西北山原（图 17）。

（1）南部平原。该区为渭河冲积平原的一部分，系渭河二级阶地，面积约 290.37 平方千米，占全县总面积约 50.33%，土质主要是次生黄土。区内地势平坦，水利条件良好，是粮棉菜果适宜区。区内含 3 个农场、10 个乡镇、7 个自然集镇和 452 个自然村。

（2）北部台塬。该区位于县北部，为渭河三级台地，面积约 215.84 平方千米，占全县总面积约 37.41%，植被稀少，水土流失严重，土质多为原生黄土，适宜发展粮食、油料生产。该区主要有黄土原、黄土坡、黄土侵蚀沟坡 3 种地貌状态类型。区内含 6 个乡、3 个自然集镇和 227 个自然村。

（3）西北山原。该区位于县西北部低山区，面积约 70.7 平方千米，占全县总面积约 12.26%。该区的土质为原生和次生黄土，涂层较薄，包括低山和残原两种地貌类型，可利用山坡均已植树造林。区内含 2 个乡、50 个自然区和 1 个自然集镇。

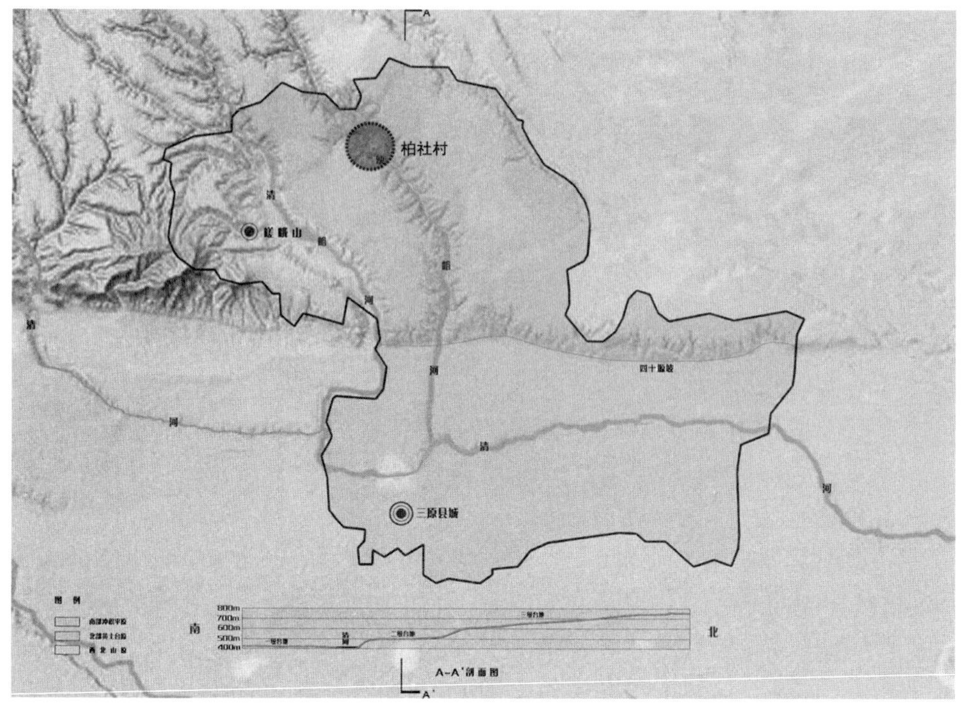

图 17　三原县地貌图

1. 环境风貌价值评估

我们可以尝试分别从村落大环境、村落内部环境、窑院内部环境及古树名木等不同层次对柏社古村落的整体环境风貌加以认识。

1）村落大环境分析

村落外围绿色台塬地貌特色突出，植被良好，毗邻浊峪河、清峪河、嵯峨山等自然风景区，小气候温和，空气清新（图 18、图 19、图 20、图 21）。

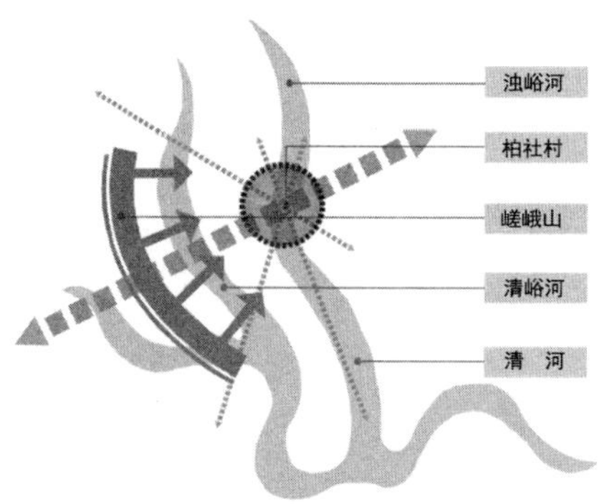

图 18　柏社村大环境风貌分析图

图 19　嵯峨山远景

图 20　村庄地面景观

图 21 楸树林景观

2）村落内部环境分析

村落内部环境优美静谧，五万余株高大繁茂的楸树遮天蔽日，形成了十分封闭幽静的村落空间环境。整个村子就好比是隐匿在林中，显得古老而神秘。

3）窑院内部环境分析

窑院内部环境自然朴实充满生机。80%的地坑院落里都有种植，或艳丽的桃花，或秀气的杏花，或挺拔的核桃树。

4）古树名木

柏社村村名所反映的历史景象是村内松柏参天，槐楸茂密，尤以古柏为最。后来由于长期的生产生活所需和战乱焚烧等原因，象征柏社村的古柏逐渐消迹，与其历经沧桑的古槐至今仅留有 3 棵，一棵在娘娘庙门前，另外两棵在南堡北门外，它们都受到当地部门和居民的重视（图 22、图 23、图 24、图 25、图 26、图 27）。

图 22　村道绿化

图 23　窑内绿化（一）

图 24　楸树林绿化

图 25　窑内绿化（二）

图 26　古槐

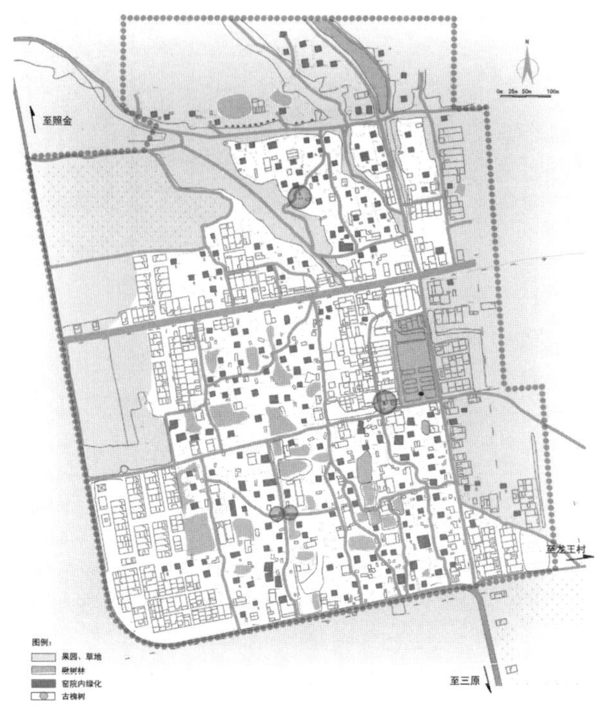

图 27　村落内部环境图

2. 建筑价值评估

1）建筑形式

由于自然条件的影响，历史时期以来，柏社村居民的居住形式发生过一定的变化，其演进过程大体是由原始土洞—简易人工土洞—土木结构民房—设计考究的庭院式窑洞到现在的水泥平房、楼房。这几种形式中，保留数量最多的就是地坑窑洞。

柏社村整体以下沉式窑洞为主，局部结合地形形成靠崖式窑洞；地面建筑中，尚有明清时代修建的民居、庙宇、古街、古道等建筑类型。数量众多的下沉式窑洞建筑作为古老而特殊的人居方式，积淀了丰厚的建筑、历史、人文信息。柏社村的现有民居中，包含了土洞、简易窑洞、规范的四合头窑院、厦房、明清古建及现代砖房等多种形式，保留了不同年代的不同民居形制，本身就构成了一幅地方人居文化历史演进轨迹的现实图景。

窑洞因其特殊的建造方式，具有冬暖夏凉、防火隔声、节约能源的自然特性，成为绿色建筑及人与自然和谐共生的典范。下沉式窑洞是窑洞的主要形式

之一，主要分布于陕西乾县、甘肃庆阳、山西运城、河南三门峡等地区的黄土平原地区。尽管历史上下沉式窑洞在上述地区有广泛的分布，但随着时代的变迁，特别是近三十年社会经济的发展，下沉式窑洞大量消失，各地只有为数不多的地坑窑零散分布在黄土平原地区（图 28）。

图 28　窑洞建筑形式图

2）建筑结构

柏社村的传统民居，在建筑结构上主要分为土结构、砖结构两种类型。其中，地坑窑院主要是以原生的土结构建筑居多，砖土混合结构居其次，两者合计占全村民居总数的 90%以上，堪称典型的生土建筑群。地面建筑除了少数年代久远的土结构和木结构建筑外，大部分为后期新建的砖混结构或砖结构建筑（图 29）。

结构	砖木结构	201
	砖结构	88
	木结构	6
	土结构	244

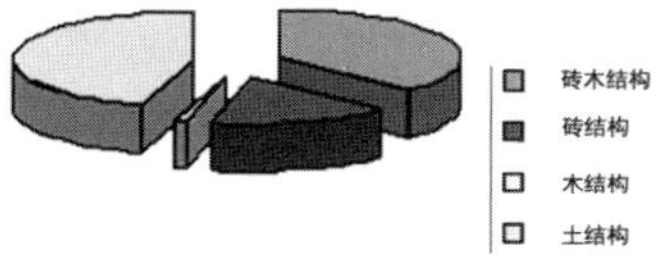

图 29　窑洞建筑结构图

3）建筑年代

柏社村现存的传统民居，大多已有数十年历史，虽然文物价值不高，但都能够反映一定的时代风貌。建筑年代按照现存情况划分为 5 个时间段，分别为

0—30 年、30—50 年、50—70 年、70—100 年及 100 年以上。通过分析可以看出，建筑以 30—50 年的居多，主要分布在柏社西街以北区域；0—30 年次之，约占总数的 24.6%，集中分布在片区的西侧新建地面建筑；50—70 年的建筑数量与 0—30 年代等同，主要分布在南部窑洞核心片区；70—100 年的建筑数量约占总数的 9.4%，零星分布在南部窑洞核心片区内；具有 100 年以上历史的建筑总计有 26 处，主要分布于地块中心区域（图 30）。

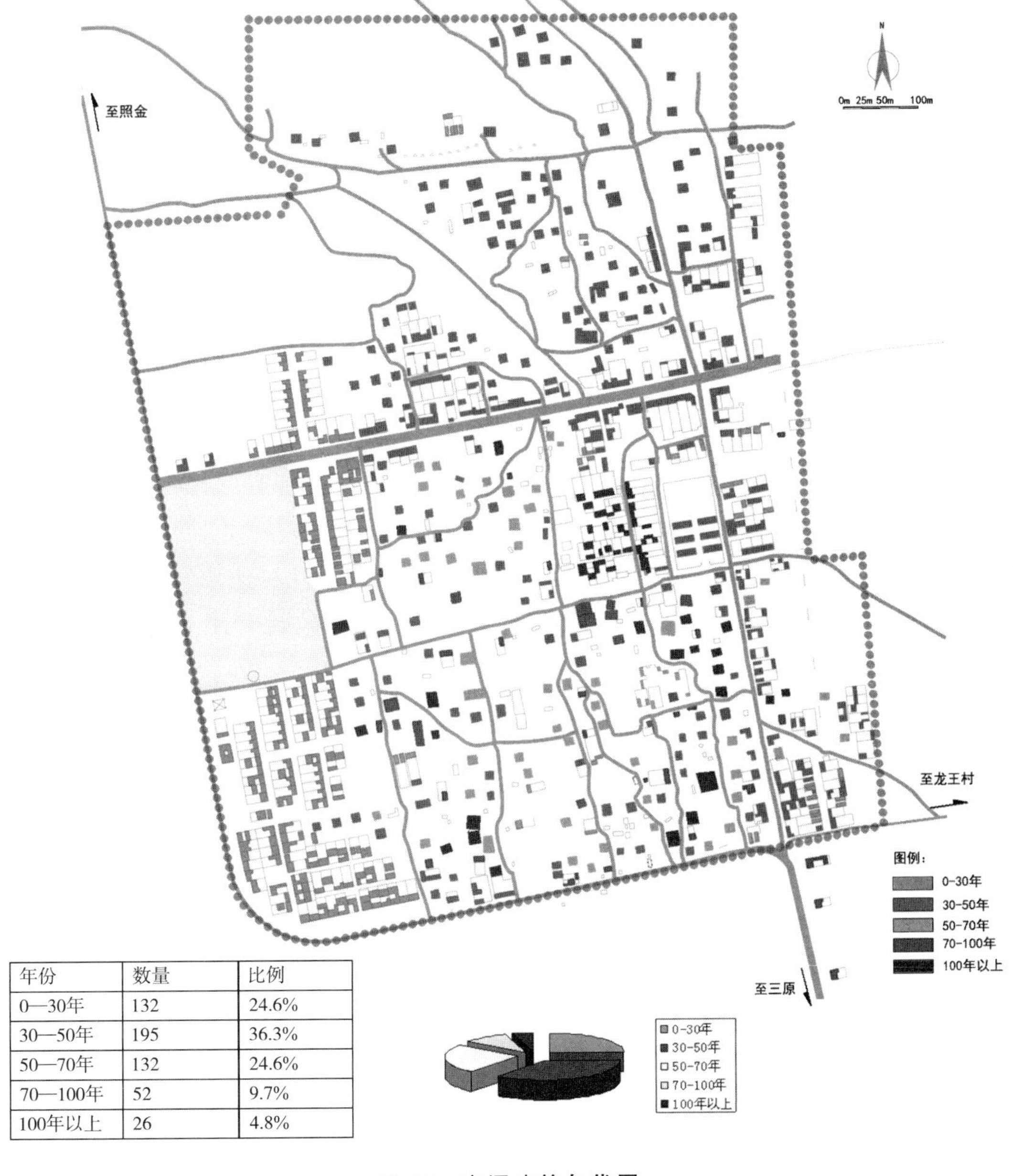

年份	数量	比例
0—30年	132	24.6%
30—50年	195	36.3%
50—70年	132	24.6%
70—100年	52	9.7%
100年以上	26	4.8%

图 30　窑洞建筑年代图

4）建筑保存状况

柏社村的窑洞，大多为下沉式地坑窑，少量为平地式崖窑。地坑窑入口形式以曲尺跨院型为主。保存完好的地坑窑 83 院，保存一般的地坑窑 40 院，废弃的地坑窑 72 院，被填平的地坑窑 15 院，其中经常有人居住的地坑窑 48 院，共计 215 院。保存完好的崖窑 2 院，现在无人居住的、废弃的崖窑 3 院，共计 5 院 22 孔（表 2）。

表 2　柏社村建筑保存现状表

分类	现状
保存较好的地坑窑	院内墙体完整，孔洞清晰，修有女儿墙，院内较为整洁，植被经过修整
保存一般的地坑窑	院内部分墙面脱落，孔洞清晰，多数无女儿墙，杂草丛生
废弃的地坑窑	院内墙体大部分脱落，孔洞不清晰甚至坍塌，无女儿墙，杂草丛生

质量较好的建筑主要是一些地面的新建筑及部分年代较短且有人居住的地坑院，主要分布在村域西侧。质量较差的建筑主要是一些历史悠久的古窑院，零星散落于中心窑洞区（彩图 6）。

5）建筑环境

柏社村的地坑窑院内，大多数村民没有进行布置，基本保持生土建筑的原貌。大多数地坑窑院落中都种植有一至两棵杏树或梅花，一方面美化庭院内部环境，另一方面起到提醒地面行人注意的目的。根据柏社村地坑窑的实际情况，村内窑洞建筑环境可分为三个级别，即较好、一般、较差（图 31、图 32、图 33、图 34）。

图 31　建筑环境一般

图 32　建筑环境较差

图 33　建筑环境较好

地面建筑有独立的院子，但和普通的农村庭院区别较小，无突出特色；部分地面建筑建在地坑窑周边，无围墙，更无具体的庭院空间，而且周边堆放大量的木材、秸秆、柴草等（图 35、图 36、图 37、图 38）。

至照金

0m 25m 50m 100m

至龙王村

至三原

图例：

建筑环境较好

建筑环境一般

建筑环境较差

图 34　窑洞建筑环境图

图 35　建筑环境较好

图 36　闲置石磙

图 37　村中的柴草堆

图 38　柏社村建筑编号图

6）综合评估

对历史文化名村中的历史文化遗产进行价值评估，是编制历史文化名村保护规划的基本前提，也是进行历史建筑分级保护的基本依据。目前，国家尚无评估历史文化名村历史文化遗产价值的统一标准或规范。本规划遵循《历史文化名城名镇名村保护条例》的基本要求，参考《中国历史文化名镇（村）评价

指标体系（试行）》《风景名胜区规划规范》中与之相关的内容，结合柏社村的特色，把柏社村历史文化名村的待评估的遗产类型分为三类，即古建筑价值评估、窑洞价值评估、遗址价值评估。

（1）古建筑价值综合评估。柏社村内地面古建筑遗存较少，建筑年代尤以50年左右的居多。具有100年以上历史的建筑总计有26处，主要分布于地块中心区域。村落中的大多数建筑年代久远、保存完整性较好，功能仍延续居住功能，能够反映柏社村的历史风貌，有较高的历史价值和使用价值（图39）。

图39　具有100年以上历史建筑分布图

（2）窑洞价值综合评估。为了对柏社村窑洞价值进行科学、合理的评估，本次规划遵循树形设计的原则，首先设计了5个一级评价因子，其次是11个二级评价因子。从综合评价的角度出发，给定了一个模拟分值，并把它相对客观地分配在5组评价因子中，总分值设计为100分（表3）。通过分析，确定了历史文化资源的历史价值（30分）、实用价值（20分）、艺术价值（20分）、开发价值（15分）、观赏价值（15分）作为5个一级评价因子。然后，对一级评价因子分别细化，形成二级评价因子，其中，历史价值细分为年代久远（15分）和历史事件关联（15分）；实用价值细分为功能延续性（10分）和房屋利用性（10分）；艺术价值细分为典型性（10分）和时代风貌（10分）；开发价值细分为环境质量（5分）、通达性（5分）和建筑结构（5分）；观赏价值细分为保存完整度（8分）和美感度（7分）。

表3 历史文化资源评价因子及权重一览表

一级评价因子	权重得分	二级评价因子		权重得分
历史价值	30	年代久远	明清、民国	15
			民国	
			20世纪50—80年代	
		历史事件关联		15
实用价值	20	功能延续性		10
		房屋利用性		10
艺术价值	20	典型性		10
		时代风貌		10
开发价值	15	环境质量		5
		通达性		5
		建筑结构	土	5
			砖混	
观赏价值	15	美感度		7
		保存完整度	一级：格局完整，结构清晰	8
			二级：格局不易辨析，部分坍塌、无人料理	
			三级：遗址完全被新建筑覆盖，原有格局通过现状无法辨析，	
总计	100			100

参考有关历史文化资源的分类定级，并给出了各评价因子所占的权重与各资源所占的分值。根据实地调查，柏社村历史文化资源可分为四级，各级资源分值分别为：一级60分以上（包含60）；二级50—60分（包含50）；三级40—50分（包含40）；四级40分以下（彩图7）。

本次评估主要针对窑洞建筑，分为四个级别。一级历史文化资源：窑院建筑形式完好，整体环境优良，能够代表地域特色，具有较高的历史文化价值，共 10 处，其中包括习仲勋故居、美院改造的窑洞、衚衕古道两侧的窑洞和年代最久远的窑洞等。二级历史文化资源：窑院建筑形式基本完好，整体环境较好，共 46 处。三级历史文化资源：建筑形式不完整，整体环境较差，共 41 处。四级历史文化资源：建筑部分或全部坍塌，无人居住，共 110 处。

（3）遗址价值综合评估。根据对现状实物遗存及其相关环境进行调研，可以选择完整性和历史重要性这两个评估因子分别对遗址的现状进行评价，其结果可以分为良好、一般、较差三个等级（表 4）。

良好：现状保存较好，能够反映古村落当时的经济、生活、文化等，对古村落的格局和发展有着重要的历史价值和社会价值。例如，北城堡遗址、娘娘庙遗址、兵车古道遗址。

一般：现状已不存在，但是对古村落整体格局有重大影响，有较高的历史价值。例如，南堡老城遗址、南堡新城遗址、寿丰寺遗址、马王庙遗址、戏楼遗址、古涝池岸址、清潘同氏烈女碑。

较差：现状已不存在，历史价值不高。例如，商业街旧址、三宵庙遗址、无量庙遗址、平和寺旧址、双龙寺旧址、柏社镇古镇记事碑、土神洞、佛洞、猪市沟、文化层灰坑遗址和石雕遗址。

表 4　遗址价值评估表

<table>
<tr><th rowspan="3">类型</th><th rowspan="3">内容</th><th colspan="4">分析</th></tr>
<tr><th colspan="2">完整性</th><th colspan="2">历史重要性</th></tr>
<tr></tr>
<tr><td rowspan="5">古城</td><td>南堡老城遗址</td><td rowspan="5">仅明清时期城堡旧址处格局依稀存在，其他旧址无论格局还是城堡要素（城墙、城门）均不复存在</td><td>较低</td><td rowspan="5">各历史时期的城堡旧址代表着古村落的发展演变轨迹，对古村落的发展有着重要的历史价值</td><td>高</td></tr>
<tr><td>南堡新城遗址</td><td>较低</td><td>高</td></tr>
<tr><td>古城堡旧址</td><td>较低</td><td>高</td></tr>
<tr><td>老堡子沟旧址</td><td>较低</td><td>高</td></tr>
<tr><td>北老堡遗址</td><td>一般</td><td>高</td></tr>
<tr><td rowspan="2">古巷</td><td>商业街旧址</td><td rowspan="2">古民居巷格局完整，商业街旧址已不存在</td><td>较低</td><td rowspan="2">代表着当时的经济发展轨迹</td><td>较低</td></tr>
<tr><td>古民居巷</td><td>较完整</td><td>一般</td></tr>
<tr><td rowspan="2">寺庙</td><td>娘娘庙遗址</td><td rowspan="2">仅存有娘娘庙，其他遗址已被新建建筑覆盖</td><td>完整</td><td rowspan="2">反映古村落居民的文化内涵与宗教信仰</td><td>高</td></tr>
<tr><td>寿峰寺、马王庙遗址、三宵庙遗址、无量庙遗址、平和寺旧址和双龙寺旧址</td><td>较低</td><td>较低</td></tr>
</table>

续表

类型	内容	分析			
		完整性		历史重要性	
戏楼	戏楼遗址	拆除新建信号塔	较低	代表着古村落民俗文化	一般
涝池	古涝池岸址	格局完整，但荒草丛生	较完整	—	较低
碑文	清潘同氏烈女碑	清潘同氏烈女碑只见石碑，不见碑座	一般	反映村民的质朴、善良的性格	一般
	柏社镇古镇记事碑		较低		较低
其他	兵车古道遗址	仅有兵车古道遗址依稀存在	较低	兵车古道具有重要的历史意义	高
	土神洞、佛洞、猪市沟、化层灰坑遗址和石雕遗址		较低		较低

3. 民俗价值评估

柏社村悠久的历史也孕育了独具地方特色、丰富多彩的民间艺术。社火、唢呐、手工刺绣、剪纸、面花、纸扎等民间文化习俗均在柏社村有长久的历史和影响力，特别是木雕制作工艺，至今为人所称道。此外，柏社村民风淳朴，村民勤于农耕，崇尚节俭，加之地坑窑院特殊的乡村聚落方式，更是透射出一份独有的文化魅力。

柏社村的生活模式和文化传统从深层次上代表了当地的文化习俗，应当通过保护当地的民俗民风，将其运用到设计的方方面面，使其不断得到新的延伸和扩展，延续一千多年的风俗传统，丰富其本身的内容，展现当地淳朴的民风。

4. 综合评价

通过对柏社村的各个方面的历史文化资源的价值评估，根据《历史文化名城名镇名村保护条例》规定的申报条件，柏社村完全具备申报国家历史文化名村的各方面要求，有很高的保护价值。对所列资源中现阶段未被列入文物保护单位但在综合评价中分值较高的文物古迹，根据实际情况，申报保护级别，从而加强对优秀历史文化资源的使用管理，调整不合理的使用方式和用途，恢复原设计的使用功能。对现有历史文化资源提升保护级别是实现有效保护的重要条件。在对各历史文化资源进行调研及充分了解的基础上，根据对历史文化资源所作的综合评价，得出现阶段需进一步申报保护级别的文物古迹如下。

（1）建议市级文物保护单位：习仲勋居住过的窑洞编号 116。

（2）建议县级文物保护单位：编号 63、编号 29、编号 30、编号 152、编号 153、编号 112、编号 128、编号 27、编号 183。

（四）规划总则

1. 规划依据

（1）《中华人民共和国城市规划法》。

（2）《中华人民共和国文物保护法》。

（3）《中华人民共和国环境保护法》。

（4）《中华人民共和国文物保护法实施条例》。

（5）《历史文化名城保护规划规范》（GB 50357—2005）。

（6）《历史文化名城名镇名村保护条例》。

（7）《陕西省历史文化名城名镇名村保护“十二五”规划》。

（8）《陕西省历史文化名镇名村评选办法》。

（9）《三原城市总体规划修编（2010—2025）》。

（10）《三原历史文化名城保护规划（2010—2025）》。

2. 指导思想

（1）控制地面建筑，保护村落自然生态与空间环境特色；保护和抢救面临破坏的古迹遗存、历史街巷。

（2）保护与挖掘古村落生土建筑文化与乡土民俗文化。

（3）改善村落基础设施、公共服务设施和居住环境，将古村落建筑文化保护与乡村旅游产业开发及新农村建设相结合，探寻传统文化保护与现代生活居住及现代农业一体化发展的渭北新农村建设模式，并形成广泛的示范效应。

（4）与周边旅游景点资源相结合，积极推动西安都市圈北部旅游功能片区的有序发展。

3. 保护原则

（1）整体性保护原则：坚持古村落特色风貌整体保护的基本原则，既要保护有形的、实体性的历史文化遗产，又要继承和发扬无形的优秀文化传统，使有形的遗存和无形的传统相互依存、相互烘托，共同反映村落的历史文化积淀，促进物质文明和精神文明的协调发展。

（2）特色性保护原则：古村落里有一定保护价值的窑洞和古建筑众多，在规划时要突出保护重点，坚持系统保护与重点保护相结合的原则，对价值高有代表性的窑洞和历史建筑予以重点保护。

（3）保护与利用相结合原则：坚持村落历史文化遗产保护与经济社会发展相结合的原则，处理好保护与发展、保护与建设的关系，把对历史文化遗产的保护和村落的发展有机地结合起来，树立“保护本身就是发展”的思想。村落现代化建设、社会经济发展以及村民住宅的改造，要与历史文化名村的保护相结合，充分发挥历史文化资源在乡村建设中的作用，使柏社村的乡村发展和建设，既适应现代乡村生活的新需求，又保持地方历史文化特色。

4. 规划期限

根据《中华人民共和国城乡规划法》、《历史文化名村保护规划编制要求》和《历史文化名城名镇名村保护条例》，考虑柏社村实际情况，本次规划目标年限为 2020 年，其中近期为 2013—2015 年，远期为 2016—2020 年。

5. 规划目标

深度挖掘关中窑洞民居与传统民俗文化特质，抢救性保护古村落特色建筑与空间环境格局风貌；近期为历史文化名村申报工作奠定基础。远期与其他地区窑洞聚落联合申报世界文化遗产；探寻古村保护与社会主义新农村发展建设的统一途径；打造天下地窑第一村、生土建筑博物馆品牌形象。

6. 规划范围

南部及西部以道路为界，北部至塬坡底，规划面积约 92 公顷。其中村民住宅核心区面积约 20 公顷。

（五）保护框架

保护规划应当包括下列内容。

（1）保护原则、保护内容和保护范围。

（2）保护措施、开发强度和建设控制要求。

（3）传统格局和历史风貌保护要求。

（4）历史文化街区、名镇、名村的核心保护范围和建设控制地带。

（5）保护规划分期实施方案。

——摘自《历史文化名城名镇名村保护条例》

1. 上位规划保护意向

1）三原县城市总体规划修编（2010—2025 年）

本次规划对三原县域内经国家和省、县人民政府公布的革命遗址、纪念性建筑、古文化遗址、古墓葬、古建筑等重点文物保护单位，在规划行政主管部门和文物管理部门共同确定的保护范围的基础上进行保护区和建设控制地带的界定。其中柏社古村落群核心区 215 院地坑窑为重点保护区；柏社村庄范围为建设控制地带。

同时在总体规划中的旅游规划中，沿三原县城到北部嵯峨山及柏社古村的城市道路展开人文生态旅游路线，与历史文化名城旅游区密切沟通。该线路由三原城区向北延伸，主要景点有池阳宫遗址、樊家河二号遗址、冯村水库、嵯峨山森林公园、小道口水库、邵家沟遗址、王家沟水库、柏社古村、新兴乡林场等。

该线路主要依托三原县城北部良好的生态环境、丰富的森林资源与水资源开展生态特色旅游（图 40、图 41、图 42、图 43、图 44）。这条人文生态旅游路线的开发将带动柏社村经济快速发展，促进村庄公共服务设施的完善。

图 40　古龙桥

图 41　周家大院

图 42　李靖故居　　图 43　城隍庙　　图 44　文峰木塔

2）三原县历史文化名城保护规划（2010—2025 年）

对柏社村进行了价值评估，并将柏社村确定为三级历史文化资源，同时建议柏社古村落申报国家级历史文化名村，并对其进一步建设规划进行了规定（图 45）。

范围：南部及西部以三照公路为界，北部至塬坡底，规划面积约 92 公顷。其中村民住宅核心区面积约 20 公顷。

规划目标：深度挖掘关中窑洞民居与传统民俗文化特质，抢救性保护古村落特色建筑与空间环境格局风貌。

规划设想：立足于采取适当技术措施以克服窑洞的使用缺陷，使其在保持固有建造方式、空间格局、生态及文化特性的基础上还能够满足现代人们日益提高的物质生活需求，使古老的人居方式在当今及长远的未来依然充满生命活力。选择个别废弃窑院加以原样保护，以展示不同历史时期窑洞演化发展轨迹，并对村落中具有一定历史价值的其他古建筑进行修缮和保护。

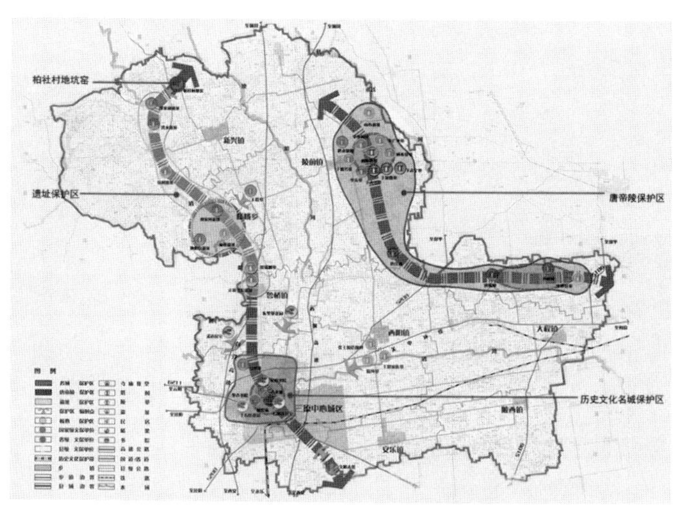

图 45　三原县历史文化资源保护规划图

2. 保护定位

深入挖掘柏社历史文化名村的价值特色和历史文化内涵，客观评价历史文化资源，确定科学的保护目标和手段；落实科学发展观，立足改善人居环境，促进和谐发展、可持续发展；把握全局，统一规划，分清主次，突出重点，分期整治，留有弹性，将规划的科学性、前瞻性和实施的合理性、可操作性有机结合。

3. 保护内容

（1）柏社村传统村落格局。

（2）村落传统建筑形式——地坑窑、崖窑和地面建筑。

（3）地坑窑周边环境的整体保护。

（4）保护有历史价值的古建筑、古庙、石刻、近代现代重要史迹和代表性建筑，以及古树名木等。

（5）传统民俗文化的保护。

（6）楸树林自然生态景观。

4. 保护框架

1）保护区划——保护与建设控制地带确定

核心保护区——古村落核心区域，也是窑院建筑集中分布区，并包含部分历史建筑和历史遗存。规划要求严格保护村落风貌及构成风貌的各种组成要素，严格保护建筑群体环境及传统文化，严格禁止地面建设，保护村落原生空间环境。

建设控制区——柏社古村风貌区边界的主要缓冲地带，可安排一定发展需要建设的项目，但需控制建设项目规模，对需要新建、改建、扩建的建筑保持风格统一，要与传统建筑风格相协调。

景观协调区——区域内的山体、植被、水系和农田是古村落赖以生存的基础，采取严格的管理措施，限制各类建设（彩图 8）。

2）保护体系——保护轴线

地坑窑民居建筑保护轴\历史街区保护轴\生态林地绿化保护轴。

3）保护体系——保护节点

崖窑保护节点\习仲勋地坑窑保护节点\四孔连窑保护节点\美院改造地坑窑保护节点\横向连窑保护节点\竖向连窑保护节点\衚衕古道两侧地坑窑保护节点\最大地坑窑保护节点（图 46、表 5）。

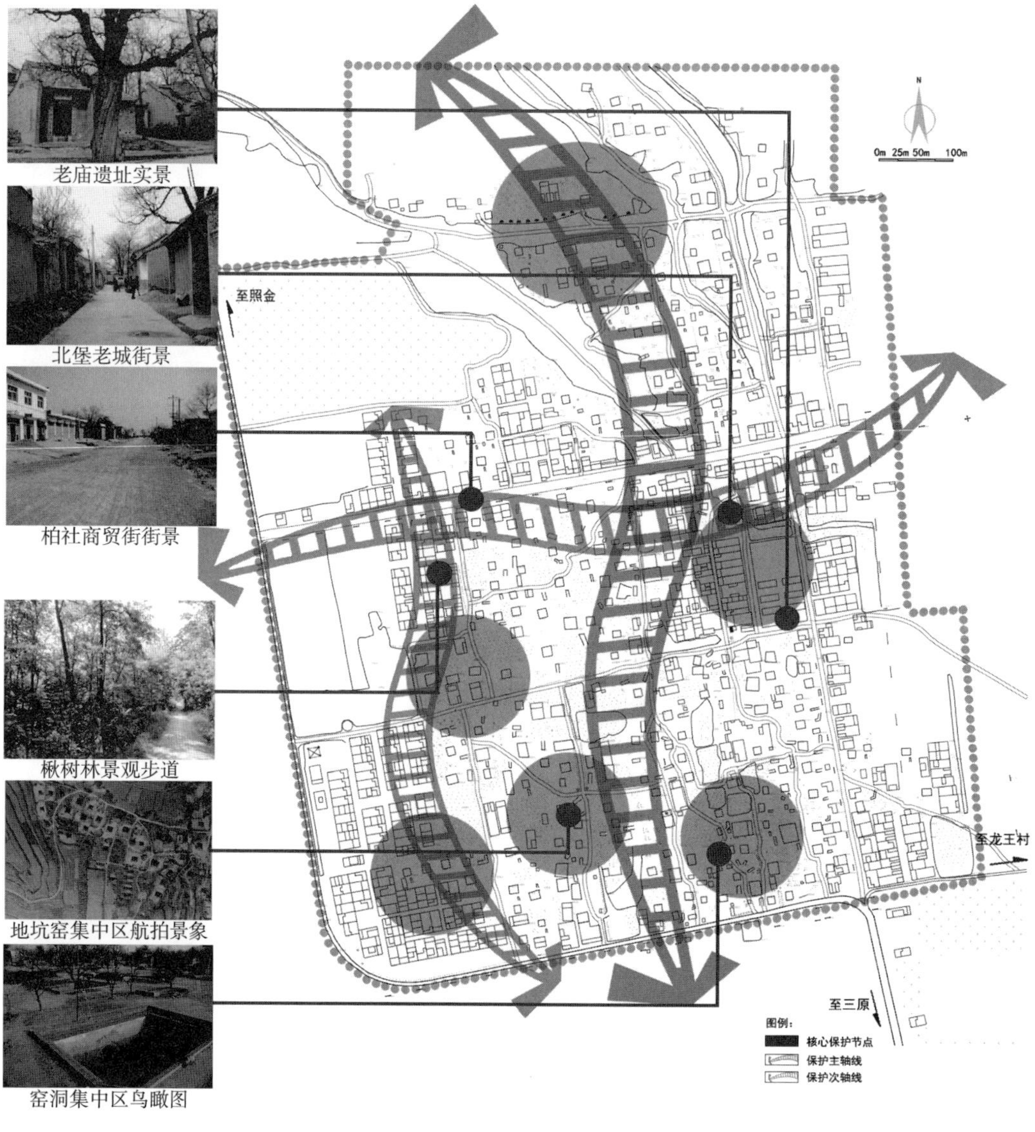

老庙遗址实景
北堡老城街景
柏社商贸街街景
楸树林景观步道
地坑窑集中区航拍景象
窑洞集中区鸟瞰图
至照金
至龙王村
至三原
0m 25m 50m 100m
图例：
核心保护节点
保护主轴线
保护次轴线

图 46 保护体系图

表 5　保护框架图

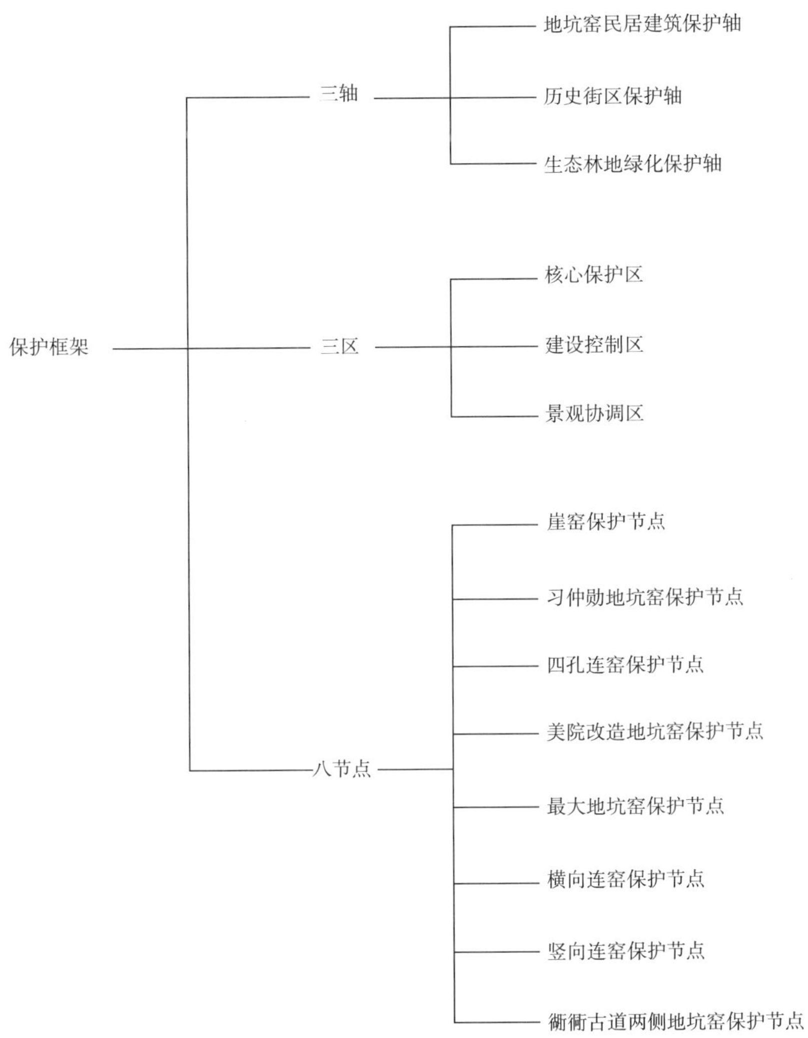

5. 保护措施

1）村落建筑保护

目前，像柏社村这样存留如此数量和保持良好环境的地坑窑村已是十分罕见的。因此，对于其窑院格局、环境及窑洞建筑的个体及群体保护无疑是保护规划的重点内容。鉴于窑洞本身在占地、采光、防潮等方面存在着先天不足，本规划所强调的建筑保护不完全等同于一般古村落对民居建筑的保护方式，而是一种基于必要改造基础上的保护，即立足于采取适当技术措施以克服窑洞的使用缺陷，使其在保持固有建造方式、空间格局、生态及文化特性的基础上还能够满足现代人们日益提高的物质生活需求，使古老的人居方式在当今及长远的未来依然充满生命活力。与此同时，规划选择个别废弃窑院加以原样保护，以展示不同历史时期窑洞演化发展轨迹，并对村落中具有一定历史价值的其他古建筑进行修缮和保护。

将古村建筑分为重点建筑保护、建筑修缮保护、新建建筑改造、破旧拆除建筑四类（彩图 9）。

重点建筑保护：保护其外观，在窑洞立面、建筑色彩等方面延续历史风貌，使其内部可进行新的改造，创造良好的生活环境。

建筑修缮保护：在不改变结构的前提下，改造其外观，使窑洞立面、建筑色彩等方面延续历史风貌，同时改造其内部环境。

新建建筑改造：重点改造其外观，使窑洞立面、建筑色彩等方面延续历史风貌。

破旧拆除建筑：将已经坍塌的存在安全隐患的建筑拆除。

2）特色民俗和饮食

柏社村悠久的历史也孕育了独具地方特色、丰富多彩的民间艺术。明末柏社村秦腔班社唱响关中北部，村内建有当时村镇少有的大戏楼（“文化大革命”时被毁），现存戏楼为“文化大革命”后所建。社火、唢呐、手工刺绣、剪纸、面花、纸扎等民间文化习俗均在柏社村有长久的历史和影响力。该村的木雕制作工艺，至今为人所称道。柏社村的饮食也独具特色，主要以面食为主，扯面、饸饹、蘸水面等远近驰名。此外，柏社村民风淳朴，村民勤于农耕，崇尚节俭，加之地坑窑院特殊的乡村聚落方式，更是透射出一份独有的文化魅力。

（1）民俗展示——感叹千年岁月，回眸乡情地韵。特色民俗项目构成：秦腔班社、社火、唢呐、手工刺绣、剪纸、面花、木雕等（图 47）。

图 47 民俗图

（2）百食体验——尝三秦小吃之精粹，品历史饮食之文化。特色饮食项目构成：臊子面、甑糕、蜂蜜凉粽子、锅盔、千层油酥饼、粉蒸牛羊肉。地方特色鲜吃：千层油饼、蓼花糖、泡油糕、绿豆糕、白封肉、清蒸猴头。乡野特色奇吃：羊肉泡馍、钱钱饭、扯面、饸饹、蘸水面、豆花泡馍、黄桂柿子饼、马蹄酥、荞面、黄桂稠酒、洋芋擦擦（图 48）。

图 48　百食图

3）村落文化保护方式

为有效保护柏社村特有的传统聚落格局与窑院人居方式，首先需要保护柏社村的传统民居建筑文化精髓和民俗文化元素的多样化；其次需要维护村落的物质空间格局；最后需要进一步挖掘和整理传统民间文化，通过节庆、演艺等多种途径使其与村落建设发展相结合，形成既具有形式特色又富含文化内涵的历史文化名村（图 49）。

图 49　村落文化图

村落文化保护措施如下。

（1）窑洞窗户及居室内贴剪纸、窗花，生动展示本地区民俗文化。

（2）传统生活方式展示，利用乡土元素，显现浓郁的乡村生活氛围。

（3）窑院中栽植果树，提升景观的同时体验农家情调。

（4）制作当地文化宣传片，宣传当地特色的传统文化。

（5）定期举办节庆活动，使当地居民和游客共同体验当地风俗。

（6）保护村落整体格局，控制新建建筑形式和高度，维护村庄整体风貌。

（六）重点街区、重点建筑保护

1. 窑洞保护措施（彩图 10）

（1）女儿墙——其他地区也称作拦马墙。其功能在于防止人与牲口跌落窑院。高出窑顶地面 0.5—1 米，大都以灰砖垒起而成。

（2）滴雨檐——位于窑墙崖面顶处靠下，防止雨水溅淋土墙崖面延长崖面的使用寿命。滴雨檐装饰重点在于下部。

（3）窑脸——作为窑洞的进出口，包括拱、门与窗。门大都是左右开扇的木门，窗以方格形式为主，装饰以剪纸。

（4）勒脚——设置在窑腿的最低处，作为地坑窑土拱的主要受力部分，保护窑腿就是保护土拱，且大都是砖砌形式（图 50、图 51、图 52、图 53、图 54、图 55、图 56、图 57、图 58、图 59、图 60、图 61、图 62、表 6）。

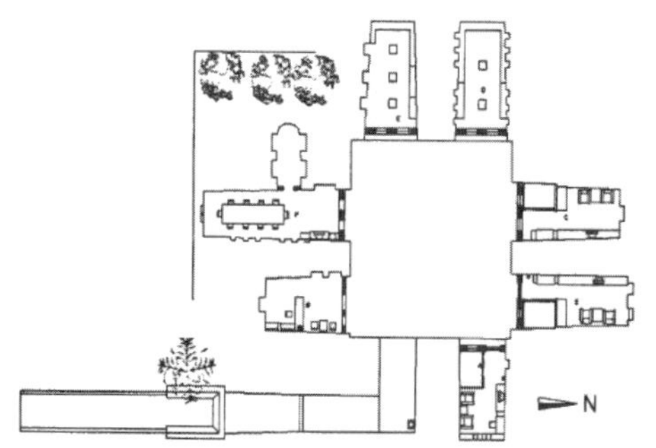

图 50 柏社村典型地坑窑平面图

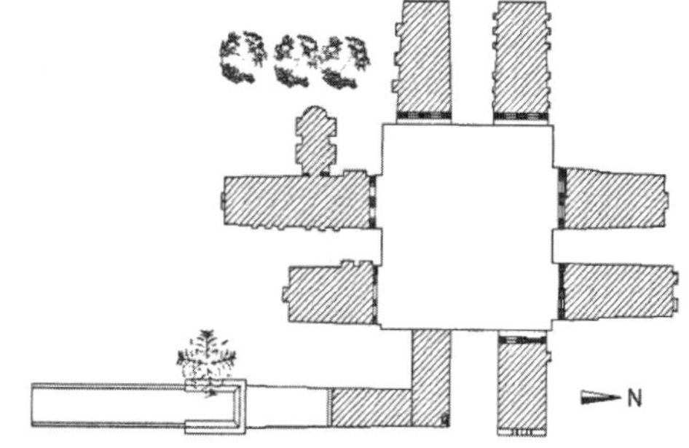

图 51 柏社村典型地坑窑窑顶窑院私密空间示意图

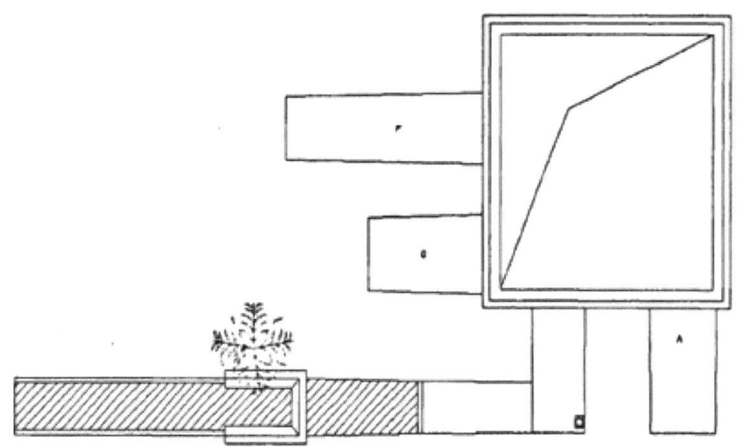

图 52　柏社村典型地坑窑窑顶窑院半开放空间示意图

图 53　地坑窑透视效果图

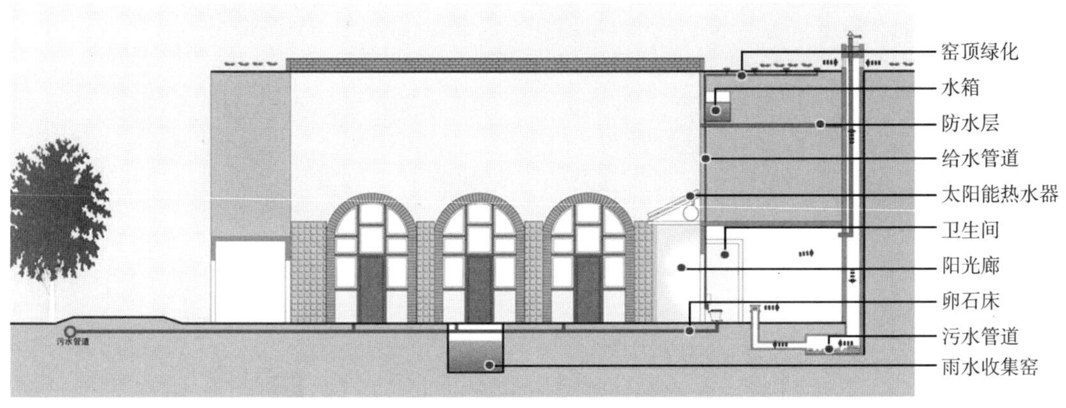

图 54　地坑窑改造示意图

图 55　地坑窑保护改造效果图

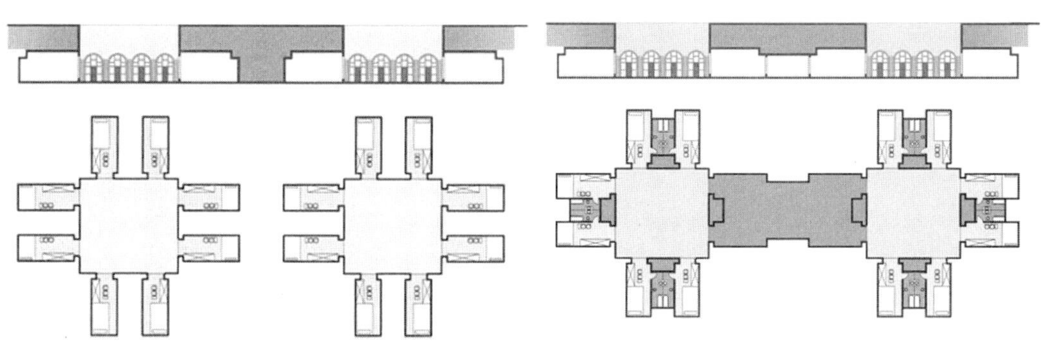

图 56　窑洞功能原貌

图 57　窑洞功能重构

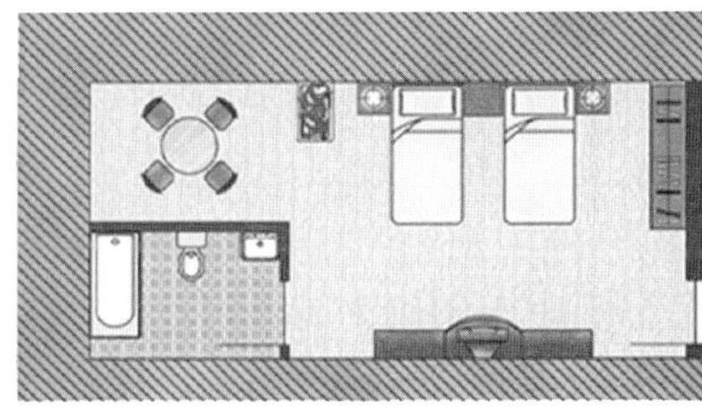

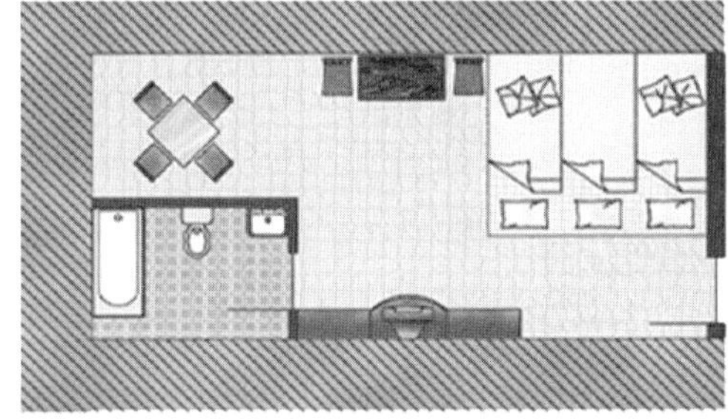

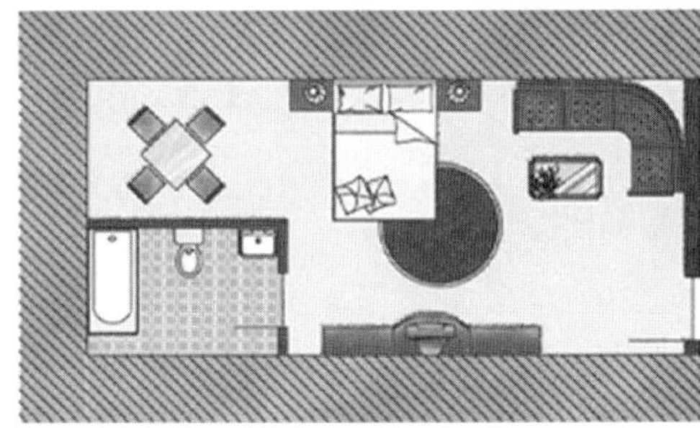

图 58　窑洞内部设计　　　　图 59　窑洞内部改造实景

图 60　窑洞外观修缮示意图　　　　图 61　窑洞外观改造实景图

表 6　窑洞改造与修缮的具体措施

分类	改造措施
使用功能改造	改造为商业及展示建筑

续表

分类	改造措施
内部设施改造	引入现代卫生设施，提高居住舒适度
空间形式改造	利用衚衕古道的空间特色，形成街窑形式
通风设施改造	用掩土自然空调太阳房，以改善窑洞通风环境
建筑外观改造	地面保留建筑外观立面进行整体改造，与传统村落空间协调；窑洞外观修缮改造，满足安全及功能需要
防水设施改造	设置水平防水层，以节省耕地和防止坍塌。通过设置水平防水层，使窑洞顶部渗水问题得以解决，窑顶即可种植蔬菜等农作物，而下沉式院落内种植果树，这又成为土地"零支出型"的建筑。窑脸采用砖贴作为垂直防水层，防止窑脸被雨水冲刷坍落
采光设施改造	采用较大面积的窗户，既改善自然采光条件，也可以让冬季太阳光直射室内，自然增温

图 62　窑洞宾馆改造实景示意图

2. 街区保护措施

1）明清老街

柏社村北城堡遗址处，部分城墙尚有保留，药铺、当铺、烧鸡店位置明确，留有明清年间的商业街一条，民居街三条，高等级明清古建筑民宅四院（图 63、图 64）。

图 63　明清老街现状图

图 64　明清老街示意图

2）衚衕古道

“衚衕”意为窄街长巷。柏社村的衚衕古道在古时深 6—10 米，窄而狭长弯曲不直，长约 4.5 千米。目前，古道坑洼不平，村民在衚衕两侧修建窑洞居住（图 65、图 66、图 67、图 68）。

图 65　衚衕古道实景图

图 66　衚衕古道示意图

图 67　衚衕古道剖面图

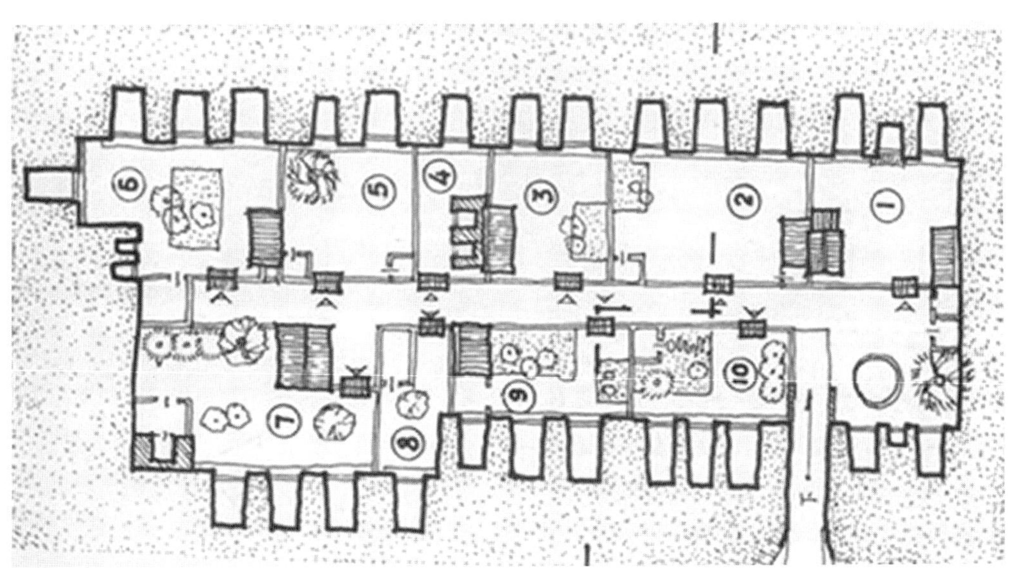

图 68　衚衕古道平面图

3）修缮与改造方法

（1）保护质量较好的历史建筑和传统民居。

（2）修缮、加固破败的历史建筑和传统民居，完善内部功能设施。

（3）保护原有的街巷格局，美化道路环境。

（4）以传统的建筑构件作为街道家具，营造具有历史感的街巷空间。

（5）控制新建建筑的高度、体量和风貌，改造并加固砖石承重构件，墙边加散水。外墙增设窗户，改善排水、通风和采光等问题，并与经营活动相结合。

（七）规划实施措施

1. 建设管理措施

村落建设管理应坚持“统一规划、因地制宜、综合开发、配套建设”的原则，充分发挥政府对历史文化名村保护的协调和指导作用，合理引导规划区土地利用、建设布局、环境保护及开发经营活动，确保规划建设顺利实施。

2. 组织协调措施

地方政府中相关的住建、文物、旅游、园林等职能部门，需要从本行业的专业角度，指导村落资源的保护与利用，推动政策法规的制定与实施，协调相关部门之间的关系，为名村保护提供高效服务，营造名村经济社会发展的良好环境；尽快组建柏社村管理办（处），借助政府的宏观调控手段，多方筹措、吸引资金，开展保护发展项目，组织基础设施建设，对名村的历史文化保护和旅游开发进行监督和约束。

3. 旅游利用措施

1）客源市场定位

根据地域及未来旅游市场发展趋势，将三原县的旅游市场分为三级市场，包括基础市场、拓展市场和机会市场三个层次。

2）宣传营销途径

首先，可以充分利用报刊、电视等大众传媒对柏社古村进行宣传，特别是利用网络宣传平台，通过制作网页等手段，大力宣传，吸引全国各地的游客更好地了解柏社古村。其次，可以加强与各旅行社的合作，通过和大旅行社建立长期联系来对外推销宣传自己，吸引游客。最后，除了吸引画家、摄影家前来取景外，柏社村还可以利用其优美的自然风光和独特的人文环境吸引剧组前来拍摄，作为影视拍摄基地通过影视剧来宣传自己，也可将剧中经典场景作为景点向游客展示，给游客以全新的体验。

4. 规划深化措施

在《柏社历史文化名村保护规划》审批后，应尽快编制相关规划，主要包括古村内道路系统的调整规划、古村建筑高度控制的调整规划、环境保护规划等。有些文物保护单位需要升级应该尽快进行审批、升级，制定新的保护措施。

5. 资金保障措施

柏社历史文化名村保护工作正处于发展起步阶段，应该加强资金倾斜力度，提高柏社历史文化名村的知名度。除政府财政投入外，建立多渠道筹集资金，初步建立历史名村保护的资金保障机制。例如，通过各景点的收入、开发商的投资等渠道筹措资金，保证规划的实施。

6. 实施运行机制

政府、企业和公众是柏社历史文化名村保护建设的主体，规划的实施需要三者行为的协同，建立起政府调控下的保护运行机制，需要“三力”推行，即行政力、市场力和社会力。

二、陕西省山阳县漫川关文化旅游名镇建设规划（2013—2020年）[①]

（一）文本

1. 总 则

1）基本原则

（1）保护更新原则。
（2）可持续发展原则。
（3）适度超前原则。
（4）高品质、多样化原则。
（5）可操作性原则。
（6）市场导向原则。
（7）社区参与原则。

2）规划范围

规划范围：漫川关镇位于山阳县南端，此次规划范围西临南宽坪镇，北临法官乡、延坪镇，东临石佛寺镇，南与湖北省郧西县上津镇接壤，镇区建设用地面积300公顷。

规划用地范围：北起商漫高速漫川关镇引线处、西南至小河口村、东南至闫家店新区、西至水磨村、东接青龙山下，规划用地面积144.3公顷。

3）规划目的

综合分析漫川关镇发展现状，确定漫川关镇性质和发展目标；挖掘漫川关

① 本部分由“西北地区历史文化村镇社区功能提升技术集成研究与示范”课题组撰写。

镇文化内涵，整合镇域内外旅游资源，评估旅游区发展潜力，策划可操作的参与性项目；突出个性特色，提升文化品质，做大做强漫川关镇文化旅游区，带动镇域、县域旅游业发展。

4）指导思想

保护古镇，建设新区，发展旅游、促进经济；景区规划科学化，投资主体多元化，景点建设精品化，景区管理企业化；整合旅游资源，明确市场定位，培育旅游产品特色，实现古镇最佳的经济、社会和环境效益；创建国家AAAA级景区。

5）规划期限

根据现状和未来发展要求，本规划分为两个实施阶段。

（1）近期2013—2017年。

（2）远期2018—2020年。

6）规划依据

第一，国家法律法规与规范。

（1）《中华人民共和国城乡规划法》（2008年）。

（2）《中华人民共和国文物保护法》（2013年修改）。

（3）《中华人民共和国环境保护法》（2014年修订）。

（4）《中华人民共和国土地管理法》（2004年修改）。

（5）《中华人民共和国旅游法》（2013年）。

（6）《中华人民共和国森林法》（1998年修改）。

（7）《中华人民共和国水法》（2002年修订）。

（8）《历史文化名城名镇名村保护条例》（2008年）。

（9）《中华人民共和国自然保护区条例》（2011年修订）。

（10）《基本农田保护条例》（2011年修订）。

（11）《风景名胜区管理条例》（2006年）。

（12）《全国生态环境保护纲要》（2002年）。

（13）《风景名胜区管理条例实施办法》（2007年）。

（14）《镇规划标准》（GB 50188—2007）。

（15）《旅游规划通则》（GB/T 18971—2003）。

（16）《旅游资源分类、调查与评价》（GB/T 18972—2003）。

（17）《风景名胜区规划规范》（GB 50298—1999）。

（18）《森林公园总体设计规范》（LY/T 5132—95）。

第二，地方法规与文件。

（1）《陕西省秦岭生态环境保护条例》（2007 年）。

（2）《陕西省汉江流域水污染防治条例》（2006 年）。

（3）《陕西省风景名胜区管理条例》（2008 年修订）。

（4）《陕西省城市规划管理技术规定》（2008 年）。

（5）《陕西省文化旅游古镇建设规划编制技术导则》（2012 年试行）。

（6）《陕西省旅游规划管理办法》（2004 年）。

第三，主要相关规划及文件。

（1）《陕西省旅游发展总体规划 2006—2020》（2007 年）。

（2）《陕西省秦岭旅游发展专项规划》（2008 年）。

（3）《陕西省“十一五”旅游业发展专项规划》（2008 年）。

（4）《山阳县城市总体规划》。

（5）《山阳县旅游发展总体规划》。

（6）《山阳县漫川关镇总体规划》。

（7）《漫川关镇旅游开发修建性详细规划》。

（8）陕西省人民政府关于“陕南旅游突破发展”的相关文件。

2. 文化旅游规划

1）文化旅游资源评价

漫川关镇旅游资源有 6 个主类、10 亚类、18 个类型、28 个旅游单体，详见表 1。

表 1　旅游资源分类统计表

主类	数量	所占比例
B 水域风光	1	5.6%
C 生物景观	1	5.6%
E 遗址遗迹	2	11.0%
F 建筑与设施	6	33.3%
G 旅游商品	1	5.6%
H 人文活动	7	38.9%

漫川关镇旅游资源总体评价等级为三级，属于“优良级旅游资源”具体情况详见表 2。

表 2　旅游资源评价表

评价项目	评价因子	评价依据	赋值
资源要素价值（85 分）	观赏游憩实用价值（30）	明清街、骡帮会馆、鸳鸯戏楼、北会馆、武圣宫（杨泗庙）、环流太极、慈王庙等，具有很高的观赏价值、游憩价值	17
	历史文化科学艺术价值（25）	骡帮会馆、鸳鸯戏楼、北会馆、千佛洞、砧石藏佛经、乔村仰韶文化遗址等，具有全国意义的历史价值、文化价值、艺术价值	15
	珍稀奇特程度（15）	鸳鸯戏楼俗称双戏楼，结构严谨，飞檐斗拱，雕梁画栋，气势恢弘，建于清光绪年间，已成为漫川古镇的标志性建筑。在国内少见	10
	规模、丰度与概率（10）	鸳鸯戏楼、武昌会馆、北会馆等建筑距离较近，建筑体量适中，结构和谐，疏密度良好，自然景象和人文活动周期性发生或频率很高	6
	完整性（5）	形态与结构有少量变化，但不明显	3
资源影响力（15 分）	知名度和影响力（10）	在全国范围内知名，或构成全国性的名牌	6
	适游期或实用范围（5）	适宜游览的日期每年超过 300 天，或适宜于所有游客使用和参与	5
附加值	环境保护与环境安全	已有工程保护措施，环境安全得到保证	3
合计			65

漫川关镇文化旅游资源特点：人文景观资源丰富，自然与人文资源组合较好，开发利用潜力较大。

2）文化旅游发展战略

第一，战略定位。

漫川关镇旅游业发展应注重文化内涵，利用自然资源，通过文化和自然的和谐结合来彰显生态旅游的活力，把漫川关镇打造成为人文景观丰富、基础设施与社会服务设施完备、与周边地区发展衔接良好的秦岭古镇；南北文化交融、古今商贸繁荣的千年名镇；弘扬传统文化、延续历史文脉，集保护、利用、发展为一体的旅游强镇；昔限秦楚之塞，今界陕鄂之边的边贸重镇。

第二，战略目标。

根据漫川关镇的区位优势、旅游资源和当前发展现状，漫川关镇旅游产业的发展定位目标为：以“秦楚文化，明清古镇”为主题，以周边山水自然景观为依托，形成 2—3 日游的短假旅游热点，成为山阳县旅游产业发展的龙头和第三产业发展的引擎。在规划期内，将漫川关镇建设成为“中国历史文化名镇”。

第三，战略重点。

（1）全面保护修复古镇历史遗迹遗址，力争近期“中国历史文化名镇”申报成功。

（2）保持古镇生态风貌的完整性，加快基础设施的建设，大幅提升旅游服务能力，成为陕西省内具有浓厚历史文化特色、旅游优势突出的知名旅游城镇。

（3）保护历史街区、古镇格局、传统风貌等的完整性，再现古镇原汁原味的历史风貌。

（4）建立以古镇为龙头，水旱码头、生态观光为依托的旅游新格局，集观光、休闲、度假、购物、居住为一体。

（5）提高镇区的公共服务水平，提升城市文化“软实力”，凸显古镇的文化特色。

第四，战略步骤。

（1）近期（2013—2017 年）：快速发展、夯实基础、培育产业。本着恢复古镇原貌、延续历史文脉的原则，采用“修旧如旧”和“修新如旧”的策略，重点提升镇区旅游基础配套设施，为旅游业快速发展打下良好基础；提高旅游质量，打造古镇旅游品牌。

（2）远期（2018—2020 年）：全面提升、形成支柱、持续发展。强化古镇旅游品牌，完善旅游产业结构体系，提升旅游产业的社会贡献和对地方经济的引领带动作用；重点发展休闲度假基地，完善相关旅游设施；巩固休闲观光市场，开拓中高端度假市场，成为休闲观光度假中高端旅游目的地。

第五，战略措施。

（1）消除形象屏蔽，避免主题重复。

（2）防止古镇的过度商业化。

（3）防止古镇发展的“空心化”。

（4）整体性恢复古镇区传统风貌，延续历史文脉。

（5）塑造特色产品与复合产品形象。

3）文化旅游发展规划

第一，文化旅游产业发展。

（1）旅游规划思路：以再现古镇历史文化空间为基础，建成集古镇旅游、生态旅游、民俗旅游、休闲旅游于一体的文化旅游古镇。

（2）旅游资源特色：第一，群山环绕，悠然自在；第二，南北交融，古镇幽巷；第三，山水秀美，花果飘香。

（3）旅游空间规划：形成“一心一廊带”的旅游空间布局结构。“一心”即漫川关镇镇政府所在地，重点发展以旅游服务和商贸流通为主的第三产业，是镇域的旅游服务基地。“一廊带”即金钱河生态旅游景观长廊，以沿线农家乐、特色果园等农耕体验为主要内容，发展现代农业观光、参与、体验等，构建具有浓郁陕南风情的生态旅游长廊。

第二，文化旅游产品开发。

（1）旅游客源市场。客源市场现状：旅游客源地主要为银（川）武（汉）高速沿线的几个重要城市——银川、西安、十堰、襄樊和武汉，以省内游客为主。出游目的以观光游览和休闲度假为主；出游方式以家庭、个人为主，旅行社或单位团体相对较少；以自发性出游为主；以短时间、低消费为主。目标市场定位：以陕西本省及湖北省、重庆市等周边省市为主；以基本层次的观光与游憩为主。

（2）游客人数预测：2012 年，古镇的年游客接待量为 26 万人。未来游客预测情况如表 3 所示。

表 3　漫川关镇旅游游客规模年际变动预测

年份	年均增长率/%	旅游规模/（万人/次）	年份	年均增长率/%	旅游规模/（万人/次）
2013	12%	32.6	2017	10%	49.5
2014	12%	36.5	2018	10%	54.4
2015	12%	40.9	2019	8%	58.8
2016	10%	45.0	2020	8%	63.5

第三，旅游产品开发方向与定位。

（1）旅游产品开放方向：首先，绿色文化旅游产品。以漫川关镇为中心，构成包括月亮洞、天竺山、上津古镇、武当山等景区、景点在内的跨省旅游线，以观赏高山和峡谷风光为特色。镇域内景区设置停车点、观光台、给养站、野营区等设施，发展自驾观光游，以金钱河沿线为主，发展现代观光农业，以游客领养、领种、采摘等参与式体验游为特色。其次，明清文化旅游产品。以古镇区明清老街为依托，恢复明清老街及商铺风貌，发展古镇商贸文化游。最后，民俗文化旅游产品。以山歌、漫川大调、秦腔、汉剧等表演形式，结合南北饮食文化，彰显地域文化特色，开展古镇民俗文化游。

（2）满足对接需要的物质条件：恢复古镇历史风貌；建设旅游客服中心；提升旅游配套服务设施；进行旅游标志系统建设。

（3）旅游形象定位：千年秦楚风、水韵漫川关。

4）旅游线路组织

（1）老街怀旧文化游：从入口广场出发，沿着曲折、幽深的明清街小巷，踩着打磨光滑的石子路，看着两侧古旧的建筑和别具一格的招牌、幌子，像席贸源、席家药铺、洪顺泰、樊盛恒等老字号，游客不禁慢慢步入历史，去寻访明清时的景象。两侧的商铺售卖的各色物件，小小的作坊，摇摆的幌子，无不给人一种历史的沧桑感。到达中心广场后，鸳鸯戏楼、北会馆、骡帮会馆、中华医馆无一不展现着古镇的风姿；还有钱盛源、莲花第、金隆昌老字号。

（2）新街购物游：闫家店新区与老街的建筑风貌截然不同。这里没有石子路，也没有木板门，白墙灰瓦的仿古建筑、宽阔热闹的街道、鳞次栉比的商铺，夹杂着客栈、书院和南北风格的私家园林，各类特色小吃、地方特产在这里都可以买到。这里是老街游完之后的第二目的地。

（3）滨河风情街休闲文化游：临靳家河而建的街道，集中展示地域特色文化和风情。民居房舍、大小院落、河流街区浑然一体，各色茶楼、酒肆、饭馆与特色店铺应有尽有，现代的银行、邮局、电信，时尚的酒吧、茶座、快餐等服务设施应有尽有，游客需求在此尽可以得到满足。漫步在滨河风情街，有水、有屋、有人、有服务，更有那无处不在的历史和地方文化气息，正是休闲文化游的绝佳之处。

（4）宗教文化游：漫川关镇有着浓郁的宗教文化氛围，儒教、道教、佛教、天主教、伊斯兰教五教俱全，以道教活动为最广泛。现有活动场所、教堂、寺院、道观多处，著名的有一柏担二庙、娘娘庙、三官殿、慈王庙、清真寺和天主教堂。

（5）镇域历史遗迹环线游：镇域名胜古迹、人文景观众多。在镇域内前店子，有千佛洞、超古塔、藏经阁；再至乔家村，有仰韶遗址；小河口有果园和十里碧波；还有玉带山、猛柱山、青龙山等自然景观。此线是以历史遗迹为主的镇域旅游环线。

3. 城镇建设规划

1）发展目标及定位

第一，战略定位。

漫川关镇域群山迤逦，金钱河与靳家河流汇，有山庇护，有水相伴，山水相依，使本镇呈现出既静谧又开放的生活气息。明清时期，漫川关镇作为水旱码头和南北物资集散地而带来的大量人流物流，由此引发的南人北人在本镇的交流合作、南方文化与北方文化在本镇的碰撞融合。这样的自然与人文环境，形成了本镇独特的文化内涵。因此，本镇城镇建设的战略定位是：秦岭古镇、千年名镇、旅游强镇、边贸重镇。

第二，发展目标和城镇性质。

发展目标：在规划期内，将漫川关镇建设成为秦岭山区文化特色鲜明的“中国历史文化名镇”。

城镇性质：以历史人文景观旅游为主，以自然生态景观为辅，集游憩怡情、民俗体验为一体的富于秦楚文化韵味的原生态休闲旅游目的地。

2）规模预测

第一，人口规模。

2012年年末，全镇总人口25 028人，镇区人口15 180人，其中暂住人口约3500人。镇域农业人口自然增长率，近期（2015年）控制在5‰以内，远期（2020年）控制在3‰以内；考虑到镇域内的旅游资源开发和农副产品加工业的快速发展，将有大批农业劳动力转化为从事二三产业等因素，人口机械增长率近期为5‰，远期为3‰。因此，镇区近期（2015年）常住人口控制在18 000人内，远期（2020年）控制在30 000人内。

第二，用地规模。

目前镇区已建成区面积32.82公顷，人均建设用地48.78平方米。用地构成主要是村民住宅用地，其次为公共设施用地，现状用地结构不合理。规划调整用地结构，增加道路、绿化和公共设施用地指标。近期城镇建设用地面积144.3公顷，人均80.17平方米。

3）总体空间布局

第一，布局原则。

（1）明确城镇用地发展方向，保持古镇传统格局，调整城镇功能，集中紧凑布置街区，使城镇具有合理的形态结构。

（2）按照城镇建设规范和标准安排建设用地，根据需要增加旅游用地。

（3）处理好过境公路与城镇发展之间的关系，使过境交通既不影响城镇的发展，又能方便城镇居民的生产生活。

（4）完善提高基础设施水平，提高城镇特色，运用景观设计手法，创造舒适宜人的城市空间，突出古镇传统风貌，提升镇区环境质量。

第二，用地发展方向选择。

本镇城镇建设以发展新区为主、古镇改造为辅。根据本镇的经济发展水平和建设发展方向，可逐步加大对古镇区的改造力度，以提高城镇土地利用率。

现状镇区依山临水，周围群山环抱，现有的建设用地比较局促。闫家店作为镇区新区已经建设，近期用地为跨靳家河向水磨街、水码头方向延伸。在新区开发上一方面要依托老镇区逐步扩展，与老镇区保持一定的空间距离；另一方面要量力而行，循序渐进，使新区既可满足规划期内的需要，又能为城镇远景发展留有余地。为此，城镇近期建设用地可将前店子一带作为预留建设用地加以控制。

第三，功能结构。

镇区功能结构由“一心、一廊、五区”组成。

（1）“一心”——古镇游览中心。

（2）“一廊”——靳家河文化休闲长廊。

（3）五区——高速路下线口的游客服务区，古镇综合服务区，闫家店购物休闲区，以水磨街、阮家场、小河口为主的生态居住区，水码头九眼莲观赏区。

上述各部分相互之间采用道路和桥梁联结，成为一体。

第四，用地布局规划。

（1）居住用地：主要集中于水磨街、阮家场、小河口方向，沿 203 省道布置。要求居住建筑外观体现乡土特色，建筑密度不宜超过 1.7，居住区配建居民生活所需的各类公共服务设施，发展农家乐旅店等旅游服务业。

（2）公共服务设施用地：行政办公用地，现状行政办公用地包括镇政府、派出所、工商所、国土所、税务所等单位，不再进行调整。文教卫生用地，现状已有中小学和医疗设施，分布比较合理，可适当改扩建。在新区安排一处幼儿园用地。

（3）商业金融和文化娱乐用地：银行、商场、宾馆、书店、市场、商业服务等公共设施现状用地主要分布在城镇中心区附近，规模小、等级低，且分布不均、设施简陋。

根据规划目标和城镇总体布局及功能分区，本镇此类用地将由“一心、四点”构成，有主有次，均匀分布，合理布局。“一心”即主要以城镇中心区为主，布置较大的商业服务、金融、宾馆、文化娱乐等服务设施，突出中心区功能。“四点”即分别于闫家店居住区、水磨街、阮家场和水码头诸地，布置商业服务、市场、文化站和幼托等设施，为居民就近提供服务。

（4）市场用地：本镇是连接陕鄂两省商品贸易的重要集散地和边贸重镇，商贸流通业比较发达。目前本镇仅中心区有一处生活市场，不便居民日常生活，不能满足城镇发展需要。

为了进一步提升本镇的商贸功能，繁荣城镇经济，强化辐射带动作用，加快地方农林特产品的流通，需要不断完善城镇市场体系。为此，需要对已有市场进行调整，在河西、中心区和新区各布置一处市场用地；并将古镇老街设为步行街，在闫家店新区设置地方特色小吃一条街。

（5）旅游服务用地：在商（洛）漫（川）高速漫川关镇出口处布置一处游客服务中心，集接待、住宿、餐饮、购物、停车于一体；在鸳鸯戏楼西侧入口处，临河路两侧增加旅游服务用地（游客服务副中心），以方便景区管理。

（6）对外交通用地：在203省道东侧，规划一处汽车客运站，解决镇区对外交通问题。

（7）道路广场用地：规划在原有道路骨架不变的基础上，采用棋盘式和自由式格局。规划的三处广场分别为古镇北广场、古镇中心广场和政府行政广场。规划一处停车场，与汽车客运站相结合，解决镇区旅游车辆和社会车辆停车问题。

（8）城镇工程设施用地：镇内设电信局一座，位于中心区，污水处理厂布置在镇区的西南；水厂用地在镇区东侧（用地外围）；变电站原则不动逐步完善；布置一处消防用地，位于河西中心；进一步健全各项市政设施，提高城镇现代化水平。

（9）绿化用地：规划根据规模和服务对象可由大到小分为山体绿化、小游园、滨河绿化和街道绿化等多个层次。沿靳家河设施文化休闲长廊，绿化以花坛树池绿篱为主。

4）景观特色塑造

（1）景观轴：靳家河沿河景观带；青龙山凤岚山生态景观轴。

（2）重点自然景观：①北部万花山公园。②南山公园。③西部凤岚山公园。④东部青龙山公园及山体亮化。⑤靳家河景观廊带。⑥水旱码头。

（3）重点人文景观：①天主教堂、伊斯兰教堂、三官殿、一柏担二庙、万福娘娘庙、慈王庙等（道院和庙宇）宗教活动场所。②骡帮会馆、鸳鸯戏楼、武昌会馆、北会馆、黄家药铺、莲花第、明清街等文物古迹。

（4）建筑景观总体艺术构成：为防止镇区内的建筑单调、呆板，沿街一条线、一般高的弊端，规划要求充分利用地形的变化、道路走向的变化、建筑体型与建筑高低错落上的变化，来丰富漫川关城镇建筑空间，在河边、山边和一些重点地段点缀一些标志性建筑，一方面起到景观标志性、提高城镇品位，另一方面提高土地使用率、丰富城镇空间和景观。

5）历史文化和特色景观保护

第一，镇区景观系统。

（1）镇区自然环境景观特征：镇区地处靳家河滨，外围群山环抱，形成山、水、城浑然一体的典型山水城镇特征，充分利用漫川关镇青山、绿水、蝎子街等特殊的地形地貌条件，通过镇区自然景观的保护利用、文化遗产的保护继承、景观轴的建设，以及景观视廊的组织和建筑轮廓线的控制，突出山区河谷生态城镇特色风貌，创造镇区多层次、广角度、空间立体化的“青山、流水、古色、活力城镇”风貌形象。

（2）镇区外围景观视域组织：镇区四周山峰呈环状拥抱城市，表现出与镇区不可分割的自然空间关系；通过道路选线、建筑空间布局及景观建筑的适当布点，强化镇区与自然相互渗透、相映成趣的景观效果。

（3）“山、水、城”景观视廊：结合镇区道路、河流自然走向，开辟多条景观视廊，不仅将城外清新的空气导入镇区，而且将山林植被、水体和镇区串为一体，互为借景，强化漫川关镇“山水园林”的景观效果；结合滨江绿带开放型“文化公园”建设，通过园内以地域历史文为主线的园林雕塑、小品等人工景观的组织和“亲水型”生态堤岸建设，将人文景观与天然水体、湿地、滩涂等自然景观要素有机结合，创造融自然为一体的、丰富多彩的城市滨水景观带。

第二，古镇景观特色塑造。

结合文脉联系，遵循视觉规律，营造连续的、有节奏感和韵律感的天际轮廓线，营造开敞、明朗、简洁、大方、洗练的空间，同时将建筑空间-街巷空间-城楼编制成多层次、多要素复合的动态开放系统，使古镇与廊道呈现一体化趋势，实现景观上建筑形态和时间感知的连续，树立进入古镇的第一印象。

利用古镇及传统建筑院落二次划分空间，创造宜人尺度的小空间，增强环境亲切感；充分利用其古朴的景观本底，彰显漫川关镇的景观特色，以传统的建筑物和构筑物体现明清时代景观意向，实现建筑与环境的虚实相生的软硬搭配。

第三，历史文化街区保护规划。

（1）保护范围：划界依据——古镇区古建筑群所包含的遗存内容现状范围；

考证确认的文物古迹遗址历史范围；文物古迹的历史环境组成要素，如自然地界或人工地界等；古建筑群的价值评估结论与现状评估结论。历史街区保护范围各传统建筑院落围墙外皮外扩 0.5 米。建筑控制带范围——各传统建筑院落围墙外皮外扩 6 米；传统建筑院落围墙外围现状边界。

（2）保护范围的保护要求：其一，历史街区保护要求。保护文物建筑及其院落内环境的历史真实性；恢复古镇的传统风貌。对文物建（构）筑分别提出具体的保护措施，选择适当的保护技术。要求必须按照文物修葺原则进行维护、加固、修葺，不得改变文物建筑的原有高度、结构体系、建筑用材、外观色彩和空间组合；各项保护维修工程必须按照法定程序办理报批审定手续。对历史建筑及其环境提出具体的保护与整治措施。对普通建筑的外立面进行整饰，对部分建筑质量差的普通建筑予以拆除；保持环境卫生状况的干净整洁。对已完全灭失的文物建筑或者构筑物不予恢复。对现有建筑整治与更新，不新建不可移动的管理与服务设施。必须新增的设施（如售票亭），采用体量小、可拆卸、风格协调的临时建筑解决。其二，建筑控制带保护要求。进行环境整治，改善景观、绿化情况；质量较好的普通建筑进行外立面整饬，质量很差的建筑应予拆除；增加环卫设施，保持环境卫生状况的干净整洁；地面铺装宜采用与历史环境协调、透水性好的当地生态、绿色材料。不得进行任何有损文物古迹本体及其环境的活动，如爆破、钻探、开采、砍伐树木等作业。对已完全损毁的文物建筑或者建筑物不予恢复。新建建筑高度控制在二层以下，一层檐口高度不超过 3 米，二层不超过 6 米；现有建（构）筑物檐口高度超过 6 米的，按不超过 9 米进行控制。在原址上拆除重建建筑，不得扩大原有面积；对影响景观风貌环境的新建筑需进行改造，使之与传统建筑风貌协调。

6）非物质文化遗产传承

第一，非物质文化遗产资源。

镇域非物质文化遗产较为丰富。

最具特色的非物质文化遗产是“漫川大调”。漫川大调是陕西省级非物质文化遗产保护项目，很受本地群众欢迎。漫川大调词句讲究合辙押韵，以四字、无字、六字、七字见长，一般由文人墨客作诗赋词、即兴表演逐渐发展成为民间流行，或婚丧嫁娶时雇乐班演唱，用以安顿、酬谢客人，或闲暇时候自娱自乐。演唱时，一人弹三弦，一人用筷子敲打小瓷碟伴奏，或一人主唱，多人敲打乐器伴唱。曲调委婉缠绵，既带有秦腔、碗碗腔、眉户唱腔特点，又掺杂有京韵大鼓、越剧、黄梅戏等江南丝竹多种元素。

“八大件”是漫川关镇当地的传统菜肴，也具有保护意义。八大件，就是四个蒸碗、四个盘子的统称。漫川关镇人凡事讲究，图的就是个吉利。“八大件”未上桌前，先上四个压桌碟，从头到尾都不撤换，象征四季发财，四季有余。如果是给上了年纪的人祝寿，当中还要加一道菜，是卤水拼盘，叫顶头盘子，或叫“五福庆寿，五福临门”，表明晚辈们对老人崇敬和孝顺，祝老人福如东海、寿比南山，充满了祥和的气氛和天伦之乐。四个压桌碟依次为豌豆凉粉、鱼花茄子、干炸野鱼、青菜豆油。此四道菜均是用地产原料做成。豌豆凉粉，洁白如玉、晶莹剔透，顽劲不断，夹在筷子上尽管忽悠而不使食客尴尬和惋惜。鱼花茄子是将茄子去皮刀刻成鱼状斑块，蒸熟后配佐料汁，清香爽口。干炸鱼来自靳家河无任何污染而土生土长的野鱼，味道非常鲜美。漫川关镇温暖而潮湿，四季有青菜，凉拌豆油是地道的素菜，常食有益。它们都是秦楚文化融合的艺术，具有很好的开发和利用价值。

第二，非物质文化遗产保护。

对于镇域的非物质的遗产，需要进行切实的保护。一是要保护当前表演者及制作民间艺人的传承人。二是要加快对传统艺术表演形式的发掘，对制作工艺进行抢救。具体保护措施有以下几点。

（1）全面落实普查结果，包括整理、录音、录像、文字资料，建立非物质文化遗产数据库。

（2）成立镇非物质文化遗产协会。

（3）延续中青年传承人接受老艺人以师带徒的传统培养模式。

（4）恢复传统表演项目。

（5）出台激励政策，保护民间艺人；建立养老金制度，完善传承保护机制。

（6）建立漫川关镇非物质文化遗产博物馆，加强地方非物质文化遗产的保护、传承与发展研究。

（7）建立漫川大调交流平台。

第三，非物质文化遗产开发。

（1）民俗庆典活动。明清时代，本地每年新年开船、新船下水、船队远航及平日的种种民俗节庆等均要举行祭祀、庆典活动，舞龙舞狮、彩船舞、高跷、民间大戏及杂耍等是常见的表演形式，可以在古镇区入口、广场、码头等处定期举办此类盛会或竞赛，还可让感兴趣的游客亲身参与，体验浓郁的乡土风情，将热闹的气氛烘托得更为热烈。

（2）陕鄂戏曲艺术节。本地最常见也最受欢迎的民间曲艺是汉剧二黄和秦腔折子戏，为了突出古镇位于陕鄂交界的位置特征和南北交融的文化特色，可将戏曲艺术作为一个切入点，宣传推广古镇旅游品牌；可在逢年过节、春耕秋收、祈雨播种等民间重要日子举办镇戏曲艺术节，以陕鄂常见曲艺类别和曲目为主，吸引本地居民和外来游客，扩大知名度。

（3）南北集贸大会。定期举办综合性及专项的集贸大会，将祭祀、节庆、商贸交流、民间艺术融为一体，重现昔日人声鼎沸、熙熙攘攘的南北物资交流集散中心的盛况。

7）城市生态系统规划

第一，生态支持系统规划的原则与目标。

充分利用漫川关镇依山傍水的优越自然条件，从保护和改善城市生态环境、突出山水生态城市风貌特色出发，把城市与城郊的公共开敞空间、水域、各种场地、绿地和公园等置于统一的城市系统中进行建设，引导城市自然生态系统的生态服务功能，力求创造多样性的生物环境和城市空间环境。

第二，绿地系统规划。

（1）绿地系统规划结构。由“两带、四园、多点、一圈”构成：“两带”——主要沿靳家河构成1条绿色廊带及沿河滨路道路绿化带；“四园”——在镇区周围建设 4 处山地休闲公园；“多点”——由镇区的绿地广场和小块公共绿地构成；“一圈”——以镇区四周山体自然风光为主，形成四山环抱的城镇绿色背景。

（2）绿地系统规划内容。公园绿地规划以公共性、游憩性为主要特征，兼具景观、环境、教育等功能。规划镇区公园绿地包括社区公园、带状绿地、街旁绿地。

镇区建设山地公园 4 处，包括北面花果山公园、南面南山公园、西面凤岚山公园、东面青龙山公园和闫家店东侧山包。公园应体现自然风貌和地方特色，可充分利用公园用地范围内现有的一些植物元素、道路铺地等。居住用地范围内的社区公园，主要通过植物造景和一定数量活动设施及场地的安排，营造出优美绿色环境中的休憩、健身及交流空间。

镇区带状公园绿化以靳家河为主，注重地被、花草、低矮灌丛与高大树木组合所营造出的层次感。滨河绿化带是镇区绿化景观的核心，首先需要设置满足周边居民闲暇生活的休憩设施，其次可以点缀具有鲜明地方文化特色的小品雕塑等景观，形成滨水景观绿化廊道。

镇区街巷空地布置以绿地、铺装场地和小型游憩设施为主的开放型公园绿地。

居住区附属绿地要为居民营造安静优美的休闲空间，可采取“见缝插绿”和“立体绿化”的方法，通过增加种植、乔灌草复合绿化及藤本垂直绿化的形式扩大其绿地面积。

公共设施附属绿地建设，应符合各自的特点并满足使用功能的需要。对于临街的大型公共建筑，绿化应考虑其公共性与开敞性，宜结合建筑物前广场、停车场进行设计，以便于组织人流、车流，衬托建筑物，提高景观环境的综合效果。

生产设施用地附属绿地的建设不仅要起到隔离防护作用，还应结合自身特点、区位特点进行植物配置。

环境生态绿地是城市生态支持系统中面积最大、分布最广的一部分，是城市“自然生态调节器”，起到平衡氧气与二氧化碳、纳污吐新、改善小气候、提供自然生境和生物能等作用。镇区四面环山，为建设以森林为主的城镇生态绿地提供了良好的自然条件。

按照生态支持系统建设需要的绿地规模，结合城镇防灾功能，要求对外围山坡进行大环境绿化，重点是对楔入镇区的山丘和镇区边缘外围的自然山林植被进行保护和绿化。北部（小学西侧）缓坡地可建为果园，周围山体可选择不同的树种栽植，如南侧山体可栽植红叶树，东侧青龙山可栽植松柏等，以在不同季节形成不同的景色。镇区周围的山体坡塬，需要进一步增强生态的多样性、稳定性，以便产生良好的生态系统功能。

第三，行道树种植建议。

镇区主、次道路要求种植行道树，做到有路必有树，有河必有绿。

树种选择遵循乔木和灌木、常绿与落叶相结合原则，以实现镇区三季有花、四季常绿的目标。行道树一街一景，树种以香樟、银杏、女贞、柳、海棠、山茶、松、柏、黄杨树为主，构成上富于变化。街头绿地在行道树基础上，再以花卉、灌木和建筑小品进行点缀。

8）道路交通规划

第一，对外交通。

为了改善镇区的交通环境，改过境公路（山郧路）由河西通过，按二级公路标准与高速公路相接。在小学南侧规划一处客运站。

第二，镇区交通。

镇区用地紧张，人口呈上升趋势。需要完善镇区路网结构，解决交通阻滞问题。

根据镇区的总体布局，结合地形和现状，建议镇区新区路网格局为方格网状，局部环状，老镇区道路局部进行疏通、改造，以使新老镇区道路能够合理衔接；在靳家河、万福河分别新建桥梁两座，以使靳家河、万福河两岸构成有机整体。

第三，道路技术指标。

依据《镇规划标准》，将镇区道路分为四级，即一级主干道路、二级次干道路、三级支路、四级巷路。其中主干道路红线宽度为15—20米，次干道路红线宽度为10—12米，支路宽度为5—8米，巷路宽度为2.5—4米（老镇区），道路断面形式均为一块板。

镇区规划各级道路25条，总长度约13.15千米，总面积16.25公顷，人均10.83平方米，道路面积占总建设用地面积的10.63%。

第四，交通设施规划。

（1）汽车站：1处。

（2）停车场：2处，其中1处在游客服务中心，1处在客运站北侧。

（3）桥梁：在靳家河、万福河上各新建2座桥梁。

（4）广场：3处，即镇中心广场、北广场及镇政府广场。

第五，公共交通规划　。

镇域、镇区需要大力发展公共交通。一是发展镇区与镇域各乡村定时客运班车。二是在镇区内开设3条公交线路，改善镇区内交通，公交线路如下。

（1）镇政府至河西游乐景区（水码头），全程约2千米，每30分钟一趟。

（2）镇政府至红岩沟、前店子，全程约4千米，每30分钟一趟。

（3）镇政府至前店子，全程约3千米，每20分钟一趟。

9）市政设施规划

第一，给水工程规划。

规划采取万福河水源作为镇区主要供水源地。该水源为地下潜水，受地面污染小，水质优良。万福沟峡口泉水通过改善净水设施，可作为镇区补充水源，并入镇区管网。另在镇政府后坡新建容积为500立方米高位水池1座，满足供水压力要求。

（1）供水规模：①依据。人口，近期 1.8 万人；远期 3.0 万人。②水量计算，近期人均日用水 100 升，远期人均日用水 120 升（包括公建、市政用水），未预见用水量按生活用水量 20%计，则近期日供水规模需 2160 立方米，远期需 4320 立方米。

（2）供水管网：给水采用生活-生产-消防统一供水系统，消防用水采用低压制。管网采用环状与枝状相结合的供水系统，同时在靳家河桥上设一联络管，以保证河西区用水可靠性和安全性。供水主管线沿河滨路、万福路、南新街敷设（管径为 DN200），支线为 DN100；水厂日供水规模近期为 2500 吨，远期为 4500 立方米。水厂设在闫家店东侧山包以东（用地范围外）。主要道路设消防栓，给水管径不小于 100 毫米，主要道路消防栓服务半径在 120 米。近期需新建给水管道；远期随着镇区的发展，给水管道应配套建设。

（3）水源保护：水源地在万福河上游。水源保护遵照《地面水环境质量标准》（GB 3838—2002）的相关要求进行严格保护。

第二，排水工程规划。

（1）污水系统。规划排水体制近期宜为雨污合流制，远期宜为雨污分流制。污水量计算按用水量的 75%计算，则日污水量近期约 1620 立方米，远期约 3240 立方米。

镇区近期生活污水经过化粪池后作农家肥加以利用，医院污水处理杀菌达到国家要求的排放标准后进入管网。远期生活污水统一集中处理。污水处理厂设在镇区南部（靳家河下游），将污水处理达标后排入水体。

（2）雨水系统。镇区雨水排放根据镇区地形特点、河系分布等，按雨水分区统一排放。规划保留 2 个排水口，各排水分区管道形成独立的排水系统，雨、污水结合地形就近排入附近沟道或河流水体。

第三，电力工程规划。

（1）负荷预测。镇区生活用电负荷以每户 1 千瓦计。镇区近期人口规模为 1.8 万人，生活用电负荷约 1800 千瓦；远期人口规模为 3 万人，生活用电负荷约 3000 千瓦。

（2）电力规划目前的供电电源能够满足镇区的需求。随着镇区建设提速，35 千伏电站已满足不了供电需求，建议在前店子适当位置新建 110 千伏电站，以满足本镇生活和生产需求。镇区供电线路沿道路的西侧和北侧架空敷设，必要时可地埋管线。

镇区建成区内的各级电力线路原则上敷设于道路两侧，与电信线路分侧布置，新建中压配网统一安排在路西侧或北侧，宜采用绝缘线或地下电缆。

第四，电信工程规划。

大力发展无线语音和数控业务，规划电信线路以架空形式与电力线分侧布置，沿道路的东侧和南侧架空敷设，有条件时可地埋管线敷设。

第五，广播电视规划。

为了给居民提供方便，提高服务质量，要求在镇区新建道路、建筑物均预留电信线路管道或通道；进一步提高传输带宽，增加覆盖率，保证传输质量。有线电视网以制作、播出和传输广播电视信号为主，同时可开展其他综合业务的宽带双向系统。数字电视线路由山阳县城引入。

第六，环境卫生及综合防灾规划。

（1）环卫设施规划（表4）。镇区的环境卫生管理及日常保洁工作由政府组织人员实施；环卫设施在规划期内要求逐步完善。其一，镇区新区规划预留环卫建设用地，用于环境卫生管理机构及环卫设施建设。其二，规划建设相应配套环卫专业人员24人，环卫所3座，环卫专用车辆4辆，公厕7座，小型垃圾中转站1座，设洗车点1处。其三，公厕布置：镇区景区入口1个，古镇街区1个。公厕建筑面积按游客数量、流动人员数量估算，适当超前。其四，垃圾箱（桶）布置：古镇区老街巷25—50米设置一个，新建干道50—80米设置一个，一般道路80—100米设置一个。支路、有人行道的快速路为100—200米一个。大型公建垃圾箱自备。居住区近期实现分类收集和机械化运输，垃圾收集点服务半径按70米设置，小型垃圾转运站每个占地100平方米。医院、防疫站、化验室的垃圾单独存放，按有关规定处理，不得与居民生活垃圾混合堆放。建筑垃圾应由环卫部门统一管理，有偿清运。其五，为保证镇区环境卫生，在外围入口处设置车辆清洁站，保证车辆清洁出入。其六，镇区的各类固体废弃物应尽可能做到分类收集，实现资源循环利用和减量化。减量化后的残余垃圾应集中运至垃圾处理场进行无害化处理。第七，垃圾填埋场采用卫生填埋方式，在居民点设置垃圾中转站。

表4　环卫设施定额指标及数量规划

项目	定额单位	定额指标	规划数量
环卫工作人员	人/千人	1.2	24
环卫所	个/万人	1.5	3
环卫专用车辆	辆/万人	2	4
环卫停车场用地	平方米/辆	200	800
公共厕所	座/三千人	1.0	7

续表

项目	定额单位	定额指标	规划数量
小型垃圾中转站	座/0.8—1.2 平方千米	1.0	1
生活垃圾量预测	千克/人·日	1.3—1.5	24 吨/日

注：公共厕所尽量与建筑合并建造。设置独立公厕 2 座

（2）防洪工程规划。为了保证镇区安全，需要清理、整治靳家河、万福河、沟道镇区段，修建防护堤工程。其中，靳家河河床宽 80 米，万福河河床宽 20 米，纸坊沟 8 米。

（3）山洪治理规划。为了防止山洪侵袭，各沟道镇区段均按十年一遇洪水标准修建排（截）洪渠进行治理，使洪水安全排入靳家河。严禁在排（截）洪渠上建设或设障，以免影响行洪。

建议在采取工程措施治理的同时，采取生物措施治理。镇区周围山坡需要加强绿化，增加植被，做好各条沟道及坡面的水土保持工作，以便涵养水源，减少径流，防止山洪暴发，减少洪水灾害。

（4）抗震规划。第一，生命线系统。生命线工程是镇区的主命脉，主要包括交通、供水、供电、通信、医疗、能源、消防、食品供应等系统，一旦遭到破坏，镇区就会处于瘫痪状态，甚至导致次生灾害的发生。所以，必须采取有效的防灾措施，提高镇区综合抗震能力。第二，次生灾害防治地震可能引发火灾、爆炸及滑坡等，威胁镇区安全。所以，必须对危险品生产和储存单位的库房、设备进行抗震加固，有条件的改造为地下仓库；对镇区滑坡体进行监测，并实施必要的加固措施。第三，避难疏散场地。地震灾害或其他事故灾难突发后，需要按照就近便利、安全可靠、条块结合、统筹安排的原则组织人员疏散。避难疏散场地服务半径以不大于 0.5 千米为宜，场地要求地形开阔、道路通畅，周围无危险的高大建（构）筑物及次生灾害源，还应避开易发生洪涝、滑坡等灾害的地段。需要结合镇区绿地、广场、体育场、停车场等用地布局，布置避难疏散场所，并考虑建设应急供水、供电等基础设施。疏散场地人均面积 5 平方米。

（5）地质灾害防治规划。第一，需要对镇区周围可能的滑坡、崩塌、泥石流等危险地段进行勘查、监测和工程治理，消除地质灾害威胁。第二，需要对威胁镇域公路等重要基础设施和工程的地质灾害隐患点、危险地段进行治理，消除地质灾害隐患。第三，需要对受地质灾害威胁的厂矿企业和居民点实行搬迁避让；暂时无法搬迁的，需要建设防治工程，以确保人民群众生命财产安全。

第四，一般地质灾害隐患点，需要采取适当的工程措施和植树种草等生物措施。第五，镇区进行学校、医院、商业服务、办公、居住区等的改建、扩建工程，应按照《地质灾害防治管理办法》及《建设用地审批办法》要求，进行建设用地地质灾害危险性评价，分析工程建设可能诱发、加剧地质灾害的可行性及工程建设本身遭受地质灾害的可能性，提出治理措施和对策。第六，严禁在镇区周围开山取石，特别是要加强镇区周围山体管理力度，尽量避免高填、高挖，形成高陡边坡。

第七，消防规划。

（1）消防安全布局。依据消防安全布局原则，采取有利防火、便于救护、积极控制、有效引导、远近结合、标本兼治的原则，合理进行区内消防安全的总体布局。严格按规划用地布局要求控制区内建设，并通过对用地布局控制、用地建设安全审核、建筑质量引导等各种手段进行消防安全布局。结合镇区主次干道建设，以主次道路骨架围合的街区为基本防火单元，利用道路、绿化等为主体建设区内防火隔离带。加强街区内部消防安全布局、消防通道建设、消防设施建设，形成街区内部较为完善的消防安全体系。

（2）消防站与装备建设。按照镇区发展规模及消防站设置要求，镇区需设置 1 座一级普通消防站，占地面积 3000 平方米，配置消防车 3—5 辆。建议组建专职消防队，镇区消防站与县城各消防站之间应建立协同作战机制。

（3）消防通道。镇区道路是消防主要通道，应确保消防通道的畅通。社区内部在规划布局时，应保证足够的消防通道宽度要求，以便消防车能到达各建筑物附近。消防道路宽度应不小于 3.5 米，净空高度应不小于 4 米，尽端式消防通道回车场尺度应不小于 15 米 × 15 米。对于古镇区内的消防，应结合其特点采用壁挂式消防器材、小型手推车、电子感应系统等。

（4）消防给水。采用生产–生活–消防统一的供水系统，消防水源以镇区供水管网为主。完善镇区市政消防栓布局，消防栓最大间距应不超过 120 米。

（5）消防通信。逐步建立和完善区内消防通信控制系统，形成有线通信与无线通信相结合的较为完善、先进的消防通信控制系统。

10）环境保护规划

第一，镇区环境保护。

（1）大气环境。镇区大气环境质量近期达到《环境空气质量标准》中的二级标准；远期进一步改善。

（2）水环境。地面水水质达到三类标准，地下水环境质量执行二类标准。污水处理后排放的废水要达到一级 B 排放标准。

（3）声环境。声环境质量达到《城镇区域环境噪声标准》（GB 3096—93）和《社会生活噪声排放标准》（GB 22337—2008）中相应的区域环境噪声标准。

对受噪声影响的敏感保护目标运用声屏障技术进行治理。

（4）固体废弃物。农业固体废弃物进行分散和集中处置相结合；固体废物近期无害化处理率达 90%，远期达 100%。

农业有机固体废弃物运用沼气池进行厌氧处理，沼气渣和污水处理场污泥堆肥处理后返回农田做绿色有机肥料，发展生态农业。对于建筑垃圾，需要安排合适的堆放场进行堆放，生活垃圾需要进行填埋或堆肥处理。对有毒及危险废物，送专门机构处理。

（5）电磁辐射环境。近期规划区内所有电磁设备装置参照《镇移动通信建设项目环境保护管理规定》（试行），《500 千伏超高压送变电工程电磁辐射环境影响评价技术规范》（HJ/T 24—1998）执行，远期随规范的完善做相应的改变。

确保建（构）筑物底外边线距架空电力线边导线的最小水平距离，最大计算弧垂线与地面的垂直距离满足规范要求。高频输出变压器均采用屏蔽罩进行屏蔽，将辐射源与外界隔离，变压站按规定设置 30—100 米的防护距离，加强变电站周围及高压走廊的绿化带建设。加强手机基站的管理，控制电磁辐射污染。

第二，水源地环境保护。

水源保护区禁止建设有污染的企业，禁止设置城镇垃圾、粪便和易溶、有毒有害废弃物堆放场和转运站，保护区内农田不得使用持久性和剧毒的农药，严格控制使用化肥量，原则应改用有机肥，不得将生活污水直接灌溉，灌溉水质必须达到《地面水环境质量标准》（GB 3838—2002）Ⅲ类标准。

11）旅游服务设施规划

第一，布局与建设规划。

（1）旅游服务中心。旅游服务中心不仅是镇域旅游一级服务中心，而且应努力将其打造成山阳南部次级旅游中心和县域旅游空间组织次中心。

（2）住宿接待设施。建议在古镇区和小河口的山水风光区建设一主一次两处住宿接待设施。游客的住宿服务设施类型包括饭店（宾馆）、度假山庄、民宿、野营帐篷等形式，档次结构比例近期高、中低为 2：8，中远期调整到 3：7。住宿设施总床位数应结合游客数量合理预测。

（3）餐饮服务设施。饮食是搞好旅游的一个重要环节，也是体现当地文化的重要手段。根据未来饮食发展需要，古镇区饮食宜采用嵌入式布局于古镇街巷，古镇区外与各景区环境结合，适当发展农家乐、茶室、小吃店等餐饮服务点。

无论是较高档的酒店、饭店，还是中低档次的小吃店、摊档，其营业场所和招牌设计都应体现明清时代特征和南北文化特色。

（4）农家乐。改造现有的农家乐，提高服务水平和服务质量。镇区周围宜设置一批三星级、二星级标准农家乐。农家乐数量视市场情况确定。

（5）购物设施。旅游购物不仅可以增加旅游收入，而且可以增加镇区的旅游吸引力。宜在镇区步行商业街、各景点出入口附近设置购物小卖部，并与餐饮设施有机结合。

购物场所要求布局合理，建筑造型、色彩、材质有特色，与环境协调。旅游商品种类丰富，具有本地区特色；购物场所及其从业人员需进行统一管理。

（6）文化娱乐设施。文化娱乐以休闲为主。建议在镇区人流较集中地段结合广场、绿地等，布置文化广场、小游园、演艺广场等设施。同时，可考虑建设民俗风情园、文化展览馆等。

（7）公共服务设施规划。公共服务设施如入口标示、公用电话、公厕、垃圾箱、自行车租赁点等要布局合理，数量应满足要求；标志、标牌应醒目美观。公共设施同时应满足特殊人群需要。

第二，古镇业态选择。

古镇区及其周边商业业态建议以购物中心、百货店、专业店、专卖店等形式为主，主营旅游日用品、旅游纪念品、工艺品与土特产品、旅游文化商品等四大类，同时也能为消费者提供文化娱乐、金融、邮政、信息、旅游、特色专卖等多方面服务。这些商业服务设施，不仅要能满足本镇本县居民消费需求，而且要能满足外来游客、客商消费需求。古镇业态构成选择如表 5 所示。

表 5　古镇业态构成

业态	商圈与目标顾客	规模	商品销售方式
食杂店	辐射半径 0.3 千米，目标顾客以固定居民为主	营业面积 20 平方米以内	柜台和自选式相结合

续表

业态	商圈与目标顾客	规模	商品销售方式
便利店	辐射半径 0.3 千米，目标客户主要是单身者、年轻人，游客多为有目的购买	营业面积 10 平方米左右，利用率高	以开架自选为主，结算在收银处统一结算
折扣店	辐射半径 2 千米左右目标顾客，主要为商圈内的居民	营业面积 300 平方米至 500 平方米以下	开架自选，统一结算
超市	辐射半径 2 千米左右目标顾客以居民为主	营业面积 600 平方米以下	自选销售，出入分设统一结算
百货店	以追求特色工艺品的流动顾客为主	营业面积 100 平方米至 120 平方米	采取柜台销售和开架面售相结合方式
专业店	以有目的的选购某类商品的游客为主	根据商品的特点而定	采取柜台销售和开架面售相结合
专卖店	以中选购当地特色玩具的年轻人为主	根据商品的特点而定	采取柜台销售和开架面售相结合
购物中心	辐射半径为 5 千米至 10 千米	根据服务人口数量确定	各个租赁店独自开展经营活动

第三，旅游标志。

需要将旅游标志系统作明确分类。一般分为景观名牌、说明牌、游道导向牌、安全警示牌、公共设施标志牌、宣传牌等。

旅游标志系统应以景观、游道为载体，确定标志的类别、数量、位置，突出精品旅游线路和景观。

旅游标志系统应与公共设施（座椅、垃圾桶、公厕、电话亭、小百货）相协调，使其合理、和谐、美观。

对于景区危险区域的危害性，需要设置必要的警示牌，且用语和气、幽默，便于游客接受。

旅游标志设计与景区旅游形象宣传应保持一致。

旅游标志设计应倡导绿色环保设计理念。在色彩、造型方面，标志应充分考虑景区环境特色，选择符合功能、图文并茂的设计。

4. 近期设施建设安排

1）总体要求与主要内容

近期设施建设，优先安排核心景观区设计、旅游服务基地设计、生活居住基地设计、基础设施建设等内容。按照城镇发展的总体目标和分期发展原则，到近期期末的 2017 年，镇区主要指标需要达到“中国历史文化名镇”的评比标准。近期总体目标、重点内容与主要建设项目如表 6 所示。

表 6　近期总体目标、重点内容与主要建设项目

总体目标	重点内容	主要建设项目
达到“中国历史文化名镇”评比标准	实现历史街区、古镇格局、传统风貌“全镇保护”；旅游基础设施基本完善；游览设施初具规模；镇区旅游管理机构齐全；资源环境和环境质量达到合格要求；年接待人 41 万人	包括生活居住、公共设施、产业设施、基础设施、环境整治和景区建设六大类。主要建设项目有：明清街两侧立面改造；鸳鸯戏楼、骡帮会馆、武昌会馆、北会馆建筑整饬提升及内部文化设置工程；南戏楼重点古建恢复工程；黄家药铺、莲花第、席贸源、席家药铺、洪顺泰、樊盛恒、钱盛源、金隆昌共计八个老字号建筑修复工程；三官殿、慈王庙、一柏担二庙、娘娘庙文化节点改造提升工程；旅游接待服务中心；靳家河一河两岸休闲文化长廊；小河口水上乐园建设；阮家场、水磨街生活居住基地建设；前店子现代农业观光园、水磨街关梁子樱桃采摘园、小河口乡村旅游水杂园采摘园、水码头乡村旅游生态园、旅游产品展销厅旅游产业项目

在项目建设前期，应按照规划要求，对相关建设项目编制详细规划，制定资金筹措和招商引资对策。为使镇区整治建设实现预期效果，应当适当进行古镇的宣传推介工作，以扩大古镇的知名度。在项目立项和论证过程中，应争取获得上级有关部门的大力支持，以保证项目的顺利进行。

2）近期建设项目投资估算（表 7、表 8、表 9、表 10、表 11、表 12）

表 7　2013 年建设项目安排及投资估算表（单位：万元）

序号	项目类型	项目名称	建设内容	投资估算	建设年限
1	生活居住	水码头民居仿古改造	60 户 360 间房屋仿古改造	1400	2013 年
2	公共设施	文化综合楼	占地 786 平方米，三层仿古建筑	300	2013 年
		香格里小广场	新建香格里小广场	140	2013 年
		生态停车场	建成占地 10 亩的绿色生态停车场	600	2013 年
3	产业设施	水码头乡村旅游生态园建设	完成规划、设计、立项和开工建设	1000	2013 年
4	基础设施	镇区道路整修、“绿化、亮化、美化”工程	人行道铺设 1760 米，修建花坛 30 个，栽植桂花、广玉兰、香樟等绿化苗木 300 株	400	2013 年
		风雨廊桥工程	改造原漫川大桥，修建休闲观景廊桥	300	2013 年
		万福河南岸河堤	全长 760 米堤路结合工程	380	2013 年
		旅游标志安装	安装漫川古镇景点标志和导视系统	150	2013 年
		镇区污水管网改造一期工程	临河街污水管网改造提升	1200	2013 年
		纸房沟河堤	全长 500 米纸房沟防洪河堤	100	2013 年

续表

序号	项目类型	项目名称	建设内容	投资估算	建设年限
5	环境整治	镇区周边荒山荒坡绿化工程	风岚山、虎头山、南坡、孟良寨绿化	2800	2013 年
		关梁子滑坡体治理	关梁子 500 亩土地滑坡体治理	830	2013 年
6	景区建设	旅游接待中心	建设位于北广场处的游客接待中心	800	2013 年
		一柏担二庙修复工程	修复原一柏担二庙	300	2013 年
		靳家河休闲长廊工程	建成靳家河东岸文化休闲长廊，西岸生态绿化长廊，形成宽 6 米长 3000 米的环状休闲旅游区	2500	2013 年
合计				13 200	

表 8　2014 年建设项目安排及投资估算表（单位：万元）

序号	项目类型	项目名称	建设内容	投资估算	建设年限
1	生活居住	临河街民居仿古改造	临河街 80 户民居外立面仿古改造	800	2014 年
		李家湾移民新区工程	李家湾征地 35 亩，建设移民新区	550	2014 年
		启动秦街和楚街棚户区改造一期工程	233 户房屋仿古改造完成规划设计	2100	2014 年
2	公共设施	蔬菜市场改造工程	改造原蔬菜市场雨棚防护工程，新建占地 1840 平方米的蔬菜市场	200	2014 年
		烈士陵园工程	修建占地 6.2 亩烈士陵园和纪念亭等景观	300	2014 年
		新区公厕	在香格里新区修建两座三星级仿古公厕	400	2014 年
3	产业设施	水码头乡村旅游生态园一期工程	恢复太极环流，建成千亩观光荷花	6000	2014 年
4	基础设施	柏树坪迎宾大道	在进入镇区的柏树坪修通全长 700 米，宽 12 米的迎宾大道	400	2014 年
		柏树坪河堤	全长 1000 米的柏树坪防洪河堤	300	2014 年
5	环境整治	靳家河蓄水工程	镇区靳家河蓄水工程	2800	2014 年
6	景区建设	黄家药铺维修	修复黄家药铺，使其恢复旧貌	500	2014 年
		武昌馆等 3 个会馆内部布展	布展武昌馆内的忠烈官、骡帮会馆内的马王庙和关帝庙及北会馆	500	2014 年
		漫川关镇标志字	虎头山镶嵌漫川关镇标志字	180	2014 年
合计				15 030	

表 9　2015 年建设项目安排及投资估算表（单位：万元）

序号	项目类型	项目名称	建设内容	投资估算	建设年限
1	公共设施	水果市场	新建占地 4000 平方米的水果市场	250	2015 年
		北广场及政府后山亮化	北广场和政府后山山体亮化	500	2015 年

续表

序号	项目类型	项目名称	建设内容	投资估算	建设年限
2	产业设施	水码头乡村旅游生态园二期工程	恢复太极环流水系，建成休闲养生观光带	4000	2015 年
		小河口养生休闲园	占地 25 亩，建成水上垂钓、山野度假等休闲娱乐场所	2500	2015 年
		橘园生态度假区	万福河南岸打造度假新区	3000	2015 年
3	基础设施	污水处理厂一期工程	征地 8.56 亩，开工建设污水处理厂主体工程	500	2015 年
		垃圾处理厂	扩建原垃圾处理厂	300	2015 年
4	环境整治	小河口十里画廊	沿柏树坪至小河口公路沿线建设 10 千米旅游休闲长廊	1200	2015 年
5	景区建设	旅游服务中心	前店子高速路出口建设占地 24 亩旅游服务中心	3200	2015 年
		三官庙、慈王庙、娘娘庙改造提升	对三庙宇进行改造提升	300	2015 年
合计				15 750	

表 10　2016 年建设项目安排及投资估算表（单位：万元）

序号	项目类型	项目名称	建设内容	投资估算	建设年限
1	公共设施	秦楚剧院	新建秦楚剧院	600	2016 年
		水磨街商贸服务区	在水磨街修建占地面积 1700 平方米的商贸街	3800	2016 年
2	基础设施	靳家河乔家村界内西段河堤修复	靳家河乔家村界内西段河堤修复 1500 米河堤	1200	2016 年
		前店子平安大道	在前店子修建宽 12 米长 2500 米的平安大道	500	2016 年
		污水处理厂二期工程	污水处理厂主体完工	1800	2016 年
3	环境整治	滨河公园	在阮家场修建滨河公园	500	2016 年
		镇区三线整治	整治镇区三线	300	2016 年
		凉水泉、凤岚山公园	新修凉水泉、凤岚山公园	700	2016 年
4	景区建设	吴家大院修复	修复吴家大院，使其恢复旧貌	300	2016 年
		南戏楼恢复	恢复南戏楼	400	2016 年
		前店子千佛洞、竹林寺修复	修复千年庙宇	600	—
		乔村仰韶文化遗址抢修保护	抢修保护乔村仰韶文化遗址	4300	—
合计				15 000	

表 11　2017 年建设项目安排及投资估算表（单位：万元）

序号	项目类型	项目名称	建设内容	投资估算	建设年限
1	公共设施	秦楚风情广场	新修秦风楚味的休闲广场	1000	2017 年
		秦楚大酒店	新建四星级标准酒店	1500	2017 年
2	产业设施	餐饮、旅游产品一条街	打造餐饮、旅游产品一条街	600	2017 年

续表

序号	项目类型	项目名称	建设内容	投资估算	建设年限
3	基础设施	水磨街古道修复	修建长 240 米宽 5 米的水磨街古道	100	2017 年
		果木沟至天竺山新线路	开辟 10 千米天竺景区新旅游线路	3200	2017 年
		关梁子垭口	开山打通水磨街至水码头通道	2000	2017 年
		靳家河乔家村界内东段河堤修复	靳家河乔家村界内西段河堤修复 1500 米河堤	1200	2017 年
4	景区建设	老字号建筑修复	恢复老字号建筑	2600	2017 年
		莲花七里峡景区	打造 5 千米七里峡景区	3000	2017 年
合计				15 200	

表 12　2013—2017 年建设项目汇总表

序号	建设年限	建设项目数量/项	建设投资额/万元	占比/%
1	2013 年	16	13 200	17.6
2	2014 年	13	15 030	20.1
3	2015 年	10	15 750	21
4	2016 年	12	15 700	21
5	2017 年	7	15 200	20.3
合计		58	74 880	100

3）重点地段（古镇区）模块设计

第一，核心景区规划与布局。

（1）鸳鸯戏楼、骡帮会馆、武昌会馆、北会馆古建筑群的整饬提升及内部展示工程。鸳鸯戏楼建筑近期按原貌修复后，作为古镇区内文化展示中心，并定期上演秦楚文化戏剧、漫川关镇当地船歌等。

骡帮会馆、武昌馆、北会馆近期按原貌修复后，作为秦楚文化博物馆，陈列地方文物、器物、器具，展示漫川关镇商务繁荣、区位独特、朝秦暮楚的文化特色。

（2）明清街两侧房屋立面改造。明清街街道全长 1080 米，最宽处约 6 米，最窄处约 2 米；以拐弯为段落，自北向南，分为上街、中街、下街。清代，上街以小作坊、手工艺为主；中街以商业贸易为主，有会馆、商号、骡马店、酒肆、茶楼、店铺，分列街道两旁，栉比鳞次；下街大多以水旱码头往来搬运为主。街道两旁店面是一色的黑漆铺板门，木架板楼，檐下廓枋遍饰木雕，门间花格。店铺、住户以青砖封火墙分开。

建议将古镇区内明清街立面进行统一改造，确保古街风貌的完整性。明清街改造后成为镇区的历史文化特色旅游街，沿街设餐饮、民俗手工作坊、客栈、休闲酒吧、休闲茶社、销售旅游食品、工艺品等。改造样式仿漫川关镇的传统民居样式。

古镇区居民有共住一院的传统，建议在古镇区历史地段选取民居院落案例，设计多户共居的民居模式，如两户一院、三户一院、四户两院等。通过改造、提升典型民居，产生示范效应。

（3）黄家药铺、莲花第、席贸源、席家药铺、洪顺泰、樊盛恒、钱盛源、金隆昌等老字号建筑修复工程。黄家药铺、莲花第、席贸源、席家药铺、洪顺泰、樊盛恒、钱盛源、金隆昌等老字号建筑，位于明清街中街，多建于光绪年间与清朝中期，建议对现状建筑从建筑风格、尺度、立面材料及装饰纹样、内部空间布局等，按照历史原貌的进行整体修缮、加固。黄家药铺改造后可作为中医门诊，其他老字号改造后可作为历史人文景点对外开放，供游客参观。

（4）三官殿、慈王庙、一柏担二庙、娘娘庙等庙宇的改造提升工程。三官殿、慈王庙、一柏担二庙、娘娘庙等庙宇的立面、屋顶宜进行修缮，建筑风格采用明清徽派建筑的白墙、灰瓦、马头墙风格；诸庙宇周边建筑也都统一白墙灰瓦。在保留庙宇原有绿化的同时，增加周边绿化。

第二，文化节点设计与功能提升。

位于古镇核心的双戏楼广场及其周围古建筑群，是漫川关镇的形象和标志，具有重要的历史价值与文化意义。在规划设计中，需要通过修缮修复与功能提升的方式进行整体保护。古镇历史上，该片区曾有过“四台（戏楼）同场”的场景，可以考虑恢复“四台同场，四台同唱”的历史场景，并给新建的戏台赋予一定的展示、演出功能，如分别改造为漫川关镇博物馆与戏曲文化中心，以达到镇核心片区文化功能提升的目的。

（1）漫川关镇历史博物馆。据历史文献记载，清代武昌会馆前广场建有别具一格的戏楼，占地 330 平方米，高 25 米，雕梁画栋，遍布龙凤纹饰，三层飞檐全是开口龙头，六角台顶各自飞翘蓝天，舞台两侧立柱上书写着鎏金对联：“观其像听其音溶云生戏，大则贤小则士各宜存缄。”舞台口两侧矗立着一对石狮子。“文化大革命”期间戏楼被彻底拆毁建为粮站，现由老旧的粮站、废弃的通道及破败的两厢房构成，通过 2 米高的围墙与广场空间分割，整体空间品质较差。

恢复武昌会馆前的戏楼及通道的同时，可结合使用功能及古镇旅游流线组织，将老粮站改造为漫川关镇博物馆，把戏台作为漫川关镇博物馆的入口。新建的漫川关镇博物馆，共由四部分组成，分别为戏楼、四合院陈列室、玻璃长廊展厅、后门楼。其中，戏台沿袭南方传统戏楼之轻巧构造，底部多柱承重，舞台突出且精致，戏台两侧建有回音壁，以起到扩音的功效。四合院陈列室，则利用旧有的两厢房，加建廊道围合而成，其不仅可以作为戏台的后台使用，亦可作为固定的陈列室使用。玻璃长廊展厅以古代出入武昌会馆的通道，以及“文化大革命”期间的粮店的庭院为基础，上覆玻璃钢架屋顶，两侧墙面上悬有古代骡帮运输旧照片，展示古代漫川关镇水运、旱运的繁忙场景。

（2）戏曲文化中心。据记载，民国期间北会馆前留有广场，原计划筹建戏楼，但由于陇海铁路贯通后，骡马古道渐废，戏楼未建成。该地段现在主要由预制砖石铺地和文化展示墙构成，虽然各项基础建设较为全备，但整个空间无凝聚力。可结合使用功能以及旅游流线的组织，对此空间进行改造，重建北会馆戏楼，并在戏楼前加建具有北方特色的牌楼，以作为广场的出入口。戏台亦可作为戏曲文化中心，主要用于节庆时的戏曲演出，平日也可成为民间团体自乐班的演出场地。该戏台应体现北方特色，两侧有承重的高大山墙，戏台台面较高，以呼应高台上的北会馆。台面可成凸字形，利于北方大场面戏曲的演出。戏台一侧营建戏曲浮雕墙，形象展示漫川大调的历史。

（3）山西会馆与陕西会馆。据记载，漫川关镇中心广场的鸳鸯戏楼本为山陕会馆的附属设施。今山陕会馆已不存在。为了增加中心广场一带的历史氛围，可考虑把中心广场旁的现工商所、派出所建筑分别更新改造为山西会馆、陕西会馆。

第三，旅游服务基地与生活居住基地。

（1）旅游服务基地。其一，旅游服务中心。规划在高速路出口处，新建占地 15 866 平方米的旅游服务中心。旅游服务中心的建成启用将是一个集旅游信息服务、咨询服务、旅游投诉、导游培训、景区推介、散客集散、旅游客运、旅游餐饮、住宿、购物、娱乐等为一体的旅游服务平台，能为游客提供便利、舒适、安全、快捷、实惠的旅游服务。游客服务中心建筑风格与古镇建筑风格相协调，突出地方文化特色。其二，靳家河文化长廊。其位于古镇区靳家河两岸，北起景观桥，南至阮家场，西临 203 省道，东临临河街，除去河流水面，总用地面积 37 421 平方米。此地段建议规划为由“一带、两廊、八节点”组成的靳家河文化长廊。“一带”为靳家河景观带；“两廊”为文化娱乐长廊、生态休闲长廊，文化娱乐长廊占地 14 845 平方米，生态休闲长廊占地 22 576 平方米；“八节点”分别为河岸东侧的阶梯式亲水平台、罗盘广场、文化码头、入口景观和河岸西侧的彩色花卉景观、花艺广场、雕塑园、景观亭，分为滨河栈道景观区、特色文化景观区、彩色花卉景观区、四季健身活动区、滨河生态景观区、钓鱼嬉戏区、水上游乐区七个功能分区，可为游客提供一个休闲、娱乐的滨水服务区。

（2）生活服务基地。其一，阮家场生活居住基地基地。位于漫川关镇靳家河东岸，占地 21 000 平方米。交通条件优越，自然环境十分幽静。规划以居住为主，基地内配套旅游服务设施，引导居民开办农家乐等特色乡村旅游服务。其二，水磨街生活居住基地。基地位于漫川关镇靳家河南岸，占地 17 000 平方米。基地与游客服务中心相邻，承接古镇旅游辐射。规划以居住为主，基地内设幼儿园、卫生服务站等配套设施，在建筑沿街一层可开办特产店、农家乐等特色旅游服务，着力打造特色“旅游小村”。

（二）图件

1. 区位图

漫川关古镇（图 1、图 2、图 3、图 4、图 5、图 6、图 7、图 8、图 9、图 10、图 11、图 12、图 13、图 14、图 15、图 16、图 17、图 18、图 19、图 20、图 21），位于陕西省商洛市山阳县东南方，距县城 95 千米。该镇历史悠久，春秋时为蛮子国；战国时为楚、秦交界地带，秦楚分界碑今还尚在；南宋时，是宋金双方反复争夺的迂回战场。明清两代，这里商贸发达。镇域面积 180 平方千米，总人口 25 028 人，药材资源丰富，形成了以薯芋为主，其他中药材品种合理配置的中药材产业带，种植面积达 2.15 万亩。域内名胜古迹众多。清光绪十二年（1886 年）修建的骡帮会馆，为四水归堂式清代砖木建筑，建筑工艺别具一格，属省级文物保护单位。

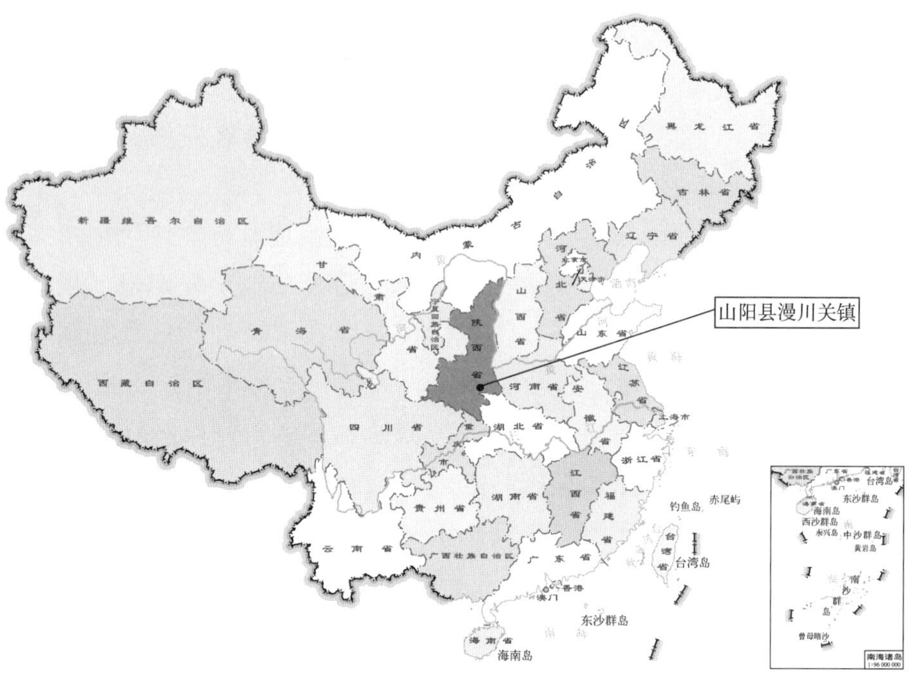

图 1　漫川关古镇在全国的位置

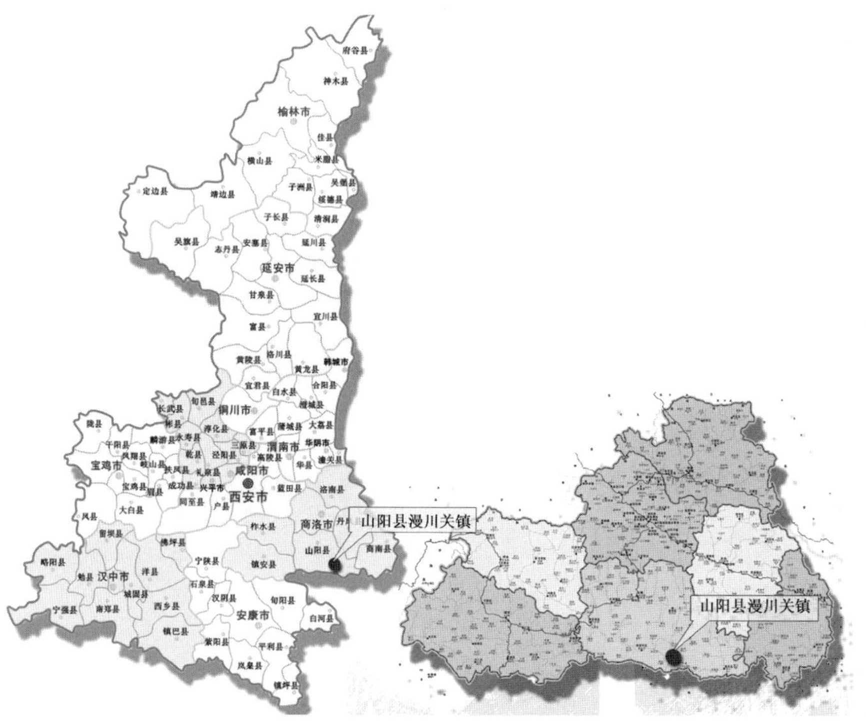

图 2　漫川关古镇在陕西的位置　　　　图 3　漫川关古镇在商洛的位置

图 4　漫川关镇古建筑图

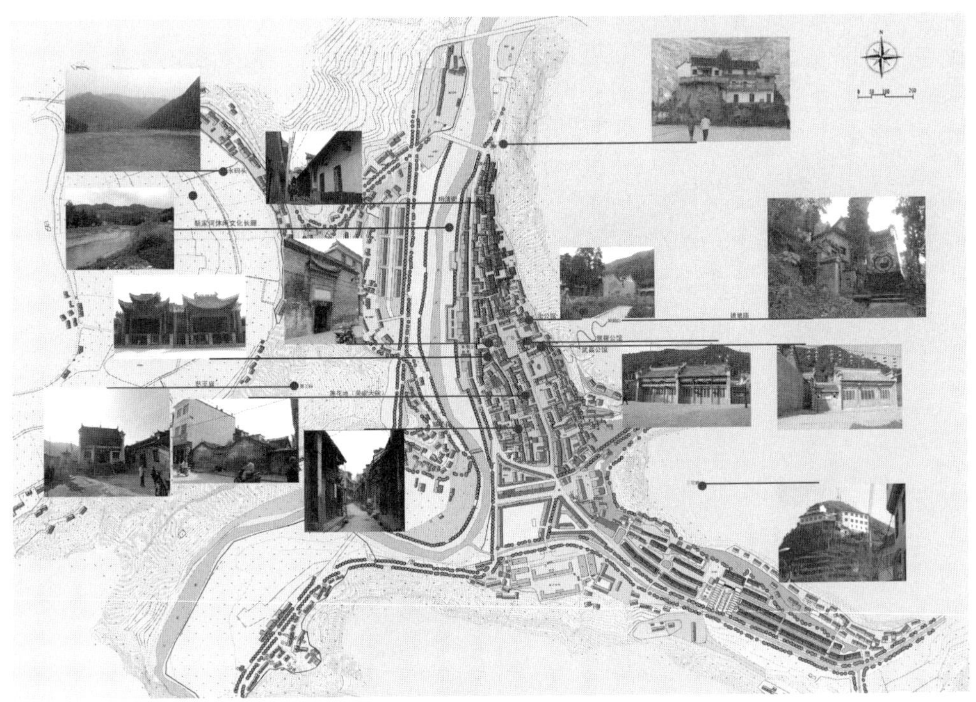

图 5　镇区现状旅游资源分布图

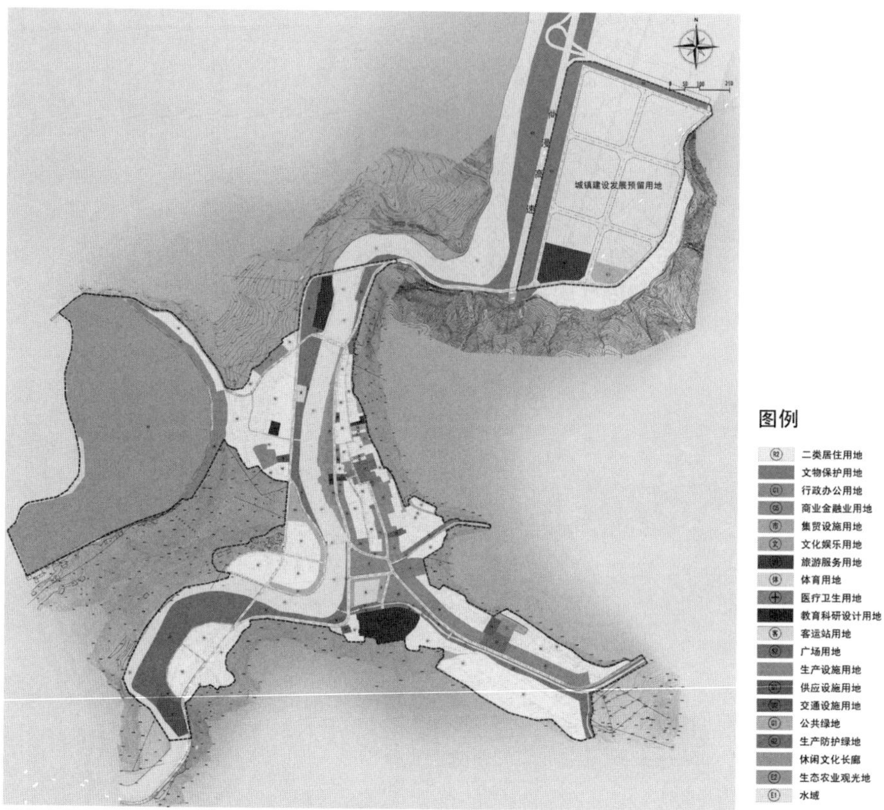

图 6　土地利用规划图

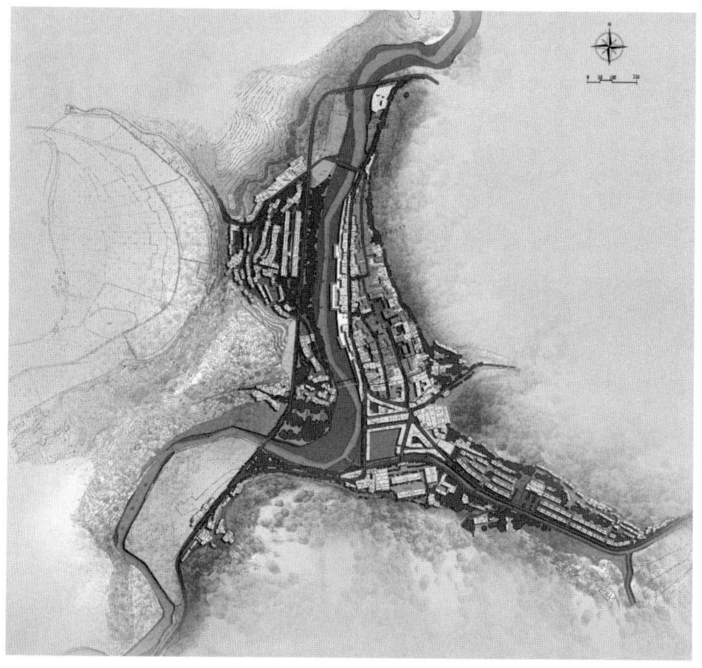

图 7　镇区规划平面图

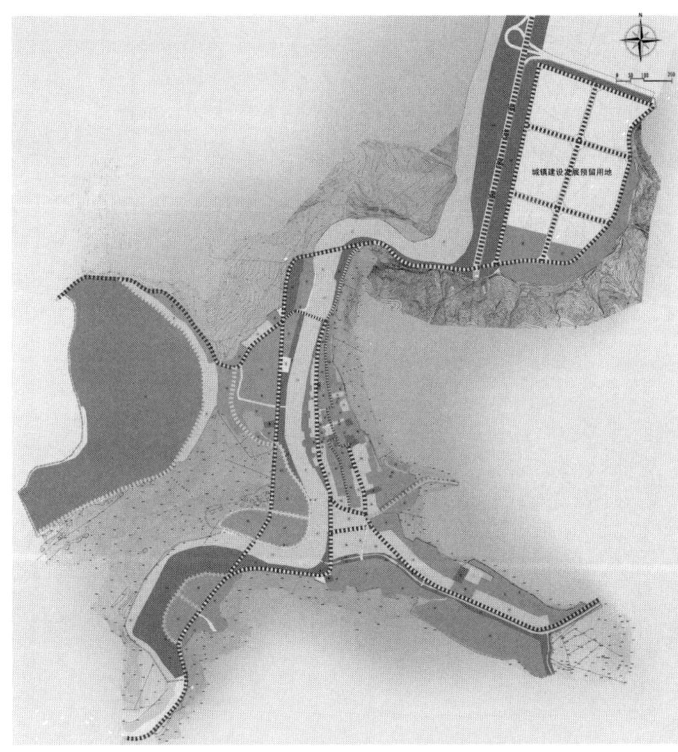

图例

对外交通

主干路

次干路

支路

步行道

图 8　道路系统分析图

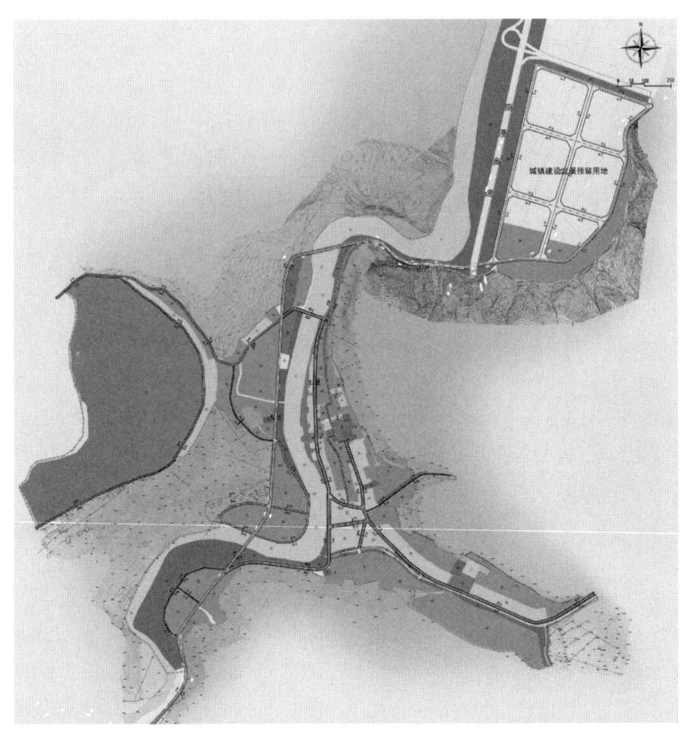

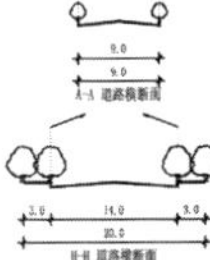

道路横断面图

图例　广场

客运站场

停车场

图 9　道路规划图

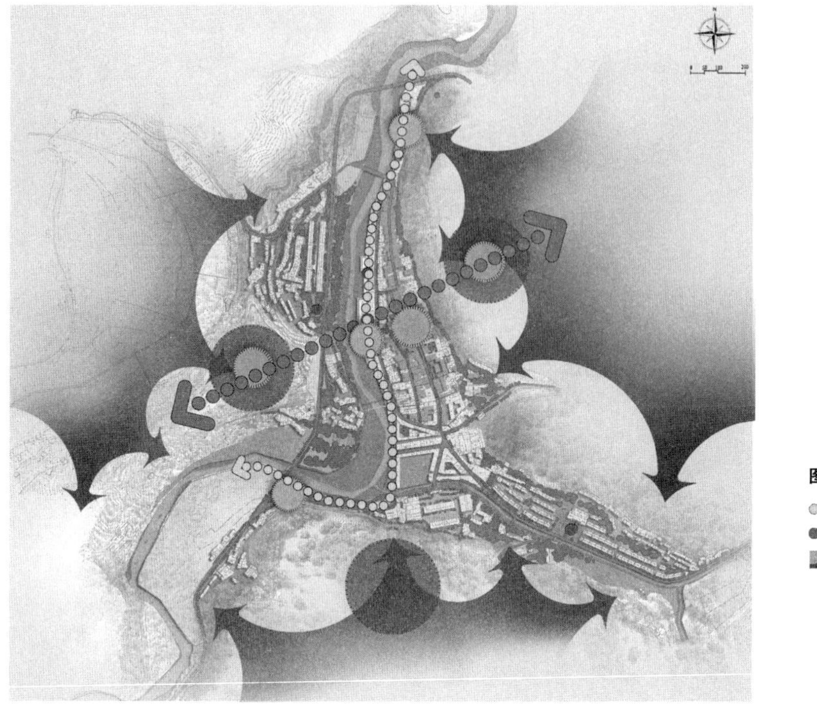

图 10　景观系统分析图

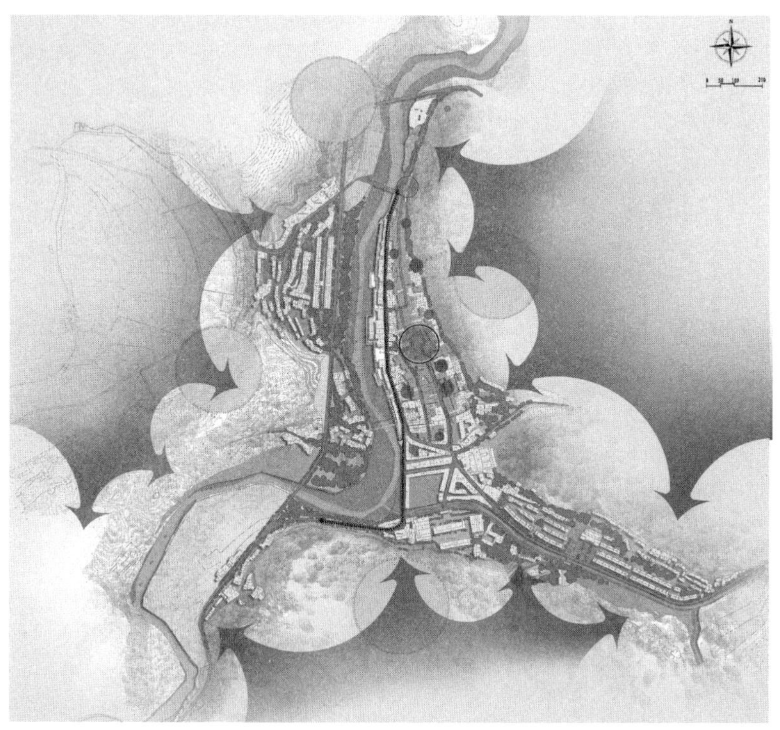

图 11　绿地系统分析图

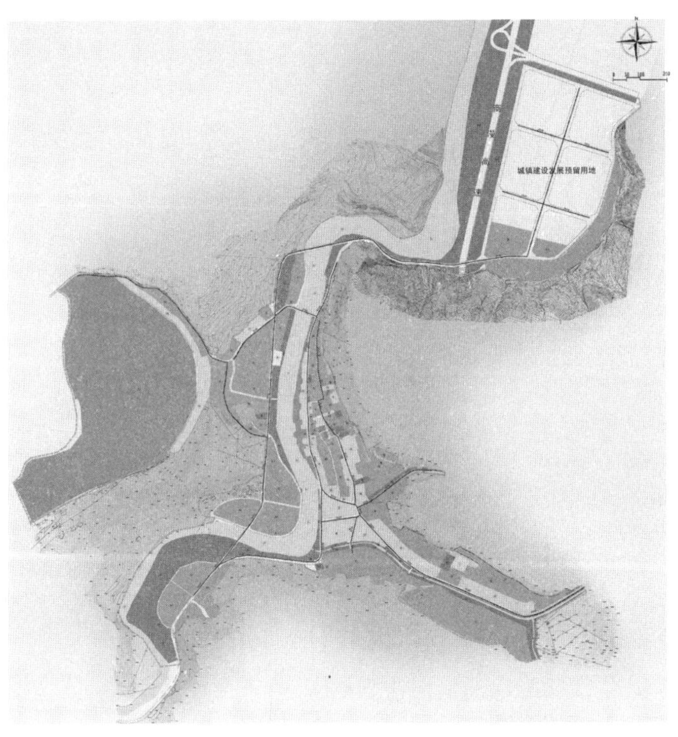

图例

给水管线

图 12　给水工程管线规划

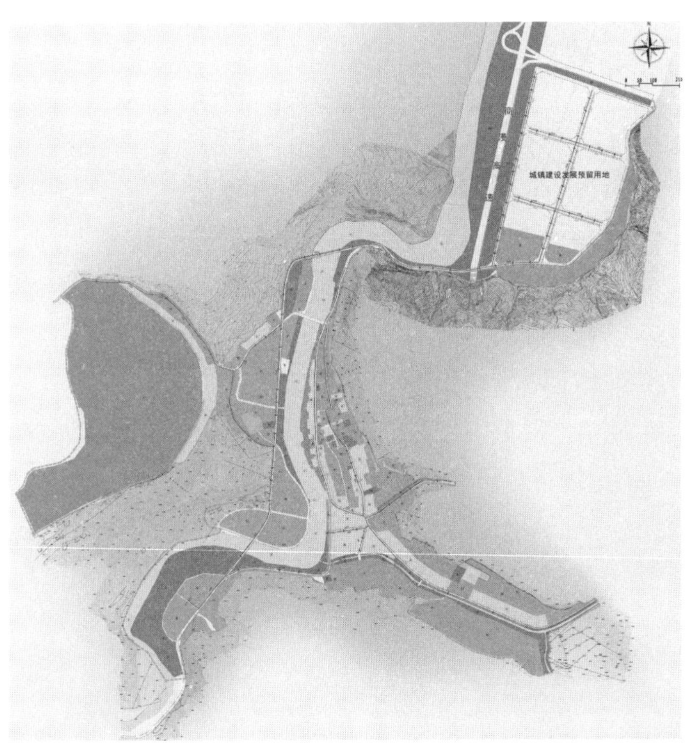

图例

雨水管线

污水管线

图 13　排水工程管线规划

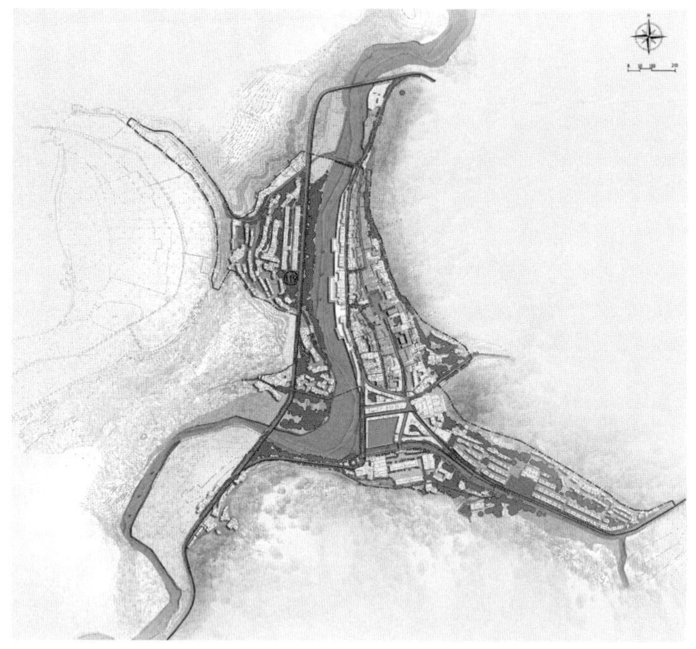

图 14　消防规划图

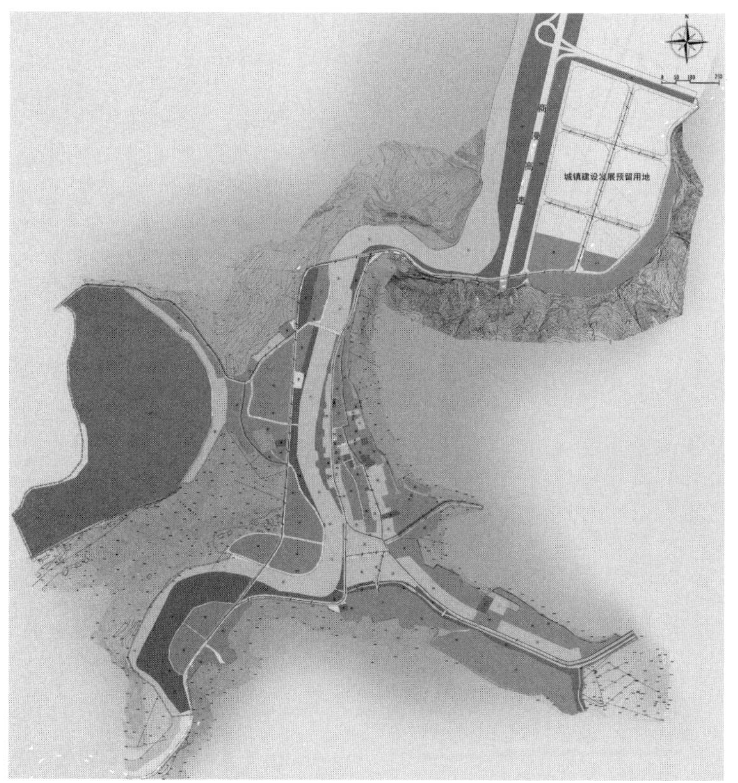

图 15　电力电讯工程管线规划图

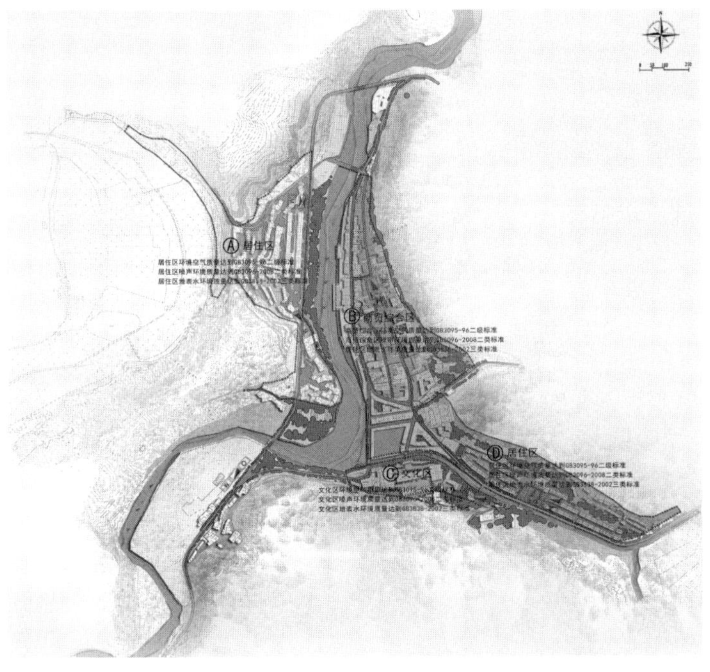

图例

环境质量分区

Ⓐ 环境质量分区编号

垃圾中转站

垃圾收集点

环卫工人休息点

车辆清洗点

公共厕所

图 16　环保环卫规划图

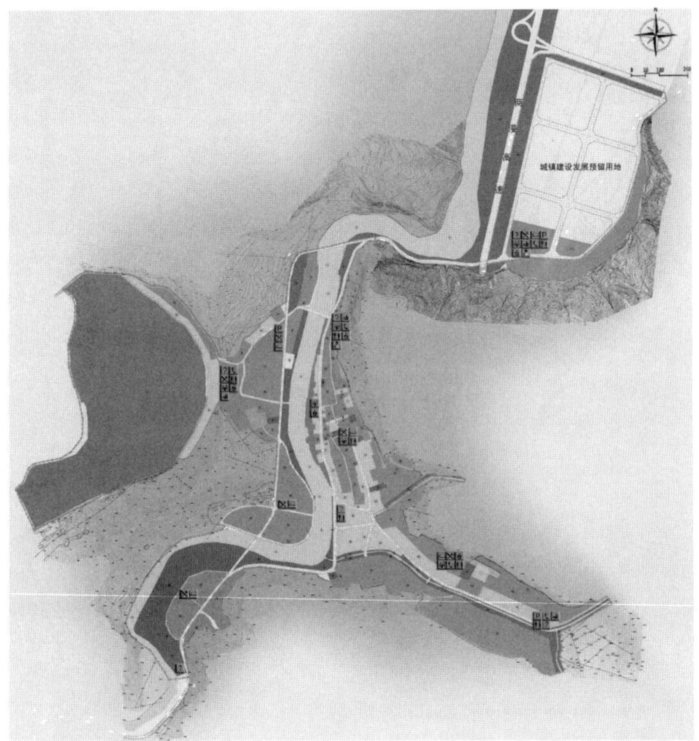

图　例

咨询处	电话
餐饮	停车场
酒店/住宿	卫生间
购物	安全保卫
休息处	医疗急救中心

图 17　公共服务设施布局规划图

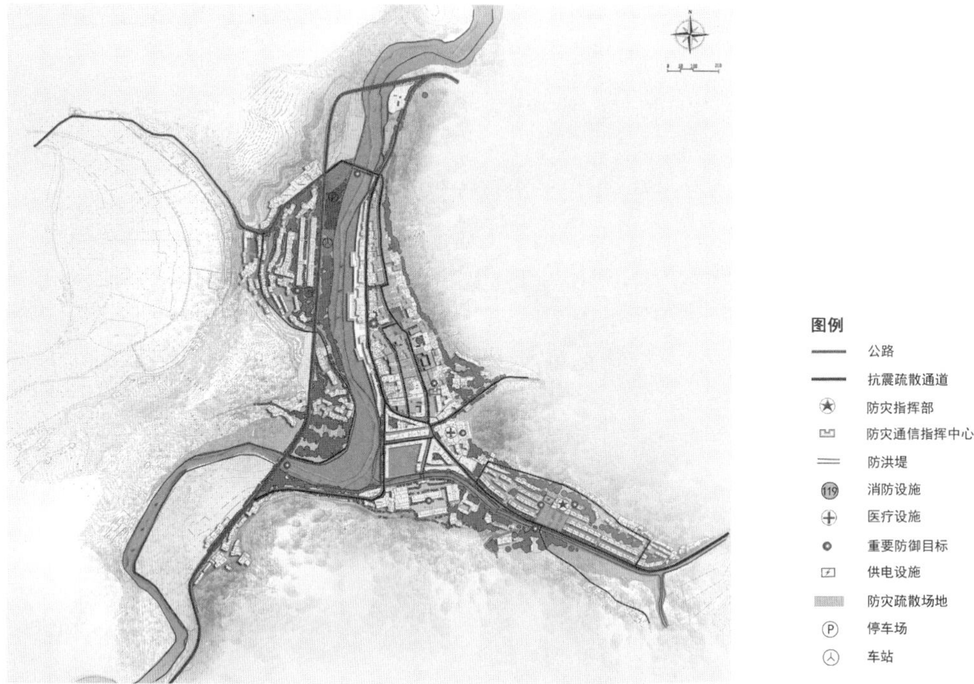

图 18　综合防灾规划图

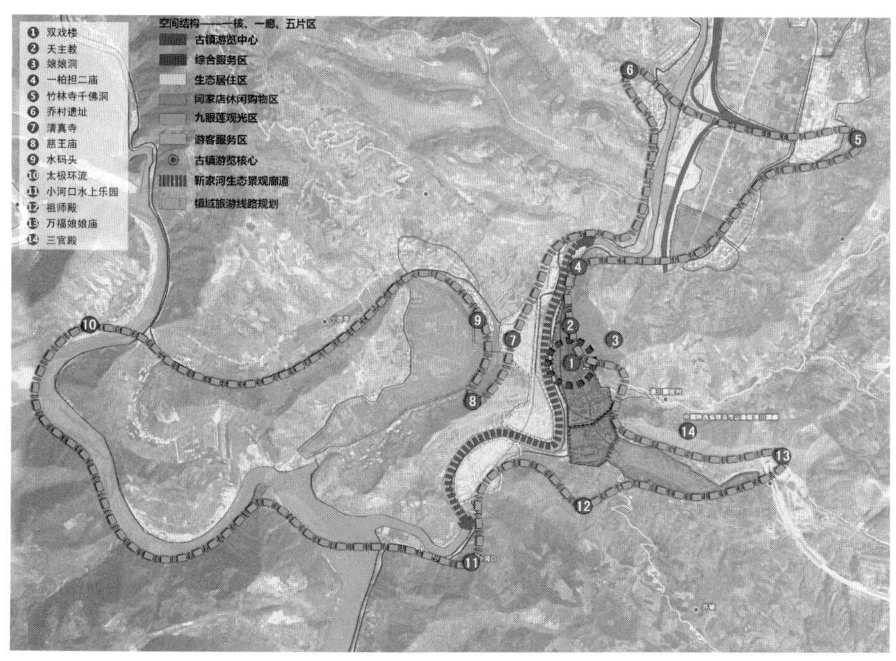

图 19　镇域历史遗迹旅游环线

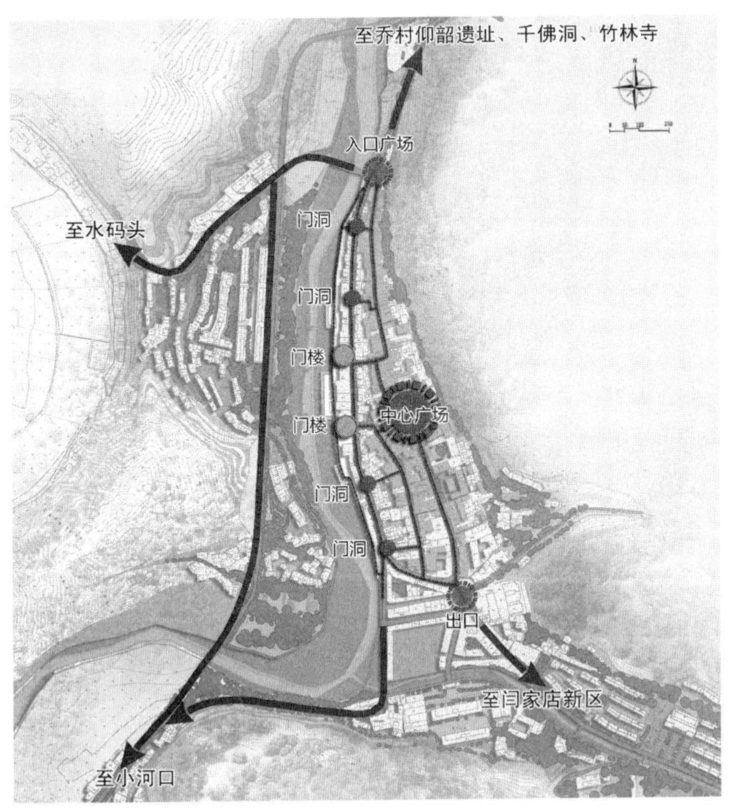

图 20　文化旅游路线图

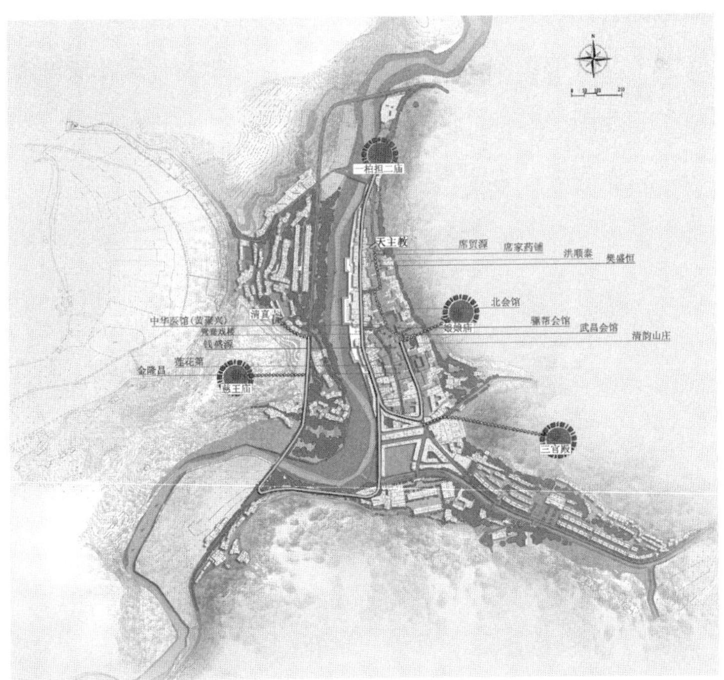

图 21　宗教旅游文化线路图

2. 核心区重点建设项目

1）双戏楼广场改造工程

（1）简介。双戏楼广场是漫川关镇历史街区的核心组成，是漫川关镇品牌的象征，集中体现了漫川关镇的历史文化特质。广场前身为几大会馆的庭院，后经改造为广场。如今，黄家药铺、戏楼、会馆共同组成了双戏楼广场的人文景象。这里既是深受漫川关镇百姓喜爱的休闲活动场所，也是游客必去的旅游目的地。

恢复和提升双戏楼广场的人文意象，增强品牌效应和景观品质，是本次规划改造的核心目的。

（2）现状。武昌会馆前戏楼已消失，现为休息长廊，北会馆前也没有戏楼，仅余两座难以重现当年漫川关镇的盛况（图 22、图 23）。

图 22　双戏楼广场

图 23　鸳鸯双戏楼（一）

（3）改造措施。位于古镇核心的双戏楼广场及其历史建筑，作为漫川关镇的形象和标志，具有重要的历史价值与文化意义。

在规划设计中，需要通过修复与功能提升的手段进行整体的保护，其具体措施有：①漫川关镇历史上，该片区曾有过“四台同场”的场景，除了鸳鸯双戏楼外，还有武昌会馆戏楼，与未建成的北会馆戏楼，可以在村镇中心区的规划中，通过考证复原武昌会馆与北会馆戏楼，以恢复漫川关镇古代“四台同场，四台同唱”的历史场景，并对新建的戏台赋予一定的功能，分别做漫川关镇博物馆与戏曲文化中心，在满足民俗文化活动的同时，增加古镇的文化展示窗口，以达到村镇核心片区文化功能提升与吸引游客前来的目的。②通过铺装的变换，增强空间的划分作用，也是在增强广场文化元素，丰富景观变化。③为戏楼增加夜间照明，提升广场的夜间可感知度。

（4）效果展示（图 24）。

图 24　同台同唱广场效果图

（5）细节设计（图 25、图 26、图 27、图 28）。

图 25　常规铺装

图 26　民俗铺装

图 27　排水口装饰砖

图 28　小路铺装

2）戏曲文化中心文化节点改造提升工程

（1）简介。据当地相关文献记载，在民国期间，北会馆前留有广场，原计划筹建戏楼，但是陇海铁路贯通后，骡马古道渐废，戏楼未建。

（2）现状。北会馆前现在仍为一空地，作为北会馆与山阳县工商行政管理所之间的广场空间。其现状图如图 29 所示。

图 29　北会馆前空地现状

（3）改造措施。戏曲文化中心这部分空间主要由预制砖石铺地和文化展示墙构成，虽然各项基础建设较为全备，但整个空间无凝聚力。可结合使用功能以及旅游路线的组织，对此空间进行改造，重建北会馆戏楼，并在戏楼前加建具有北方特色的牌楼，以作为广场的出入口。戏台亦可作为戏曲文化中心，主要用于节庆时的戏曲演奏，平日也可成为民间团体自乐班的演出场地。该戏台应体现北方特色，两侧有承重的高大山墙，戏台台面较高，以呼应高台上的北会馆。戏台台面成凸字形，利于北方大场面戏曲的演出。戏台一侧的戏曲浮雕墙，用以展示漫川大调的历史。

（4）效果展示及细节设计（图 30）。

图 30　戏曲文化中心效果图

3）漫川关镇历史博物馆建设工程

（1）简介。据历史文献记载，清代武昌会馆广场前建有别具一格的戏楼，占地 330 平方米，高 25 米，雕梁画栋，遍布龙凤纹饰，三层飞檐全是开口龙头，六角台顶各自飞翘蓝天，舞台两侧立柱上书写着鎏金对联："观其像听其音溶云生戏，大则贤小则士各宜存緘。"舞台口两侧矗立着一对石狮子。

今选择恢复重建该戏楼，并在戏楼后营建漫川关镇历史博物馆。

（2）现状。博物馆现由老旧的粮站、废弃的通道及破败的两厢房构成，通过两米高的围墙与广场空间分割，整体空间品质较差（图 31）。

图 31　改造前的现状

（3）改造措施。恢复武昌会馆前的戏楼及通道，将老粮站改造为漫川关镇博物馆，使戏楼作为漫川关镇博物馆的入口。

新建的漫川关镇博物馆，共由四部分组成，分别为戏楼、四合院陈列室、玻璃长廊展厅、后门楼。戏台沿袭南方传统戏楼之轻巧构造，底部多柱承重，舞台突出且精致，戏台两侧建有回音壁，以起到扩音的功效。四合院陈列室，利用旧有的两厢房，加建廊道围合而成，其不仅可以作为戏台的后台使用，亦可作为固定的陈列室使用。玻璃长廊展厅以古代出入武昌会馆的通道，以及“文化大革命”期间的粮店的庭院为基础，上覆玻璃钢架屋顶，两侧墙面上悬有古代骡帮运输老照片，展示古代漫川关镇水运、旱运的场景。

（4）效果展示（图 32）。

图 32　鸳鸯双戏楼效果图

（5）细节设计（图 33）。

图 33　局部改造图

4）漫川关镇民居改造工程

（1）简介。漫川关镇作为古代水陆交通要道，南北建筑形式交汇，构成了两种秦风、楚风特色民居及相应的“秦街”“楚街”。两种建筑风格汇集于一地，是民居建筑的瑰宝。

（2）现状。漫川关镇民居保护现状较差，老建筑结构变形严重，居民在加建、改造过程中，破坏了民居的传统风貌（图 34）。

图 34　民居现状

（3）改造措施。对现状民居立面进行整体加固，从建筑风格、尺度、立面材料、装饰纹样按照历史原貌进项改造。

（4）参考案例（图35、图36）。

图35 黄家药铺（一）

图36 莲花第（一）

（5）细节设计（图 37、图 38）。

图 37　改造后的民居效果图

图 38　漫川关镇民居改造效果图

5）鸳鸯戏楼、骡帮会馆、武昌会馆、北会馆建筑整饬提升及内部文化设置工程

鸾鸯戏楼、骡帮会馆、武昌会馆、北会馆修建于1886年，是陕西省保留最完整、规模最大的清代古建筑群，已被列为省级文物保护单位。

恢复整饬提升鸳鸯戏楼、骡帮会馆、武昌馆、北会馆融清代南北建筑风格之大观建筑群，形成秦楚文化博物馆，对建筑内部增加内部文化设置，展示漫川关镇商务繁荣、北通秦晋、南联吴楚、朝秦暮楚的文化特色（图39、图40、图41、图42）。

图39　武昌会馆

图40　骡帮会馆

图 41 鸳鸯双戏楼（二）

图 42 北会馆

6）明清街立面改造

明清街街道以拐弯为段落，自北向南，分为上街、中街、下街。上街以小作坊、手工艺为主；中街以商业贸易为主，有会馆、商号、骡马店、酒肆、茶楼、店铺，分列街道两旁，栉比鳞次；下街大多以水旱码头往来搬运为主。街道全长 1080 米，最宽处约 6 米，最窄处约 2 米。一街两旁店面是一色的黑漆铺板门，木架板楼，檐下廊枋遍饰木雕，门间花格，以青砖封火墙分户。将古镇区内明清街立面进行统一改造，确保古街风貌的完整性。明清街改造后成为历史文化旅游街，沿街设餐饮、民俗手工作坊、客栈、休闲酒吧、休闲茶社，销售旅游食品、工艺品等（图 43）。

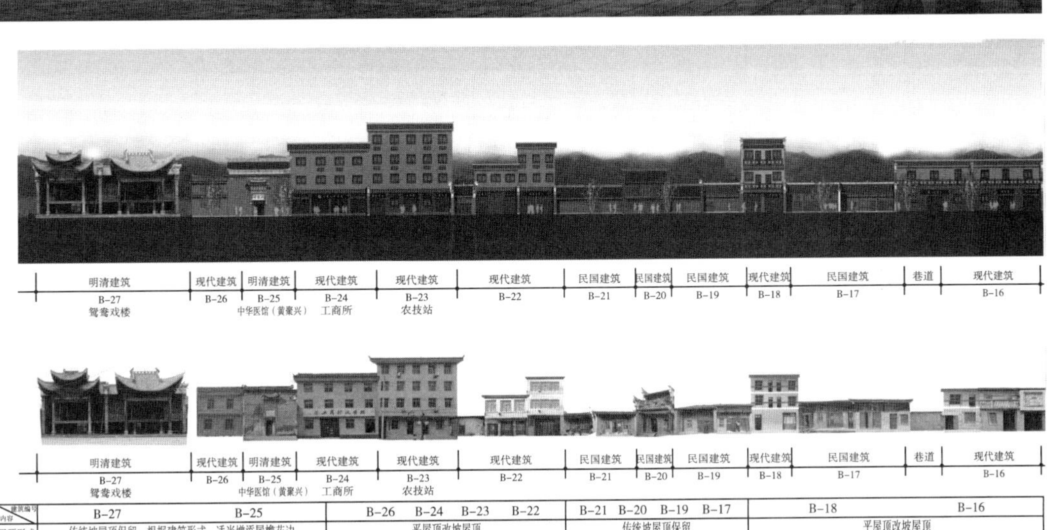

建筑编号 / 内容	B-27　B-25	B-26　B-24　B-23　B-22	B-21　B-20　B-19　B-17	B-18　B-16
屋顶形式	传统坡屋顶保留、根据建筑形式，适当增添屋檐花边	平屋顶改坡屋顶	传统坡屋顶保留	平屋顶改坡屋顶
立面形式	历史原貌修复、从外形、颜色、材质上贴近原建筑	现代风格改传统风格	历史原貌修复	现代风格改传统风格
色彩	青灰、灰褐色	青灰、灰褐色	青灰、灰褐色	青灰、灰褐色
材质	青砖、实木	青砖、实木、瓷砖、外墙涂料	青砖、实木	青砖、实木、瓷砖、外墙涂料
门窗	实木门板、木阁窗、外刷防腐漆	方钢、铝合金	实木门板、木阁窗、外刷防腐漆	方钢、铝合金

图 43　明清街立面改造图

7）黄家药铺建筑修复工程

（1）简介。黄家药铺建于光绪十六年（1890 年），外形呈印盒状，内部砖木结构，人称“一口印”。黄家药铺地处漫川关镇明清街中街，是漫川关镇古民居保存最完好的一座。

（2）现状。原先的老建筑保留较为完好（图 44）。

图 44　黄家药铺（二）

（3）改造措施。对现状建筑进行整体加固，从建筑风格、尺度、立面材料及装饰纹样、内部空间布局等按照历史原貌进行复原。二层进行立面改造，使建筑风格协调统一。黄家药铺改造后可作为中医门诊。

（4）效果展示及细节设计（图 45）。

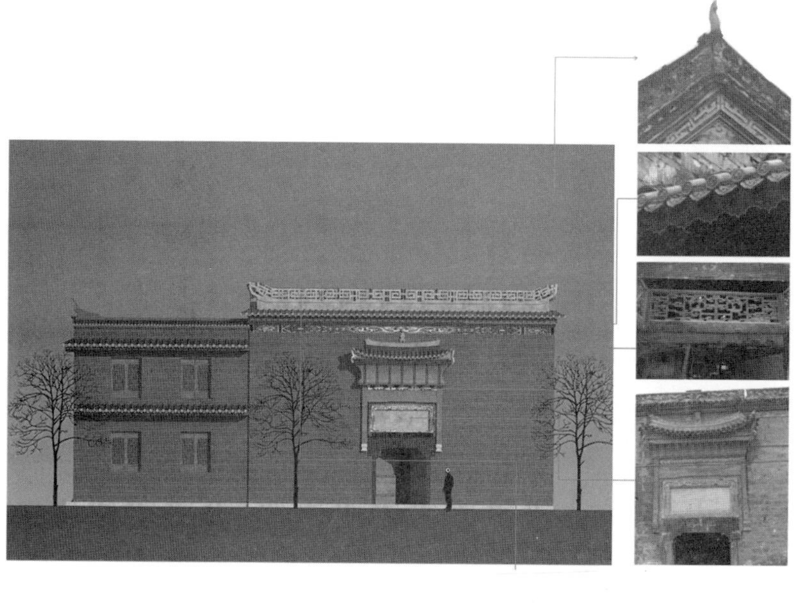

图 45　改造后的黄家药铺效果图

8）莲花第建筑修复工程

（1）简介。莲花第位于漫川关镇明清街下街，坐东向西，始建于清朝中期。

（2）现状。老建筑东立面保留相对完好，但是已经破败不堪，墙面污染严重（图46）。

图46　莲花第（二）

（3）改造措施。对现状建筑进行整体改造，加固，从建筑风格、尺度、立面材料及装饰纹样、内部空间布局等按照历史原貌进行复原。改造后可作为历史人文景点对外开放，供游客参观。

（4）效果展示（图47）。

图47　改造后的莲花第效果图

（5）细节设计（图 48）。

图 48　改造后的莲花第局部效果图

9）三官殿、慈王庙、一柏担二庙、娘娘庙文化节点改造提升工程

（1）现状（图 49、图 50、图 51、图 52）。

图 49　三官殿

图 50　娘娘庙（二）

图 51　慈王庙

图 52　一柏担二庙

（2）改造措施。对三官殿建筑的立面、入口、屋顶进行修缮维护，增加一些明清寺庙建筑的元素；周边建筑色彩和风格和保护建筑进行统一；体现我国古代的刻板文化。

对娘娘庙建筑的立面、入口、屋顶进行修缮维护；周边建筑色彩和风格和保护建筑进行统一，保护千年古松和周边绿化；文化上体现武圣关帝的忠义精神，以及佛家的慈悲济世的宗教思想。

慈王庙在保留建筑功能的前提下，建筑风格采用明清徽派建筑风格：白墙、灰瓦、马头墙；周边建筑也都统一白墙灰瓦，在保留原有绿化的同时，增加周边绿化；古庙体现我国古代乐善好施、扶贫帮困的文化传统和古代将士在漫川关镇保家卫国的历史。

对一柏担二庙的立面、屋顶进行修缮，保留原有建筑风格；对周边建筑风格进行统一，保护周边广场和绿化；整个建筑体现道家传统庙宇文化。

（3）改造意向。对古庙的立面、屋顶进行修缮，在保留建筑功能的前提下，建筑风格采用明清徽派建筑风格：白墙、灰瓦、马头墙；周边建筑也都统一白墙灰瓦，在保留原有绿化的同时，增加周边绿化；古庙体现我国古代乐善好施、扶贫帮困的文化传统和古代将士在漫川关镇保家卫国的历史（图53）。

图53 三官殿、慈王庙、一柏担二庙、娘娘庙改造提升工程图

3. 旅游服务建设项目

1）旅游服务中心

规划在高速路出口处，新建占地15 866平方米的旅游服务中心，旅游服务中心的建成启用将是一个集旅游信息服务、咨询服务、旅游投诉、导游培训、景区推介、散客集散、旅游客运、旅游餐饮、住宿、购物、娱乐等为一体的旅游服务平台，能为游客提供便利、舒适、安全、快捷、实惠的旅游服务。游客服务中心建筑风格与古镇建筑风格相协调（图54、图55、图56、图57）。

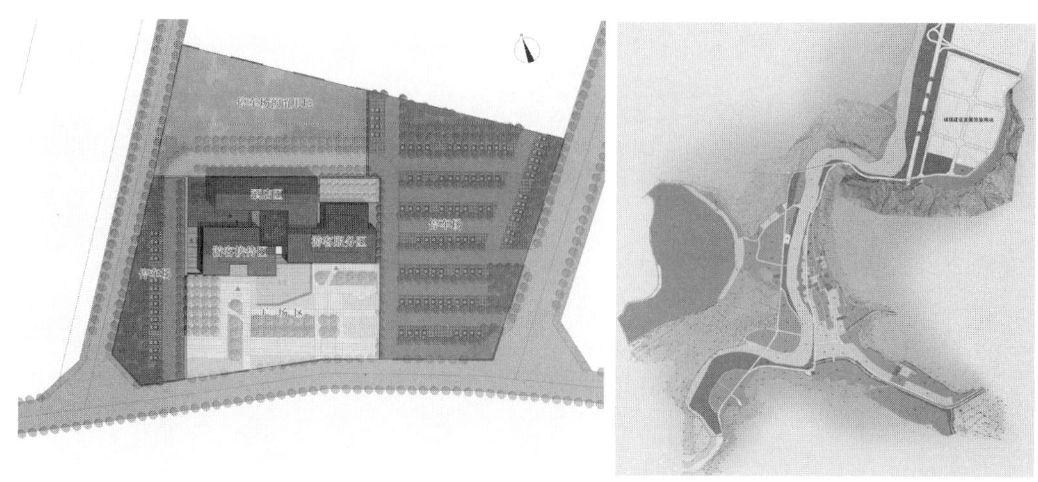

图 54　旅游服务中心功能布局图

图 55　旅游服务中心位置图

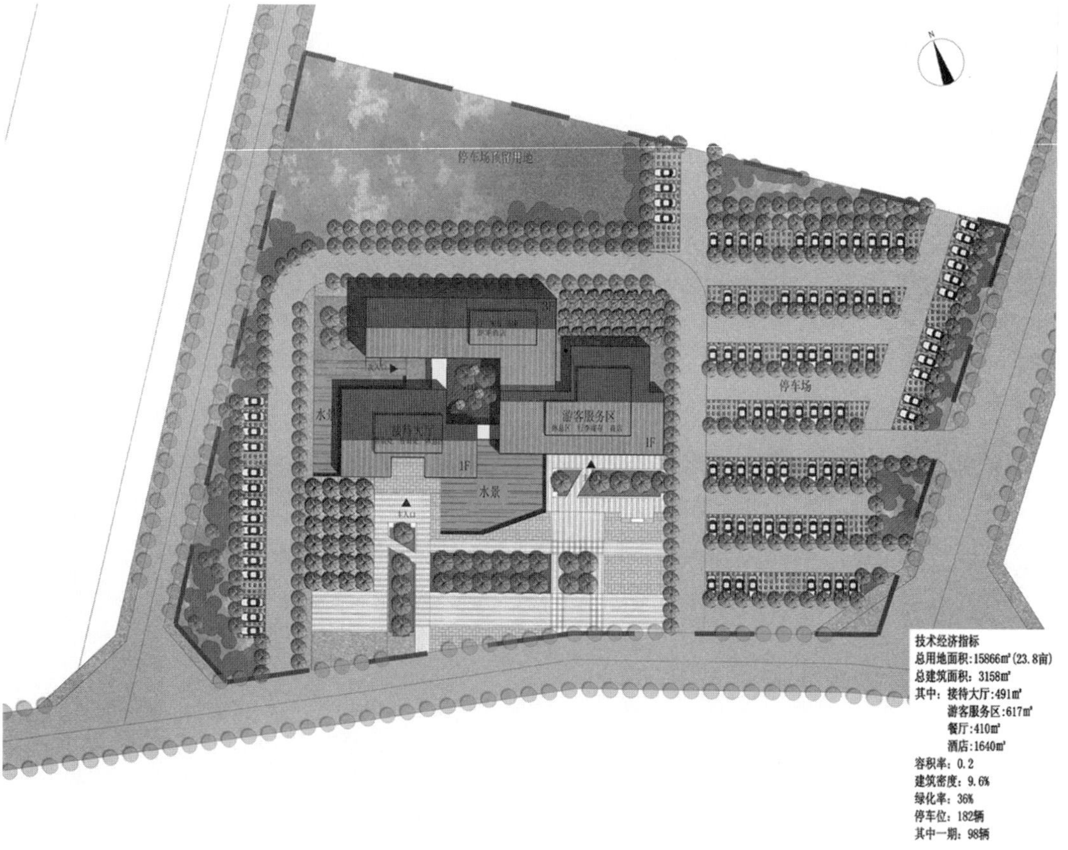

停车场预留用地
停车场
游客服务区
接待大厅
水景
1F

技术经济指标
总用地面积:15866m²(23.8亩)
总建筑面积：3158m²
其中：接待大厅:491m²
游客服务区:617m²
餐厅:410m²
酒店:1640m²
容积率：0.2
建筑密度：9.6%
绿化率：36%
停车位：182辆
其中一期：98辆

图 56　旅游服务中心总平面图

图 57　旅游服务中心鸟瞰图与透视效果图

2）万福河改造项目

（1）现状问题。万福河为勒家河支流，现状问题较多，如水量小，水质差，垃圾横流、污染严重，河流渠化严重，硬质材料任意堆砌于河床，堤岸固化严重，河流生态效益减弱、观赏功能消失（图 58）。

图 58　万福河生态现状图

（2）现状优势。万福河植物自然状态良好，滩涂上生长的草本植物群落非常茂盛，可减缓水流、净化水质；河岸的乔木、灌木植物群落生长良好，树种有小叶杨、毛白杨、刺槐、婆婆纳，植物增加了河岸的美观效果（图 59）。

图 59　万福河的灌木植物群落

（3）改造措施。重新疏导河道，清理河道淤泥，整治滩涂，恢复其自然形态；适量种植湿生、水生植物，净化水质，增加其生态和观赏功能；渠化的驳岸改为自然式驳岸，栏杆、桥梁改为古香古色的传统风格；布置游步道、亲水平台、观景平台，增加河道的使用功能。

（4）万福河区位。万福河位于漫川关古镇的东南方向，为东西向河流，是勒家河的支流。万福河西、南侧为自然山体，东、北侧为漫川关镇商业街，有漫川关镇政府、漫川关镇大酒店、漫川关镇戏台。万福河位置重要（图 60）。

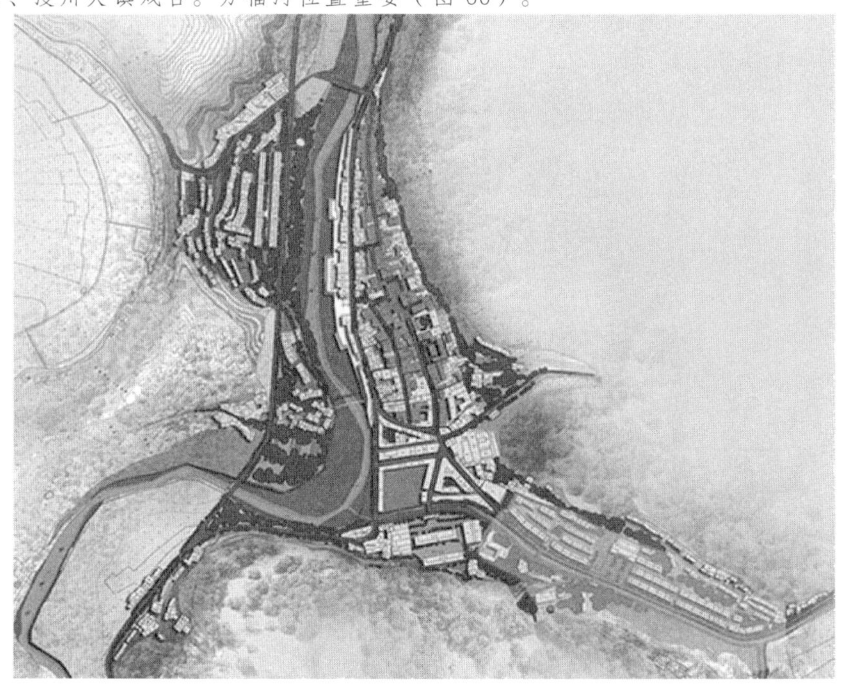

图 60　万福河区位图

（5）改造方案（图 61、图 62、图 63）。

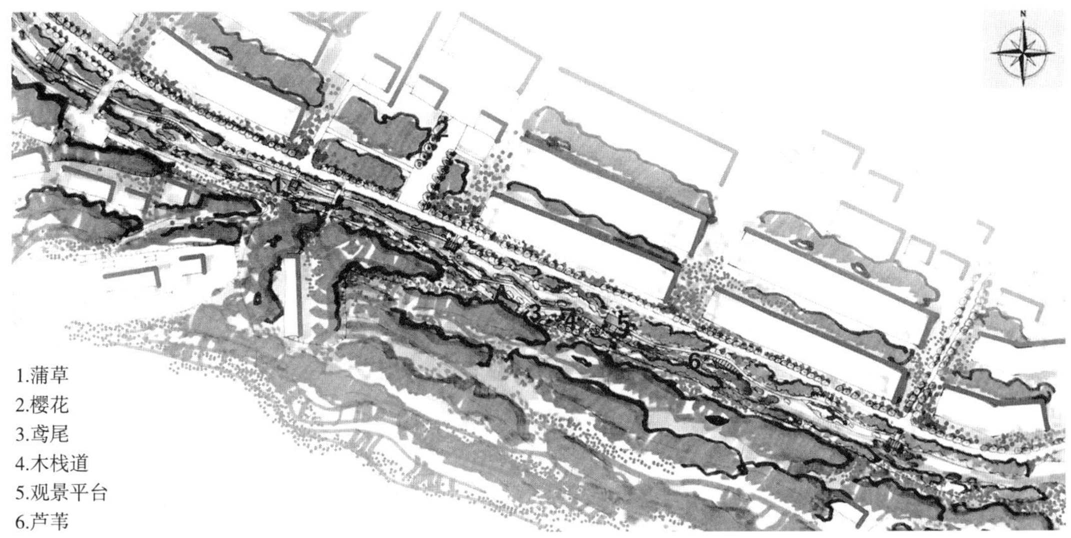

图 61　万福河改造平面图

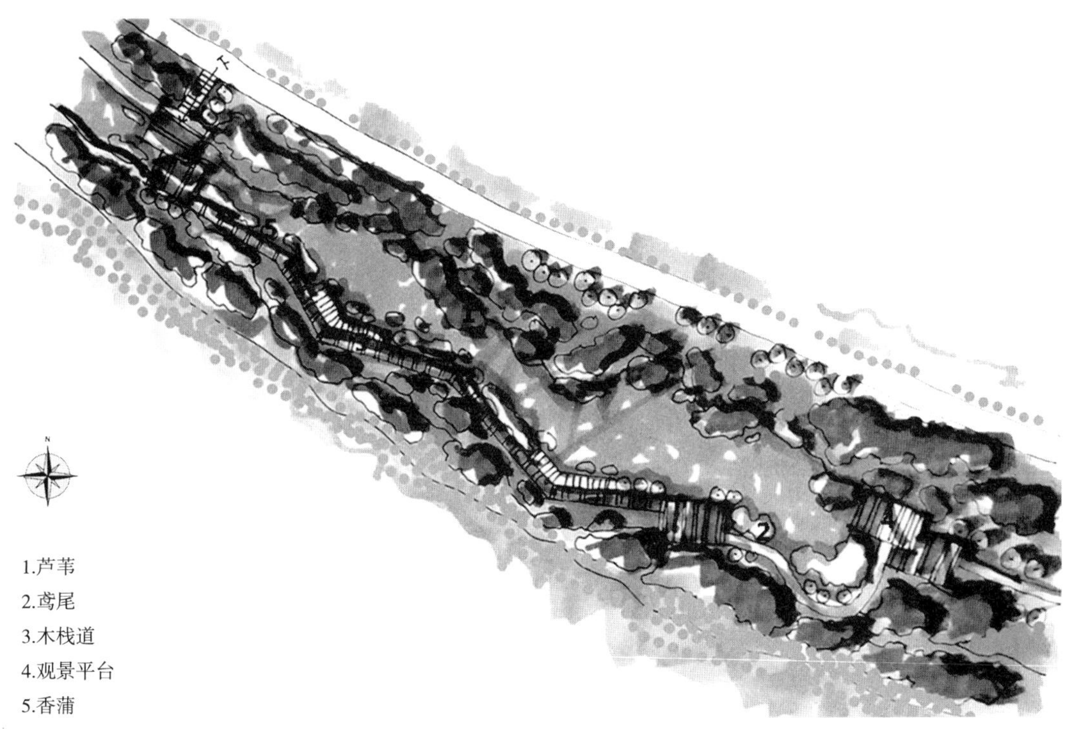

图 62　万福河节点 A 改造平面图

图 63　万福河效果图

3）靳家河两岸休闲文化长廊（图 64）

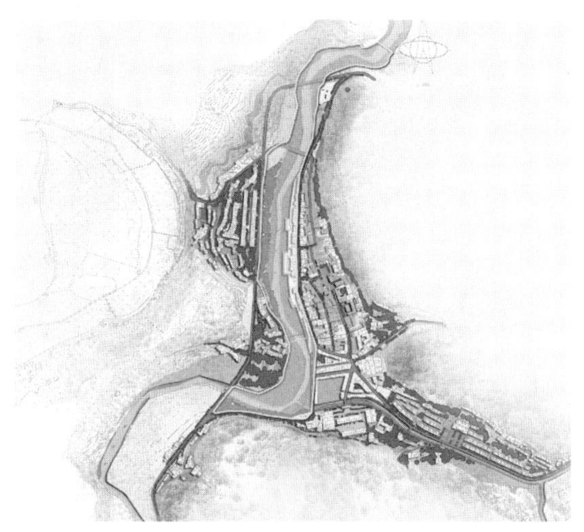

图 64　靳家河两岸休闲文化长廊区位图

靳家河河两岸文化长廊项目位于漫川关古镇靳家河两岸，北起景观桥，南至软家场，西临 203 省道，东临临河街。除去河流，总用地面积 37 421 平方米。规划结构为：“一带、两廊、八节点”。“一带”为靳家河景观带；“两廊”为文化娱乐长廊、生态休闲长廊，文化娱乐长廊占地 14 845 平方米，生态休闲长廊占地 22 576 平方米；“八节点”分别为河岸东侧的阶梯式亲水平台、罗盘广场、文化码头、入口景观和河岸西侧的彩色花卉景观、花艺广场、雕塑园、景观亭。规划 7 个功能分区，分别为滨河栈道景观区、特色文化景观区、彩色花卉景观区、四季健身活动区、滨河生态景观区、钓鱼嬉戏区、水上游乐区（图 65、图 66、图 67、图 68）。

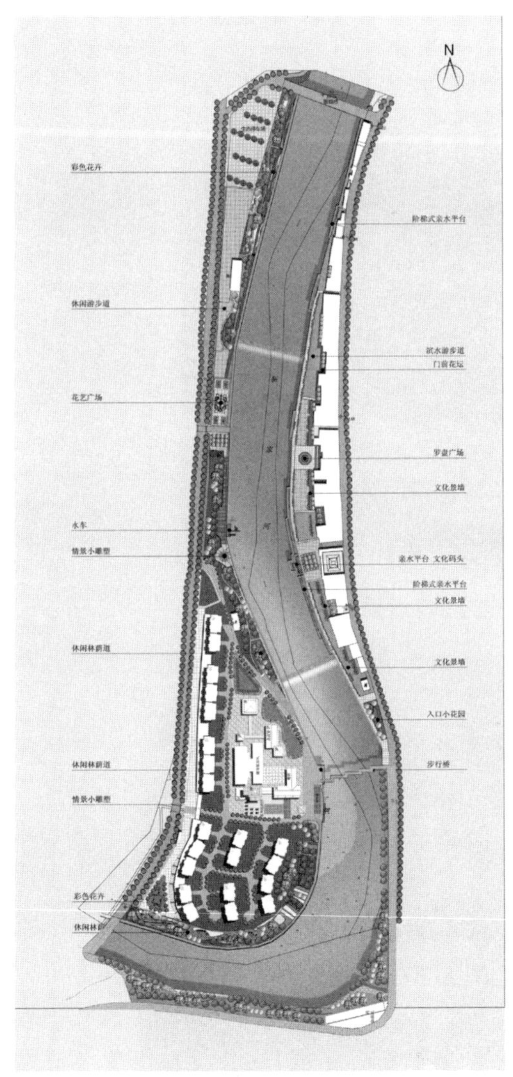

图 65　总平面图（一）

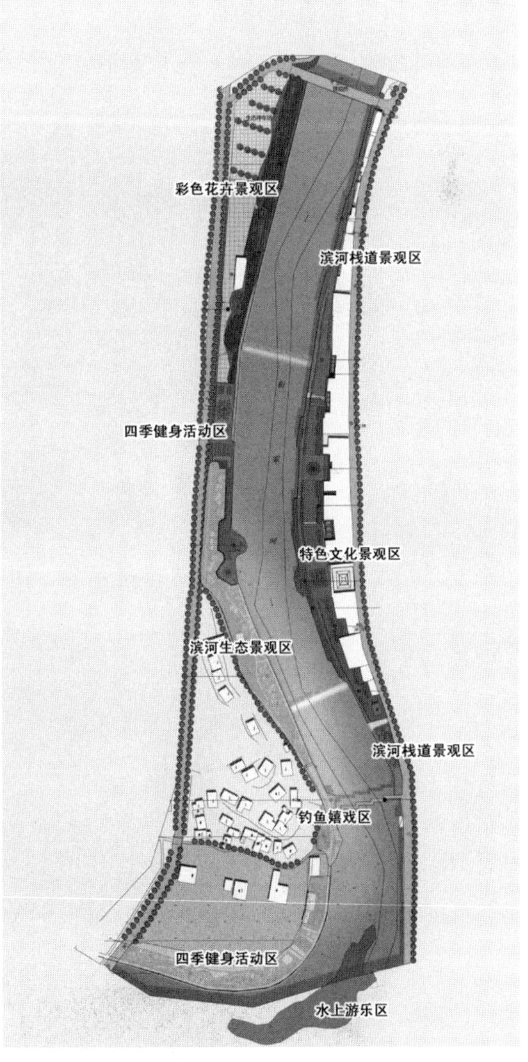

图 66　功能结构图

图 67　鸟瞰图　　　　图 68　街景效果图

（1）水码头乡村旅游生态园建设项目（图 69、图 70）。

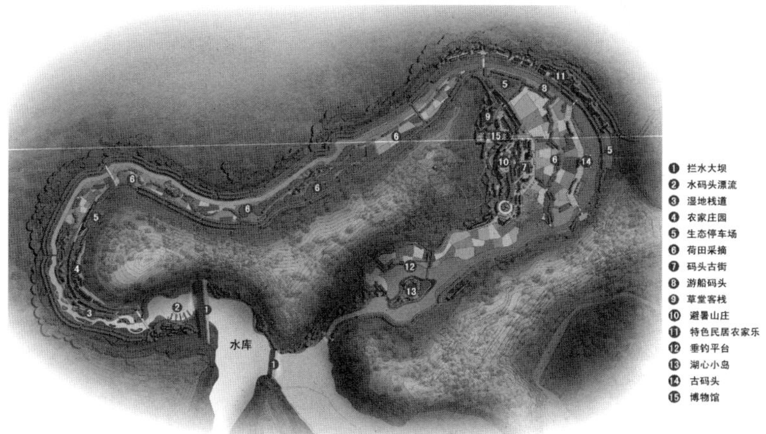

图 69　水码头乡村旅游生态园规划平面图

图 70　水码头乡村旅游生态园规划鸟瞰图

（2）生活居住基地——阮家场。阮家场生活居住基地项目建设位于漫川关镇靳家河东岸，占地 21 000 平方米，规划以居住为主，项目交通条件优越，自然环境十分幽静，居住基地内配套旅游服务设施，引导居民开办农家乐等特色乡村旅游服务（图 71、图 72、图 73）。

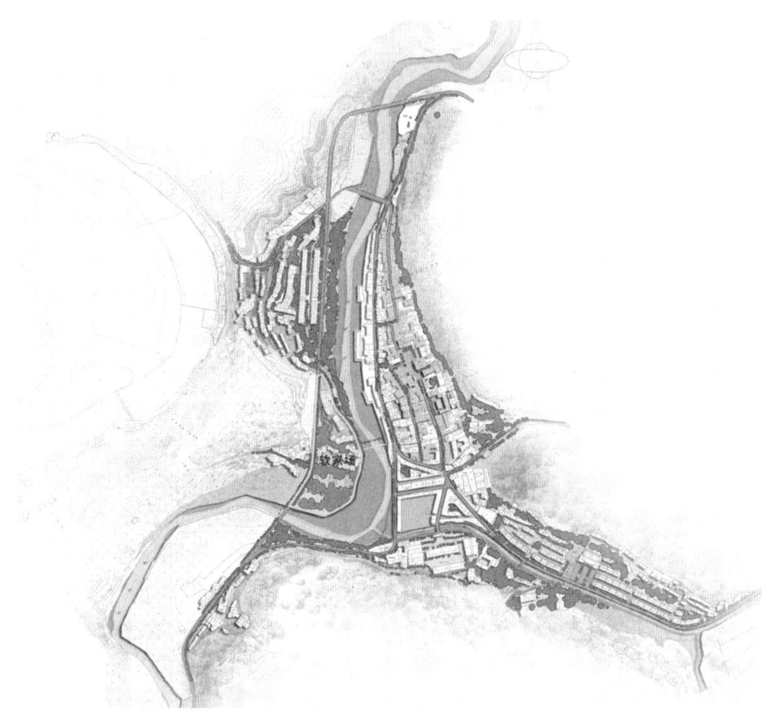

图 71　阮家场生活居住基地位置图

图 72　阮家场生活居住基地鸟瞰图

图 73　总平面图（二）

（3）生活居住基地——水磨街。水磨街生活居住基地项目建设位于漫川关镇靳家河南岸，占地17 000平方米，规划以居住为主，水磨街生活居住基地与游客服务中心相邻，承接古镇旅游辐射，居住基地内设幼儿园、卫生服务站等配套设施，在建筑沿街一层可开办特产店、农家乐等特色旅游服务，着力打造特色“旅游小村”（图74、图75、图76）。

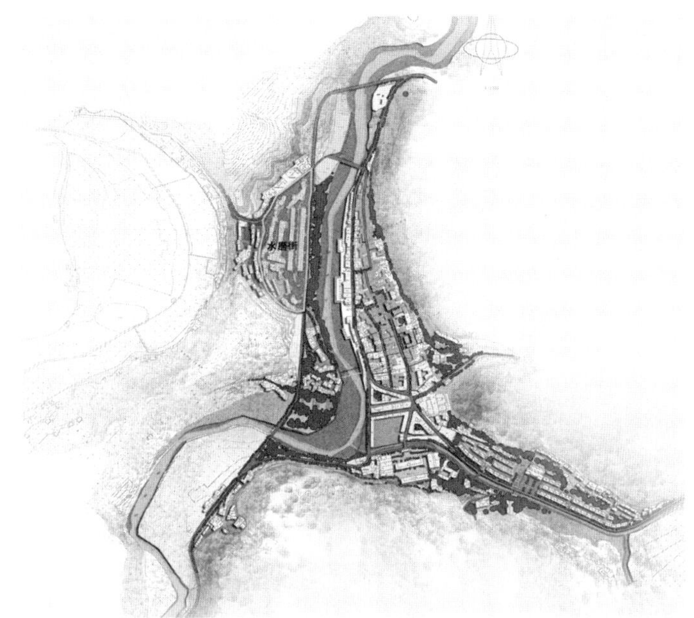

图74　水磨街位置图

图75　水磨街鸟瞰图

图 76　水磨街总平面图

4）污水处理厂改造

（1）污水处理厂区位。漫川关镇污水处理厂位于镇东区南部的柏树坪，总设计规模2000立方米/天，近期（2012—2015年）建设规模1000立方米/天，远期（2016—2020年）建设1000立方米/天，占地3.45亩（图77）。

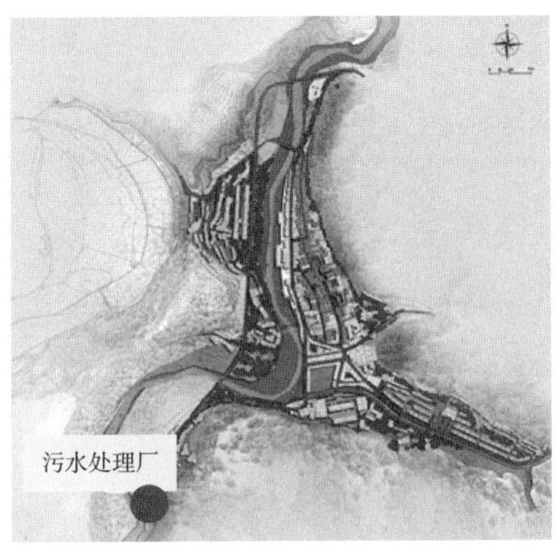

图77　污水处理厂区位图

（2）现状问题及改造措施。现状：污水处理厂垃圾遍地、污水横流、异味弥漫（图78）。改造措施：引进尾水深度处理技术——混凝、沉淀技术和人工湿地技术，利用植物的吸附及分解作用，处理尾水；同时布置木栈道、木平台、坐凳，使其成为人的休憩、活动空间（图79、图80、图81）。

图78　污水处理厂现状图

图 79　污水处理厂改造后效果图

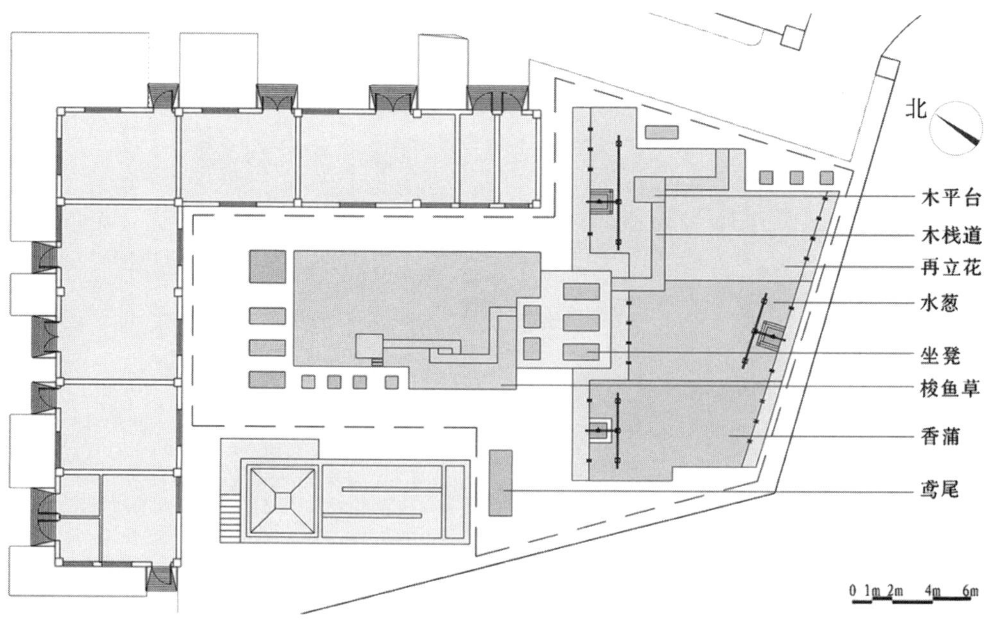

图 80　污水处理厂改造方案

图 81　污水处理厂、垃圾填埋场示意图

三、陕西省漫川关古镇环境风貌保护与整治手册①

（一）总则

1. 编写目的与指导思想

1）编写目的

（1）对漫川关镇环境风貌的保护与整治、古镇传统民居的维修、改善、翻建、重建等提供技术层面的控制与引导，为古镇的管理工作提供相应技术支撑；同时古镇周边地区的传统街区、村落亦可参照本手册执行。

（2）在提炼、总结漫川关镇环境风貌特质要素的基础上，不仅明确了古镇保护与更新过程中必须严防出现的问题，还针对环境风貌的完善、传统民居保护修缮提出具体整治要求；同时，对目前古镇保护与旅游开发中的一些不足甚或尚未显露的潜在问题予以关注、有所预见，并提出解决方案，进一步处理好漫川关镇遗产保护、旅游开发及镇域发展之间的关系，切实保护好古镇的传统风貌。

2）编写依据

（1）《中华人民共和国城乡规划法》（2015 年）。
（2）《中华人民共和国文物保护法》（2013 年）。
（3）《中华人民共和国文物保护法实施条例》（2013 年）。
（4）《历史文化名城名镇名村保护条例》（2008 年）。
（5）《历史文化名城名镇名村保护规划编制要求（试行）》（2013 年）。
（6）《保护世界文化和自然遗产公约》（1972 年）。
（7）《历史地区保护及其当代作用建议案》（1976 年）。

---

① 本部分由西安建筑科技大学课题组撰写，周宏伟修改。

3）指导思想

（1）强调实践的可操作性。本手册在对古镇长期研究的基础上，着力于提炼、概括漫川关镇的环境风貌特质，提出保护的具体措施及防御意见，强调实践的可操作性。

（2）突出现实性。古镇环境本身涵盖了宏观、中观到微观的多个层面，涉及面十分广泛。从保护好漫川关镇这一根本目的出发，一方面选取对古镇有重要影响的环境特质作为保护重点，明确保护的要求与措施，同时也针对当前古城环境风貌中应当尽快完善的细节性问题，提出整治、更新的具体建议。手册内容不求全面系统，而是有所取舍，有所侧重，突出重点满足现实需要。

（3）定位于高标准。古镇环境不同于单体的传统民居,更不同于文物,它是需要并且正在不断发展的。本手册即从文化遗产的精心保护及提高古城的生活品质、建设精品旅游目的地这一高标准要求出发来分析漫川关镇环境现状的一些问题，提出改进意见。

（4）强调通俗性。采取典型图片与简洁文字互相对照阐释的方法，使手册的整体表达简明扼要、通俗易懂。本手册适于广大工程技术人员、居民参考使用，便于有关领导与管理人员的技术审查管理。

2. 古镇特色与未来发展定位

1）环境风貌特色

漫川关镇环境风貌的总体特色主要有以下几点。

（1）漫川关镇的自然环境秀丽多姿。连绵起伏的山峦、湍流不息的河水，不只勾画出山水田园的和谐人居图景，也勾勒出了如“太极环流”一般的神奇自然风光。

（2）漫川关镇的历史文化悠久厚重。漫川关镇春秋为蛮子国；战国为秦楚分界；南宋时为宋金古战场；1932 年红军曾在此指挥了漫川关战役。这是一般古镇所没有的独特历史。

（3）漫川关镇的商业文化繁荣兴旺。明清两代，这里水运发达，当时兴建的船帮会馆、湖北会馆、武昌会馆、骡帮会馆，武圣宫等建筑物现今被列为保护文物。这些历史文化遗产共同构成了当代漫川关的人文特色。

（4）漫川关镇的人文环境丰富多彩。此地为湖北、陕西、四川文化的交汇处，语言，民俗、民风、工艺上有交融共生的特色，是地域文化交流的瑰宝。

（5）漫川关镇的空间形态别具一格。漫川关镇街巷古朴大方，水系自由灵动，民居形式兼具南北特色，构成了特定的古镇建筑文化。

作为历史文化遗产重要载体的漫川关镇空间环境，在其保护发展中应强调以下四个方面。

（1）强调自然性。不求工整，但求随意。整个古镇的路网肌理随地形、水系自然布局，不求方整。

（2）把握尺度感。不求高大，但求得体。整个古镇的建筑不高，道路不宽，广场不大，尺度宜人。

（3）讲究人情味。不求气势，但求亲和。古镇不应刻意追求气势、气派及严谨的中轴对称，而是处处亲水，空间生动、丰富而亲切。

（4）体现平民化。不求奢华，但求质朴。整个古城街道与建筑的布局与风貌应处处散发着老百姓的生活气息，使其生机勃勃而不奢华、张扬。

2）传统民居特色

漫川关古镇的建筑特色主要有以下几点。

（1）特色鲜明的平面。漫川关镇的民居有多户共居宅、小天井院落、大进深小面宽宅院等类型，均为适应当地气候条件与生活功能需要所形成的基本平面形式，极为灵活多变，随地形、环境等客观要素不断有所变化。

（2）因地制宜的营造。传统民居基本由木构架、土墙、瓦顶所构筑，但在遇到坡地、水系等不同地形、地势时，不是破坏地形与地势，而是非常巧妙地与坡地、水系结合，利用、处理非常得当。

（3）朴实生动的造型。建筑体型高低错落，造型别致，屋檐轮廓舒展柔和；材料古朴自然，色调素雅和谐，构造灵动简洁。

（4）装修自然大方。建筑整体受到秦楚文化影响，装饰风格自然，材料简朴而对比鲜明，门窗、山墙、铺地等细部装饰非常具有当地特色，既不奢侈，也不粗糙。

3）镇区未来发展定位

漫川关镇旅游业发展应注重强调文化内涵，发掘自然资源，以文化和自然优势的结合来彰显生态旅游的活力。我们应在注重人与自然和谐发展的前提下，把漫川关镇打造成为一个人文景观丰富，基础设施与社会服务设施完备，与周边地区发展衔接良好的千年古镇；一个南北文化交融、商贸云集的文化历史名镇；一个弘扬传统文化、延续历史文脉，集保护、利用、发展为一体的旅游强镇；一个昔疆秦楚之塞，今界陕鄂之边的边贸重镇。

根据漫川关镇的区位、自然优势和当前发展状况，漫川关镇旅游产业的发展定位目标为以“秦楚文化，明清古镇”为主题，以周边山水自然景观为依托形成两到三日游的短假旅游热点，成为山阳县旅游产业的核心区域，凸显山阳三大产业的支撑作用，成为山阳经济发展的桥头堡。在规划期内，将漫川关镇建设成为国家级历史文化名镇。

3. 古镇环境风貌保护面临的现实问题

（1）保护与发展的矛盾：一方面任何一个地区的原住民都向往更为便捷优质的生活，另一方面原住民对现代生活的要求又受到古镇保护原真性的约束，这是世界范围内遗产保护所面临的共同难题。

（2）新旧建筑的冲突：宏观上说，无论任何时期都存在新旧建筑的矛盾；中观上说，当代中国城市化进程破坏了许多旧有城市的整体面貌；微观上说，许多旧建筑的确不能适应当代物质生活基础的需要，亟待改造、重建，这对本地的传统建筑提出了挑战。

（3）基础设施的落后：基础设施是整个城镇市民的必要需求，目前镇区的基础设施由于更新周期长、难度大等因素，仍然存在局部地区的滞后现象。

（4）旅游开发的单一：目前的旅游市场已经进入了深度游阶段，仅靠优美秀丽的风光无法创造更高的品牌利润，加强品牌附加值，开发更多旅游项目和旅游产品是发展中的一大挑战。

4. 古镇环境风貌保护整治的原则和要求

1）总体原则

（1）重在保护，发展与保护兼顾。旅游市场的需要与发展应与保护协调，以保护促发展。

（2）有形遗产保护与无形遗产保护并重。在保护漫川关镇有形的山水、建筑、田园的同时，必须悉心保护居民传统生活等无形文化遗产。

（3）遵循保护的层次性。对古镇的保护应区分不同的层次，做出相应地保护和发展要求。

2）环境风貌保护与整治要求

总体要求是保护古镇环境风貌的真实性和完整性，包括保护古镇与山、水、田园之间和谐融洽的环境风貌，保护其街巷肌理与空间特性，保护街巷、广场的空间尺度、比例、自然形态及风貌，保护传统建筑（彩图 15、彩图 16）。具体目标有以下四点。

（1）全面保护修复古镇历史遗迹遗址，力争在“十三五”期间申报成功中国历史文化旅游古镇。

（2）保持古镇生态风貌的完整性，使漫川关镇成为陕西省一个具有浓厚历史文化特色、旅游优势突出的旅游城镇（彩图 17）。

（3）进行历史街区、古镇格局、传统风貌等“全镇保护”，再现漫川关镇原汁原味的历史风貌。

（4）形成以古镇为龙头，以水旱码头、生态观光为依托的旅游新格局，实现从传统观光旅游提升为集观光、休闲、度假、购物、居住为一体的“新漫川关镇”。

（5）完善漫川关镇的基础设施建设，增强城市的服务水平，提升城市文化“软实力”，将漫川关镇的文化特色呈现出来（彩图 18）。

3）传统民居的保护与整治要求

（1）保护原有民居，尤其是传统民居因地制宜与地形、水系自然布局的关系，不得随意改变水系与破坏地形。

（2）保护原有以庭院为核心的传统平面格局，中心庭院中不得加建、搭建任何附加的、临时性的建筑物或构筑物。

（3）保护民居原有的高度、进深、开间等尺度，不得任意加高、加深、加长。

（4）保护原有木构架及其构筑方式，对于局部需要加固的墙、板、柱，不得改变其原有外观风貌。

（5）保护原有民居的外部造型及轮廓，不得加建露出原有轮廓的建筑物、构筑物及架设附加物。

（6）保护民居原有外立面的风貌，对墙面、屋顶、山花、檐口、勒脚、台阶、外表门窗、柜台、入口、门楼、照壁等不得改变形式、风格、色调或暴露新型材料。

（7）保护原有民居的细部装饰，对原有门楼、照壁、铺地、门窗槅扇、梁枋装饰构件、栏杆、石柱础等不得损坏、任意拆改或涂抹。

5. 古镇保护与整治要点

1）环境风貌保护与整治要点

（1）保护漫川关镇的形态、格局、景观、水系以及街巷与公共中心的风貌特征，本手册针对原有的特质提出保护要点。

（2）对古镇节点、景点与标志及古镇商业与休闲空间采取保护与整治并重的方法，本手册针对原有风貌提出保护与整治要点。

（3）对古镇环境设施与市政设施，在满足功能使用要求的同时要避免影响和破坏古城风貌，本手册着重针对现状存在问题提出改进意见。

（4）对古镇的环境绿化，本手册除了提出保护要点、改进意见外，更多对市树、市花、基调树种、骨干树种选择等提出建议，以供建设参考。

2）各类建筑保护与维修要点

（1）对于已列入各级的文物保护单位，必须按期规划严格保护、精心修缮，在其保护范围内严禁新建任何建（构）筑物；所有的保护、修缮及管理、使用严格按照《中华人民共和国文物保护法》与《中华人民共和国文物保护法实施条例》的规定执行。

（2）对于已挂牌确定的“重点保护民居”，必须精心保护，落实保护主体与保护措施，加强环境的改善，力求恢复原有的传统风貌，不得改建、拆建及任意加减；修复时必须按原址、原样修建，不准改变原来的结构、层数、坐向及材料做法；对于必要的恢复、维修、加固及增添基础设施等必须有详细设计；维修本着“修旧如旧”的原则进行。

（3）对于已挂牌确定的“保护民居”，原则上与“重点保护民居”的要求一致，落实保护主体与保护措施；加强环境改善，尽可能恢复原有传统风貌，不得任意改建、拆建与加建；修复时应按原址、原样修建，不应改变原来的结构、层数、坐向及材料做法；对于必要的恢复、维修、加固及增添基础设施等必须拿出计划及必要的设计；维修本着“修旧如旧”的原则进行。

（4）对于漫川关镇中大量的一般传统民居，都需要按照规划的要求进行保护、维修，改善环境，不得擅自拆毁与破坏；允许内部增添基础设施及为满足生活需求进行必要的改造，但尽量隐蔽新材料、新设施；外部要力求保持传统体量、尺度、造型、风貌及装修，使用传统的材料与色调。所有的维修、加固及内部改造等都应拿出详细的设计。

（5）对于在漫川关镇中原址上翻建的传统民居，必须按传统形式，使用传统材料，要有详细的设计。

（6）对于古城用原有的非传统民居及破坏风貌的建筑，应按保护规划要求进行改造或分期分步地予以拆除，改造要拿出详细的设计。此外漫川关镇周边非核心区域的建设虽不属本手册的涵盖范围，但亦与本镇风貌相关，其建设根据地段要求可以本手册内容作参考。

3）传统民居保护维修的报批、设计与施工要求

（1）漫川关镇中各类民居的维修、加固、修缮、改建、拆建、加建、翻建、重建等一切建设行为都必须按规定向保护管理机构申请报批，经审查批准后才能进行。

（2）对于修复面积较大的单栋或整院传统民居，房主及修复建设单位必须优先选择熟悉、了解本地民居建筑构造及生活习俗的设计单位或设计人员修复设计，并取得古城管理主管部门的认可与评审通过。

（3）修复漫川关镇的传统民居，必须选择熟悉本地传统民居建筑的优秀石作艺人、木作艺人、泥瓦作艺人及彩绘、书画艺人。不得选择不懂本地传统民居建筑的施工人员承担传统民居修复工作（彩图 19、彩图 20）。

（4）外地施工队伍或施工人员进入漫川关镇从事传统民居的建设、修缮工作需在有关主管部门注册并获批准后方可进行；同时其主要施工管理人员、技术人员及技术工人须认真学习本手册及相关的本地文化与建筑知识，今后将逐步建立短期培训、考核与实绩检查制度，对两次以上（含两次）考核不合格者及实绩违反本手册规定而在限期内未予改正者将取消其准入资格。

（5）承担漫川关镇传统民居修复的设计、施工单位，在实施修复时，不得破坏周围原有的自然环境、山水体系、树木、建筑物、街道系统，不得影响原来的建筑群体环境与风貌，必须按“修旧如旧，原貌恢复”的原则进行设计与施工，同时不准侵占山体、砍伐树木，不准侵占街道、河道、桥涵，不准改变街巷、河流原有的布局、走向，不准阻挡山脉轮廓线与山顶的标志建筑物。

（6）今后漫川关镇中各类民居一切的保护维修建设除了按本手册要求外，完成后将由管理机构进行验收，对于不合格的部分将责令限期整改，对不按期改正者将不予办理后续手续。对于本手册开始执行以前出现的问题，今后将根

据具体情况逐步分期进行整改。

6. 本手册适用范围

本手册以漫川关镇中心镇区及其周边山水环境为主要研究对象，研究本镇环境风貌保护整治及传统民居保护维修的对策与措施；手册中的实例虽未涵盖整个漫川关地区，但对于整个宏观地域也有具体指导意义，因而本手册适用于漫川关镇镇域范围的环境风貌整治及传统民居保护维修。

（二）整体风貌篇

1. 古镇形态（表 1）

表 1　漫川关古镇形态

项目	古镇特质	保护要点
整体形态	（漫川关古镇现状山水示意图） 漫川关镇四面环山，地处两河交汇处，地势为山阳县乃至陕西省最低处。有三条河流穿过镇区，形成“四山环抱，三水绕流”的山水格局。由于地势狭长，古镇形态有向线性发展的趋向	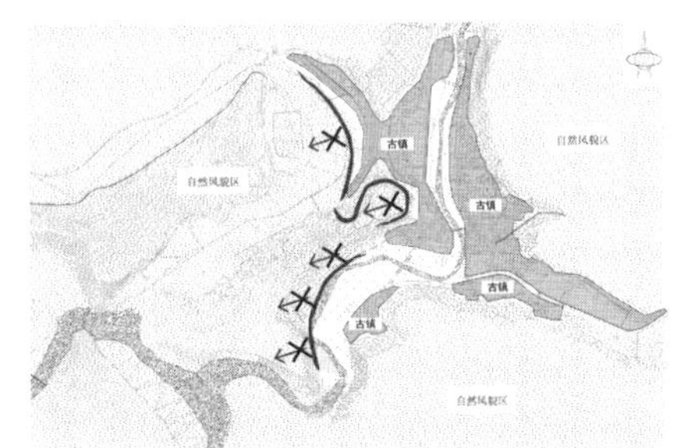 （防止古镇向西蔓延，防止侵占山水体、无限扩张） 漫川关镇必须保护古镇自然环境格局。严格执行总体规划，严禁建筑向山水体无限扩张，严格防止古镇向西发展蔓延，严格限制建设对花果、青龙、凤岚、南山等山体的破坏，尤其要防止新建设中的对于“太极环流”等经典自然格局的破坏

续表

项目	古镇特质	保护要点
古镇规模	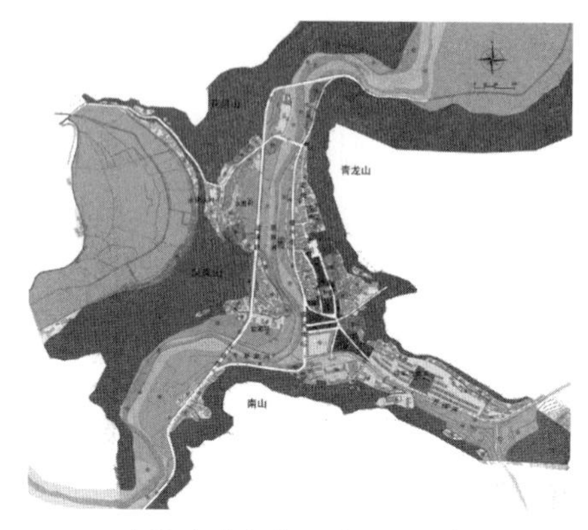 （漫川关古镇用地现状图） 漫川关镇始建于西晋泰始二年（266 年），后经，至今已形成 1.2 平方千米、8000 余人的规模。由于前一阶段的建设，规模扩大的步伐较为激进，而过度扩张可能导致城市人口密度降低，城市活力反而下降	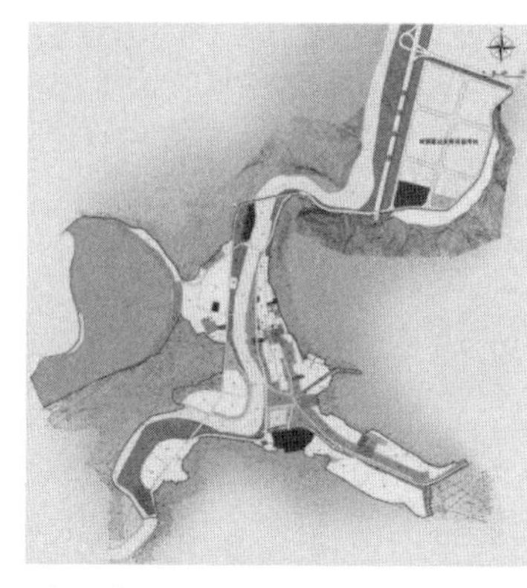 （漫川关古镇的规模应不大于总体规划的要求） 漫川关镇的发展应延续新中国成立后“避开古城”的原则，力求保护古城现有的规模，防止古镇本身向外“摊大饼”式的扩张以失去古镇原有的恰当规模与完整格局，尤其要控制古镇的北向、西向发展。让古镇在有限的用地中不断实现新功能，增强古镇功能的综合性
古镇布局及其理念	 （防止套用非山水城市、非古镇的平面布局） 漫川关镇尊重自然地形地貌自由布局，从而形成自己独特的布局形态。古城保护与发展的基本理念是：因地制宜、顺其自然、人文演进、有机发展	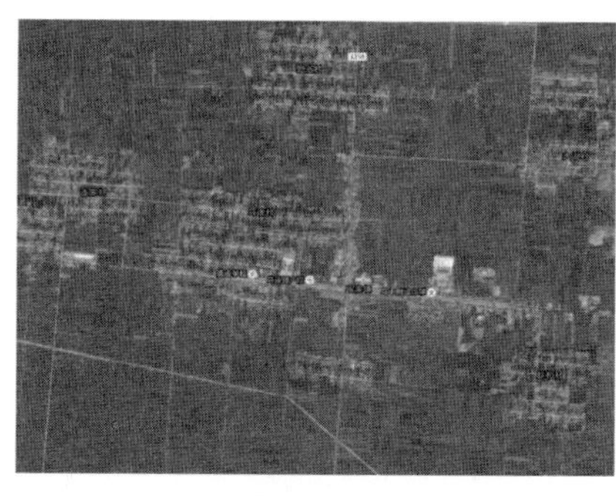 （错误实例：防止套用非山水城市、非古镇的平面布局） 漫川关镇从总体到局部应严格保护原有的布局及地形地貌，防止生搬硬套一般平原城市的网格、轴线、放射等布局形态手法。漫川关镇应严防用一般的“旧城改造”思想、“现代模式”的规划理念或主观意愿去“改造”古镇、“扩大”或“开发”古镇。积极弘扬古镇特色，而不是创造古镇特色，因而应积极保护现状的规模、肌理及优秀建设实例

2. 自然景观（表 2）

表 2　漫川关镇自然景观

项目	古镇特质	保护要点
山脉	 （漫川关镇的雄伟山脉） 山脉是漫川关镇重要的自然景观，也是构成漫川关镇奇特地理环境的重要因素，形成了漫川关镇山环水绕的基本景观特色	（错误实例：整个镇区的天际轮廓不应遮挡山体） 防止高大建筑遮挡山脉景观，避免建筑过于雄大，影响从街巷观察山川的视线；更换新建筑屋顶和立面的可见材质，与传统建筑协调；尽力减少屋顶乱搭乱建，保持视线清洁
水脉	 （日渐干涸的太极环流） 漫川关镇的水面幽静宽阔，质朴凝练，极有地方特色，是漫川关镇风光与文化的基因	 （尽可能有效利用太极环流遗迹） 在允许时，通过一些景观修复，重现太极环流风光；通过观光活动，引导人们认识太极环流的风光

续表

项目	古镇特质	保护要点
保护古镇绿色自然空间	 （与山水环境有机联系的漫川关古镇） 漫川关镇山环水绕，南有郧岭，东靠太平山，西有猛柱山，北有天竺山；有金钱河、靳家河和万福河三条河流通过。自然环境优美，是古镇珍贵的遗产	 （密集的建筑有侵占山体、河道的趋势） 防止古镇随意扩张，控制建筑风貌，控制城市天际线，控制非本土“景观”取代漫川关镇特质

3. 空间格局（表3）

表3　漫川关镇空间格局

项目	古镇特质	保护要点
道路网络	（漫川关镇现状道路示意图） 对于老镇区内而言，主要道路仅临河街一条，而生活性道路则以历史悠久的“蝎子街”为主，其余还有较晚形成的后街和一些东西向起到联结作用的小支路	（规整的方格路网不适合漫川关镇的山水特征） 严禁为求路网通畅、平直而破坏地形地貌、改造水系；严禁在古镇内修筑工整规则、几何形态强烈的道路网络。严禁过分强调中轴线，强调城市对称，或者马路宽阔

续表

项目	古镇特质	保护要点
水系网络	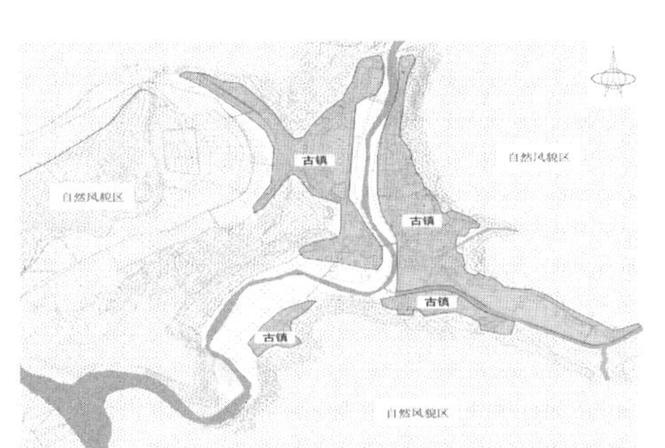 （漫川关古镇水系示意图） 靳家河贯穿古镇而西流，随地势汇入大河，其水量充沛而流曲折，且水面宽窄不一，可谓是“镇水相随，绮丽悠远”的自然水系格局	 （护城河式水网不适合） 漫川关镇从总体到局部应严格保护原有的布局及地形地貌，防止按照平原乡镇建设工整的水网体系，拓宽原有水道，从而破坏古镇特有水网形态
建筑群体布局形态	 （漫川关古镇传统建筑群布局有机灵活） 漫川关古镇有机灵活的空间形态布局。建筑群体集合南北方不同的建筑形态特点，体现了共融共生的特点	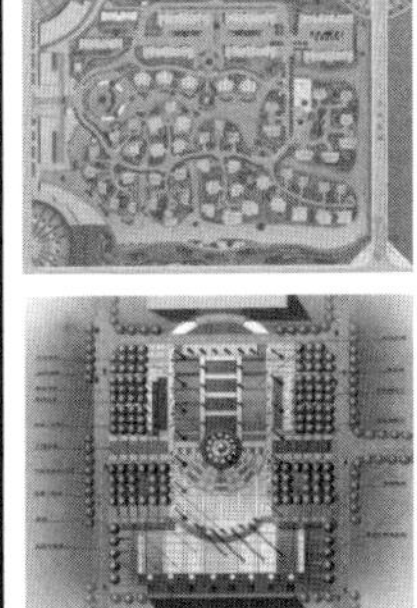 （严禁古镇内继续出现与一般城镇同质化的平面形态） 严禁在古镇内搞大广场、大马路及出现体量高大、整齐划一的建筑；严禁古镇内的建筑群体产生独立别墅、大围合式、兵营式等布局形态。避免丧失古镇的独特性

4. 地势利用（表 4）

表 4　漫川关镇地势利用

项目	古镇特质	保护要点
古镇选址与地势	（漫川关古镇选址示意图） 漫川关镇位于秦岭山脉南侧，选址奇特，众山环绕，河流蜿蜒，其山水格局自古即有“八山一水一分田”之说。可以说，古镇周边的山水环境是漫川关镇的特点之一，也是遗产保护的重要组成部分	（应防止新建建筑继续侵占山体，破坏原有地势） 既要防止建筑向周边山体蔓延，保护古镇背景的山体林木；又要限制建筑向山体、水体发展，以保护古镇与山水的关系

5. 街巷空间（表 5）

表 5　漫川关镇街巷空间

项目	古镇特质	保护及整治要点
楚街	（漫川关古镇楚街景象） 漫川关古镇街巷包含上街、中街、下街三部分，其中上街和中街统一为秦街，下街为楚街。楚街主要接纳来自南方的船帮商客。楚街多为狭窄的线性空间，空间尺度宜人舒适，但其两侧建筑多破败不堪，亟待修葺	（某古镇传承地方特色，修葺良好的街巷） 建议对楚街两侧老旧建筑，在不破坏传统风貌的前提下进行修葺重建，延续历史脉络

续表

项目	古镇特质	保护及整治要点
秦街	 （漫川关古镇秦街景象） 秦街，在过去主要接纳来自北方的骡帮商贾。其两侧今建有较多的现代砖混建筑，建筑高度和建筑风格与漫川关镇地方传统特色不合	 （古镇内现代建筑和传统建筑相杂糅、不协调） 建议后期规划建设时，考虑将现代建筑进行立面改造或者拆除
街巷平面形态	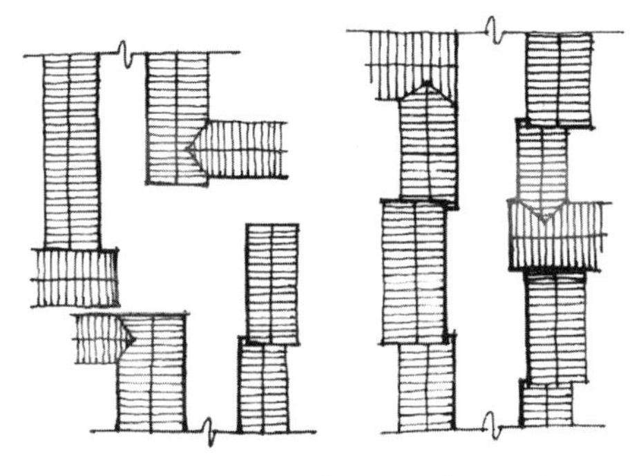 （古镇街巷平面、两侧建筑界面连续而有凹凸，转折处富于变化） 古镇街巷两侧建筑界面多为连续性、高低错落且略有凹凸，避免单一枯燥；街巷转折处往往相互错让，形成尺度适宜、收放自然、丰富生动的节点空间	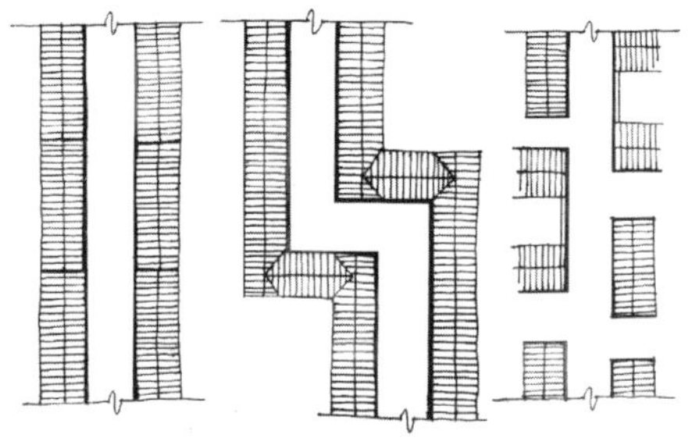 （新街两侧建筑界面不连续，笔直划一，转折生硬） 新镇区内多为联排平行建筑群落，街巷空间笔直生硬，毫无生动活力。建议在后期建设时，延续古镇区的肌理，形成错落有致的界面空间

续表

项目	古镇特质	保护及整治要点
尺度	A点 H_1=4.2m H_2=5m D=3m E点 H=5m D=3.5m G点 H_1=4.5m H_2=6m D=6.5m （老街宜人舒适的节点尺度） 古镇老街的尺度都不大，高宽比控制在 1:1 左右，人在其中感觉亲切舒适，是古镇重要的传统风貌特征	C点 H_1=9m H_2=6.5m D=3m F点 H_1=12.5m H_2=6.5m D=9m I点 H_1=9m H_2=6m D=5m （老街新建建筑紧凑压抑的节点尺度） 老街局部地段由于两侧新建多层砖混住宅，导致街巷空间紧凑压抑，与传统风貌不协调。建议在规划建设时拆除或者改造尺度过大的建筑，使其宜人舒适
街巷商业	 （老街具有地方传统特色的商业店面） 传统街巷以特产零售商业及居住为主，形成“亦商亦居”的功能布局。契合传统街巷空间的氛围。且大多数商业店面突显漫川关镇地方特色	 （街道两侧私搭乱建，影响整体风貌） 老街商业现存在私搭外设等商业行为，影响整体街巷空间氛围。建议后期建设时将私搭乱建的设施拆除，恢复老街宜人舒适的空间格局

续表

项目	古镇特质	保护及整治要点
街巷民居	 （老街上的老旧民居） 老街上现存的民居多为老旧建筑，其在建筑立面、屋顶、内部装修等方面均显破旧	 （部分改造后的漫川关镇民居意向） 老旧民居可结合现代使用功能以及材质等，适当进行改造和立面重塑，在改造时，需保持其地方传统特色

6. 重要节点工程（表6）

表6　漫川关镇重要节点工程

项目	古镇特质	保护及整治要点
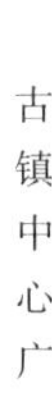 古镇中心广场	 （古镇中心广场） 古镇中心广场，主要由双戏楼、武昌会馆、骡帮会馆、马帮会馆、北会馆、黄家药铺等传统建筑围合而成，广场今较为空旷，尺度略大，无构筑物、绿化、景观小品等。且广场周边建筑风格不一，其中公安局、工商行政管理局、新建民居等建筑过于现代化；亭廊装饰过于突兀	 （改造意向） 广场内多为单一铺地，空间单调乏味。建议将铺地进行划分；增建构筑物、绿化以及景观小品；建议统一周边建筑风格，拆除改造过于现代和装饰繁杂的建构筑物

续表

项目	古镇特质	保护及整治要点
娘娘庙	 （娘娘庙） 娘娘庙位于漫川关明清街后坡青龙山。其中有娘娘洞，为明朝中期人工凿成，洞内供奉泥塑送子娘娘神像。1958 年“大跃进”时拆毁。自 1984 年始逐渐复修，现有正殿、配房、灶房、地下室、门楼和院墙，还有三间两层客房	（从河对岸观望娘娘庙） 在靳家河西岸可观望娘娘庙及山体全景。应在今后的镇区建设中控制沿河建筑高度，注意留出视线通廊，以便在靳家河西岸观望娘娘庙。应保护好娘娘庙周边的绿化及千年古松
三官殿	 （三官殿） 三官殿位于古镇东侧黑虎山山腰，2001 年《重修三关庙序》云，“古镇东南有黑石山，形似虎，其势险恶，古老人民于其上迨修三官庙以镇之原。庙迨自清朝年代，尚无确考，因久失修，于一九五零年拆毁”。今之三官庙乃当地信士于 2001 年自发募建	 （在镇区内观望三官殿） 三官殿位于山腰之处，与漫川关镇区多条街巷有视线联系。在今后的镇区建设上，应注意保留此视线通廊，以突显其重要性。对三官殿进行修缮维护时，宜增加漫川关镇传统建筑元素

续表

项目	古镇特质	保护及整治要点
慈王庙	 （慈王庙） 慈王庙位于漫川关镇西南侧如意山顶，其规模宏大，占地约1000平方米。共有主殿3间，厢房、灶房等十余间，并有门楼、院墙和庭院。其建筑建设因重要地位在古镇街巷和广场上均可看到此庙，为漫川关镇的胜景	（从北会馆观望山顶慈王庙） 规划建设时，注意保留此视线通廊；慈王庙四周建筑应与主体建筑风格统一，延续白墙、灰瓦、马头墙等传统建筑元素；适当增加慈王庙内的绿化环境
中心	 （武昌会馆的戏楼已经消失） 漫川关镇以中心广场，双戏楼等主要空间为载体，围合得体、尺度宜人，界面自然，起伏有韵律，形成了独特的空间景观氛围	 （将要修建的漫川关镇博物馆效果图） 遵循多戏楼的格局，继续增添文化建筑，丰富空间的层次与可游览性；禁止在四周大开缺口而削弱围合感；禁止改变原有尺度、使用单一复制的界面或破坏天际线；禁止非传统风貌建筑介入场地

续表

项目	古镇特质	保护及整治要点
街道	 （漫川关镇中古朴自然的沿街立面） 漫川关镇街道空间古朴自然、尺度精微、常跟随地势微微起伏	 （新建街区的沿街建筑界面与轮廓稍显单调） 严禁镇内街道随意拓宽、建筑界面过于整齐划一、屋顶轮廓等高、街道过于平直的建设
漫川关镇镇政府前广场	 （漫川关镇政府前广场） 漫川关新镇广场位于镇政府西侧、漫川关镇剧场北侧，现为居民休闲娱乐活动的空间。然而新镇广场尺度较大，无围合感；且人群活动较少，使用率低，活力不足	 （某古镇广场） 建议后期规划建设时，为漫川关新镇广场增设必要的休闲游憩设施，地面铺装进行细化，增加广场的趣味性和人气，提高居民使用率，使其更好的服务漫川关镇居民

续表

项目	古镇特质	保护及整治要点
桥梁	 （漫川关镇靳家河上的廊桥） 桥梁位于镇区北侧，联系靳家河东西两岸。桥梁基础采用现代钢筋混凝土结构和材质，桥梁上部为仿古建筑，双坡屋顶，外观形式过于花哨，毫无地方传统特色	（古朴大方、具有地方特色的廊桥） 建议在今后保护过程中，对其色泽、细部、风格等进行完善，使其具有漫川关镇地方风格，体现出古朴、大方的传统廊桥特色
桥梁	 （漫川关镇靳家河上的现代桥梁） 桥梁位于镇区南侧，是联系靳家河东西的人行桥梁。其采用弧形钢架的护栏构架，尺度高大，风格过于现代，与漫川关镇的传统氛围不符	 （尺度宜人，贴近水面的曲桥） 建议拆除南桥梁的钢架构件，将其改造为宜人的尺度，并多运用漫川关镇的传统建筑和环境元素，使其与漫川关镇整体氛围相契合

续表

项目	古镇特质	保护及整治要点
新镇小节点	 （新镇街头绿地） 新镇内部多有小型的街头绿地，但人群无法使用，民众参与感弱；在绿化树植的配置上，稍显单一，不够美观	（外地有趣且空间品质高的街头绿地） 建议漫川关新区在后期建设时，引入曲折小路，并设置座椅及活动器械，以提升空间品质，增加空间的趣味性

7. 重要建筑（表 7）

表 7　漫川关镇重要建筑

项目	古镇特质	保护及整治要点
双戏楼	 （鸳鸯双戏楼） 双戏楼建于清光绪十二年（1886 年），其乃漫川关镇的标志性建筑。南边为马王庙戏楼，北边为关帝庙戏楼，关帝庙戏楼为雄，马王庙戏楼为雌，又称为鸳鸯双戏楼。关帝庙戏楼雕刻粗犷、整个建筑结构显得很笨重豪放，体现北方建筑的笨、重、拙三个典型特点；马王庙戏楼雕刻精细、整个建筑显得小巧委婉，体现南方建筑的小、巧、秀三个典型特点	 （戏台及后侧辅助用房、院落空间） 建议当地政府应保护好戏楼的原始格局和肌理；可适当挖掘利用戏楼后侧的院落和辅助用房，使得访者可进入近距离感受历史建筑的文化底蕴

续表

项目	古镇特质	保护及整治要点
武昌会馆	 （武昌会馆） 其始建于明成祖年间（1420—1441年），主要由湖北武汉一代客商集资修建，是湖广客商的办事处。现存的武昌馆由前殿和后殿组成，后殿三间是忠烈殿，供奉为明朝打天下以身殉国的忠烈义士。武昌馆旁边书写“玉壶在抱”的房间当年是一个茶楼，湖广客商就是在这里面喝茶看戏	 （建议在武昌会馆对面恢复原有戏楼） 武昌馆前面原本有广场，建有戏楼。戏楼占地面积330平方米，高25米，是一座典型的南方建筑风格的戏楼，雕梁画栋，遍布龙凤纹饰，三层飞檐全部是龙头口，六角台顶各自飞翘蓝天。可考虑在规划建设中将其复建
骡帮会馆、马帮会馆	 （骡帮会馆、马帮会馆） 骡帮会馆与马帮会馆。两者相邻而建，坐东向西，始建于清光绪九年（1883年），历时5年，至光绪十三年（1887年）竣工，由陕西、山西和河南骡帮共同出资修建。北为骡帮会馆，又称为关帝庙；南为马帮会馆，又称为马王庙。会馆由大殿、献殿与厢房组成四合院，中为天井	 （骡帮会馆山墙上精美的纹饰与精巧的构建） 建议在后期的建设改造中，加强对骡帮会馆和马帮会馆的屋顶、雕花、马面、装饰、屋脊等建筑构件的保护，以延续历史文脉，并将其应用于古镇其余建筑

续表

项目	古镇特质	保护及整治要点
北会馆	 （北会馆） 北会馆坐东向西，位于漫川关镇明清街中街，为砖砌墙五脊硬山顶，双层马头山墙。会馆是陕西关中、甘肃、山西等北方商贾集资修建，故名北会馆。北会馆为前庭后殿式结构，会馆前左右两侧耸立两株两人合抱粗细的古柏，苍劲翠绿	（建议在北会馆对面恢复古戏楼） 会馆前留有广场，原计划筹建戏楼，但由于陇海铁路贯通后，骡马古道渐废，戏楼未建。该戏楼是否恢复重建可按照原真性原则论证后确定
黄家药铺	 （黄家药铺） 黄家药铺建于光绪十六年（1890 年），外形呈印盒状，内部砖木结构，人称“一口印”。黄家药铺地处漫川关镇明清街中街，其现在正处于修建当中。黄家药铺南北侧分别为派出所和工商行政管理局，建筑风格较为现代，与黄家药铺和漫川关古镇整体氛围不符	  （黄家药铺两侧建筑风格过于现代化的派出所和工商行政管理局） 建议在后期规划建设时，对派出所和工商行政管理局进行拆除或者立面改造，以使其与黄家药铺及古镇传统形象相契合

续表

项目	古镇特质	保护及整治要点
莲花第	 （莲花第） 莲花第，位于漫川关镇明清街下街，坐东向西，乃南北商贾逗留、南方秀才进京赶考住宿之客栈。后因时代变迁，逐渐改成民居，现在成为几家合居的四合院。其属四合院式，两个天井，三重十四间住房，木雕广布，门间花格，鱼虫花鸟，马头墙彩绘，寓意典故，精镂细刻。地面用方砖铺就，主房与次间整齐协调。该民居内部现状杂乱不堪，建筑破旧，且南侧今为现代建筑，建筑风格与北侧差异较大	 （莲花第改造意向） 建议修复破败建筑；处理好道路和院落内地面高差；建议对南侧现代建筑进行改造或重修
一柏担二庙（入口标志）	 （一柏担二庙） 一柏担二庙，位于漫川关镇上街北口处，亦为漫川关镇的入口标志。其位于河边一突兀巨石上，石上一棵古柏，苍翠葱郁，盘若飞龙。古柏两侧修建有吕祖庙和鲁班庙，因此而名	  （一柏担二庙内毫无细节与美感的混凝土仿古建筑） 四大主要建筑风格不一，亭子，牌坊建筑风格形式过于现代；建筑室内外环境品质低下，对于访者而言，无停留感；统一建筑风格，保护提升周边广场和绿化

8. 商业空间（表 8）

表 8　漫川关镇商业空间

项目	古镇特质	保护及整治要点
商业空间分析	（古城商业空间现状分布的热度分析图） 漫川关古镇中心的商业活力过强，导致游览活动不够分散，且影响镇区交通和整体商业价值	（对古城商业空间分布进行调整的建议图） 合并部分单间商铺为多间商铺，调整经营品种，提升当铺档次，将过热区将为热区。通过在非热区设置一些前店后坊的店铺等措施，来扩大温区范围
传统市场	（漫川关镇蔬菜市场现状）  菜市场是漫川关镇非常经典的商业空间，很具有现代民俗的风貌。然而摊位不够干净整洁，影响旅游形象	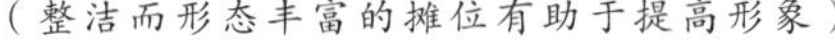 （整洁而形态丰富的摊位有助于提高形象） 菜市场作为一种较为灵活的，以小摊位为主的商业空间，摊位整洁度和货品码放方法是营造商业氛围的关键

续表

项目	古镇特质	保护及整治要点
上居下店	 （商业空间及建筑风貌过于现代） 上居下店是中国传统商业空间的经典形态，很能说明本地的传统商业氛围，这也是本地最多的一种商业空间。其风貌过于现代，与古镇氛围差异明显	（尽可能进行立面改造，提升古镇传统风貌） 尽力整顿立面风貌，达到和而不同的建筑群组效果。同时统一广告牌的风格，使之更趋近于古镇的空间氛围
家庭小店	 （古镇中的家庭小店占道经营现状） 家庭就地经营的日用小商店、小食铺，有门外柜台，窗口柜台，门口开敞柜台三种，很有特色，多处在偏僻的街巷。这种业态未受到有效管理，店铺形象较差，占道经营现象较为普遍	 （街巷小店较为有秩序的经营和布置状况） 在商家合理利用店铺门前的空间的同时，还应控制、整理其占道经营的情况，避免交通堵塞和环境干扰

续表

<table>
<tr><th>项目</th><th>古镇特质</th><th>保护及整治要点</th></tr>
<tr><td>单间商铺</td><td>
（单间商铺商业传统风貌不够明显）

这种商业空间随着镇区的建筑更新渐渐消失，这种空间更为古朴，能够反映漫川关镇古代的商业文化。然而，其民俗特色不够显著，应通过装饰、改造等手段进行强化</td><td>（尽可能减少对建筑的破坏，增加民俗装饰）

应将这种商铺改为商业文化展示馆或精品纪念品店铺。应通过民俗元素的展示，增强这类商铺的魅力。应在偏僻处鼓励开辟此类店铺，吸引游客进入较冷清的街区</td></tr>
<tr><td>多间商铺</td><td>
（漫川关镇多间商铺现状）

两间、三间或带楼层商店的多间商铺经营的多为中高档商品，有一定专业性，或者是特色品牌专卖店。门面不完全开敞，多带有陈列橱窗展示。目前多地处古镇新区，游客较少活力低</td><td>
（高档商品店有助于提升环境品味）

应鼓励一部分商户转型为高档商品店，一方面有助于提升整体商业品味。在商业过热的地区设置高档商店，有助于削减商业过热，合理分散旅客人流</td></tr>
</table>

续表

项目	古镇特质	保护及整治要点
餐饮服务	 （目前的餐饮商业形象不具有漫川特色） 目前的餐饮店铺的菜品很有特色，可以为漫川关古镇提供一部分亮点	 （餐饮商业的风貌应具有古镇特色） 鼓励开发新的特色菜品，丰富商业氛围；增强餐厅的设计水平，提高就餐环境质量
跳蚤市场、庙会赶集	 （目前的一些零散摊贩） 跳蚤市场是一种非常具有活力的商业形式，通过规范管理，商品质量的提高，能够很大程度上增强古镇的吸引力	 （增加庙会或其他民俗活动，聚拢零散摊贩，经营正规化） 尽力将这种商业活动与漫川关镇独有的寺庙群、戏台群结合起来，形成更为知名的庙会活动，增强古镇的活力，同时能够促进本地文化的推广

9. 休闲空间（表 9）

表 9 漫川关镇休闲空间

项目	古镇特质	保护及整治要点
休闲空间分布	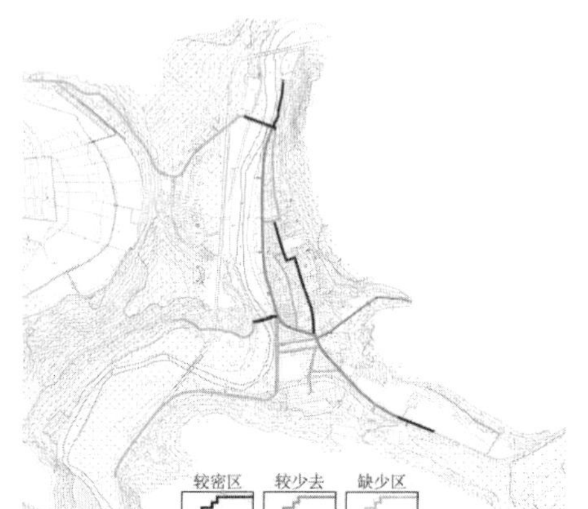 （古城商业空间现状分布的热度分析图） 漫川关古镇内较休闲空间多为街边式，仅能供三四人使用，难以承载更大的休闲活动，也不适于游客使用	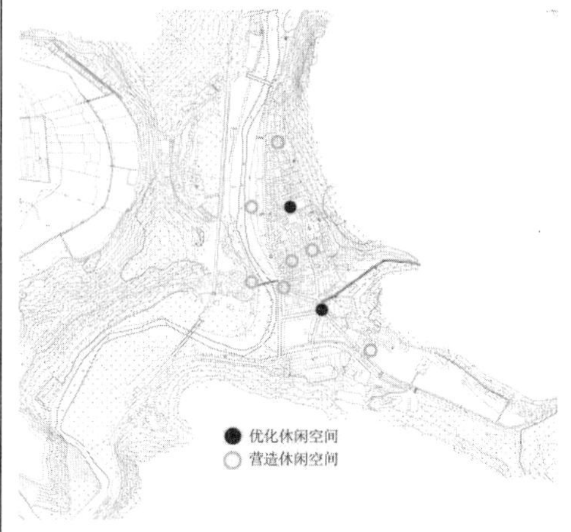 （对古城商业空间分布进行调整的建议图） 对较密区：扩大热区中公共休闲空间场所；添加休闲设施，优化休闲环境设计。对较少区：选择几处交通节点空间进行重点营造。对缺少区：改造街巷中的消极空间，为居民提供宅前公共休闲空间
街巷休闲空间	 （老人没有宜人的休憩环境） 街巷的转弯、扩大处节点、民居宅前往往是古镇最宜人的休闲场所。既是居民的休闲空间，也是古镇古朴的特色风景	 （应尽量在人较多的地段为老年人设置长凳） 古镇街巷中尚有许多可以扩大的地段，适当布置树木和石凳，盆栽，就能构建良好的空间氛围

续表

项目	古镇特质	保护及整治要点
滨水休闲空间	 （滨水空间环境宜人但缺少活力） 漫川关古镇水系发达，适合设计滨水空间的地段很多，尤其在靳家河东岸应大量增设。较宽处可设计亲水平台，窄处放置休息设施	 （适当增加亲水平台和休息设施，增加河岸与人互动的机会） 古镇对滨水空间的营造普遍不够，人们多在镇内活动，水岸的吸引力较低，且不能形成良好的公共及商业氛围。统一规划，积极营造亲水平台、休息设施和增强岸线设计特色，能够有效提升漫川品牌效益
休闲消费空间	 （漫川关镇的商业较为单调） 目前古镇内商业活动主要以居民消费为主，面向游客的消费内容较少	 （应增强古朴商业氛围，增加面向游客消费的内容） 应增强本土文化故事传说的挖掘，提升软质环境；大力开发当地特色产品，提升包装设计水平；提高对经营者的市场准入要求，引导其开发特色产品；商业环境中缺乏休闲场地，加强休闲环境设计，吸引游客提高效益；培育当地信誉品牌，提升诚信认知度；调整商业布局，合理分布商业热点

（三）建筑维护篇

1. 建筑平面（表 10、表 11）

表 10　漫川关镇建筑平面基本形式

项目	现状概况
平面基本形式	 （单栋双檐民居）（鸳鸯双戏楼）（武昌会馆） 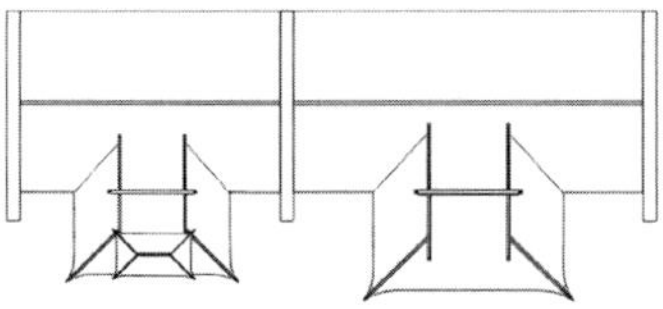 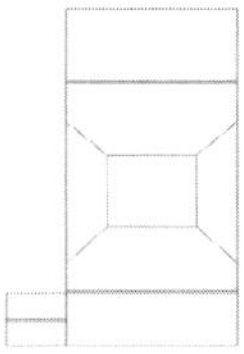 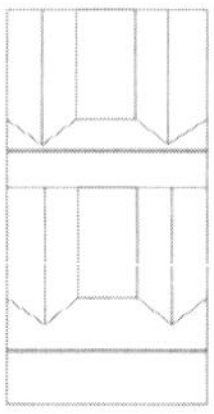 （莲花第）（双会馆）（四合院）（黄家药铺） 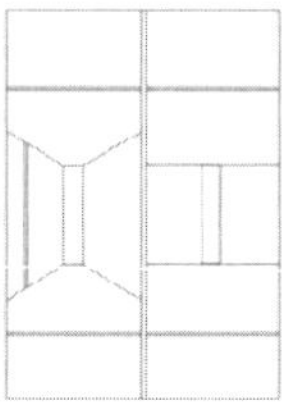 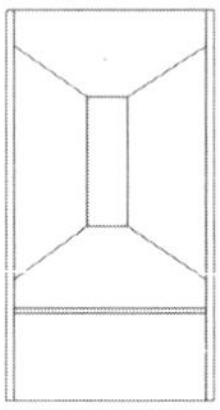 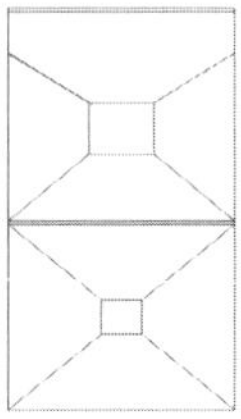

表 11　漫川关镇建筑平面维护示例

项目	正确示例	错误示例
天井	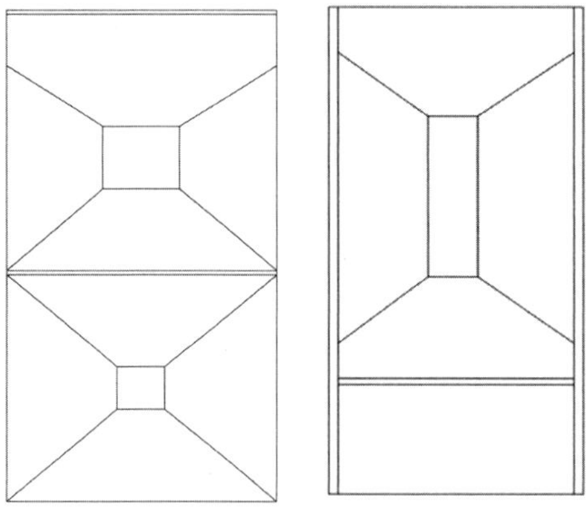 以天井为中心组织平面	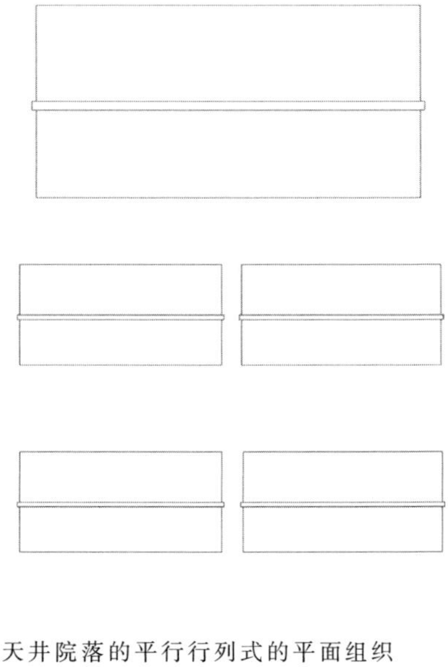 无天井院落的平行行列式的平面组织

续表

项目	正确示例	错误示例
层数	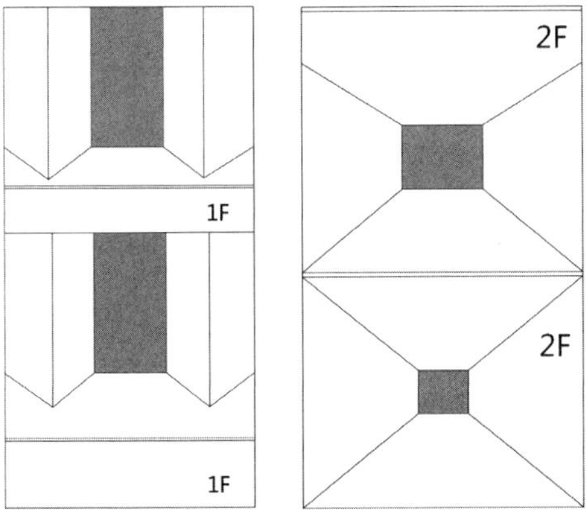 1F 1F 2F 2F 漫川关古镇的建筑以一层为主，部分为二层	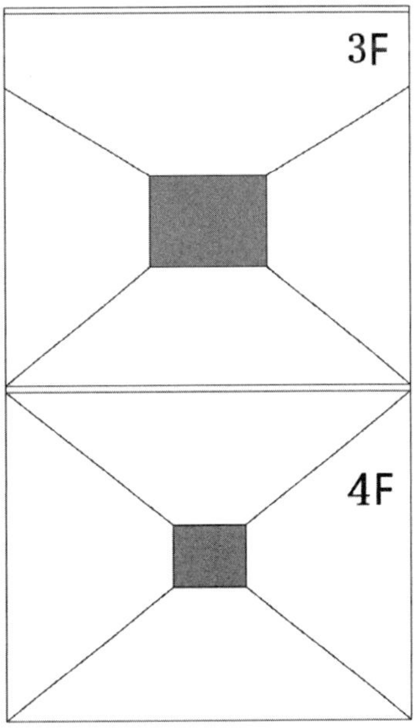 3F 4F 三层以上的多层建筑一般不允许
大门	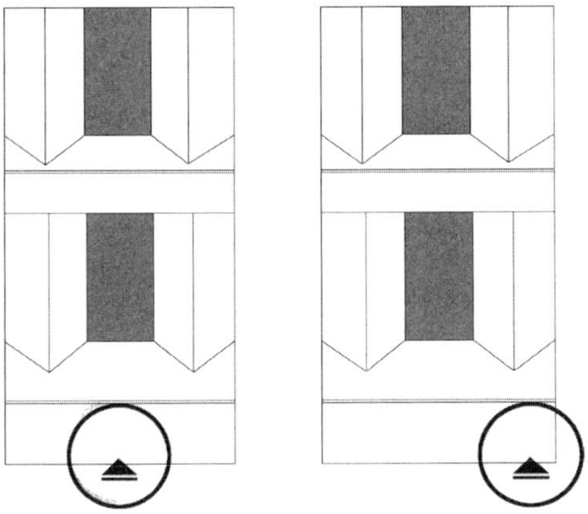 大门设于建筑正中或漏角处	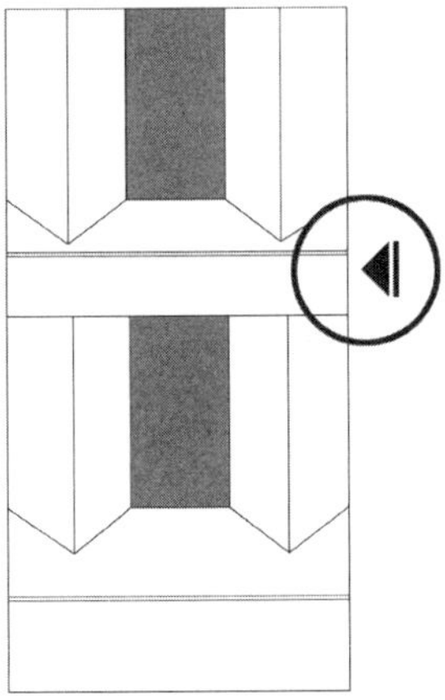 大门设于建筑侧墙的情况应避免

续表

项目	正确示例	错误示例
组合形式	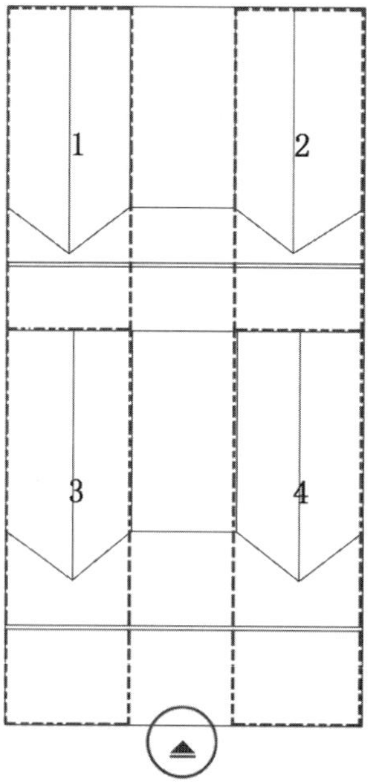 漫川关古镇的民居内有多种组合形式，以天井为中心进行划分，可以供多户使用	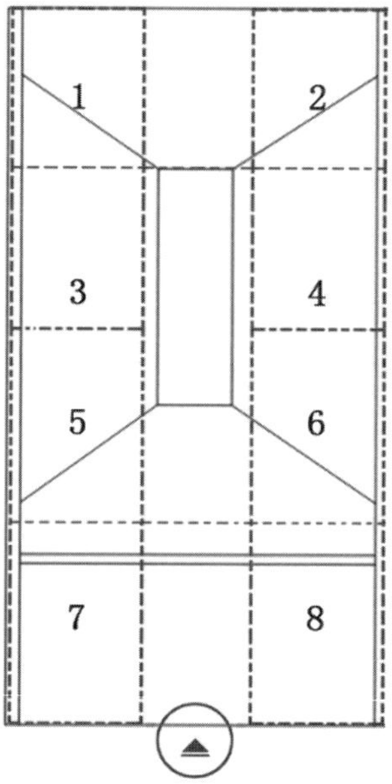 民居内部不能存在如 1、2、7、8 这样的黑房间，组合形式要考虑到每户的采光通风等问题
房屋进深	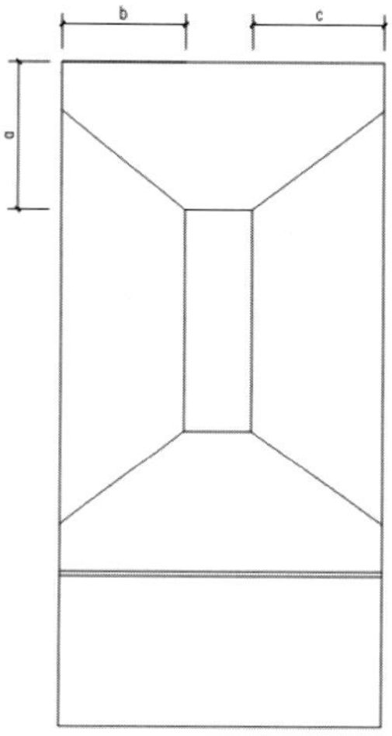 住房进深大于厢房，a＞b，a＞c	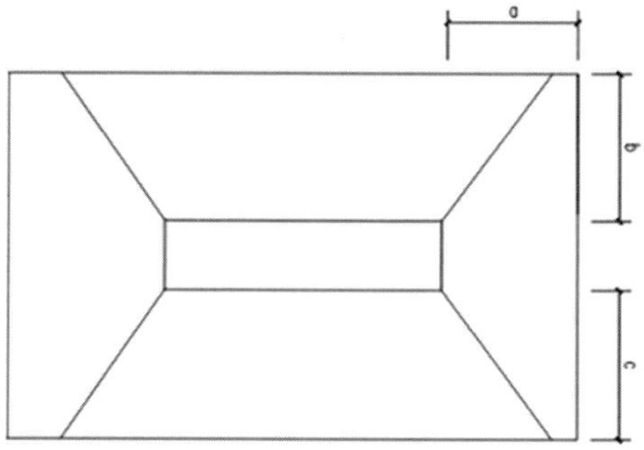 住房进深不得小于厢房

续表

项目	正确示例	错误示例
建筑与道路的关系	建筑遇坡地可以结合地形标高，使房间局部升跌，保证建筑入口大门与道路持平，通行方便	  因道路抬高，而产生建筑内外高差，造成入口在地平线下，在古镇中不应出现
合院	 历史建筑内的合院形态完整，其装饰古香古色，具有生动的传统风貌	  建筑的合院内乱搭建附属建筑，使其原本的空间形态遭到了破坏，丧失了传统风貌

续表

项目	正确示例	错误示例
合院	 合院的院落内形成了特有的生活场景以及空间模式，应该保护和延续这种当地传统的特色	 院落内的乱搭乱建，使得其空间格局遭到破坏，传统生活场景和空间模式不复存在，这种现象应当避免
空间尺度	 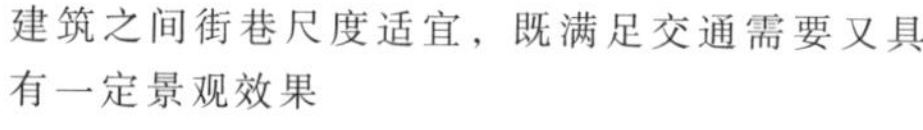 建筑之间街巷尺度适宜，既满足交通需要又具有一定景观效果	 建筑间距过近，街巷尺度狭窄，使得通行不便，建筑本身采光受到影响

2. 结构与墙体（表 12）

表 12　漫川关镇建筑的结构与墙体维护示例

项目	正确示例	错误示例
材料体系	 漫川关镇的传统建筑结构主要为穿斗式木结构体系，并采用传统的砖瓦作为屋面和墙体	 砖混合钢筋混凝土结构体系，不宜用在漫川古镇保护区内
砖墙	  墙体应当保持原有的青砖素面的简朴特色，以体现出古镇的传统风貌	 不应通过在墙体表面进行粉刷及绘制假砖的方式来与传统的风貌进行协调

3. 造型与立面（表 13）

表 13　漫川关镇建筑的造型与立面维护示例

项目	正确示例	错误示例
屋顶轮廓	坡顶、合院、山墙共同组成了错落有致的古建筑屋顶轮廓	方盒子形式的现代建筑，破坏了连续错落的古建筑屋顶轮廓线，应予以避免
屋顶轮廓	 古镇中的历史建筑，屋面正脊采用“起山”的做法，形成了造型优美生动的屋面曲线	 在对于历史建筑的修复中，应对“起山”的做法进行保留，不应使屋面正脊缺乏生动感

续表

项目	正确示例	错误示例
建筑外貌	 沿街建筑利用高低、前后、虚实的对比处理，使得古镇更具有丰富的空间形态	 沿街建筑的空间形态单一，缺少丰富的处理手法
	 建筑屋顶、山墙、门板经过了合理的改造，体现了漫川关镇民居的古朴特色	 生硬的墙体，乱加的屋顶或任意改造、加建的设施，丧失了漫川关镇民居传统风貌
体型组合	 通过传统建筑的纵横布置及屋面的高低组合，产生了丰富的造型和优美的天际线	 形体单一，同一朝向的街道建筑，无法形成错落有致的街景

续表

项目	正确示例	错误示例
整体造型	 戏楼比例优美，屋顶轻巧灵动，具有丰富的细节，体现出传统南方建筑的特点	 亭子的起翘过于夸张，装饰色彩搭配突兀，与漫川的传统建筑风格相违背
	 北会馆古朴稳健，体现了传统北方建筑的厚重大气的风格特色	 北会馆一侧的新建筑体量巨大，比例失调，装饰浮夸，丧失了传统北方建筑的风格特色

续表

项目	正确示例	错误示例
民居立面	 传统民居立面简朴大方，在窗花、屋角、屋檐等细节上精致美观，展现出漫川关镇的地方特色	 传统民居在改造中，不注意窗花、屋角、屋檐的形式，随意改造，这种情况应予以避免
	 传统民居中门窗的位置与比例优美，采用“下门上窗”的两段式结构	 在修护的过程中并没有注意窗户的样式与位置，使得门窗的比例失调，与传统风格相违背

续表

项目	正确示例	错误示例
民居立面	 民居山墙的细节生动丰富，雕花、彩绘等 古色古香	 新建的山墙不仅形式单一，且不注重细节，局 部抹灰也破坏了整体美感，丧失了传统风貌
公建立面	 漫川关镇中的公共建筑风格古朴，细节生动，在材料的运用上具有当地特色	 改建的公共建筑，材料、形式、细节方面都显得粗陋，丧失了传统的建筑风貌
商铺立面	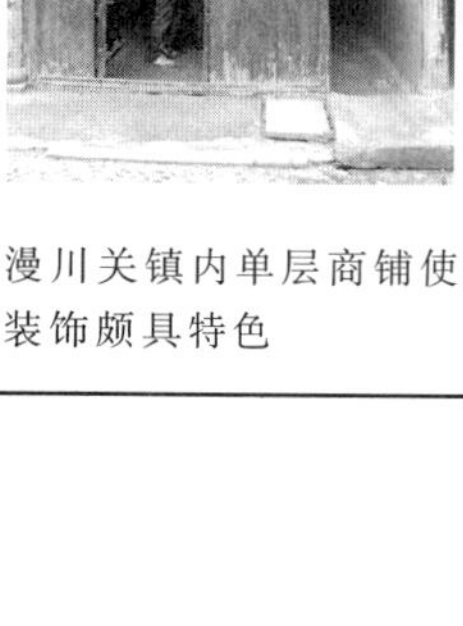 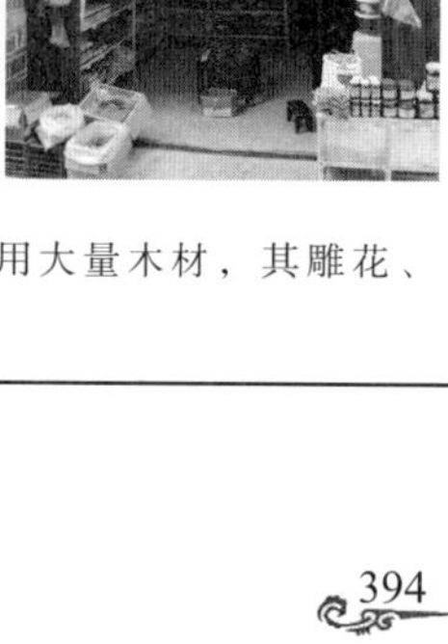 漫川关镇内单层商铺使用大量木材，其雕花、装饰颇具特色	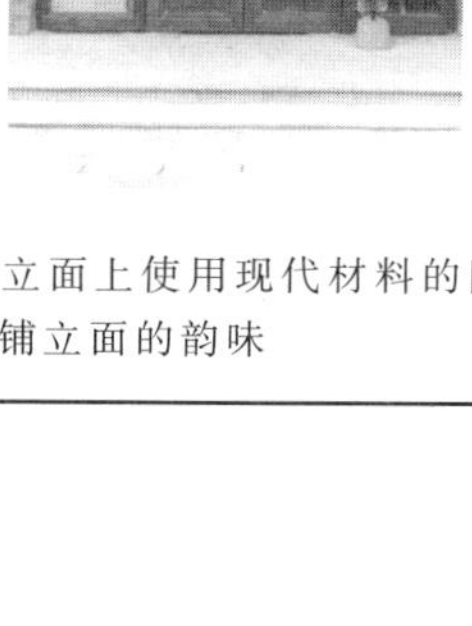 许多商铺在立面上使用现代材料的防盗门，失去了传统商铺立面的韵味

续表

项目	正确示例	错误示例
整体造型	 商铺规整大气，充满古意与韵味，与古街风貌协调，秩序井然	 漫川关镇中有些商铺随意改建、搭建设施，缺乏秩序，破坏了原有的商铺风貌
硬山山墙	 硬山墙在漫川关镇古建筑中广泛使用。它做法简洁，形式优美，具有生动丰富的传统建筑风貌	 建筑的山墙经过抹灰处理，缺少细部和砖的质感，失去了传统民居的朴实风格
	  硬山墙的素画简单装饰了墙面，不夸张的同时使其更具古朴大气的风格	 墙体材料直接暴露，不做任何装饰，缺少素画的山墙显得粗陋，失去了古建筑山墙的特色

4. 外部装饰（表 14）

表 14　漫川关镇建筑外部装饰维护示例

项目	正确示例	错误示例
门楼形式	 传统建筑的门头比例协调讲究，造型端庄稳健，细部处理精美简洁，具有鲜明的特色	 新建建筑的门头比例失调，造型丑陋，缺乏细节，这种现象在建筑中不应出现
大门门扇	 建筑的大门门扇多为实木板门	 建筑中应避免出现铁皮门、钢板门

续表

项目	正确示例	错误示例
屋顶形式	  漫川关镇传统屋顶为硬山屋顶，形式古朴，符合古镇的风格	  平屋顶以及坡屋顶上的不规范改造，在古镇保护范围内不应出现
屋顶材料	 漫川关镇的屋顶材料主要采用青灰色筒板瓦，有寿头瓦（瓦当），滴水瓦等	 古建中不宜用琉璃瓦，石棉瓦，彩波瓦及彩色塑料板材

续表

项目	正确示例	错误示例
正脊脊尖	 漫川关镇的民居具有较为平缓而舒展的翘起	 过度张扬、矫揉造作的脊尖不符合漫川民居建筑风貌
肩带连翘	 漫川关镇传统民居建筑的肩带连翘较为平缓，向前方微微翘起，或不做翘起，追求朴实	 古镇内应避免出现过分翘起与斜向翘起的做法，这与漫川关镇当地民居风格相违背
房屋檐口	 漫川关镇的房屋檐口多为木构架，面刷清漆或土漆，装饰效果朴实而自然	 以木板封裹整个檐口或部分构件而破坏传统风貌的做法，不应在漫川关镇保护区内出现

续表

项目	正确示例	错误示例
门楼檐口	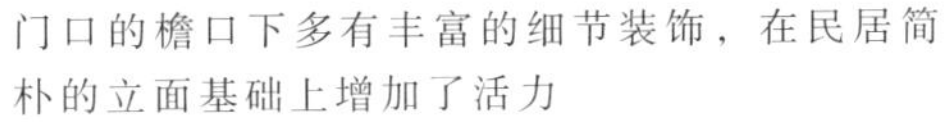 门口的檐口下多有丰富的细节装饰，在民居简朴的立面基础上增加了活力	 某些新建门楼的檐下或缺乏装饰或装饰怪异，与本应提示重点的做法很不相称，此现象不应再出现
门面	  漫川关镇镇内的沿街商铺中，三间连通铺面的所有六合门，或者单间铺面的单扇门，因为白天部分要卸掉营业，晚上有防护功能，故多为实木门板	  铝合金门、玻璃门、玻璃橱窗、铁门、推拉门、外来风格的门扇等对传统风貌甚有影响，不宜采用

续表

项目	正确示例	错误示例
窗	 古镇民居建筑的外立面上的窗皆为木板窗、木格窗，古朴又充满特色	  建筑立面采用现代铝合金材料，并用假贴面砖装饰，有损古建筑的风貌。防盗笼即使要装也必须内装。不宜采用蓝、绿色等冷色的彩色玻璃
门窗油漆	  古镇建筑的门窗油漆颜色以板栗色或古铜色为准，使古镇的建筑风貌得以保持其一致性	  不宜采用与建筑风貌格格不入的色漆（白色、黑色、绿色或过于鲜艳的及纯度很高的色彩）；原木涂清漆呈现出刺眼的亮黄色，也不宜用

5. 内部装饰（表 15）

表 15　漫川关镇建筑内部装饰维护示例

项目	正确示例	错误示例
铺地	  古镇建筑的铺地应选择与传统风貌相近的材质	  现代大理石块的铺地分块过大、颜色过亮，缺乏韵味，且表面过滑，对老人、小孩的活动不利，不宜用在古镇中
门柱基础	  座础多以青石材料为基材，或以整块石材雕刻，形成生动丰富的基座形式	 简陋、缺乏装饰的基座丧失了传统的风貌，不宜用于古镇保护范围中

续表

项目	正确示例	错误示例
栏杆	古建筑的楼层外设有栏杆的皆采用木制材料，竖向构件也常有造型的加工处理	 目前栏杆的错误多出现在室外，如用铁铸、钢管、混凝土、石膏等现代材料的栏杆，皆有失传统风貌，不宜出现
花窗	  传统建筑的花窗，起到了一种装饰和美化建筑的作用，同时也具备一定的实用功能	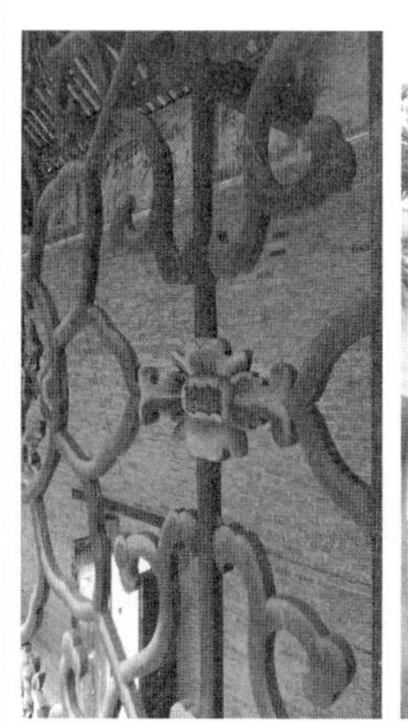  应避免出现非常规的外来造型及尺度粗大简陋或涂料装饰过度的挂落，它们影响着传统建筑风貌及美感

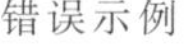

续表

项目	正确示例	错误示例
顶棚	 漫川关镇的传统建筑多为露檩吊顶形式	 简陋的纸板吊顶，以现代手法装修顶棚和檐口，皆有失于传统风貌，观感欠佳，不宜采用在漫川古建筑中
门窗槅扇	 	—

续表

项目		正确示例	错误示例
室内木作			—
		地板、楼板、楼梯、木隔板、顺墙板、天花板等室内木作，以及室内家具与陈设，应认真加以保护，以便游客参观考察；若已损坏了，可以在不影响外部风貌的情况下，根据现代生活功能进行改造或维修，尽可能用传统材料修复	—
槅扇门与花窗槅扇	基本完好	清扫污垢，加强维护；略施清漆和桐油，维持古朴风貌，局部微小损坏可不必修补，若修补虽力求接近原工艺水平，但要区别真伪	维护时全部进行油漆着色（特别是色彩鲜艳的调和漆），为局部修补而大量翻新
	有所损坏	原有完好部分加强维护，局部损坏部分可以修补，工艺力求精细，但要使新旧有所区别，不刻意仿真力求保留更多的古朴风貌	为求“完整”或“对称”而拆掉大量尚完好的部分，搞全面换新；修缮时全新油漆着色（特别是色彩鲜艳的调和漆）
	基本毁坏	全面翻新，在原有槅扇门的位置重装新做的槅扇门，在原有花窗槅扇的位置重装带有传统风貌的窗；这些新做的门窗工艺力求精细，但不求与原物一致	拆毁全部的槅扇门后重新隔墙、安装一般的门窗；或拆毁花窗槅扇后用墙封死、任意重开与传统风貌格格不入的现代窗
楼层窗	基本完好	以维护修缮为主，可以为改善采光与通风条件，而在基本保持原有风貌的情况下多用玻璃窗，对木料油漆力求保持原来的古朴格调	全面翻新，全新油漆着色（特别是色彩鲜艳的调和漆）
	有所损坏	部分或全部翻修，分隔照旧，窗扇可全面改成有传统风貌的木框、玻璃窗；尤其着色力求沉着，用哑光漆，不用调和漆	彻底翻新而不带任何传统风貌，全新以鲜艳色调油漆着色（特别是调和漆）
	基本毁坏	全面拆除原有楼层窗，按现代需要重新分隔或者选择新的窗扇，但保持一定的传统风貌	全面改为铝合金彩玻璃窗、钢窗、颜色鲜亮的花窗等

（四）景观及基础设施篇

1.自然景观（表 16）

表 16　漫川关镇自然景观

项目	古镇特质	保护及整治要点
山脉	 （漫川关的雄伟山脉） 山脉是漫川重要的自然景观，也是构成漫川奇特地理环境的重要因素，形成了漫川山环水绕的基本景观特色	 （错误实例：整个镇区的天际轮廓不应遮挡山体） 防止高大建筑遮挡山脉景观，避免建筑过于雄大，影响从街巷观察山川的视线；更换新建筑屋顶和立面的可见材质，与传统建筑协调。尽力减少屋顶乱搭乱建，保持视线清洁
水脉	 （漫川静谧的水体空间） 水脉是漫川重要的自然景观，也是构成漫川奇特地理环境的重要因素，形成了漫川山环水绕的基本景观特色	（应加强水景与人的互动关系） 增强水岸的亲水活力，增加观景平台；在镇区空间加强水岸景观与商业的结合，打造夜景商业；适当抬升枯水期河道水位，保证景观效果

续表

项目	古镇特质	保护及整治要点
太极环流	 （日渐干涸的太极环流） 漫川的水面幽静宽阔，质朴凝练，极有地方特色，是漫川风光与文化的基因	 （尽可能有效利用太极环流遗迹） 在允许时，通过一些景观修复重现太极环流分光；通过观光活动，引导人们认识太极环流的风光

2. 空间景观（表 17）

表 17　漫川关镇空间景观

项目	古镇特质	保护及整治要点
中心	 （武昌会馆的戏楼已经消失） 漫川关镇以中心广场，双戏楼等主要空间为载体，围合得体，尺度宜人，界面自然，起伏有韵律，形成了独特的空间景观氛围	 （将要修建的漫川关博物馆效果图） 遵循多戏楼的格局，继续增添文化建筑，丰富空间的层次与可游览性；禁止在四周大开缺口而削弱围合感；禁止改变原有尺度、使用单一复制的界面或破坏天际线；禁止非传统风貌建筑介入场地

续表

项目	古镇特质	保护及整治要点
街道	 （漫川关镇中古朴自然的沿街立面） 漫川关镇街道空间古朴自然、尺度精微、常跟随地势微微起伏	 （新建街区的沿街建筑界面稍显与轮廓稍显单调） 严禁镇内街道随意拓宽，建筑界面过于整齐划一、屋顶轮廓等高、街道过于平直的建设

3. 人文景观（表 18）

表 18　漫川关镇人文景观特质及保护

项目	古镇特质	保护及整治要点
传统生活	 （依水而生、因商而兴的漫川关镇人） 本地人的日常生活习俗和和谐亲切的生活氛围是漫川关镇最重要的人文景观	 （鼓励扶持本地居民创业、举办民俗活动） 从政策上鼓励本地居民留在本地居住、创业；同时引导一部分外来商人和居民融入到本地生活中来，从而尽可能展示出漫川关商业古镇的魅力

续表

项目	古镇特质	保护及整治要点
民俗活动	 （戏台虽在，漫川大调却无法让游客体会到） 漫川大调是当地不可或缺的文化组成部分，代表了漫川关镇在明清时期，南北文化交融所形成的具体民俗成果	 （应定期举行文艺活动宣传漫川大调） 在中小学生中开展漫川大调学习活动；鼓励尽力创作适合当代的漫川大调作品；组织各种形式、层次的文艺活动宣传大调
特色美食	 （漫川八大件是外地人无法体会到的佳肴） 漫川八大件是极具当地特色的一种美食，通常用 来招待贵客或重要宴席，将来也应是极重要的人文 旅游资源。遗憾的是开发不够系统，也没有推出特 产外卖的服务	 （丰富八大件菜品，形成传统八大件与当代八大件） 可将八大件转化为旅游产品推销给外地游客，扩大销路；尽可能开发新菜品；设法形成传统八大件、当代八大件、养生八大件等多种菜品供游客体验

4. 公共设施（表 19）

表 19 漫川关镇公共设施改进

项目	现状概况	改进意见
通信设施	 （漫川关镇邮政局） 漫川关镇仅有一处邮政局，缺乏邮亭、邮箱等通信设施。漫川关镇无特色明信片，应设计并开发此类旅游产品	（某古城邮政管理亭） 应在人流聚集的地段开设特色的明信片小店，增加邮亭、邮箱数量；设施的造型力求有漫川特色
商业设施	 （秦街上的商铺） 漫川关镇秦街的许多商铺非常现代，古朴风格缺失	 （某古镇商铺） 漫川关镇秦街的一些商铺，具有古朴风格，符合古镇的传统风貌，应推广

续表

项目	现状概况	改进意见
电信设施	  （秦街上的供电设施） 漫川关镇秦街、楚街的电信设施造型粗犷，布置随意，严重破坏古镇的景观风貌	 （某古城的供电设施） 用古朴风格的材料，给秦街、楚街电信设施做装饰，防止其破坏古镇的景观风貌

5. 标志系统（表 20）

表 20　漫川关景观标志系统改进

项目	现状概况	改进意见
道路指示牌	（道路交叉口指示牌） 漫川关镇的道路指示牌无特色，造型粗犷，材质现代，缺乏特色	（具有传统特色的道路指示牌） 设置漫川关镇特色的道路指示牌，造型传统，材质古朴，牌面下沿高度 2—3.5 米，不能影响路口转角视线和景观，尺度应适宜

续表

项目	现状概况	改进意见
看牌	  （黄家药铺、鸳鸯戏楼看牌） 漫川关镇的看牌特色不鲜明，造型粗犷，材质现代，与古镇风格不融洽	（具有传统特色的看牌） 利用本土材料，设置漫川关镇特色的看牌，造型传统，材质古朴，尺度适宜，景观效果良好
招牌与广告	 （秦街商铺的招牌） 许多商铺的招牌造型简单、风格现代，应设计多种类型的古朴风格的招牌，与古镇传统的氛围相协调	 （秦街商铺的招牌） 一些商铺的招牌有古朴的感觉，与漫川关古镇风格协调，可推广

6. 市政设施（表21）

表21 漫川关镇市政设施改进

项目	现状概况	改进意见
公共卫生间	 （秦街公共卫生间） 漫川关镇公共卫生间缺乏无障碍通道，建筑墙面贴着瓷砖，瓷砖之间的缝隙丑陋，影响了建筑立面，应予以改进	（某古城公共卫生间） 此公共卫生间简洁、传统风格浓郁，有无障碍通道，也有供游客休息的灰空间，应借鉴
垃圾收集	 （古镇简易的垃圾箱） 漫川关镇垃圾桶非常现代、简易，没有古朴的传统风格，影响古镇的景观风貌	 （某古镇具有传统特色的垃圾桶） 漫川关镇的垃圾桶应将融合文化、环保、可持续的核心理念，用视觉艺术的语言传达着环保理念。垃圾箱的设置间距宜为50米左右，具有传统特色

续表

项目	现状概况	改进意见
照明	 （道路照明设施） 漫川关镇的照明设施非常现代，造型不美观，影响古镇风貌	 （秦街上的路灯） 秦街上许多路灯造型美观，风格古朴，应推广
座椅	 （缺少坐凳的公共空间） 宽敞的公共空间，严重缺乏休息坐凳，不能供游客休息，不能成为停留空间	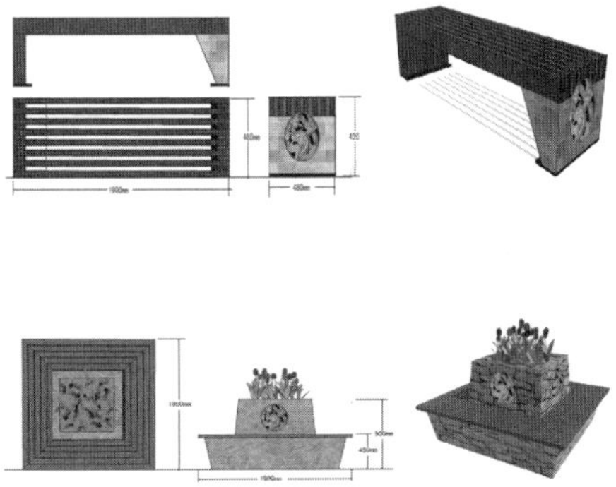 （某古城具有传统特色的坐凳） 在较为宽敞的地方，增设石木结合的休息椅，分为有靠背和无靠背两种。椅身以石刻为装饰，由实木制成坐板，靠背、支承腿均为石材贴面及镂空石刻嵌花。此椅子特点是坐板较宽，可盘腿而坐，后背设计有花钵，植以鲜花，装点街道

续表

项目	现状概况	改进意见
道路铺装	 （现代感强烈的铺装） 许多街道的铺装都是水泥材质，非常现代，没有传统风格	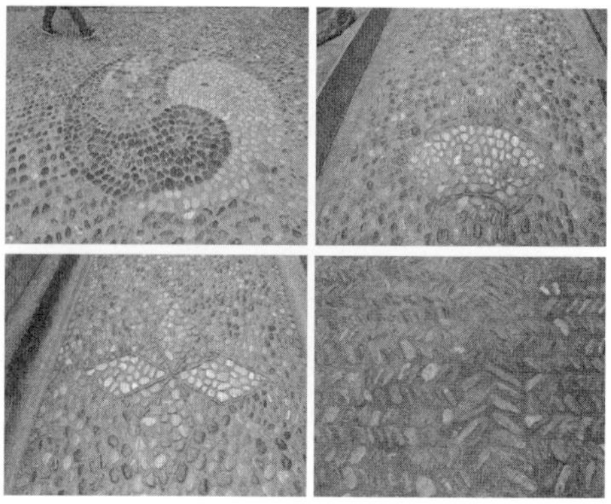 （秦街上的铺装） 秦街上的卵石铺装，具有传统特色，由卵石组成的纹饰非常精美，应保留并推广。预期街道的铺装，主要以简洁稳重的铺装形式为主，来衬托传统文化，展示漫川关镇的古镇韵味。注重铺张的色彩、质感、图案纹样、尺度、光影与古镇风格的统一
亲水平台	 （漫川关镇静谧的水体空间） 漫川关镇自然景色优美，穿城而过的勒家河水量丰富、水质清澈，视觉观赏效果好，但是水体缺少与居民的互动性	 （应加强水景与人的互动关系） 增强水岸的亲水活力，增加观景平台；在镇区空间加强水岸景观与商业的结合，打造夜景商业；适当抬升枯水期河道水位，保证景观效果

7. 水体设施（表 22）

表 22　漫川关镇水体设施保护与整治

项目	古镇特质	保护及整治要点
驳岸	（硬质的驳岸） 硬质的驳岸没有生态效益，也没有实用、观赏功能	（某景观化驳岸） 将景观与驳岸结合，布置亲水平台、游步道，增强观赏功能
修水坝的河流	（修完水坝的上游河流） 漫川关镇主干道旁的河流为勒家河，河中修了几处堤坝，水坝上游水面宽广，水流较缓，滩涂处生长着本土植物，景色较为良好	（修完水坝的下游河流） 在勒家河中修了几处堤坝，堤坝下游的水量少，砂石较多，景色较差。可在水少的河道的滩涂处，多种植湿地植物，增加观赏效果
桥面	 （水泥桥面） 生硬的水泥桥面，与漫川关镇风格完全不同，应进行调整	 （某传统桥面） 应用漫川关镇本土材料作为铺装，改善桥面的景观效果

续表

项目	古镇特质	保护及整治要点
栏杆、栏板	 （水泥栏杆、栏板） 生硬的水泥栏杆和栏板，与漫川关镇风格完全不同，景观效果极其差，应进行调整	 （某古镇特色栏杆、栏板） 应用漫川关镇本土材料作为栏杆、栏板，改善其景观效果

8. 绿化建设（表23）

表23　漫川关镇绿化建设要点

项目	古镇特质	保护要点
传承院落空间绿化	 （有盆栽的传统院落） 传统院落绿化空间是古城的重要特色，是传统建筑保护和发展的重要内容。许多院落空间较小，有一些盆栽，增加了生机与观赏效果	 （没有盆栽的缺乏绿化的传统院落） 一些院落中缺少植物的栽植，可以采用盆栽的方式，增加绿色，也不占用空间

续表

项目	古镇特质	保护要点
保持漫川关镇绿化特质	 （漫川关镇本土树种） 优化小叶杨、香椿、刺槐等本土树种，使其成为漫川关镇的绿色标志	（“洋花”种植不宜提倡） 防止洋花草的种植，保持本土种植，避免与其他城市同质化
增添绿荫强化绿量	 （有大乔木的广场） 在绿化难求的古镇区，充分发挥乔木“占天少占地”的优势，增加绿荫效果；强化古镇垂直绿化	（没有大乔木的广场） 古镇内许多广场绿化没有遮阴的大乔木，基本为灌木和观赏性小乔木，在夏季的纳凉效果不佳
适当选用本土经济树种	 （漫川关镇经济树种樱桃） 漫川关镇的经济树种，充分利用了土地资源，具有生态、观赏、经济综合能效，在古镇绿化中可以推广	 （没有经济效益的植物） 缺乏经济效益且观赏性不强的本土植物，可以较少种植

续表

项目	古镇特质	保护要点
严格谨慎引进观赏树种	 （漫川关镇缓坡上的植物） 漫川关镇缓坡上的植物配置良好，乔木、灌木、草本相得益彰，而且全部为本土植物，可以借鉴到古镇绿化中，可以优化古镇的绿化景观	 （避免大面积草坪、花坛的引进） 禁止国内外三色堇、金合欢、金边黄杨等树种的引进，严格控制大面积草坪的出现
严格保护古树名木	  （北会馆门前的古柏）（一柏担二庙的侧柏） 北会馆门前的古柏、一柏担二庙的侧柏等古树，都是漫川关镇活的历史遗存和珍贵的自然、文化遗产	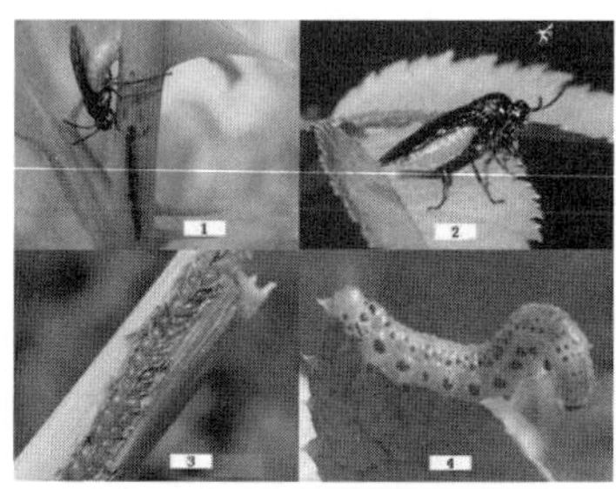 （古树的病害） 进一步加强古树名木的保护。加强病虫害防治及复壮更新管理，防治人为损害
具有多样性的植物群落	 （河道的植物群落） 植物的多样性是漫川关镇富有特色的遗产。在一些河道的滩涂上，乔木、灌木、草本植物长势良好，群落多样性丰富，应予以推广	 （单调的河道植物绿化） 避免河道只有草本植物，应配置乔木、灌木、草本结合的植物群落，使河道不再单调

续表

项目	古镇特质	保护要点
滩涂上的乔木	 （乔木生长良好的河流） 本土植物群落长势良好的河道，充分利用了土地资源，具有生态、观赏的综合能效，应充分保护	（缺乏乔木的河流） 没有长势良好的本土植物群落的河道，生态、观赏效果不佳，应多多种植本土的植物
浅水中的植物	 （生长挺水植物的宽广水面） 漫川关镇河水流速较为缓慢，河面很平静，在宽广的浅水区有生长良好的挺水植物，具有生态、观赏的综合能效，应保留	（挺水植物较少的狭窄水面） 在河水流速较大、水面较为狭窄的浅水区，挺水植物长势不好，观赏效果不佳

续表

项目	古镇特质	保护要点
常绿树与落叶树比例	 （缺乏绿色的古镇街区） 冬不见绿，夏难求荫，缺少绿色生机是古镇有待解决的问题	（常绿树；落叶树） 增绿是积极防护古城的重要措施之一，按满足漫川关镇“春花、夏荫、秋色、冬阳”的生态需求，建议常绿树与落叶树比例为1:1.5
乔木与灌木比例	  （单一的植物种植） 漫川关镇植物没有层次，缺乏乔木、灌木、草本植物的层次搭配	 （乔木）（灌木） 古镇内建筑密集，绿化空间少，宜在有限空间内多种植乔木，少植灌木。在面积较大的绿地中，应注重乔、灌、草的层次搭配。建议古镇乔木与灌木比例为 1:0.3（绿地可为1:1.5）

续表

项目	古镇特质	保护要点
本土树种与引进树种比例	 （广场的种植缺乏漫川古镇本土特色） 古镇的绿化优势尚未形成，古镇中心新建的广场的植物配置基本为引进树种，有石楠、黄杨、大叶女贞、紫叶小檗等，缺乏本土树种，与外地雷同	 （樱桃）  （苏铁） 漫川关镇地处秦岭之中，植物种类丰富，本土植物应占 75%以上，以显示古镇绿色环境的特点。古镇的本土植物主要有：刺槐、国槐、香椿、樱桃、苏铁、泡桐、侧柏、紫叶李
街坊巷道树种选择	—	 （国槐）  （侧柏）  （刺槐）  （海棠）  （棕榈）  （ 泡桐 ）

续表

项目	古镇特质	保护要点
街坊巷道树种选择	—	 （柿树）（紫叶李）   （紫叶小檗）
民居庭院植物选择	—	 （腊梅）（泡桐）   （苏铁）（香椿）   （樱桃）（桂花） 
宗教寺庙植物选择	—	 （睡莲）（侧柏） 

续表

项目	古镇特质	保护要点
宗教寺庙植物选择	—	  （桂花）　（龙柏）
观赏树种选择	—	  （紫叶小檗）　（紫玉兰）   （白玉兰）　（石楠）   （海棠）　（樱桃）  （紫薇）
滨水树种选择	—	  （水葱）　（水杉）

续表

项目	古镇特质	保护要点
滨水树种选择	—	 （睡莲）  （小叶杨）  （鸢尾）  （垂柳） 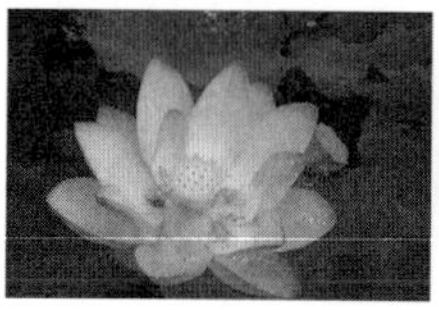 （荷花）  （芦苇）

四、西北历史文化村镇信息管理系统详细设计[①]

（一）系统概述

该系统的使用者包括文化村镇数据管理人员、文化村镇信息研究人员、项目系统管理人员等从事文化村镇研究与保护工作的相关人员。同时也对各村镇村名及众多关心西北历史文化村镇的网友开放。

项目中所开发的功能为历史文化村镇研究工作人员提供了数字化的工作解决方案，节约人力资源并减少时间成本，大大提高了工作效率以及数据安全性。并且更加直观展示保存的各种类型数据以及数据分析的效果，实现了历史文化村镇研究成果的数字化管理。系统中以地理要素为单位，以空间服务为框架，为使用者提供了准确、高效的信息管理。

其主要功能包括国家各批次审批通过的历史文化名村名镇信息的收集、管理及数据研究；文化遗址的保护监测，资料展示；以及通过历史时间轴方式体现文化村镇的变迁，还包含对文化村镇各关键点的统计分析功能。

（二）功能模块分析设计

1. 首页管理

首页（图 1）顶部，有登录、注册和帮助的按钮，登录后可以进入系统管理界面，没有账号的可以点击注册账号。

中间左半边展示了整个系统的主要功能和模块，点击可进入模块管理界面，扫描二维码关注西北历史文化的微信订阅号。

中间右边是实时新闻的展示，也可以点击查看详细信息，点击更多，可以

① 本部分由“西北地区历史文化村镇社区功能提升技术集成研究与示范”课题组撰写。

浏览所有新闻。

图 1　首页展示

2. 基础底图操作与管理

1）地图展示

默认展示矢量电子地图（图 2），范围为全国；同时叠加卫星影像（图 3），地形（图 4）等图层，并可在各图层之间自由切换，提供放大、缩小、平移等基本操作。

地图应包含鹰眼，比例尺，鱼骨缩放条等插件，鱼骨缩放条提供 18 级地图的显示级别，直观提供国、省、市、街的显示级别选择。

图 2　矢量数据展示

图 3　影像地图展示

图 4　地形图展示

2）综合查询

输入关键字，点击搜索，应能对全部全镇信息进行全局模糊查询，并将结果以分页列表方式展示，可翻页刷新。同时在地图上以相应的颜色区分村镇，标注出符合查询条件的名村名镇信息点。点击单个村镇信息点，弹出相应的详情窗口，展示选中村镇的后台的所有属性及数值（图 5）。

图 5　模糊查询及查询列表展示

（1）任意面查询。提供任意几何图形及省份矢量区域的查询并标注，包括画圆（图 6）、矩形（图 7）及任意多边形（图 8）等方式的选择，查询出当前所选面域内包含的名村名镇信息，以相应的颜色区分展示标注在地图上。

单击某个标注时，弹出村镇点详情展示框，点击详情查看后台录入详细信息。

图 6　画圆查询

图 7　矩形查询展示

图 8　任意多边形查询展示

（2）省份矢量面域查询。应提供单击省份面域查询效果，单击某个省份，突出显示当前省份矢量面域（图 9），并查询出当前所选省份面域内包含的名村名镇信息，以相应的颜色区分展示在地图上，可点击单个点弹展示后台录入的详细信息。

图 9　省份面域查询展示

（3）历史文化村镇历史追溯。要求在地图上以时间轴的方式，通过时间轴，展示不同审批年次的名村名镇，标注在地图相应位置（图 10）。

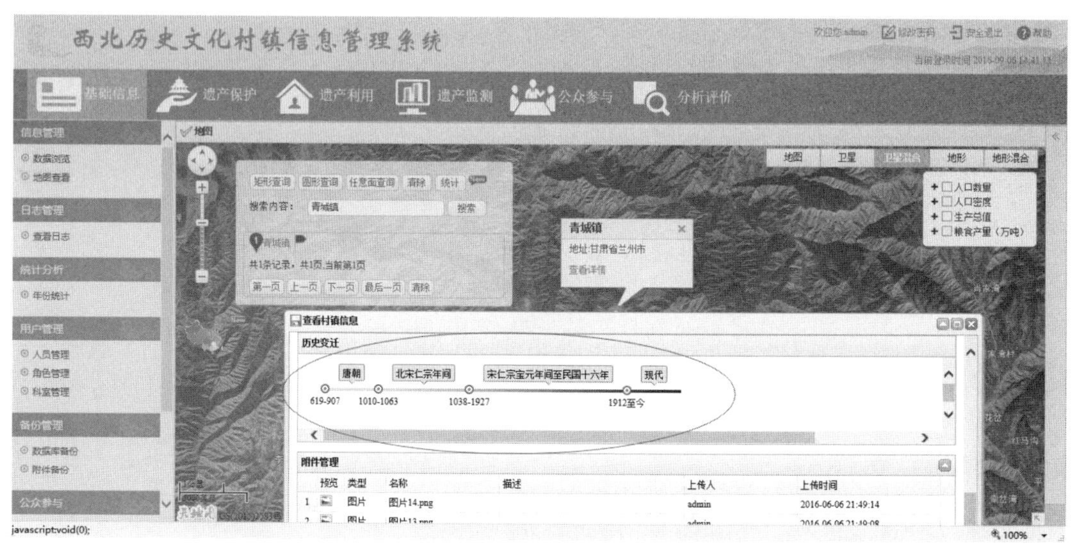

图 10　时间轴

（4）综合统计。在圈选自定义几何面域或者直接选择省份面域的同时，实现对名村名镇的数据统计。以年份、类别、地市等特殊关键字，统计当前面域内的村镇数据，展示成饼状、柱状或折线图等可视化直观的图表形式（图 11）。

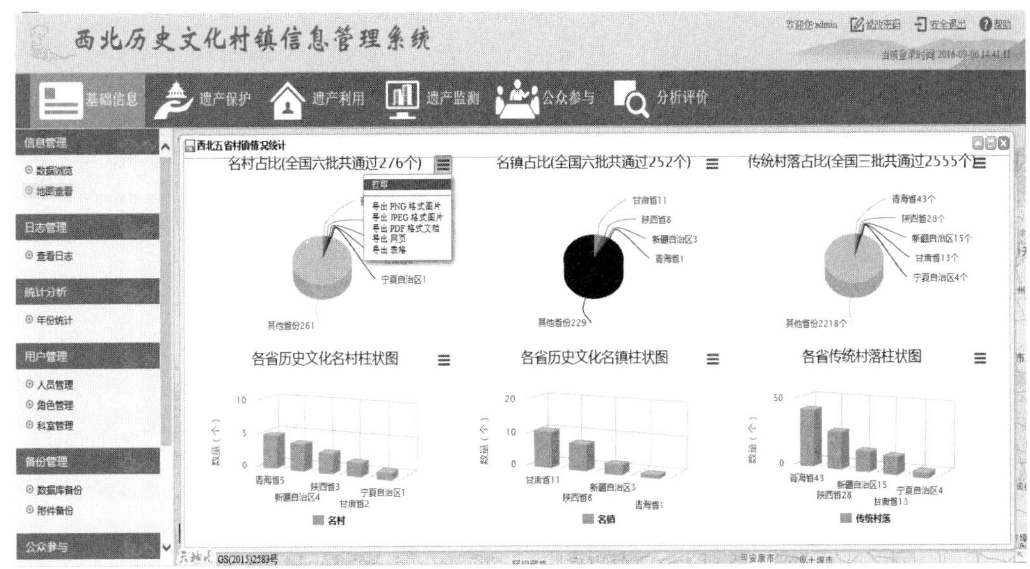

图 11　统计效果

3. 历史文化村镇数据管理

1）村镇管理

包含对村镇信息的所有管理操作，可对村镇信息进行新增、修改、删除、查看详情、关键字搜索等。包括各种类型的附件上传及管理；村镇地理矢量数据的录入及管理；各种研究数据的录入及管理，包括可自定义添加新的属性及数据；村镇历史年代轴的定制与管理；各批次已审批通过的历史文化村镇数据的系统录入；输入框具备输入验证规则。

2）地理空间数据管理

除了对历史文化名村名镇的普通信息管理，还应能够提供名村名镇准确的地理位置信息的标注存储功能，并且应能提供维护编辑入口，实现地理位置的随时修改（图 12）。

3）附件管理

系统要能有存贮多种类型附件的能力，并能对这些附件进行上传，浏览查看，删除以及查询等管理操作，要求能够记录上传人及上传时间。上传要求功能稳定，并能完美兼容多种浏览器的使用。

图 12　村镇详情编辑展示

4）历史追溯管理

设置不同时期历史文化村镇的专题信息，以时间轴上加放图片效果展示。鼠标在时间轴上滑动即可展示不同时期效果图，并能自定义设置时间轴信息，编辑不同的年代信息、显示图片以及备注信息等，达到文化名村名镇的历史追溯研究效果（图 13）。

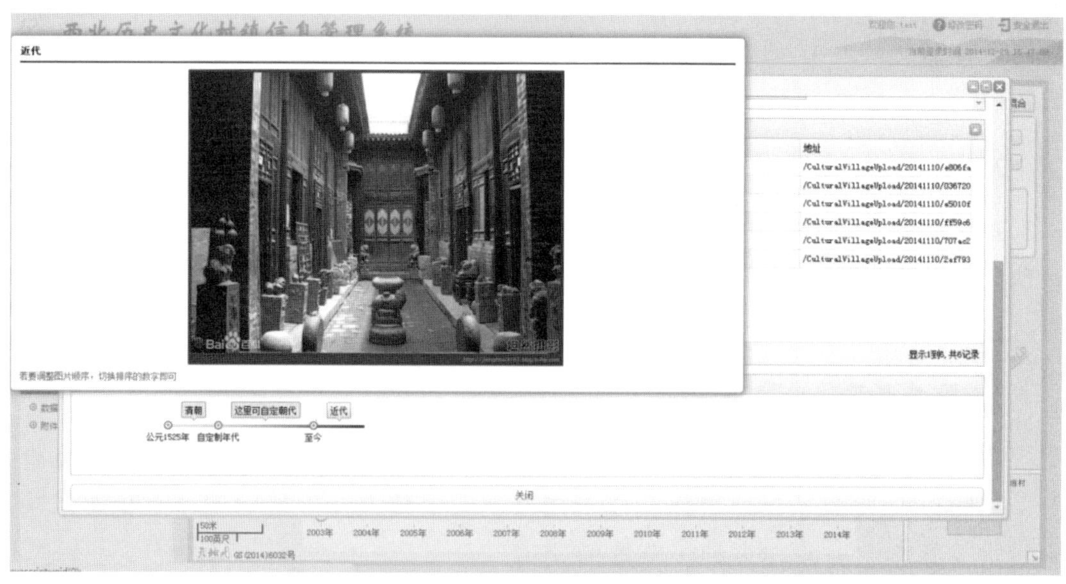

图 13　年代时间轴展示

5）特殊字段管理

系统具有可扩展性，可对村镇进行最新研究的属性进行添加并且赋值的操作。可自定义添加、编辑或者删除，与名村名镇其他普通属性同级显示。

系统能够方便使用者安全有效的管理搜集到的各种有关西北历史文化村镇的资料数据库，关于文化村镇的基本属性通过国家文化名存名镇的申报表中抽取，除此之外，还添加能够动态延伸名存名镇属性的功能，达到管理个别文化村镇特殊属性的需求。

同时村镇的数据录入还包括地理坐标矢量数据的存储以及视频音频、图片等类型数据的存储。已达到历史文化名村名镇的研究课题中的空间数据库的效果。

并且在保证系统运行快速稳定的前提下，同时兼备用户体验性效果，比如输入框的输入验证规则提示等。

4. 统计分析

系统可以满足用户通过年份、省份或者框选出地图上任意面型的地理范围后进行统计功能，形成柱状或者饼图的效果展示。可对历史文化名村名镇进行逐年合计数量的统计，形成美观的图表展示（图 14）。可动态显示单一种类的名村或名镇的统计数据，亦可综合对比显示名村及名镇的统计数据。要求两种显示方式较好兼容，提高用户体验人性化。

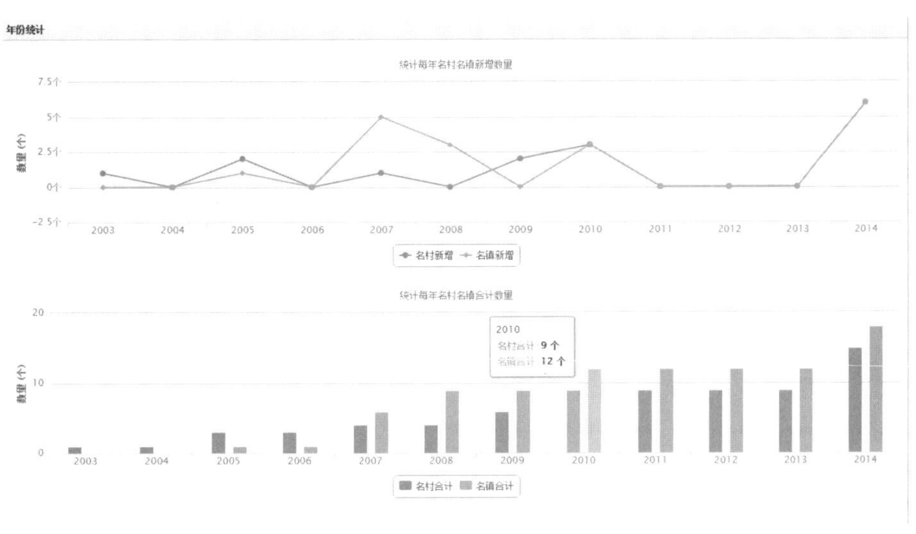

图 14　年份统计效果展示

以各省为权重，统计系统中名村数据在各省中的数量，形成饼图。以各省为权重，统计系统中名镇数据在各省中的数量，形成饼图。单击饼图某省区块，动态展现当前省份下各地市中的村镇数量，形成饼图，切换点击省份后，刷新地市的统计饼图（图 15）。

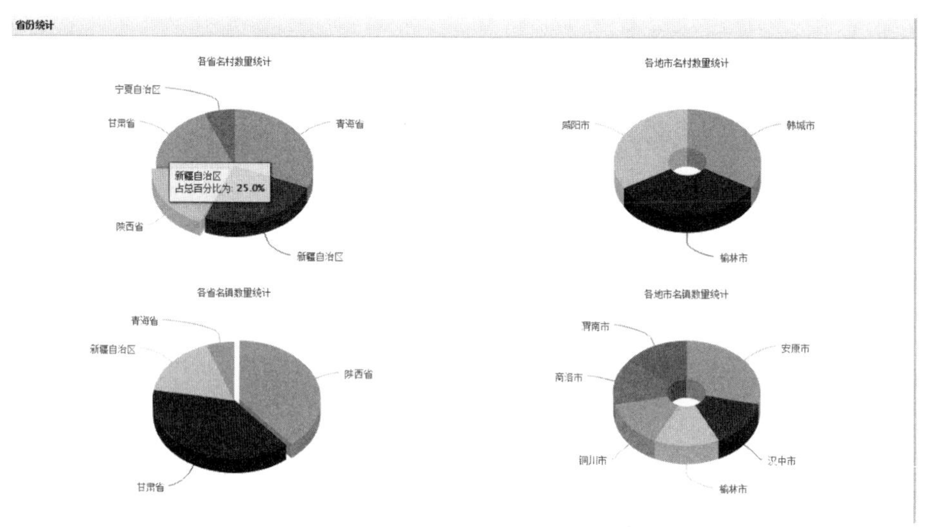

图 15　省份统计效果展示

5. 系统维护与管理

系统通过 Shiro 权限验证框架，区分系统的权限、角色与用户之间的关系，保障系统的操作安全性及数据的私密性。同时帮助用户管理所处的组织机构，系统假设系统管理员，给予最高权限，其他用户的角色及权限可由系统管理员赋予，系统管理员需先进行相应的操作培训。

为了保证系统安全以及运行稳定性，用户管理模块下功能要求只对系统管理员开放。

1）科室管理

（1）要求能够以树状结构展示出整体的组织架构，有清晰的层级关系。

（2）要求能够完成对科室管理操作，包括对科室信息的新增、编辑、状态的禁用以及启用等。

2）角色管理

（1）对角色进行新增、编辑，删除以及查询的操作。

（2）系统管理员可通过角色管理对系统的权限进行统一的分配，对选定的角色进行权限的分组定制，不同的角色拥有不同的系统权限，以区分不同等级的用户登录进入系统后，展示不同的系统页面及相应操作，保障系统操作稳定性以及用户隐私。

3）用户管理

（1）显示所有用户名称列表，可以对用户列表进行添加、删除以及关键字模糊查询操作，也可以点击查看用户的详细信息并可对用户信息进行编辑操作。

（2）能为用户赋予角色和权限，使不同级别的用户具有不同的操作权限。管理员可以给用户分配角色和相应的科室等。

6. 日志管理

系统通过 AOP（面向切面编程）切面技术对系统内各用户的各个操作进行全方位的检测监控，并且记录入库，对数据的变动信息达到良好的备查。

同时检测系统的运行日志，通过查看运行日志，优化程序，达到稳定的运行效果。

通过日志管理能够查询到系统监控时记录的用户操作日志，包括各用户对系统进行的各种操作的记录，比如登录系统，修改村镇信息等。用于监控系统数据维护的稳定性。

7. 新闻管理

系统要能有发布新闻并在首页展示的能力，并能对这些新闻进行浏览查看，删除以及查询等管理操作，要求能够记录上传时间。新闻类型分为法律法规和未分类，并在首页分类展示。

（三）数据库设计

数据库采用开源的并且可存储多种类型的 PostgresSql 数据库结合 Postgis 完成普通数据以及空间几何数据的存贮功能。还包括存储名村名镇保留的图片，音频视频等相关信息，并且可以随时方便地浏览查看（图 16）。

党家村附件管理

选择文件 确定上传 删除 返回 全部 请输入查询条件

	编号	附件名称	类型	上传人	上传时间	地址
1	99	1.jpg	图片	test	2014-11-10 16:47:40	/CulturalVillageUpload/20141110/e806fabd-0cde-4941
2	98	2.jpg	图片	test	2014-11-10 16:47:40	/CulturalVillageUpload/20141110/0367205d-c4ba-497
3	97	[illegible]	[illegible]	test	2014-11-10 16:47:40	/CulturalVillageUpload/20141110/e5010f87-4a14-4ac
4	96	[illegible]	[illegible]	test	2014-11-10 16:47:40	/CulturalVillageUpload/20141110/ff59c6bf-bb9e-4ec
5	95	[illegible]	[illegible]	test	2014-11-10 16:47:40	/CulturalVillageUpload/20141110/707ac2d2-eaed-4b7
6	94	[illegible]	[illegible]	test	2014-11-10 16:47:40	/CulturalVillageUpload/20141110/2ef79312-0602-4ca

20 第1 共1页 显示1到6，共6记录

图 16　村镇附件列表展示

主要包含以下功能：存储村镇基本信息及地理位置矢量数据；存储村镇历史附件资料；存储新闻信息；数据库文件定期自动备份；数据库备份文化的恢复；数据库过期文件自动删除。

除了日常系统运行基础的数据库外，另外提供维护系统安全的自动备份功能，保障系统运行环境安全性。并且除了数据库本身，还包括对系统保存的大量附件资料的备份存贮（图 17），按时间排序，数据库按天备份，附件按周备份。提供备份恢复操作说明，培训系统管理员进行数据库的备份恢复，同时为了保障服务器硬盘的空间问题，添加定时删除稳定运行内一个月前的无用数据记录。

数据库备份列表

全部 请输入查询条件

	编号	名称	路径	时间
1	163	20141229_030000.backup	/usr/local/NWCbackup/sqlbackup/20141229_030000.backup	2014-12-29 03:00:01
2	161	20141228_030000.backup	/usr/local/NWCbackup/sqlbackup/20141228_030000.backup	2014-12-28 03:00:01
3	159	20141227_030000.backup	/usr/local/NWCbackup/sqlbackup/20141227_030000.backup	2014-12-27 03:00:01
4	157	20141226_030000.backup	/usr/local/NWCbackup/sqlbackup/20141226_030000.backup	2014-12-26 03:00:01
5	155	20141225_030000.backup	/usr/local/NWCbackup/sqlbackup/20141225_030000.backup	2014-12-25 03:00:01
6	153	20141224_030000.backup	/usr/local/NWCbackup/sqlbackup/20141224_030000.backup	2014-12-24 03:00:01
7	151	20141223_030000.backup	/usr/local/NWCbackup/sqlbackup/20141223_030000.backup	2014-12-23 03:00:01
8	149	20141222_030000.backup	/usr/local/NWCbackup/sqlbackup/20141222_030000.backup	2014-12-22 03:00:01
9	147	20141221_030000.backup	/usr/local/NWCbackup/sqlbackup/20141221_030000.backup	2014-12-21 03:00:01
10	145	20141220_030000.backup	/usr/local/NWCbackup/sqlbackup/20141220_030000.backup	2014-12-20 03:00:01
11	143	20141219_030000.backup	/usr/local/NWCbackup/sqlbackup/20141219_030000.backup	2014-12-19 03:00:01
12	141	20141218_030000.backup	/usr/local/NWCbackup/sqlbackup/20141218_030000.backup	2014-12-18 03:00:01
13	139	20141217_030000.backup	/usr/local/NWCbackup/sqlbackup/20141217_030000.backup	2014-12-17 03:00:01
14	137	20141216_030000.backup	/usr/local/NWCbackup/sqlbackup/20141216_030000.backup	2014-12-16 03:00:01
15	135	20141215_030000.backup	/usr/local/NWCbackup/sqlbackup/20141215_030000.backup	2014-12-15 03:00:01
16	133	20141214_030000.backup	/usr/local/NWCbackup/sqlbackup/20141214_030000.backup	2014-12-14 03:00:01
17	131	20141213_030000.backup	/usr/local/NWCbackup/sqlbackup/20141213_030000.backup	2014-12-13 03:00:01
18	129	20141212_030000.backup	/usr/local/NWCbackup/sqlbackup/20141212_030000.backup	2014-12-12 03:00:01
19	127	20141211_030000.backup	/usr/local/NWCbackup/sqlbackup/20141211_030000.backup	2014-12-11 03:00:01
20	125	20141209_030000.backup	/usr/local/NWCbackup/sqlbackup/20141209_030000.backup	2014-12-09 03:00:01

20 第1 共2页 显示1到20，共32记录

图 17　数据库备份列表展示

1. 数据库备份（backup_info）：如表 1 所示

表 1　数据库备份表

字段名称	定义	继承自…
backupinfoid	serial NOT NULL	—
backup_name	character varying（255）	—
path	character varying（255）	—
status	integer	—
time	timestamp without time zone	—
type	integer	—

2. 系统用户组织架构（department）：如表 2 所示

表 2　系统用户组织架构表

字段名称	定义	继承自…
departmentid	serial NOT NULL	—
departmentname	character varying（255）	—
remarks	character varying（255）	—
status	integer	—
father_id	integer	—

3. 系统用户组织架构（files）：如表 3 所示

表 3　系统用户组织架构表

字段名称	定义	继承自…
filesid	serial NOT NULL	—
name	character varying（255）	—
status	integer	—
type	character varying（255）	—
uploadp	character varying（255）	—
uploadt	character varying（255）	—
url	character varying（255）	—
villageid	character varying（255）	—
checkp	character varying（255）	—
checkt	character varying（255）	—
discription	character varying（255）	—
checked	integer	—
userid	integer	—
bigtype	character varying（255）	—
smalltypr	character varying（255）	—

续表

字段名称	定义	继承自…
smalltype	character varying（255）	—

4. 村镇历史信息（history）：如表 4 所示

表 4　村镇历史信息表

字段名称	定义	继承自…
historyid	serial NOT NULL	—
end_time	character varying（255）	—
imgurl	character varying（255）	—
introduction	character varying（255）	—
slice_name	character varying（255）	—
start_time	character varying（255）	—
status	integer	—
villageid	character varying（255）	—
sort	integer	—

5. 村镇评价信息（judge）：如表 5 所示

表 5　村镇评价信息表

字段名称	定义	继承自…
judgeid	serial NOT NULL	—
item	character varying（255）	—
status	Integer	—
summary	character varying（255）	—
description	character varying（255）	—

6. 村镇各项评价详情（judgeinfo）：如表 6 所示

表 6　村镇各项评价详情表

字段名称	定义	继承自…
judgeinfoid	serial NOT NULL	—
judgeid	integer	—
status	integer	—
userjudgeid	integer	—
score	integer	—

7. 系统权限（permission_info）：如表 7 所示

表 7　系统权限表

字段名称	定义	继承自…
permissionid	serial NOT NULL	—
is_closed	boolean	—
is_selected	character varying（255）	—
permissionname	character varying（255）	—
status	integer	—
url	character varying（255）	—
parent_permission	integer	—

8. 省份面域信息（province—包含 geometry 特殊类型）：如表 8 所示

表 8　省份面域信息表

字段名称	定义	继承自…
provinceid	serial NOT NULL	—
geom	geometry	—
pname	character varying（255）	—
status	integer	—

9. 系统角色信息（role_info）：如表 9 所示

表 9　系统角色信息表

字段名称	定义	继承自…
roleid	serial NOT NULL	—
remarks	character varying（255）	—
rolename	character varying（255）	—
status	Integer	—

10. 权限角色中间关系（role_permission）：如表 10 所示

表 10　权限角色中间关系表

字段名称	定义	继承自…
rpid	serial NOT NULL	—
permission	integer	—
role	integer	—

11. 系统用户表（user_info）：如表 11 所示

表 11　系统用户表

字段名称	定义	继承自…
userid	integer NOT NULL DEFAULT ne...	—
departmentid	Integer	—
departmentname	character varying（255）	—
email	character varying（255）	—
gender	character varying（255）	—
password	character varying（255）	—
realname	character varying（255）	—
remarks	character varying（255）	—
roleid	Integer	—
rolename	character varying（255）	—
status	Integer	—
telephone	character varying（255）	—
username	character varying（255）	—
usertype	character varying（255）	—

12. 用户评价信息（user judge）：如表 12 所示

表 12　用户评价信息表

字段名称	定义	继承自…
userjudgeid	serial NOT NULL	—
checked	character varying（255）	—
description	character varying（255）	—
scorecount	integer	—
status	integer	—
userid	integer	—
villageid	integer	—
usertype	integer	—
username	character varying（255）	—
rq	character varying（255）	—
itemcount	integer	—
scorelevel	integer	—

13. 用户操作日志（user log）：如表 13 所示

表 13　用户操作日志表

字段名称	定义	继承自…
id	serial NOT NULL	—
date	timestamp without time zone	—
message	character varying（255）	—
status	Integer	—
userid	Integer	—
username	character varying（255）	—

14. 村镇信息（village）：如表 14 所示

表 14　村镇信息表

字段名称	定义	继承自…
villageid	serial NOT NULL	—
altitude	character varying（255）	—
area	character varying（255）	—
city	character varying（255）	—
clan	character varying（255）	—
climate	character varying（255）	—
cnname	character varying（255）	—
culture	character varying（255）	—
custom	character varying（3000）	—
enname	character varying（255）	—
geom	geometry	—
history	character varying（255）	—
level	character varying（255）	—
location	character varying（255）	—
population	character varying（255）	—
religion	character varying（255）	—
rersume	character varying（3000）	—
rq	character varying（255）	—
status	integer	—
updms	character varying（255）	—
viewspot	character varying（255）	—
age	character varying（255）	—
county	character varying（255）	—
degree	character varying（255）	—
feature	character varying（1000）	—

续表

字段名称	定义	继承自…
plant	character varying（255）	—
province	character varying（255）	—
size	character varying（255）	—
towns	character varying（255）	—
additive_attribute	character varying（5000）	—
geomp	character varying（20000）	—
scorecount	integer	—
scorelevel	character varying（255）	—
usercount	integer	—

15. 新闻信息（news_info）：如表 15 所示

表 15　新闻信息表

字段名称	定义	继承自…
news_id	integer NOT NULL	—
add_time	character varying（255）	—
content	character varying（100000）	—
name	character varying（255）	—
status	Integer	—
title	character varying（255）	—
type	Integer	—
update_time	timestamp without time zone	—
url	character varying（255）	—

16. 居民问卷调查（resident_question）：如表 16 所示

表 16　居民问卷调查表

字段名称	定义	继承自…
communicat_satisfac…	character varying（255）	—
community_role	character varying（255）	—
economy_from	character varying（255）	—
environment_matter	character varying（255）	—
environment_satisfac…	character varying（255）	—
fire_control_satisfacti…	character varying（255）	—
fire_control_matter	character varying（255）	—
houses_bult	character varying（255）	—
houses_matter	character varying（255）	—
houses_used	character varying（255）	—

续表

字段名称	定义	继承自…
is_locaion	character varying (255)	—
is_protect_good	character varying (255)	—
is_safistaction	character varying (255)	—
is_understand	character varying (255)	—
negative_effect	character varying (255)	—
plumbing_matter	character varying (255)	—
plumbing_satisfaction	character varying (255)	—
positive_effect	character varying (255)	—
protect_matter	character varying (255)	—
public_matter	character varying (255)	—
public_satisfaction	character varying (255)	—
re_age	character varying (255)	—
re_eduction	character varying (255)	—
re_nation	character varying (255)	—
re_sex	character varying (255)	—
road_matter	character varying (255)	—
road_satisfaction	character varying (255)	—
service	character varying (255)	—
suggests	character varying (255)	—
total_satisfaction	character varying (255)	—
work_matter	character varying (255)	—
yearly_solaries	character varying (255)	—
commenttime	timestamp without time zone	—
description	character varying (255)	—
userjudgeid	integer	—
villageid	integer	—
userid	integer	—

17. 游客问卷调查（visitor_question）：如表 17 所示

表 17　游客问卷调查表

字段名称	定义	继承自…
vqid	integer NOT NULL DEFAULT ne…	—
activity	character varying (255)	—
attraction	character varying (255)	—
come_from	character varying (255)	—
facilities_perfect	character varying (255)	—
facilities_satisfaction	character varying (255)	—

续表

字段名称	定义	继承自…
info_from	character varying（255）	—
problem	character varying（255）	—
serve_perfect	character varying（255）	—
tour_experence	character varying（255）	—
tour_types	character varying（255）	—
tour_motive	character varying（255）	—
vis_age	character varying（255）	—
vis_eduction	character varying（255）	—
vis_job	character varying（255）	—
vis_nation	character varying（255）	—
vis_sex	character varying（255）	—
userjudgeid	integer	—
villageid	integer	—
commenttime	timestamp without time zone	—
description	character varying（255）	—
userid	integer	—

（四）UI 设计（界面设计）

系统拥有专业的美工设计团队，设计多种符合西北历史文化村镇风格的页面套图以供选择。UI 设计控件体现人性化的操作方便为主，并且在大数据量搜索查询等待时，或者上传下载文件等待时，给出动态等待效果、状态轴或缓冲效果，以及省市绩效效果优化用户的体验效果（图 18），提高工作效率。

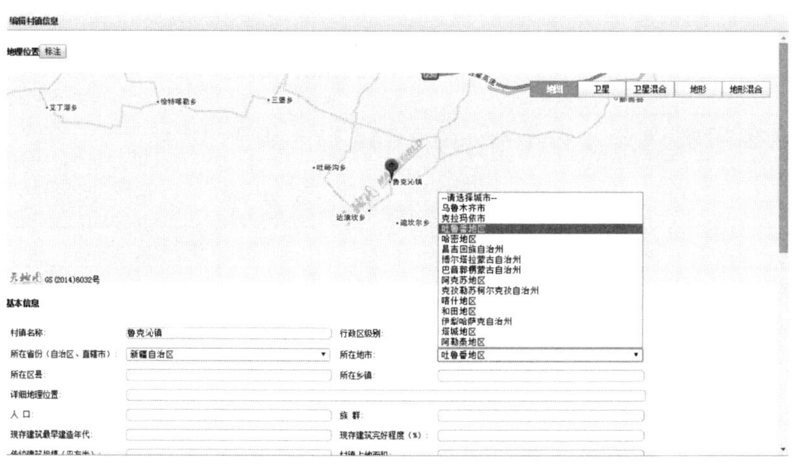

图 18　省市级联效果展示

（五）接口设计

1. 数据库备份及系统文件备份（Backup InfoService）

```
/**
 * 添加/修改
 * @param backupInfo
 */
void save（BackupInfo backupInfo）;

/**
 * 根据 ID 查询
 * @param backupInfoId
 */
BackupInfo getBackupInfoById（Integer backupInfoId）;

/**
 * 分页查询
 * @return
 */
JSONPage findPageList（int pageNo， int pageSize， final String[]
search， final String type）;

/**
 * 查找全部（定期删除使用）
 * @return
 */
List<BackupInfo> findAll（）;

/**
 * 查询是否已存在
 * @return
```

```
 */
boolean checkExist ( String date ) ;

/**
 * 删除  */
void deleteBackupInfo ( BackupInfo b ) ;
```

2. 组织结构管理接口（Department Service）

```
/**
 * 创建科室
 * @param department
 */
void addDepartment ( Department department ) ;

/**
 * 根据 ID 获取科室
 * @param id
 * @return
 */
Department getDepartmentById ( Integer id ) ;

/**
 * 根据父 ID 查找子集部门
 * @param id
 * @return
 */
List<Department> getDepartmentsByFatherId ( Integer id ) ;

/**
 * 根节点部门
 */
List<Department> findRoot ( ) ;
```

```
/**
    * 查询所有
    */
   List<Department> findAll ( ) ;
```

3. 附件接口（Files Service）

```
/**
    * 根据 ID 查找
    */
Files getFilesById ( Integer filesid ) ;


/**
    * 新增或修改
    */
void saveFiles ( Files entity ) ;


/**
    * 分页查询
    */
   JSONPage findPageList ( int pageNo,  int pageSize,  String[] search,
String villageid ) ;


/**
    * 公众上传分页查询
    */
   JSONPage findJoinList ( int pageNo,  int pageSize,  String[] search,
String userid ) ;


/**
    * 查询所有
    */
```

```
    JSONPage findAlljoinList( int pageNo,  int pageSize,  String[] search );

/**
    * 根据村镇，类型查找数据
    */
    List<Files> findByVidType ( String villageid,  String bigtype,  String
smalltype,  String type ) ;

/**
    * 根据类别查找村镇 ids
    */
    List<Integer> getVillageids ( String bigtype ) ;
    List<Integer> getVillageids ( String bigtype, String smalltype ) ;
```

4. 历史时间轴接口（History Service）

```
/**
    * 根据 id 查找
    */
History getHistoryById ( Integer historyid ) ;

/**
    * 新增或修改
    */
void saveHistory ( History entity ) ;

/**
    * 分页查询
    */
    JSONPage findPageList ( int pageNo,  int pageSize,  String[] search,
String villageid ) ;

/**
```

```
 * 根据村镇查找时间轴节点
 */
List<History> getHistoryByVillage（String villageid）;
```

5. 评价详情接口（Judge info Service）

```
/**
 * 新增
 */
void addJudgeinfo（Judgeinfo judgeinfo）;

/**
 * 根据 ID 查询
 */
Judgeinfo getJudgeinfoById（Integer id）;

/**
 * 分页查询 。
 */
JSONPage findPageList（int pageNo， int pageSize， String[] search，
String userjudgeid）;

/**
 * 查找这个模板下，这个用户是否有记录
 */
List<Judgeinfo> findByJudgeUser( Integer judgeid， Integer userjudgeid );
```

6. 评价模板接口（Judge Service）

```
/**
 * 新增
 */
void addJudge（Judge judge）;
```

```
/**
 * 根据 ID 查询
 */
Judge getJudgeById（Integer id）;

/**
 * 分页查询 。
 */
JSONPage findPageList（int pageNo， int pageSize， String[] search）;

/**
 * 查询全部 。
 */
List<Judge> findAll（）;
```

7. 用户操作日志接口（Log Service）

```
/**
 * 获取所有日志
 */
List<Log> loadAll（）;

/**
 * 保存日志 。
 */
void save（Log log）;
void save（String message）;

/**
 * 保存日志并操作设置状态值
 */
void save（String message， Integer status）;
```

```
/**
      * 按 ID 查询 。
      */
Log getLogById ( Integer id ) ;

/**
      * 分页查询 。
      */
JSONPage findPageList ( int pageNo,  int pageSize,  final String[] search ) ;
```

8. 权限接口（Permission Service）

```
    /**
     * @param permission
     * 新增权限
     */
    void save ( PermissionInfo permission ) ;

    /**
     * @return
     * 得到所有的根目录
     */
    List<PermissionInfo> getRootPermissions ( ) ;

    /**
     * 得到所有权限 。
     * @return 。
     */
List<PermissionInfo> getAllPermissions ( ) ;

    /**
     * @param roleid 。
```

```
 * @return
 * 根据角色获取权限
 */
List<PermissionInfo> getPermissionsByRoleid（int roleid）;
```

9. 省份地理信息接口（Province Service）

```
/**
 * 保存省份面域信息 。
 * @return 。
 */
void save（Province p）;

/**
 * 通过点击坐标查询所有省份面域信息 。
 * @return 。
 */
List<Province> getProvince（Geometry point）;
```

10. 角色接口（Role Service）

```
/**
 * 新增
 * @param role
 */
void addRole（RoleInfo role， boolean isChangeName）;

/**
 * 给角色分配权限
 * @param role
 * @param selectedPermissionIds
 */
void doAssignPermission （ RoleInfo role ， String[]
```

```
selectedPermissionIds）;

    /**
     * 根据角色名查找角色
     * @param role
     * @return
     */
    public RoleInfo findRoleByRolename（String role）;

    /**
     * 根据 ID 查询
     * @return
     */
    public RoleInfo getRoleById（Integer id）;

    /**
     * 利用 MethodQuery 查询所有
     * @return
     */
    public List<RoleInfo> findAll（）;
    public List<RoleInfo> findAllStatus1（）;

    /**
     * 分页查询 。
     * @param page 。
     * @param hql 。
     * @return Page 。
     */
    JSONPage findPageList（int pageNo， int pageSize， String[] search）;
```

11. 用户评价接口（User judge Service）

```
    /**
```

```
 * 新增
 */
void addUserjudge ( Userjudge userjudge ) ;

/**
 * 修表单评分等级
 */
void updateScore ( Integer userjudgeid ) ;

/**
 * 根据 ID 查询
 */
Userjudge getUserjudgeById ( Integer id ) ;

/**
 * 分页查询 。
 * @param page 。
 * @param hql 。
 * @return Page 。
 */
JSONPage findPageList ( int pageNo,  int pageSize,  String[] search,
String villageid ) ;

/**
 * 查询单个村镇下没有审核的条数
 * @param villageid
 * @return
 */
long findNoChecked ( Integer villageid ) ;

/**
 * 未删除的管理员的的评价模板
```

```
 * @return
 */
List<Userjudge> adminList ( ) ;
```

12. 系统用户接口（User Service）

```
/**
  * 根据登录名查找实体
  * @return
  */
UserInfo getUserById ( Integer pkUid ) ;

 /**
  * 根据登录名查找实体
  * @return
  */
 UserInfo getUserByUsername ( String username ) ;

/**
 * 添加用户 。
 * @param user 。
 */
void saveUser ( UserInfo user ) ;

/**
 * 分页查询 。
 */
JSONPage findPageList ( int pageNo， int pageSize， String[] search ) ;

/**
 * 查询全部
 */
List<UserInfo> findAll ( ) ;
```

```
List<UserInfo> findAllStatus1 ( ) ;

/**
     * 通过角色查找用户
     */
List<UserInfo> findListByRole ( int roleid ) ;

/**
     * 通过部门查找用户
     */
List<UserInfo> findListByDepartment ( int departmentid ) ;
```

13. 历史文化名村名镇接口（Village Service）

```
/**
     * 新增或修改
     */
void save ( Village village ) ;

/**
     * 查询全部
     */
List<Village> getVillages ( ) ;

/**
     * 通过 ID 查找村镇
     */
Village getVillageById ( Integer id ) ;

/**
     * 通过部门查找用户
     */
JSONPage findPageList ( int pageNo， int pageSize， final String[] search ) ;
```

```
    /**
     * 分页查询
     */
    JSONPage findJudgePageList(int pageNo, int pageSize, final String[] search);

    /**
     * 遗产保护与利用+关键字搜索
     */
    JSONPage findTypePageList(int pageNo, int pageSize, List<Integer> ids, String searchKeyWord);

    /**
     * 通过日期查找村镇
     */
    List<Village> findVillagesByRq(String rq);

    /**
     * 通过面域查找村镇
     */
    List<Village> findVillagesByPolygon(Geometry polygon);
    /**
     * 通过点击点查找所在省份所有村镇
     */
    List<Village> findVillagesByCircle(Geometry point, Double r);

    /**
     * 删除村镇
     */
    void remove(Integer id);
```

```
/**
    * 查找村镇录入信息最小年份
    */
int getMinYear（）;

/**
    * 通过年份查找村镇数量
    */
int getCountByYear（String year， String level）;

/**
    * 通过年份及自定义面域查找村镇数量
    */
    int getCountByYearAndPlogon（String year， String level， Geometry
polygon）;

/**
    * 通过年份及半径圆区域查找村镇数量
    */
int getCountByYearAndCircle（String year， String level， Geometry point，
Double r）;

/**
    * 按省份统计
    */
List<Object[]> findCountByProvince（String level）;

/**
    * 按各地市统计
 */
    List<Object[]> findCountByCity（String provinceName， String level）;
```

```
 /**
  * 修改村镇评分
  * @param villageid
  */
void updateScore（Integer villageid）;
```

14. 新闻管理接口（News Service）

```
 /**
 * 新增新闻
 * @param news
 */
void addNews（NewsInfo news）;
/**
 * 根据 ID 删除新闻
 * @param newsId
 * @return
 */
void delNews（Integer newsId）;
/**
 * 根据 ID 查询新闻
 * @param newsId
 * @return
 */
NewsInfo getNewsById（Integer newsId）;


/**
 * 按名称和标题查询
 * @return
 */
List<NewsInfo> findByNT（String title，String name）;
/**
 * 按类型查询
```

```
     * @return
     */
    List<NewsInfo> findByN（Integer type）；
    /**
     * 按标题查询
     * @return
     */
    List<NewsInfo> findByT（String title）；
    /**
     * 查询所有
     * @return
     */
    List<NewsInfo> getAllNews（）；
    /**
     * 分页查询
     * @param news
     */
    JSONPage findlist（int pageNo， int pageSize， final String[] search）；
    List<NewsInfo> getAllLawNews（）；
```

15. 居民调查问卷（Resident Question Service）

```
/**
     * 添加一条居民问卷调查的记录
     */
    public void addQuestion（ResidentQuestion residentQuestion）；
```

16. 游客调查问卷（Visitor Question Service）

```
/**
     * 添加一条问卷调查内容
     */
    Public void addVisitorQuestion（VisitorQuestion visitorQu）；
```

下篇　示范工程

一、陕西省三原县柏社村重点示范工程选介

（一）新建建筑及公共设施

1. 适合于干旱、半干旱地区的生态卫生间

干旱、半干旱地区生活用水紧张。本课题组针对当前农村改厕不易改水的状况，设计了一种能够节约水资源、建筑材料和墙体具有环保意义的生态卫生间。其主要技术特点如下。（1）能够自行收集屋面雨水，供冲厕和洗手之用。（2）能够改善室内通风、采光条件。由于夯土墙自身结构的限制，导致室内通风不畅、采光有限等问题，本课题组研发一种可透光的夯土墙，通过在夯土墙模板内预埋三种大小直径不同的带有磨砂玻璃的采光铁管，然后再进行夯筑，最终形成具有透光功能的夯土墙体，可以提高夯土建筑室内的采光；采光钢管不仅不会对墙体的结构造成影响，而且可以加强墙体的抗剪性。同时，本课题组还发明了一种适用于夯土墙的采光通风窗，通过在夯土墙模板内预埋采光通风装置，然后再进行夯筑，最终形成具有透光通风功能的夯土墙体，能够提高夯土建筑室内的采光通风效果；同样，采光钢管不仅不会对墙体的结构造成影响，而且可以加强墙体的抗剪性。工程示范项目如图 1 所示。

图 1　适合于干旱、半干旱地区的生态卫生间

2. 适合于地坑院的地下采光通风天井

由于地坑窑洞院落存在通风不畅、潮湿、采光有限等问题，导致人们不喜欢居住生活在地坑窑洞中。针对采光、通风问题，本课题组研发了一种可以适合于地坑窑的采光通风天井（图 2），具有较好的通风采光效果。其主要技术特点如下。（1）天井位于地坑窑洞的后部。（2）通过向地面下挖掘，形成深度 6—8 米、边长为 3 米×3 米的方斗型空间。（3）采用钢筋混凝土形成框架结构承重体系，并在土壤表面铺设防水、防潮层，沿着土壤表面砌筑砖墙。（4）在钢筋混凝土框架顶部铺设钢龙骨、玻璃及金属遮阳板，在框架侧面安装百叶通风口。

图 2　适合于地坑院的地下通风采光天井技术

3. 适合于地坑院的渗水花池

针对地坑院落存在排水不畅的问题，本课题组设计了一个可以渗水的花池（图 3）。其主要技术特点如下。（1）将地坑窑庭院中的水引入院落的排水沟，再将排水沟的水汇入花池。（2）花池采用高 1.2 米、厚 50 毫米的水泥板作为地坑院花池四周的围护防水构件。（3）花池分为上、下两部分。上部分由 500 毫米厚，4∶3∶3 的黄土、沙子、木屑的粗颗粒混合物组成，既可使汇入花池的水迅速下渗，又可保持植物生长所需的适度水分。下部分为 500 毫米厚的松软土壤，水分可以经过该层继续下渗至黄土层。

花池通过采用防水的花池壁以及置换花池中土壤的方法，让积水迅速下渗直至黄土层，从而减少了积水对地坑窑结构的破坏。同时，花池的土壤可以保持适度的水分，满足庭院中花卉生长的需求。

图 3　适合于地坑院的渗水花池

4. 适用于干旱地区雨水收集的生态景观水池

黄土地区干旱缺水，村落景观较为单调。本课题组设计了一种主要用于地坑院顶部雨水收集与植物滴灌的新型生态景观水池（图 4）。其主要技术特点如下。（1）包括依次连通的雨水收集区、防蒸发区、降温储水区和植物滴灌区四部分，雨水收集区、防蒸发区和降温储水区均设置在地面下。（2）雨水收集区收集自然雨水，收集的雨水依次通过防蒸发区和降温储水区进行雨水的储存，降温储水区储存的雨水为植物滴灌区提供植物生长所需的水分。

图 4　适用于干旱地区雨水收集的生态景观水池

（二）地坑窑洞修复

地坑窑洞的废弃，大多是由于长期闲置不用、自然风化侵蚀和局部漏水坍塌所导致，个别土窑洞的破坏则是因为土质差。示范基地内的十余口窑洞也因为保护不力而坍塌，项目组采用在原有窑洞内新箍砖窑，再覆土和处理崖面的方法对这些坍塌窑洞进行全面的修复、改造。（1）窑洞崖面的处理方法：在崖面铺砌 12 厘米厚的砖面作为护面墙，永久性地解决崖面风化剥落所导致的窑脸不定时向窑内退进的问题。（2）洞壁裂缝和洞顶掉块的处理方法：通过砌筑夯实土坯和加筋土修复，局部采用与洞壁黄土黏结性良好的草泥修复。草泥的室内实验结果表明这种做法是合理安全的。在窑洞洞壁衬砌夯实土坯，进一步提高洞壁的稳定性。图 5、图 6、图 7、图 8 为 2 个窑洞修复实例。

图 5　窑洞 1 修复前

图 6　窑洞 1 修复后

图 7　窑洞 2 修复前

图 8　窑洞 2 修复后

二、陕西省山阳县漫川关镇重点示范工程选介

（一）古建筑修缮

1. 黄家药铺

黄家药铺地处漫川关明清街中街，建于光绪十六年（1890 年），外形呈印盒状，内部砖木结构，人称“一口印”，是漫川关古建筑中保存最完好的一座。

修缮过程：对现有建筑先进行整体加固，使建筑风格、尺度、立面材料及装饰纹样、内部空间布局等恢复原貌。然后，对二层立面进行修缮，使之与传统建筑风貌协调（图 1、图 2、图 3）。修缮后的黄家药铺拟作为中医门诊场所。

图 1　黄家药铺修缮前

图 2　黄家药铺修缮中

图 3　黄家药铺修缮后

2. 莲花第

莲花第位于漫川关镇的明清街下街，始建于清代，是南北商客休憩、南方秀才进京赶考住宿的客栈。建筑由三进十四间住房、两个天井院落组成，主房与次房布局整齐协调，坐东向西，风格鲜明。建筑物地面由方砖铺就，室内雕刻精细美观。修缮前，为多家合住的民居，木建筑的外结构已严重破败，内部结构也遭到一定程度的改造和破坏，外墙面严重污染，建筑室内地面大大低于路面高度（图 4、图 5）。

图 4　莲花第修缮前

图 5　莲花第原西侧入口修缮前

修缮过程：按落架大修要求，保留原房屋屋架结构，整体抬高至东侧入口高度，与外街道持平，再按原样恢复。建筑风格、尺度、立面及装饰纹样、内部空间布局等全面恢复原貌。部分毁坏的建筑进行重建（图 6、图 7、图 8）。

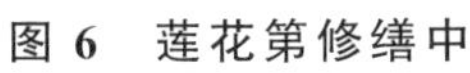

图 6　莲花第修缮中

图 7　莲花第东侧入口修缮中

图 8 莲花第原西侧入口修缮后

3. 传统民居建筑

明清街的民居历史建筑大多破败不堪。在对秦楚老街现存传统民居的整体状况进行分析后，确定对临街的破损过于严重的民居片区，分别进行整体性的修缮、改善和整治改造（图 9、图 10、图 11、图 12）。

图 9 民居建筑维修前

图 10 民居建筑维修中

图 11　民居建筑维修后（一）

图 12　民居建筑维修后（二）

修缮过程如下。（1）部分传统民居的立面、平面和建筑结构特征都尽量保留了下来。（2）部分传统民居结合现代人的使用习惯进行适当改良。部分修缮后的民居取消了板铺门，采用了更为便捷的形式。（3）利用当地特有的建筑材料，参考当地的传统建筑形式，对部分民居的建筑立面、屋顶和结构进行模式化改造。（4）对于破损过于严重且存在风貌冲突的民居建筑拆除更新，以保证其与古镇老街传统风貌的协调。

（二）更新改造建筑

镇区中心广场是漫川关镇历史街区的核心空间，在城镇的空间塑造、交通组织、文化塑造及居民生活等方面都有十分重要的作用，对内可以提升居民的生活品质，对外可以展示城镇的面貌。由于此前的规划和建设存在问题，形成了中心广场整体感较差、建筑风貌不协调的状况。经过重新规划设计，整治改造工程实施过程中，拆除了与传统风貌冲突的新建构建，扩大了以双戏楼和会馆围合而成的广场范围，并在黄家药铺和北会馆两个历史建筑以北，分别改造更新建设山西会馆和陕西会馆，具体情况如下。

1. 山西会馆

山西会馆是在原农技站、工商行政管理所的基础上进行更新改造，为三层仿古建筑（图 13、图 14、图 15）。为使其形式与周边古建筑相融合，建筑外立面风格与邻近的黄家药铺相仿。

图 13 山西会馆改造前

图 14 山西会馆改造后

图 15 山西会馆入口改造后

2. 陕西会馆

陕西会馆与山西会馆相对而建，是在原派出所和“回味香”饭馆的基础上进行更新改造（图 16、图 17、图 18）。建筑材料依据漫川关镇当地的传统风格元素，以灰瓦、白墙、红色木作为基本色调，恢复建筑原有的坡屋顶，还原漫川关镇老街独具的南北交融“秦风楚貌”的建筑特征，使之与相对而建的山西会馆形成建筑风格上的对比和呼应。

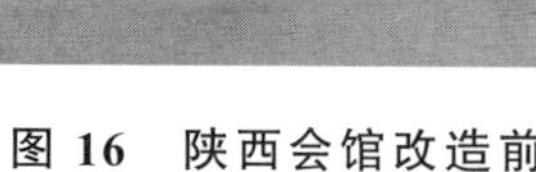

图 16 陕西会馆改造前

图 17 陕西会馆改造中

图 18 陕西会馆改造后

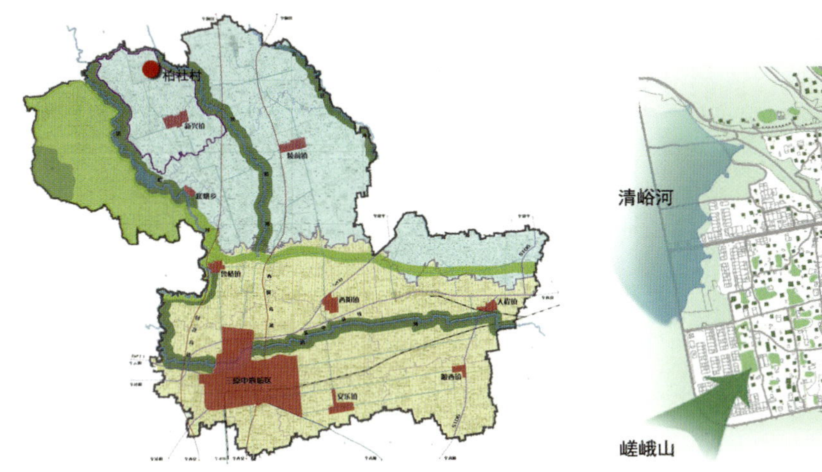

（a）上位规划自然环境保护意向图

（b）楸树林绿化景观

（c）村内绿化景观

（d）古树名木绿化景观

（e）楸树林绿化景观

（f）窑院内部绿化景观

（g）村内绿化景观

彩图 1

至照金
0m 25m 50m 100m
至龙王村
至三原
图例：
县乡公路
柏社西街
村内土路
果园、草地
楸树林
窑院内绿化
地坑窑
地面建筑
商业建筑
学校建筑
古城范围

彩图 2

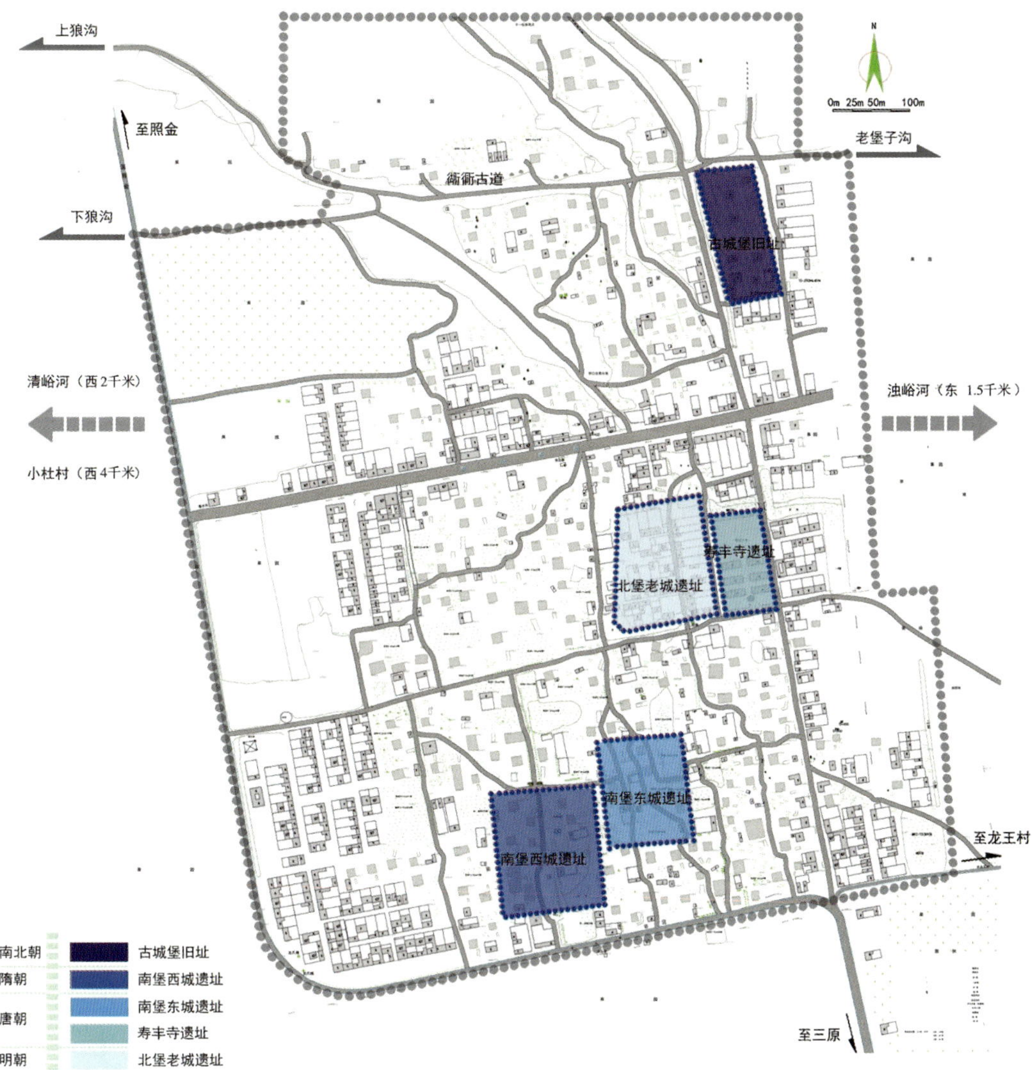

上狼沟
至照金
老堡子沟
衙衙古道
下狼沟
古城堡旧址
清峪河（西2千米）
浊峪河（东 1.5千米）
小杜村（西4千米）
寿丰寺遗址
北堡老城遗址
南堡东城遗址
南堡西城遗址
至龙王村
至三原
0m 25m 50m 100m
南北朝
古城堡旧址
隋朝
南堡西城遗址
唐朝
南堡东城遗址
寿丰寺遗址
明朝
北堡老城遗址

彩图 3

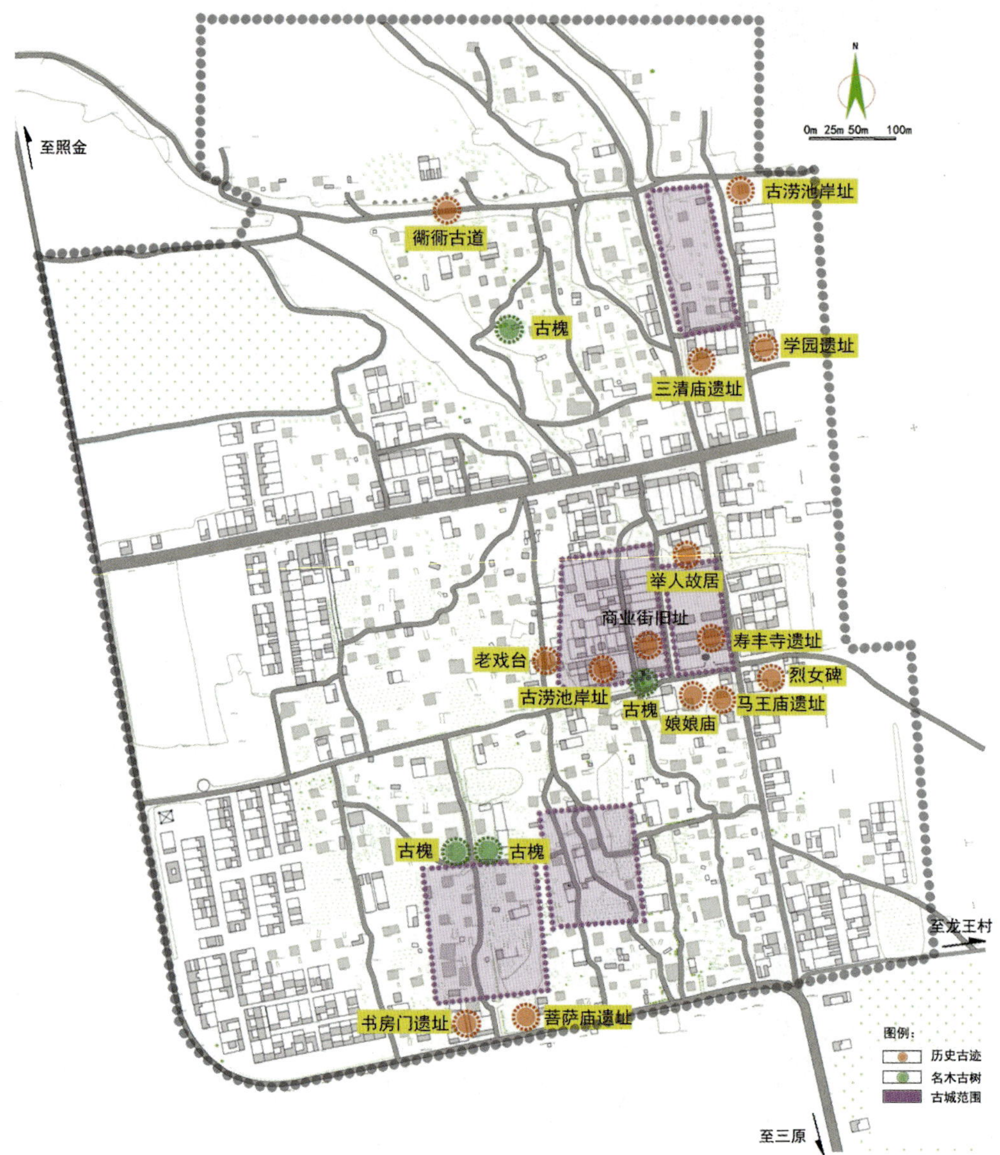
N
0m 25m 50m 100m
至照金
古涝池岸址
衚衕古道
古槐
学园遗址
三清庙遗址
举人故居
商业街旧址
寿丰寺遗址
老戏台
烈女碑
古涝池岸址
古槐
马王庙遗址
娘娘庙
古槐
古槐
至龙王村
书房门遗址
菩萨庙遗址
图例：
历史古迹
名木古树
古城范围
至三原

彩图 4

彩图 5

（a）有人住的窑洞

（b）废弃的窑洞

（c）被填平的窑洞

（d）保存较好的窑洞

彩图 6

N
0m 25m 50m 100m
至照金
至龙王村
至三原
图例：
一级历史文化资源
二级历史文化资源
三级历史文化资源
四级历史文化资源

彩图 7

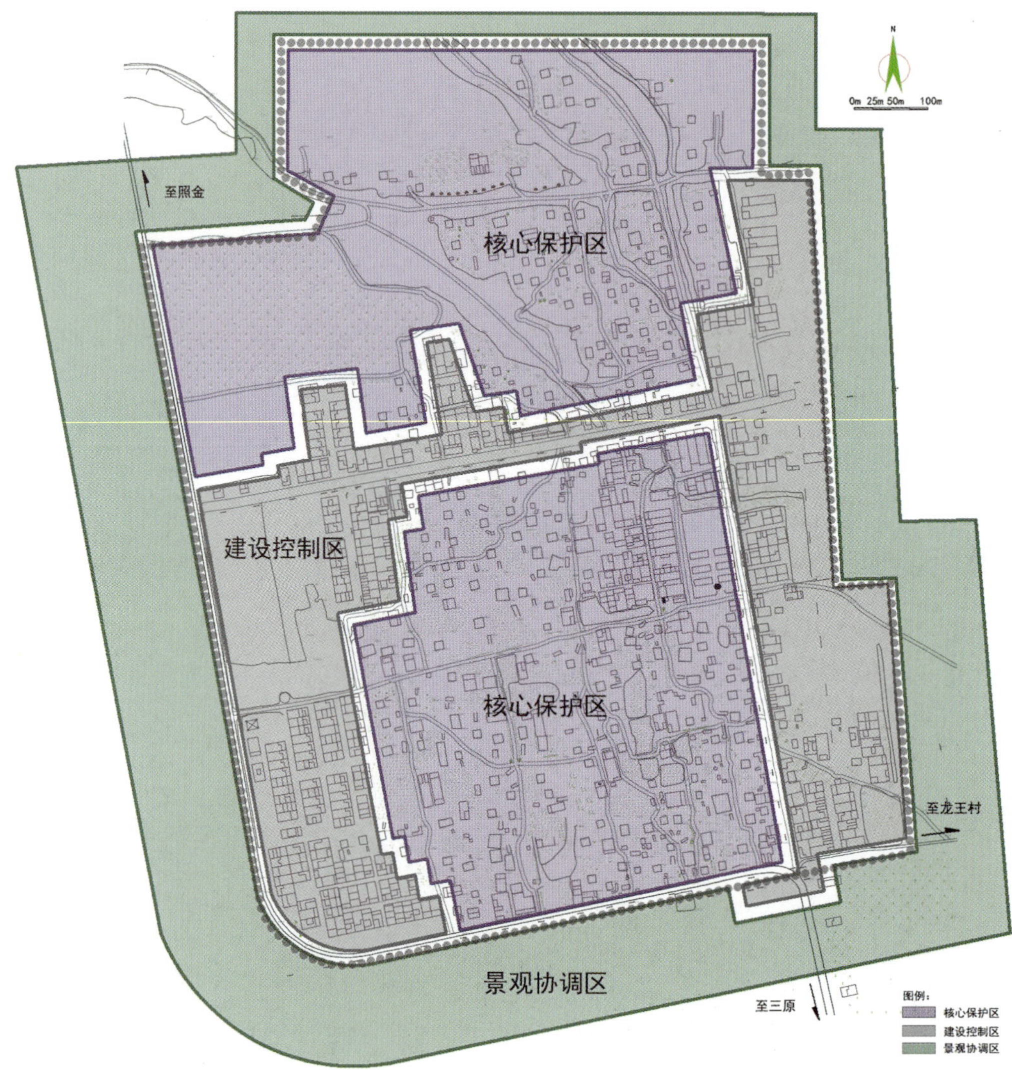
N
0m 25m 50m 100m
至照金
核心保护区
建设控制区
核心保护区
至龙王村
景观协调区
至三原
图例：
核心保护区
建设控制区
景观协调区

彩图 8

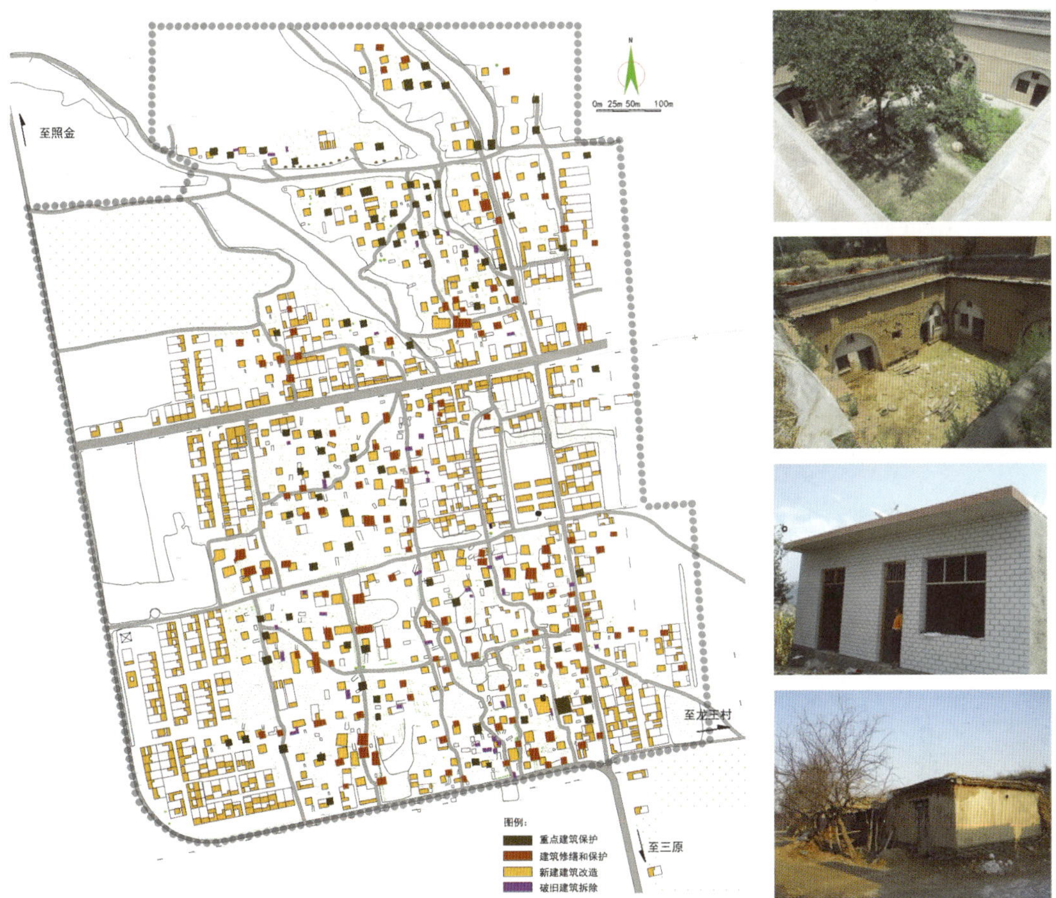
N
0m 25m 50m 100m
至照金
至龙王村
至三原
图例：
重点建筑保护
建筑修缮和保护
新建建筑改造
破旧建筑拆除

彩图 9

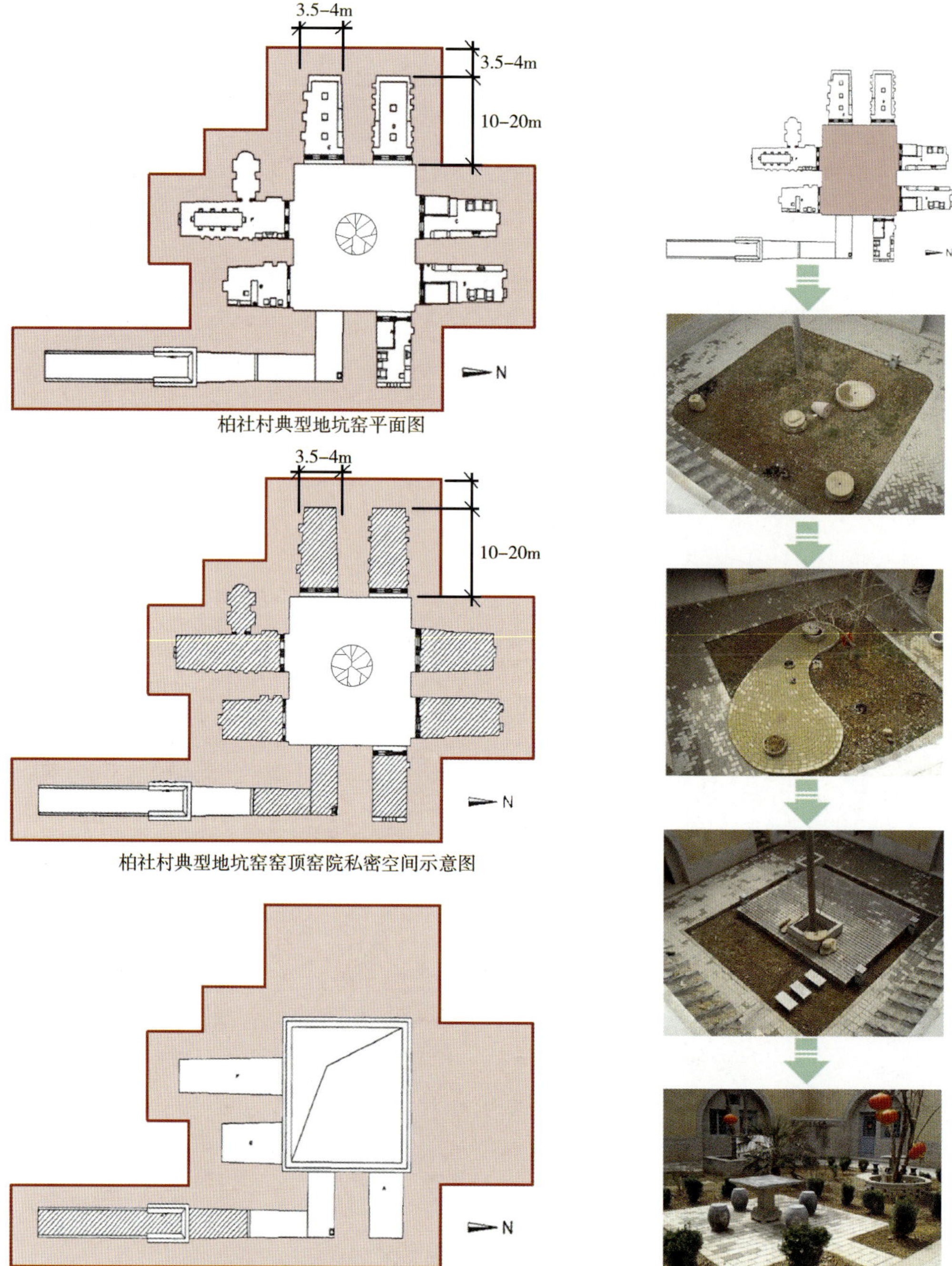

（a）地坑窑保护范围示意图

（b）窑院内部改造示意图

彩图 10

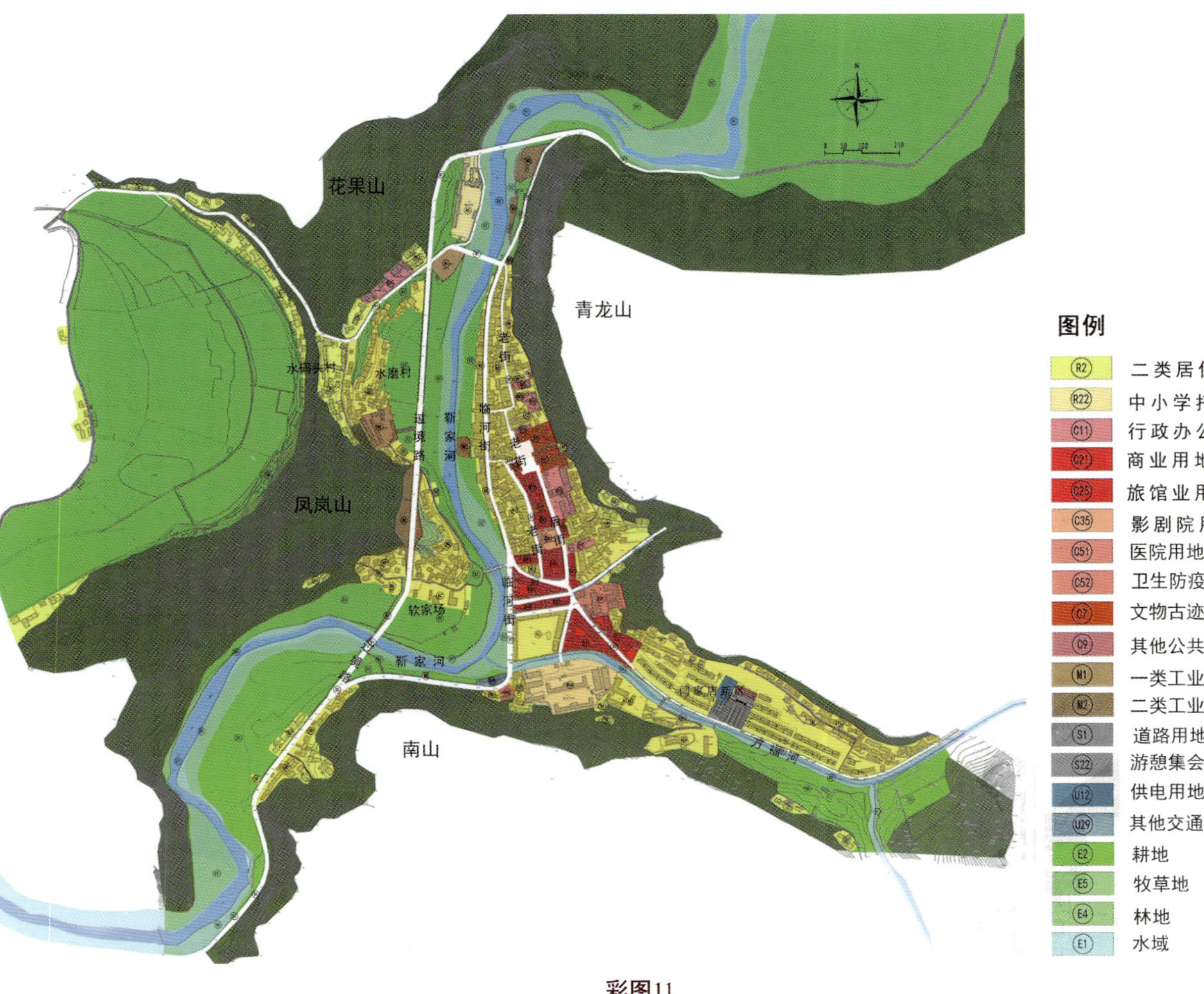

花果山
青龙山
凤岚山
南山
水碾头村
水磨村
软家场
靳家河
方塘河
图例
R2 二类居住用地
R22 中小学托幼用地
C11 行政办公用地
C21 商业用地
C25 旅馆业用地
C35 影剧院用地
C51 医院用地
C52 卫生防疫用地
C7 文物古迹用地
C9 其他公共设施用地
M1 一类工业用地
M2 二类工业用地
S1 道路用地
S22 游憩集会广场用地
U12 供电用地
U29 其他交通设施用地
E2 耕地
E5 牧草地
E4 林地
E1 水域

彩图11

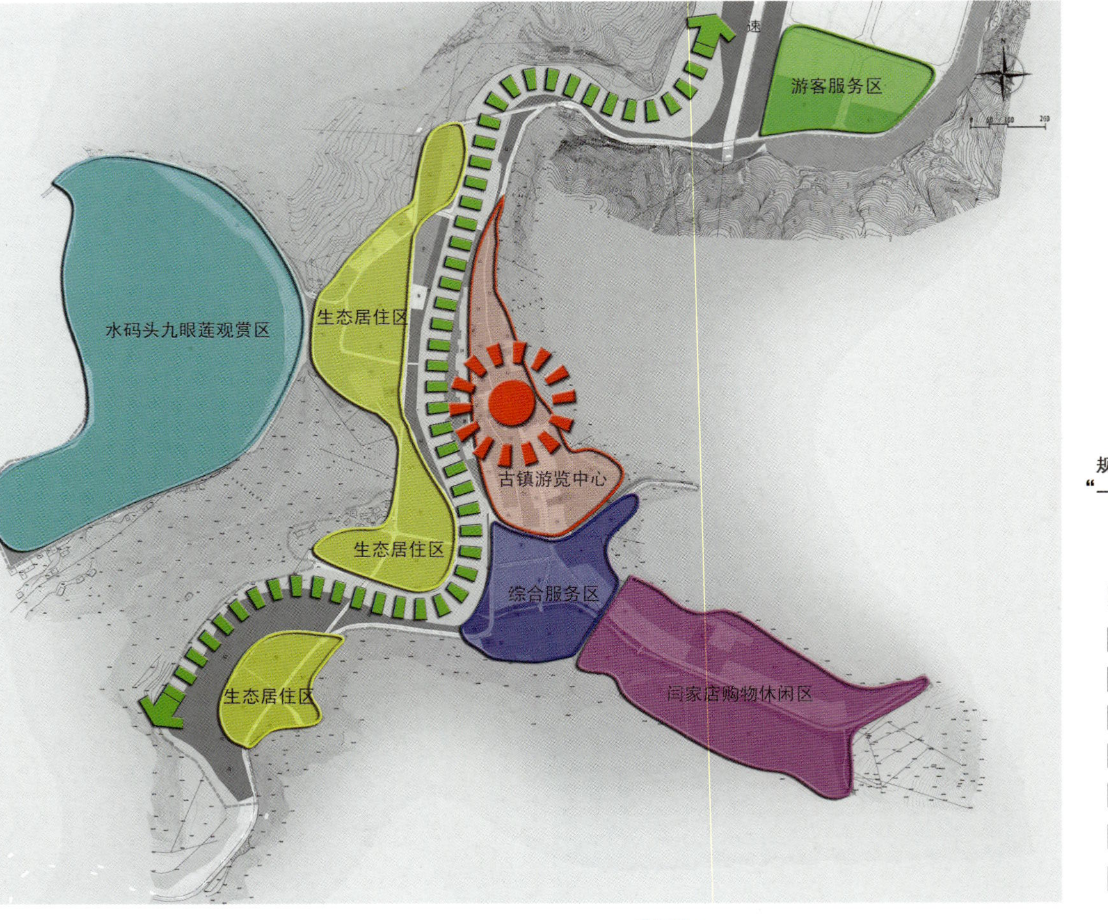

规划结构：
“一心、 一廊、 五片区”

图 例

- 古镇游览中心
- 靳家河休闲文化长廊
- 游客服务区
- 生态居住区
- 水码头九眼莲观赏区
- 闫家店购物休闲区
- 综合服务区

彩图12

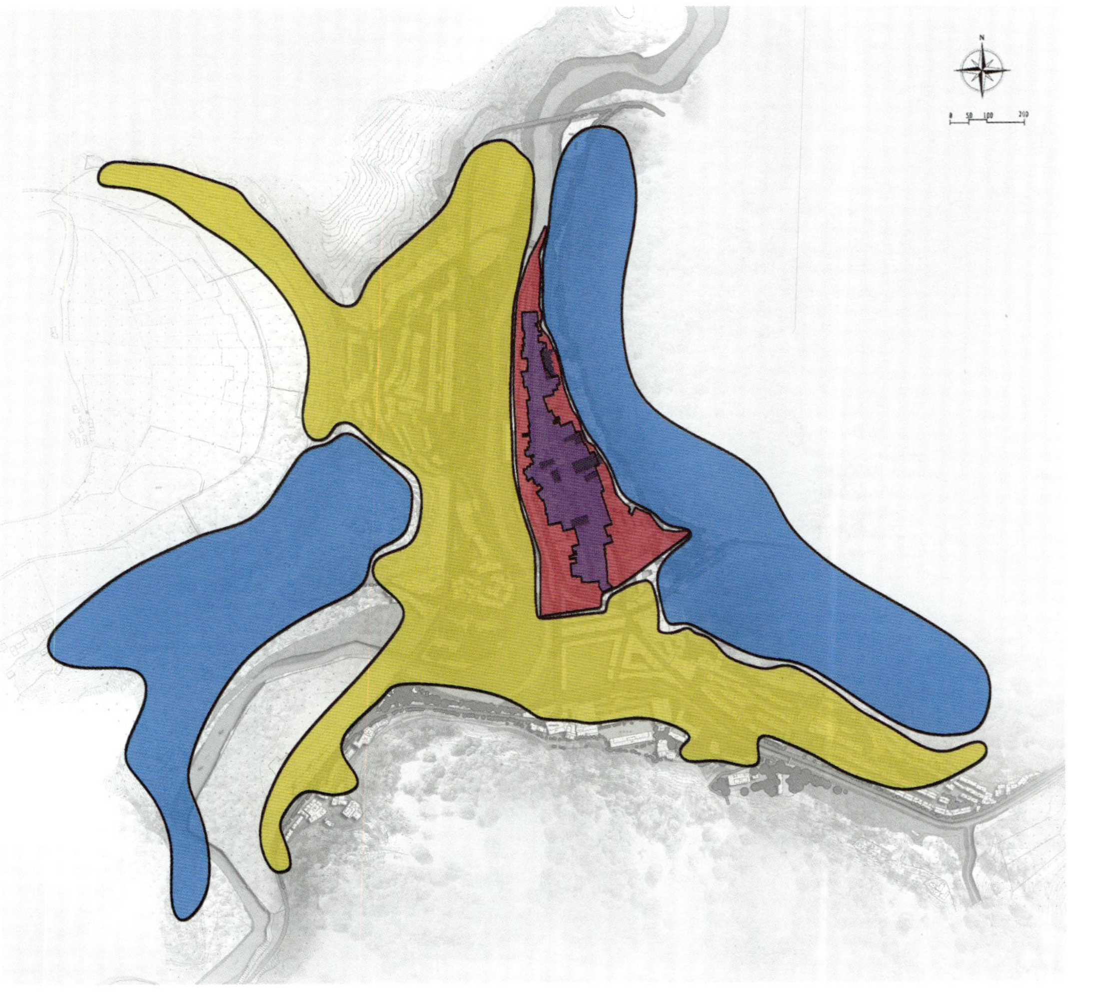

彩图13

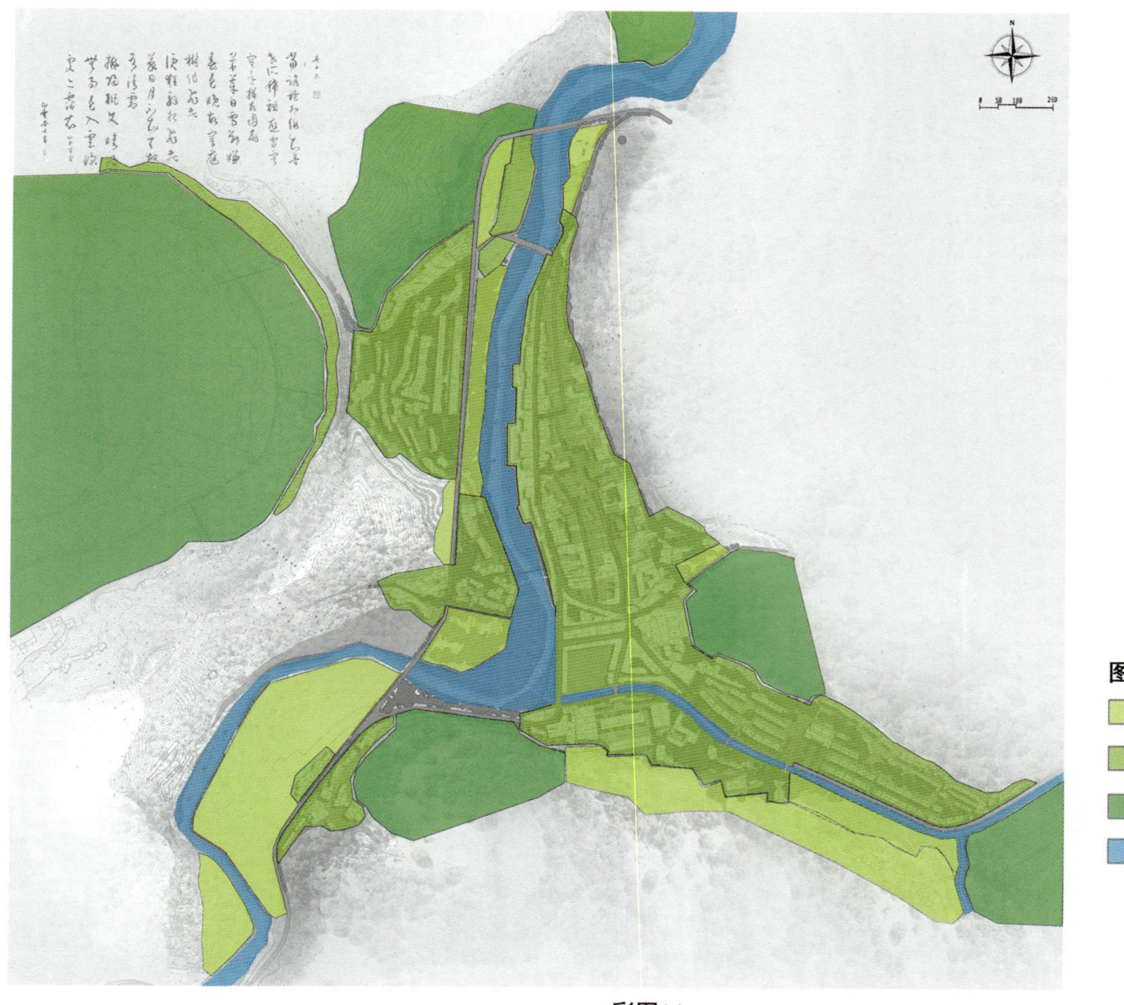

图例

- 限建区
- 已建区
- 禁建区
- 水域

彩图14

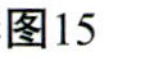
席贸源
蕲家河文化长廊
一柏担二庙
天主教
北会馆
洪顺泰
骡帮会馆
慈王庙
武昌会馆
樊盛恒
莲花第
娘娘庙
三官殿
祖师殿
金隆昌
钱盛源
鸳鸯戏楼
一柏担二庙
天主教
蕲家河文化长廊
席贸源
席家药铺
洪顺泰
樊盛恒
北会馆
清真寺
娘娘庙
骡帮会馆
武昌会馆
清韵山庄
中华医馆（黄聚兴）
鸳鸯戏楼
钱盛源
莲花第
金隆昌
慈王庙
三官殿
祖师殿

彩图15

区位图
新镇区
古镇区
老镇区
青龙山
南山
席贸源
席家药铺
洪顺泰
樊盛恒
天主教堂
卫生服务站
国土资源所
派出所
北会馆
謢帮会馆
武昌会馆
清韵山庄
农技站
中华医馆
鸳鸯戏楼
金隆昌
莲花茶
铁盛源
电影院

彩图16

老镇区核心景区重点项目位置图
黄家药铺
一柏担二庙
清真寺
中华医馆（黄聚兴）
鸳鸯戏楼
钱盛源
莲花第
金隆昌
慈王庙
席贸源
席家药铺
洪顺泰
樊盛恒
北会馆
娘娘庙
骡帮会馆
武昌会馆
清韵山庄
三官殿
明清街街景改造
明清街街景改造
鸳鸯戏楼
莲花第
武昌会馆
图例
核心景观区

彩图17

彩图18

彩图19

彩图20